JN416160

백투더 바이블

BACK TO THE BIBLE

요엘 · 아모스

장종길 지음

김의원 박사 추천

그리심 도서출판

Back to the Bible

by

JANG Jong-Gil

Copyright ⓒ 2010 by *JANG Jong-Gil*
Grisim Publishing Co.
Seoul, Korea

Back to the Bible

이 책의 주된 목적은

신학자들의 연구를 한 단계 끌어내리고,
일반 신도의 수준을 한 단계 끌어올려
누구나 쉽게 접근할 수 있도록
인도하려는 데 그 목적이 있습니다.

신앙생활을 오래하셨는데도
성경이 여전히 수학문제같이 어렵게만 느껴지시는
분들에게 도움을 줄 것입니다.

특히 일반 성도들에게는
성경에 대한 지식이 풍부하더라도
성경 전체를 조망할 수 있는 훈련이 부족합니다.

따라서 이 교재는
성경 본문에 충실하면서도
성경의 통일성을 견지하고 구속사적 해석의 원리를
적용하여 설명하려고 노력하였습니다.
그것은 곧 하나님의 위대하신 섭리를 이해하는
빠른 길이기도 하기 때문입니다.

무엇보다도, 이 교재는
누구나 성경에 친근해질 수 있도록
쉽게 접근했다는 것입니다.
그러므로
아주 자세한 해설과 자료보다는
전체적인 흐름을 잡으려
강해식으로 설명했습니다.

지금, 곧 연필을 들고 시작하십시오.
여러분의 가장 친한 친구가
옆에서 설명해 주는 느낌을 받을 수 있을 것입니다.

저자 장 종 길

4 추천사

현재 우리는 범세계적인 정보 시대에 살고 있습니다. 정보의 부재 시대는 이미 갔습니다. 원하는 분야에 대해 조회만 하면 얼마든지 많은 정보를 확보할 수 있습니다. 그래서 정보 홍수라는 말이 우리에게 익숙해져 있습니다. 그런데 막상 접수한 정보를 대하면 정보의 빈곤을 느끼지 않을 수 없습니다. 질적 수준에 문제가 있는 정보들 때문입니다. 사회가 이런 문제를 안고 속앓이를 하고 있음을 우리는 익히 알고 있습니다.

이른바 초고속 정보화 시대에 있는 교회도 풍부한 목회 자료와 이들 자료들의 질적 난해성 사이에서 많은 고민을 하고 있습니다. 현재 우리 한국 교회는 컴퓨터에 의한 자료보다는 출판물에 의한 자료 의존도가 아직은 높은 상태입니다. 그러므로 질적으로 우수한 자료의 출판이 시급하다 할 수 있습니다. 질적인 우수성의 기준 중 하나는 정보를 사용하는 현장 사역자들의 필요를 정확하게 이해하고 있는지의 여부입니다. 그 자료를 수집한 현장 사역자들이 친근성을 가지고 쉽게 사용할 수 있게 해야 합니다. 많은 번역서들이 이 문제를 안고 있음을 우리는 알아야 합니다. 단순한 소개 정도로 정보를 전달하는 것은 또 다른 문제, 즉 현장화라는 과정을 요구하기 때문입니다. 다른 하나는 자료의 신뢰성입니다. 정확한 정보를 적절하게 인용한 자료를 간직하는 것은 필수적인 도리입니다. 이것이 부족할 경우 선의의 피해자를 계속해서 낳을 수 있습니다.

추천자는 새로운 출판물, 새로운 정보를 접할 때마다 이런 염려로부터 해방될 수 있기를 늘 바라고 있는 사람 중의 한 명입니다. 그런데 본서는 이런 점으로부터 필자를 안심시키는 책이라고 봅니다. 우리 한국의 목회자들은 굵게 잘라 놓은 정보보다는 잘게 정리된 정보에 익숙합니다. 한국적인 상황이 특수하기 때문입니다. 확신하건대 이 책을 접하는 분들은 이런 면에서 공감할 것입니다. 또한 본서의 필자는 많은 출판 경험을 통해 인용되는 정보를 어떻게 사용해야 한국의 사역자들이 잘 활용할 수 있는지를 잘 알고 있는 분이라고 봅니다. 다른 책들이 외국의 좋은 내용을 단순히 알려주고 있는 반면에, 본서의 필자는 내용을 잘 요리해서 일정한 분야의 독자들이 효과적으로 사용할 수 있게 배려했다는 점이 본서의 장점이라 할 수 있습니다. 앞으로 출판 매체를 통해 정보를 제공하려는 분들이 참고하여 따라야 할 모델이라 생각하여 자신 있게 추천합니다.

김 의 원 박사 (전 총신대학교 총장)

5

“

내가 공을 세우나
은혜 갚지 못하네

”

- 소선지서를 연대와 상관없이 차례대로 묶기로 했다. 이번에는 요엘서와 아모스서를 한권으로 묶었다. 어쨌든 속도를 내야겠다.
- 김상옥 장로님, 세월이 쏜살같이 지나간더니 정말 그런가봅니다. ‘어물쩍거릴 시간이 없지요. 그치요?’ ‘그러면 어떻게 하지?’
- 설규식 장로님, 교정(校訂)과 교열(校閱), 늘 감사합니다.
- 한창헌 집사님, 바쁜데도 도와주셔서 감사합니다.
- 준영이, 하은이, 도연이 - 모두 건강하게 자라야 한다. 할아버지가...

6 이 교재의 특징

본 교재는 무엇보다 성경 본문에 충실하려고 노력했다. 그러면서도 자칫 성경의 통일성을 놓치기가 쉬운 것을 감안, 언약 개념이 성경을 이해하는 데 중요한 요소라고 여겨, 성경 전체를 관통하는 언약의 흐름을 파악할 수 있도록 안내했다. 아래에 안내한 교재의 특징들을 잘 활용하면서 성경을 읽어나가면 성경을 보는 재미가 생겨날 것이다. 이 교재의 최선의 목표는 성경을 혼자 공부할 수 있는 수준

장별 제목

중심내용 : 본문의 내용이 무엇인가를 간단하게 숙지할 수 있도록 요약해 놓았다. 이 요약은 본 과에서 배울 내용을 한눈에 볼 수 있게 해준다.

도입 부분 : 본과에 들어가기 전에 지난 과에서 배운 내용을 간단히 이야기하고 이번 과에서 어떤 내용을 공부할 것인가를 안내했다. 이 부분은 음악에서 서곡(序曲)에 해당하는 부분으로 대단히 중요하므로 꼭 읽어야 한다. 그래야 전체의 흐름을 이해할 수 있기 때문이다.

본문개관 : 매장마다 본문의 내용을 간단하게 요약, 정리했다. 이 부분은 각 장을 정리하는데 도움을 준다.

확대경 : 본문에서 신학적인 정리 및 자세한 설명이 필요할 때는 확대 설명해 놓았다. 내용이 그리 쉽지 않기 때문에 깊이 있게 공부하지 않을 분은 그냥 지나가도 된다. 만약 리더가 있다면 안내를 받자. 그러나 확대경은 본문의 이해를 위해 꼭 필요한 신학적 내용의 요약 정리이다. 이 부분을 더욱 확대하여 교회에서 특강으로 해결하는 것도 좋은 방법이다.

까지 끌어올리는 것이다. 그것은 본인의 끊임없는 노력이 필요함은 두말할 나위가 없다. 너무 쉬운 것만 찾다 보면 우리의 믿음이 성장할 수 없다. 어려운 내용을 쉽게 설명하려고 노력했으나 한계가 있었다. 다만 성경(말씀) 동산에는 무궁무진한 보화가 있다는 사실을 알려주려고 애를 썼을 뿐이다. 말할 수 없는 보화를 캐내는 작업은 본인 스스로가 해야 한다. 안내자는 안내자일 뿐이다.

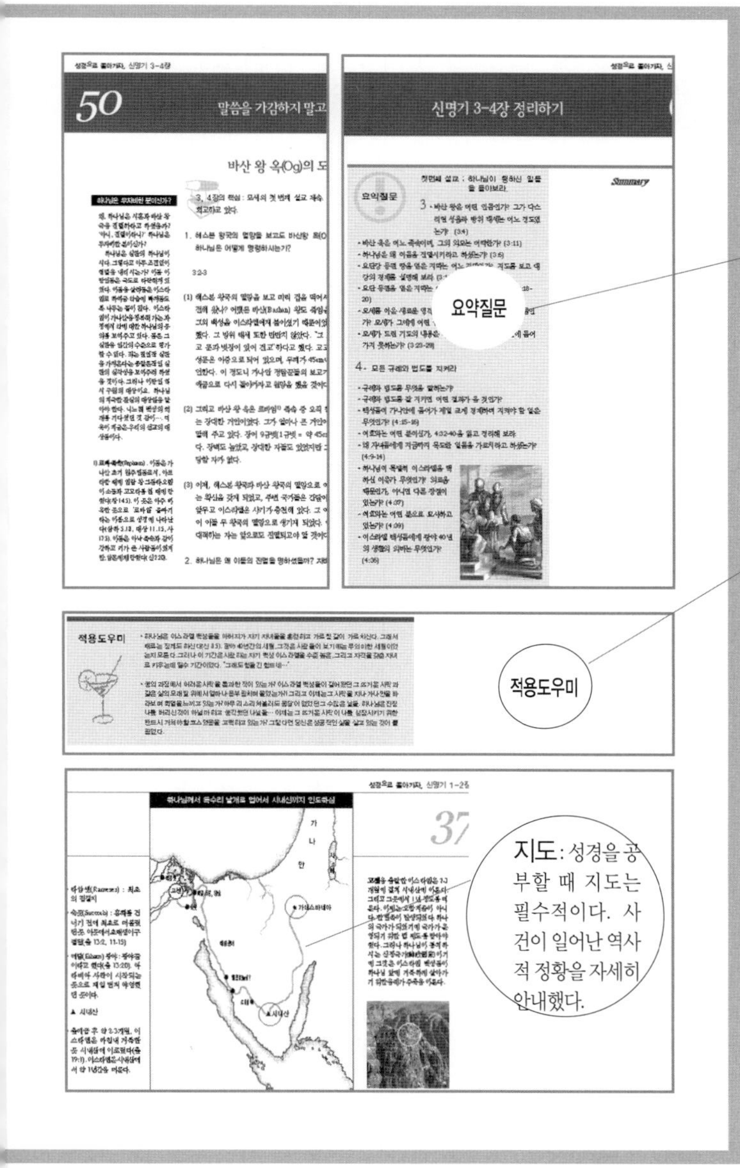

용어해설 : 본문에서 내용의 도움을 위해 꼭 설명이 필요한 부분은 간단하게 적어두었다. 최근에 발간된 주석성경에 이에 대한 해설이 잘 되어 있기에 꼭 필요한 것이 아니면 설명을 생략했다.

요약정리 및 질문 : 매과마다 요약 질문을 넣어 그 장의 내용을 정리했다. 질문을 통해 내용을 정리해보자. 리더는 숙제로도 활용할 수 있다. 더욱이 연구과제를 통해 신학적인 문제도 정립할 수 있겠다.

적용도우미 : 말씀이 우리의 삶에서 적용되지 못한다면 지식만을 자랑하는 공부가 되기 쉽다. 삶의 적용을 위한 내용을 실었다. 그러나 그 적용은 개인에 따라 달라질 수 있다. 본문에 대한 정확한 이해가 먼저 선행되어야 하고, 또한 그 말씀이 우리 삶에 적용되어야 한다. 각자가 더 추가적인 적용을 이끌어내자.

질문식 문제 및 해설: 본 교재는 먼저 질문을 하고 그 질문에 해설을 하는 식으로 정리하되 전체의 흐름을 강해식으로 전개했다. 따라서 차례대로 답을 적어 간다면 성경 본문의 내용을 아주 쉽게 이해할 수 있을 것이다.

8 이 교재를 사용하시는 분들을 위하여

혼자 공부하시는 분에게

첫 째 물론, 성경공부를 하기 전에 기도하셔야지요! 본문을 잘 이해하게 해달라고 성령님께 지혜를 부탁하세요.

둘 째 오늘 배울 본문을 정독하면서 여러 번 읽으십시오. 혹시 영어 성경을 보신다면 함께 읽으십시오. 그리고 필요한 부분에는 구문분석을 소개했습니다. 내용의 흐름을 이해하는 데 도움을 줄 것입니다.

셋 째 이 교재는 문제를 먼저 던지고, 그에 대한 해설을 소개했습니다. 그런데 그 해설을 먼저 읽어보려는 유혹에서 벗어나야 성공합니다. 반드시 본인의 말로 답을 쓰십시오. 그리고 설명을 참고하세요.

넷 째 이 교재의 설명이 부족하신 분은 간단한 주석 또는 강해서를 참고하십시오. 그러나 이 교재의 주 목적이 전체의 흐름을 잡는 것이고, 또 너무 자세한 주석은 진도에 방해를 가져오기 때문에 많이 생략했습니다.

다섯째 혼자 공부하시다 이해가 잘 안 가는 부분은 여백에다 기록했다가 나중에 교역자의 안내를 받으십시오.

여섯째 꼭 한 번에 한 과씩 진도를 나갈 필요는 없습니다. 맛있는 뷔페에 가서는 정량보다 더 많이 먹는 것처럼 여러 과를 하셔도 됩니다. 따라서 이 교재가 어떤 사람에게는 몇 주나 몇 달이 걸릴 수 있지만 어떤 사람에게는 더 걸릴 수도 있습니다.

일곱째 그 날 배운 내용을 주위 사람들에게 교재를 보지 않고 설명해 보십시오. 물론 완전히 자기 것으로 소화해서 자신의 말로 전달하셔야 합니다. 정 그럴 상대가 없다면, 자녀나 친구에게, 그래도 없으면 이불 속에서라도 혼자 중얼거려보세요. 그 효과가 배로 나타날 것입니다.

여덟째 소개된 성경 구절을 다 찾아 적으신다면 그보다 더 좋은 효과는 없겠지요. 그렇지 못하더라도 소개된 성경 구절은 꼭 찾아보아야 합니다. 아주 반드시.

아홉째 Close up은 어떤 사람에게는 너무 어렵겠지만, 어떤 사람에게는 도움이 될 것입니다. 잘 활용하시면 이해에 큰 도움이 될 것입니다. 책 소개는 필요하신 분을 위해 안내했습니다.

열 째 분명한 것은 이 교재가 반드시 완전하다는 것은 아닙니다. 성경에서 보다 풍성한 꼴을 얻게 하기 위한 기초과정일 뿐입니다. 보다 깊은 연구는 자기 스스로 하셔야 합니다. 꼭 부탁드리는 것은 잘 성장하셔서 교회에서 성경을 지도하는 교사가 되기를 바랄 뿐입니다. 노력하십시오.

구역공부 교재로 사용하시는 분들께

첫 째 구역의 활성화가 교회부흥의 첩경임은 누구나 다 아는 사실입니다. 그러나 말씀 중심으로 모이는 모임이 아니면, 그 모임이 계속 불타오를 수 없습니다. 인위적인 열심은 곧 시들해지기 때문이니까요.

먼저, 교재를 나누어 주시고 집에서 숙제를 해오게 하십시오. 성경 구절을 적어 오게 하되 바쁜 사람은 성경을 찾아보았다는 증거로 성경 페이지 숫자라도 적어 오게 하세요. 물론 안 해 오는 분에게는 벌금을 물리세요. 집에서 이 교재를 사용하시는 방법은 앞의 내용을 참고하십시오.

둘 째 만약 당신이 인도자라면, 앞에서 '혼자서 공부하는 사람에게' 말했던 내용대로 하십시오. 철저히 준비하셔서 속이 후련하게 해주셔야 합니다. 자세한 설명보다는 그 본문이 의미하는 내용을 아주 간단하고 알기 쉽게 설명해 주셔야 합니다.

셋 째 구역 모임은 시간을 그리 길게 잡을 수는 없을 테니까, 짧은 시간 내에 그 내용을 소화할 수 있도록 지도자나 지도를 받는 분들이 미리 준비를 잘 해오셔야 합니다. 그래서 구역 모임에서는 중요 내용을 토론, 요약해 주는 방법이 나을 것입니다. 물론 잘 이해가 안 되는 부분은 지도자가 설명해 주셔야 합니다.

넷 째 나머지 재미나는 프로그램은 지도자가 안내하십시오. 이 교재에 나와 있는 삽화를 예쁘게 색칠해 오게 하는 방법도 그 하나일 것입니다. 또는 좋은 책을 선정, 그 내용을 서로 소개하는 방법도 있을 것입니다.

성경공부 모임의 교재로 사용하시는 분들께

첫 째 우선 앞의 내용을 참고하십시오. 성경공부 시간이 얼마나 되는지 잘 모르겠지만, 물론 집에서 각자 충분히 공부를 해오게 하시는 것이 효과적입니다. 주로 교역자나 전문 성경공부 지도자가 인도하게 되겠기에 보다 깊은 토론을 할 수 있을 것입니다.

둘 째 그러나 어느 한 주제를 가지고 너무 깊은 토론을 하는 것은 유익하지 못합니다. 더욱이 교역자가 없는 성경공부 모임에서는 너무 깊은 토론을 하지 않는 것이 좋습니다. 이런 문제는 교인 전체를 대상으로 강사를 모시거나 본 교회 교역자의 특강으로 해결하는 것이 좋습니다.

셋 째 그보다는 성경 전체의 맥을 잡아 가는 것이 효과적입니다. 우리의 논쟁거리는 신학자들 사이에서도 논쟁이 되는 것이 대부분입니다. 만약, 성경공부 모임에 처음 참석하는 분이 있다면 더더욱 비효과적입니다. 많은 지식의 습득보다 성경 본문이 전하려는 핵심 메시지가 무엇인지를 알려고 노력하십시오.

CONTENTS 요엘서

CONTENTS

만약, 요엘이 요아스 왕이 통치할 때에 사역했다면, 그가 지적하는 징계의 첫번 대상들은 지도자들(1절)과 제사장들(13절)이었을 것이다. 남유다의 아달랴 정권이 무너지고 요아스 왕의 후견자인 제사장 여호야다를 비롯한 일군(一群)의 제사장 집단들이 대거 정치에 참여했기 때문이다. 이들로 인한 부패가 하나님의 징계를 불러 오기에 충분했을 것이다.

여기 1:4에 나오는 메뚜기 무리는 무엇을 가리키는가?

1:4 "팥중이(가잠, גָּזָם)가 남긴 것을
메뚜기(아르베, אַרְבֶּה)가 **먹고**
메뚜기가 남긴 것을
느치(엘레크, יֶלֶק)가 **먹고**
느치가 남긴 것을 황충(하실, חָסִיל)이 **먹었도다**"
//이는(כִּי)
단 포도주가 너희 입에서 끊어졌음이니"(끊어졌기 때문이다)

1:13 "제사장들아
너희는 **'굵은 베'로 동이고** - 칼 동사, 명령법
슬피 울지어다(וְסִפְדוּ - and lament**)** - 칼 동사, 명령법
제단에 수종드는 자들아 너희는 **울지어다(הֵילִילוּ)** - 히필 동사, 명령법
내 하나님께 수종드는 자들아
너희는 **와서** 굵은 베 옷을 입고
밤이 새도록 누울지어다(לִינוּ) - 칼 동사, 명령법
//이는(이유: כִּי)
소제와 전제를 너희 하나님의 성전에 드리지 못함이로다"

이렇게 "**여호와의 날은 빛이 아니라 어둠이다. 기쁨이나 희망의 날이 아니라 슬픔의 날이다**"(암 5:20). 이스라엘 백성은 여호와 앞에 계속 범죄 상태에 있으면서도 앞으로 다가올 '여호와의 날'을 기다렸다. 그 날이 복과 번영을 가져다 준다고 믿었기 때문이다. 그러나 그 날은 희망의 날이 아니라 슬픔의 날이 될 것이다.

2장

요엘은
현재적 관심뿐 아니라 밝은 미래를 제시하지만
그러나 지속적인 회개는 일어나지 않는다.
요엘서에는 무엇을 회개해야 할 것인가가 구체적으로 언급되지 않았다.

우리는 아모스서에서
무엇을 회개해야 할 것인가를 구체적으로 보게 될 것이다.
도대체 이스라엘은 열국의 모범이었나?
선지자들은 한결같이 그렇지 못하다고 대답한다.
그래도 여호와께서 이스라엘을 끌어안으시는 목적이 무엇인가?
그의 언약 백성이기 때문이다.

주제별

요엘 2:13

"너희는 옷을 찢지 말고
마음을 찢고
너희 하나님 여호와께로 돌아올지어다
그는 은혜로우시며
자비로우시며 노하기를 더디하시며
인애가 크시사
뜻을 돌이켜
재앙을 내리지 아니하시나니."

Joel 2:13 And rend your heart and not your garments.
"Now return to the LORD your God,
For He is gracious and compassionate,
Slow to anger, abounding in lovingkindness,
And relenting of evil."

Joel 서론

메뚜기 재앙

요엘서는 소선지서 중 두번 째에 있다. 요엘이 누구인가에 대해서는 스바냐보다 더 알려지지 않았다. 요엘이 언제 예언활동을 시작했는지도 정확하지 않다. 요엘 선지자가 자각했던 가장 큰 문제는 무엇이었을까? 그의 가장 큰 사명은 "여호와의 날"이 가까이 왔음을 유다에게 알리는 것이었다. 요엘서는 여호와의 날에 관한 '계시록'이라 할 수 있다. 요엘 선지자는 '여호와의 날'이 얼마나 철저한 심판의 날이 될 것인지를 '메뚜기의 재난'을 통해서 보여주면서 장로들과 제사장들과 모든 주민들에게 회개를 촉구하고 있다. 요엘은 이 메시지를 통해 이스라엘과 유다가 그들의 하나님 여호와께로 돌아가도록 하는 사명을 갖고 있었다. 물론 여기서 '메뚜기의 재앙'을 생물학적 곤충의 재난으로 볼 것인가, 아니면 요한계시록에서 보는 '황충(=메뚜기)의 재난과 일치하는 것으로 볼 것인가(계 9:3-10) 하는 논쟁이 있기도 하다. 요엘서에서는 메뚜기 떼를 '큰 군대'라고 했기 때문이다(욜 2:25).

어쨌든 요엘은 장래를 바라보면서 하나님의 백성 유다가 회개할 때에 그 복이 다시 회복하게 될 것을 선포했다. 그럴 때에 '이른 비와 늦은 비'의 복이 있을 것이라는 것이다. 더 멀리는 메시야의 강림을 예언하고 있다(2:23). 또한 성령 강림에 대한 예언도 선포하고 있다(2:28이하). 그리고나서 마지막 날에 큰 심판이 있음을 예언했다. 이렇게 요엘의 예언은 가까운 장래를 뛰어넘어 여호와께서 모든 사람에게 그의 영(靈)을 부어주실 시대를 바라보기까지 했다.

요엘서 프로필

1. **명칭** : 요엘서의 명칭은 저자의 이름에서 왔다.

2. 누가 썼을까? (저자)

(1) 요엘 선지자는 '브두엘의 아들'이라는 것 외에는 알려진 것이 없다.

요엘(יוֹאֵל) : 구약 성경에서 '요엘'이란 이름을 가진 사람이 여럿 있다.[1] 그러나 본서의 요엘은 브두엘(페투엘, פְּתוּאֵל - '하나님의 환상'이라는 뜻)의 아들이라고 명시하고 있다. 호세아, 미가, 스바냐 등도 동일한 형태를 취하는데, 이는 아마도 그들의 부친이 어느 정도 명성이 있는 사람임을 시사한다(Calvin). 요엘은 요엘서의 저자로, 12소선지 중의 한 사람이다(욜 1:1). '요엘'이란 뜻은 '여호와는 하나님이시다'라는 말이다. 이러한 이름으로 보아 그는 경건한 가정 출신임을 알 수 있다.

(2) "여호와의…말씀이라"(דְּבַר־יְהוָה)는 표현은 요엘의 예언이 여호와께서 주신 말씀이라는 것을 명백히 하고 있다.

(3) 요엘은 예루살렘, 특히 성전에 대해 큰 관심을 갖고 있었다.[2] 이런 점을 볼때 그는 예루살렘, 또는 그 근처에 살았던 것으로 보인다.[3]

에피파니우스(Pseudo-Epiphanius)는 그의 저서 「예언자의 생애」에서 이런 인물들에 관한 많은 전설을 적어 놓았다. 그는 그의 책에서 요엘 선지자는 르우벤 지파에 속한 사람이고, 예루살렘 북서쪽 10마일 되는 베이트 우르(Beit Ur)로 알려진 베돔(Bethom)이나 혹은 벧호론(Bethhoron)에서 출생하였고, 거기서 죽어 매장되었다고 한다. 물론 어디에 근거하고 있는지 언급이 없다. (바이블렉스)

3. 언제 기록했을까?

요엘서 역시 그의 활동 연대 문제 때문에 학자들 간에 논쟁이 많다. 크게 두 가지 학설이 있는데, 하나는 바벨론 포로 이전에 활동했다는 주장이고(특히 요아스 왕의 통치 시대), 다른 견해는 포로 후에(학개 · 스가랴와 동시대이거나 느헤미야가 예루살렘 성벽을 완성한 후) 활동했다는 주장이다. 위의 주장들에 대한 배경을 먼저 살펴보기로 하자. 먼저(A), 남유다 8대 왕 요아스 시대에 사역했다는 주장을 살펴보기로 하자.

1) '요엘'이라는 이름은 호세아서의 저자 말고도 아래와 같이 여러 명이 있다.

- 사무엘의 장자. 그는 사사가 되었으나 바르게 행치 아니했다(삼상 8:2). 그는찬송하는 자 헤만의 아버지이다(대상 6:33, 15:17).
- 레위 지파 사무엘의 조상(대상 6:36).
- 시므온 지파의 한 족장(대상 4:35)
- 르우벤 지파의 한 사람(대상 5:4, 8)
- 갓 지파의 족장(대상 5:12)

2) 욜 1:9, 13-16, 2:14-17, 3:1, 6, 16, 17.

3) 저자는 '시온'이라는 말과 (2:1, 15, 3:17) '시온의 자녀들'(2:23), '시온산과 예루살렘'(2:23, 3:17), 또는 '유다와 예루살렘'(3:1, 18, 20), 혹은 '유다 자손과 예루살렘 자손들'(3:6, 8, 19)이라는 말을 거듭 사용한 것으로 보아 예루살렘을 중심으로 활동한 것 같다(김희보, 요엘서, 서론).

A. 요아스 왕의 통치 시기로 보는 견해

1. 요엘 선지자의 활동이 요아스 통치 시기와 맞물려 있다고 하는 사람들의 주장점은 무엇인가?

(1) 요엘 선지자의 예언 시기에 대해 확실히 알 수 없으나 어떤 학자들은 아모스와 동시대였을 것이라고 주장한다. 요엘이 아모스가 슬퍼하는 심판, 즉 메뚜기와 한발(旱魃)과 불의 심판에 대해 언급하고 있기 때문이다. 그렇다면 이들은 동시에 등장하여 아모스는 이스라엘에서, 요엘은 유다에서 예언 활동을 했음을 암시해 준다. 호세아와 오바댜도 거의 같은 시기에 예언 활동을 했다. 아모스는 이스라엘의 여로보암 2세 때 예언 활동을 한 것으로 보인다(암 7:10*).

• 암 7:10 "때에 벧엘의 제사장 아마샤가 이스라엘의 왕 **여로보암에게** 보내어 이르되 이스라엘 족속 중에 **아모스**가 왕을 모반하나니 그 모든 말을 이 땅이 견딜 수 없나이다."

(2) 또한 요엘서는 왕에 대한 언급이 없고 대신에 지도자들(제사장들과 장로들로 호칭됨)에게 주의를 기울일 것을 촉구하고 있다. 이로 보아 이때가 제사장 여호야다의 반정(反正)과 더불어 요아스가 왕으로 즉위해서 통치하던 시기라고 본다. 그때 요아스의 나이는 7세로 어렸다(왕하 11:21). 따라서 요아스가 장성하기 전까지 정권의 실세는 제사장들과 장로들이었다. 물론 이런 주장은 확정적인 것은 아니다. 왜냐하면 요엘서의 위치가 요엘서 3장과 아모스 1장 사이의 문학적인 평행관계에 기인하고 있기 때문이지 연대기적인 고려에 기인한 것이 아니기 때문이다. 그래서 어떤 이는 오히려 왕에 대한 언급이 없다는 점을 들어 포로기 이후의 기록이라고 주장하기도 한다. 그러나 이 주장은 당시 페르시아 왕에 대한 어떤 언급도 없다는 것이 또다른 문제점이기도 하다 .

(3) 요엘의 메시지의 내용은 북방 이스라엘에 대한 내용이 없고 남방 유다에 관한 메시지뿐이다. 물론 '이스라엘'이라는 말을 사용했으나(2:27, 3:2, 16) 그것은 택하신 백성이라는 '언약의 명칭'이요 북이스라엘을 가리킨 것은 아니다. 그래서 어떤 이는 이런 사실을 들어 요엘이 활동한 시대는 북이스라엘의 멸망 후라고 주장하기도 한다.

• 욜 3:4 "**두로와 시돈과 블레셋** 사방아 너희가 나와 무슨 상관이 있느냐 너희가 내게 보복하겠느냐 만일 내게 보복하면 너희가 보복하는 것을 내가 신속히 너희 머리에 돌리리니."

(4) 유다의 원수로서 앗수르, 바벨론이 거론되지 않고 베니게(페니키아), 블레셋, 애굽, 에돔 등이 거론되었다(욜 3:4, 19*). 앗수르가 강한 대적으로 나타난 것은 요아스 왕의 손자인 웃시야 왕 이후이기 때문이다. 그러나 블레셋과 에돔은 요아스 왕 이전부터 유다를 괴롭혔다(대하 21:16, 17; 왕하 8:20-22).

• 욜 3:19 "그러나 **애굽**은 황무지가 되겠고 **에돔**은 황무한 들이 되리니 이는 그들이 유다 자손에게 포악을 행하여 무죄한 피를 그 땅에서 흘렸음이니라."

(5) 아모스의 메시지와 요엘서의 메시지 사이에 유사성이 있다. 아모스 선지자는

• 암 1:1 "유다 왕 웃시야의 시대 곧 이스라엘 왕 요아스의 아들 여로보암의 시대 지진 전 이년에 드고아 목자 중 아모스가 이스라엘에 대하여 이상으로 받은 말씀이라."

북이스라엘을 향해 메시지를 전파했지만 당시 남유다의 왕은 웃시야였다(북이스라엘의 왕은 요아스의 아들 여로보암 2세였다. 암 1:1*). 다음 구절들을 비교하여 살펴보라.

- **요엘 1:4, 2:5** (1:4 "팥중이가 남긴 것을 메뚜기가 먹고 메뚜기가 남긴 것을 느치가 먹고 느치가 남긴 것을 황충이 먹었도다." / 2:5 "그들이 산 꼭대기에서 뛰는 소리는 병거 소리와도 같고 불꽃이 검불을 사르는 소리와도 같으며 강한 군사가 줄을 벌이고 싸우는 것 같으니)
- **아모스 4:9** ("내가 곡식을 마르게 하는 재앙과 **깜부기 재앙**으로 너희를 쳤으며 **팥중이**로 너희의 많은 동산과 포도원과 무화과나무와 감람나무를 다 먹게 하였으나 너희가 내게로 돌아오지 아니하였느니라 여호와의 말씀이니라.")

- **요엘 3:16** ("여호와께서 시온에서 부르짖고 예루살렘에서 목소리를 내시리니 하늘과 땅이 진동하리로다 그러나 여호와께서 그의 백성의 피난처, 이스라엘 자손의 산성이 되시리로다.")
- **아모스 1:2** ("그가 이르되 여호와께서 시온에서부터 부르짖으시며 예루살렘에서부터 소리를 내시리니 목자의 초장이 마르고 갈멜 산 꼭대기가 마르리로다.")

- **요엘 3:18** ("그 날에 산들이 단 포도주를 떨어뜨릴 것이며 작은 산들이 젖을 흘릴 것이며 유다 모든 시내가 물을 흘릴 것이며 여호와의 성전에서 샘이 흘러 나와서 싯딤 골짜기에 대리라.")
- **아모스 9:13** ("여호와의 말씀이니라 보라 날이 이를지라 그 때에 파종하는 자가 곡식 추수하는 자의 뒤를 이으며 포도를 밟는 자가 씨 뿌리는 자의 뒤를 이으며 산들은 단 포도주를 흘리며 작은 산들은 녹으리라.")

(6) 물론 두 선지자 중 누가 먼저 예언 활동을 했느냐가 문제이지만, 요엘이 포로 전에 활동했다는 증거가 된다.

2. 연대 문제는 이렇게 그 주장을 달리하지만, 요엘은 당시 공동체 전체를 잘 알고 있었음을 본다.

그는 메시지를 나이 든 사람에게 전한다(1:2). 또 자녀들에게도 관심을 기울이고 있다(1:3). 심지어는 젖먹이들까지 예배에 초청한다(2:16). "너희는 이 일을 너희 자녀에게 말하고 너희 자녀는 자기 자녀에게 말하고 그 자녀는 후세에 말할 것이니라"(1:3)라는 말씀을 볼 때, 이 메시지가 어느 한 특정한 시대에 한정된 것이 아님을 알 수 있다. 자연히 연대 문제를 생략했을 것이다.

[요아스의 등극과 여호야다의 반정 과정]

잠깐만!!

이 부분부터는 아달랴의 학정과 요아스 왕의 등극 과정을 그린 동교재, 열왕기하 11-12장(124-141면)의 내용을 그대로 가져와 설명한 것입니다. 이미 이 내용을 공부하신 분은 지나가도 됩니다.

1. 연대 문제는 너무 다른 주장 때문에 확실한 결론을 내리기가 어렵다. 우선 요엘의 연대를 <바벨론 포로 전 요아스 왕의 통치 시기>로 보는 입장에서 요엘서의 역사적 배경을 살펴보기로 하자.

(1) 남유다의 왕 요아스와 그의 등극 과정을 살피기 위해서는 아달랴의 왕위 찬탈 과정부터 다루어야 한다. 따라서 다음의 설명은 이미 앞에서 공부한 동교재, 열왕기하, 124-141면의 내용을 그대로 가져와 정리하면서 설명해야 할 것 같다.

(2) 아달랴의 왕위 찬탈(왕하 11:1-3)

북왕국에서는 오므리 왕가를 멸절시키려는 예후의 피비린내나는 숙청이 진행되고 있었다. 바알 숭배를 뿌리 뽑으려는 예후의 열심 때문이었다. 물론 아합의 통치를 정리하기 위해 예후를 왕으로 세우셨다. 그 불똥은 남왕국 유다에게까지 번졌다. 여호람과 아달랴 사이에 태어난 아하시야도 예후에게 죽었다. 왕의 죽음으로 유다 정국이 어수선했다. 무엇보다 열 받은 사람은 왕(아하시야)의 모친 아달랴였다.

아합의 죽음은 적지 않은 파장을 일으켰다. 페니키아(두로와 시돈)와 북이스라엘 그리고 남유다로 이어지던 강력한 연결끈이 예후의 혁명으로 끊어져버렸다. 아합(과 이세벨)의 딸 아달랴는 마음이 편치 못했다. 분명히 남쪽에도 바알 숭배를 뿌리 뽑으려는 운동이 일어날 것이기 때문이다.

2. 아하시야의 모친 아달랴는 누구인가?

(1) 아달랴(עֲתַלְיָה)[1]는 앞에서 언급되었듯이 아합과 이세벨 사이에서 태어난 딸이다. 그러니까 오므리 왕의 손녀이다(왕하 8:18, 26; 대하 22:2). 이즈음 남북 관계는 우호적이었다. 따라서 아달랴는 유다 왕 여호사밧(경건한 왕이었다)의 아들 여호람과 결혼을 하게 된다(왕하 8:16, 17). 물론 정략적인 결혼이었다.[2]

(2) 아달랴는 그의 어미 이세벨의 고약한 성격을 닮았다. 그녀의 남편 여호람도 아내의 사주를 받았을 것이다. 따라서 여호람은 아합의 길을 따른다. 여호람은 자기 형제들을 모두 죽이고(대하 21:2-4), 이스라엘 방백들 중 몇 사람도 죽였다. 이런 왕의 행동은 그의 아내 아달랴 때문이었다.

1) 아탈야후 : '여호와는 위대하시다' 라는 뜻.

2) 남북이 분열된 후 두 나라 사이에는 항상 전쟁이 계속되었다. 아사 왕의 아들 여호사밧은 경건한 인물이었는데(왕상 22:46; 대하 17:6, 25년간 통치) 왕위에 오르면서 남북간의 관계 개선을 원했다(왕상 22:44). 북이스라엘과의 전쟁을 피해야겠다는 생각하에 아합 왕의 딸 아달랴를 자부로 맞이한다(왕하 8:18). 그러나 이것이 화근이 된다. 왕하 11장부터는 이 문제를 언급한다. 그의 아들 여호람은 아합의 길을 따르게 된다. 그의 아내 아달랴 때문이었다.

from 동교재, 열왕기하 125면에서

▼ **아하시야**: "우리 아버지가 여호람이야. 우리 아버지 어떻게 죽은 거 알지? 역대하 21:18-19을 읽어보면 알 수 있어." "우리 아버지가 통치할 때, 블레셋과 아라비아놈들이 쳐들어와서 우리 집은 거의 전멸되었어. 그때 말째인 나만 살아남았지. 그래서 내가 왕이 되었는데, 우리 엄마(아달랴) 등살에 아합의 길을 갈 수밖에 없었지." "나, 예후한테 죽은 거 알지?" "그러나 저러나 1년도 왕노릇 못하고 죽은 걸 뭐."

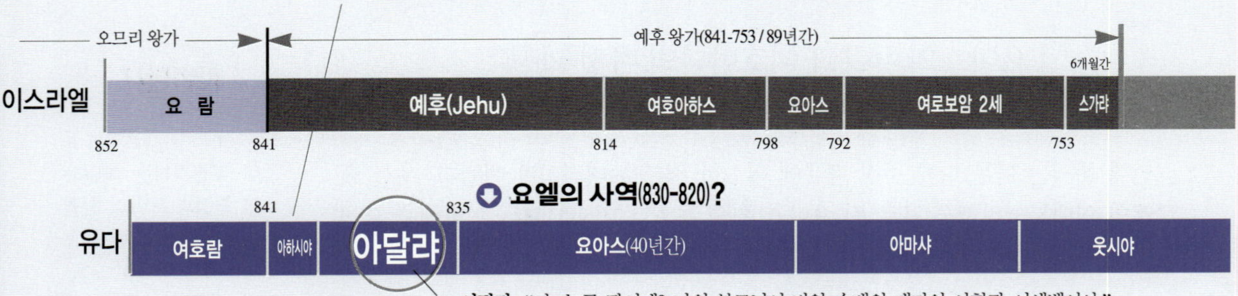

▲ **여호람**: "나는 여호사밧의 아들이야. 우리 아버지는 내가 장남이라고 나에게는 왕위를 물려주시고, 내 동생들에게는 은금과 보물과 견고한 성읍들을 선물로 주셨지. 그런데 내가 왕이 된 다음에 내 형제들을 모두 죽여버렸어(대하 21:2-4). 내 부인이 누구인지 알아? 그 유명한 '아달랴'야. 아합의 딸말이야." "자세한 것은 왕하 8:16-24을 읽어봐."

▲ **아달랴**: "나, 누구 딸이게? 나의 부모님이 바알 숭배의 대가인 아합과 이세벨이야." "우리 아버지하고 남쪽의 여호사밧 왕하고 사돈을 맺자고 하셨지. 그래서 내가 여호람한테 시집온 거야." "그러나 저러나 우리 아들(아하시야)이 예후한테 죽은 거 알지? 우리 아합 집안도 아주 거덜났어. 예후 때문에 말이야. 아이고 열 받아!! 나도 우리 엄마(이세벨) 닮아서 성질이 개같은데, 정말 참을 수가 없구먼." "블레셋과 아라비아놈들이 쳐들어와서 우리 아들들 다 죽이고 겨우 아하시야만 살아남아서 왕이 되었는데, 1년도 못 되어 예후놈에게 죽다니!!"

"그래서 다음 왕이 될 손자놈들을 모조리 죽였지. 내가 왕이 되려고…" "그런데 어린 손자놈 하나만 놓쳤어." "그 어린 손자가 요아스야." "그만 이야기 하자, 창피하니까."

- 대하 21:6 "그가(=여호람) 이스라엘 왕들의 길로 행하여 아합의 집과 같이 하였으니 **이는 (아합의 딸이 그의 아내가 되었음이라)** 그가 여호와 보시기에 악을 행하였으나"

(3) 하나님은 여호람의 만행을 보면서도 다윗과의 언약을 지키셨다. "여호와께서 다윗의 집을 멸하기를 즐겨하지 아니하셨음은 **이전에 다윗과 더불어 언약을 세우시고 또 다윗과 그의 자손에게 항상 등불을 주겠다**고 말씀하셨음이더라"(대하 21:7).

(4) 아달랴의 성격은 그의 아들 아하시야에게도 영향을 끼쳤다. 블레셋 및 아라비아의 침공으로 여호람 왕가는 거의 전멸되고[1)] 아하시야만이 살아남아 겨우 왕자리에 올랐으나 아달랴의 교도를 받아 그 역시도 아합의 길을 걸었다.

1) 여호람이 왕위에 오른지 8년만에 세상을 뜨자 아달랴는 오직 하나밖에 안 남은 아하시야에게 온 희망을 걸었을 것이다. 다른 자녀들은 블레셋 및 아라비아의 공격으로 죽었기 때문이다.

3. 왜 아달랴는 왕권을 찬탈하려 했을까?

(1) 물론 열왕기하 본문은 그 의도를 설명하고 있지 않다. 그러나 돌아가는 상황으로 보아 자신이 틀림없이 제거당할 것이라고 생각했을 것이다. 북이스라엘의 아합 왕가는 예후에 의해 씨를 말리는 숙청을 당했다. 아달랴에게 오직 유일한 소망은 아들 아하시야였는데, 그 역시도 예후에게 죽임을 당했다. 바알 종교가

뿌리째 뽑혀나갔다. '그렇다면 틀림없이 이 남유다에도 피바람이 불지 모른다.'

(2) 아달랴는 악명 높은 이세벨의 딸이다. 그녀 때문에 유다에도 바알 종교가 뿌리 깊게 뻗어 있었다. 그녀는 어머니의 성격을 닮았으리라. 그녀는 어떤 일이라도 저지를 인간이었다. 그녀는 마침내 왕위를 찬탈하기로 마음먹는다. 아하시야의 형제들은 이미 예후에게 숙청을 당한 뒤였기에(왕하 10:12-14*) 자신의 손자들을 죽이는 데 큰 걸림돌이 없었던 것 같다.

4. 왕의 씨를 말리는 아달랴의 대숙청에서 살아난 왕손이 한 명 있었다.

(1) 왕자들이 살해되는 과정에서, 여호람 왕의 딸이요 아하시야의 누이(이복 누이?)인 여호세바(יְהוֹשֶׁבַע)가 아하시야의 아들 요아스를 몰래 빼내어 유모와 함께 침실에 숨겼다. 즉 부부가 이 일을 아달랴 몰래 진행했다는 말이다.

(2) 만약, 이 왕손이 끊겼다면 다윗 왕조는 아합의 딸에 의하여 종말을 맞아야 했다. 그러나 하나님은 다윗에게 어떤 약속을 주셨는가? (삼하 7:15*) 삼하 7:14의 말씀처럼(7:14 "나는 그에게 아버지가 되고 그는 내게 아들이 되리니 그가 만일 죄를 범하면 내가 사람의 매와 인생의 채찍으로 징계하려니와") 다윗 가계(家系)가 징책을 받을 수 있을 것이나, 사울에게서 은총을 빼앗은 것같이 이 (다윗과의) 약속이 철회되는 일은 없을 것이라고 하셨다. 사울의 불순종으로 인해 하나님은 그를 폐하셨다. 즉, 은총을 거두셨다. 분명히 다윗의 후손 중에서 사울과 같은 불순종이 있을 것이지만 사울에게서처럼 은총을 거두지는 않으실 것이다.

(3) 다윗의 가계가 지속될 것이라는 언급은 다음 구절에서 확인할 수 있다(왕상 11:34-36을 읽어보자).

- 왕상 11:36 "그의 아들에게는 내가 한 지파를 주어서 내가 거기에 내 이름을 두고자 하여 택한 성읍 예루살렘에서 **내 종 다윗이 항상 내 앞에 등불을 가지고 있게 하리라.**"

(4) 이렇게 하나님은 다윗과의 언약을 충실히 지키심으로써 다윗의 등불을 끄지 않으셨다.

5. 아달랴는 몇 년 간을 통치했나?

- 왕하 10:12 "예후가 일어나서 사마리아로 가더니 도중에 목자가 양털 깎는 집에 이르러 13 예후가 유다의 왕 아하시야의 형제들을 만나 묻되 너희는 누구냐 하니 대답하되 우리는 아하시야의 형제라 이제 왕자들과 태후의 아들들에게 문안하러 내려가노라 하는지라 14 이르되 사로잡으라 하매 곧 사로잡아 목자가 양털 깎는 집 웅덩이 곁에서 죽이니 사십이 명이 하나도 남지 아니하였더라."

- 삼하 7:15 "내가 네 앞에서 물러나게 한 사울에게서 내 은총을 빼앗은 것처럼 그에게서 빼앗지는 아니하리라."

(1) 아달랴의 즉위 연대에 대한 대조연대나 통치 기간이 기록되어 있지 않다. 그러나 그녀가 왕위를 찬탈한 연대는 예후가 요람과 아하시야를 죽인 841년이다(왕하 11:21). 그리고 그녀가 죽은 것은 요아스가 즉위하던 해, 즉 예후 제7년이다(왕하 12:1).

(2) 요아스는 6년간 숨겨져 살았고, 예후 7년 그가 7세가 되던 해 왕위로 추대 받았다. 이렇게 계산해 보면 그녀가 실제 통치한 기간은 6년간[1])이 된다(대하 22:12 참조).

1) 무즉위년 방식으로는 7년간 통치한 것으로 본다.

여호야다의 반정(反正) (왕하 11:4-21)

1. 아달랴가 정권을 장악한 지 7년 째 되던 해 여호야다의 반정(反正)이 일어났다.

(1) 예루살렘에 살았던 제사장 여호야다(Jehoiada)는 어린 요아스를 왕으로 앉히기 위해 묘책을 강구했다. 여호야다는 아달랴가 정권을 장악할 때 노인이었다. 그러나 그의 아내 여호세바는 젊었던 것 같다. 그는 이미 가정을 이루고 있었다(대하 23:11 참조).

(2) 아달랴의 정책은 바알 숭배를 고수하는 것이었다. 백성은 아달랴의 통치 하에서 불안해했다(왕하 11:20 참조). 아달랴 통치 6년이 지나자 제사장 여호야다는 다윗 가문에 대한 충성심에 호소해 위험을 감수하고 반정(反正)을 일으켰다. 우선 그가 거사를 위해 착수한 것은 성전과 궁전의 파수를 담당했던 '가리 사람'[1]) 백부장과 근위대(성직자와 레위인으로 구성됨, 대하 23:4)[2])의 지지를 얻는 것이었다. 다윗의 가계(家系)가 이제 끊어지는 것이 아닌가 하고 불안했던 군인들은 반정에 동조했다. 이들은 모두 여왕을 지지하지 않았던 반대파였다.

1) 카리(כָּרִי) : 가리 사람은 그레데에서 온 그렛 사람을 가리킨다(대상 18:17; 삼하 20:23). 이들은 아달랴의 호위병으로 용병들이었다.

2) 역대기에서는 정변을 일으킨 사람들은 왕궁 수비대들이 아니라 제사장들과 레위인들이었다고 했다. 궁중 내부의 정변이 아니라 나라 전체가 개입된 정변이라는 말이다.

2. 여호야다는 이들을 비밀히 불러 그의 거사 계획을 설명했다.

(1) 그는 우선 지금 아달랴 여왕은 다윗 계통의 합법적인 왕이 아니기에 이를 제거해야 한다는 점을 강조했을 것이다. '그렇다면, 다윗 가계를 이을 정통 후계자가 있어야 하지 않겠는가?' 의아해 하고 있는 이들에게 여호야다는 정말로 왕위를 이어 받을 합법적인 계승자가 있음을 알리고 그를 보여주었다. 그 계승자가 바로 7살이었던 어린 **요아스**였다. 여호야다의 설명을 들은 이들은 즉각

요아스를 왕으로 세우려는 것을 알고 "반역이다, 반역이다"라고 외치는 아달랴 여왕

동의했다. 여호야다는 그들과 언약을 맺었다. 그리고 그들로 주의 성전에서 맹세케 했다. 그런 후에 어린 왕자 요아스를 보여주었다. 거사를 신중하게 하기 위해서였다.

(2) 어린 요아스가 왕으로 등극했지만 나이가 너무 어렸기 때문에 모든 정사(政事)를 여호야다가 집행했다. 그는 유다를 다시 여호와의 종교로 되돌리면서 개혁 작업에 착수했다(18절).

3. 아달랴를 죽인 다음에 여호야다가 제일 먼저 착수한 일은 무엇일까? (왕하 11:17-21)

(1) 여호야다는 무엇보다 유다의 모든 백성들로 하여금 굳게 언약(베리트, בְּרִית)을 세우게 했다. 먼저 여호와와 백성 사이에 언약을 세웠다(왕하 11:17). 여호야다는 왕과 백성들로 하여금 ① 하나님과 언약을 맺게 하고 ② 백성들과 왕 사이에도 언약을 맺도록 했다.

(2) 이렇게 여호야다는 백성의 언약 갱신을 통하여 여호람-아하시야-아달랴의 통치 하에서 바알을 숭배했던 죄악에서 벗어나 이들 스스로 여호와의 백성임을 자각케 했다.

북이스라엘의 12대 왕(예후 왕조의 3번째 왕)과는 동명이인이다.

⑧ 요아스

왕하 12:1-12:21/ 대하 24:1-27
835-796(40년간) - **살해됨**

선한 왕

요아스의 통치와 선행(왕하 12:1-21)

1. 요아스는 7세에 왕이 되었다. 북왕국 예후의 통치 7년이 되는 해였다. 그는 얼마 동안 유다를 통치했나? (1절)

(1) 요아스(예호아쉬, יְהוֹאָשׁ)는 '여호와는 강하시다'는 뜻이다. 그는 어린 나이에 왕위에 올라 40년 간 유다를 통치했다. **왕이 너무 어렸기에 제사장 여호야다가 상당한 영향력을 행사하며, 왕을 보필했다.** 여호야다는 130세까지 살았다(대하 24:15). 그렇다면 그의 주도로 정변을 일으켰을 때에는 상당히 고령이었음을 알 수 있다. 요아스는 여호야다가 살아 있을 동안 그의 교훈을 받아 "여호와 보시기에"[1] 정직히 행하였다고 했다. 그러나 산당은 제거하지 않았다.

(2) "여호와 보시기에 '정직히'(הַיָּשָׁר)[2] 행하다"라는 말은 여호와 보시기에 옳은 것(the right)을 행하였다는 말이다. 이는 하나님의 명령(신 6:17-18)과 언약(신 12:28, 13:19)에 순종하는 것과 관련되어 있다.

(3) 그러나 여호야다가 죽고 나자 요아스는 유다 방백들의 손에 놀아나게 되었고, 여호야다의 아들인 스가랴의 말도 듣지 않았다. 그는 스가랴를 돌로 쳐죽이기까지 했다(대하 24:17-22). 결국, 요아스는 더 통치할 수 있는 나이였지만 그의 부하들에 의해 살해당했다(왕하 12:20).

2. 제사장 여호야다는 요아스에게 어떻게 영향력을 행사했을까?

(1) 요아스는 여호야다가 살아 있을 동안에는 여호와 보시기에 정직히 행하였다고 했다. 역대하 기자는 조금 더 자세하게 기록했다. 여호야다는 어린 요아스에게 두 명의 신부감을 골라 장가들게 하였다고 했다(대하 24:3).

(2) 여호야다가 죽자 상황은 반전되었다. 제사장 여호야다의 지휘로 반정이 성공하자 제사장들이 깊숙히 정책에 관여하게 되었을 것이다. 어린 나이에 왕으로 등극한 요아스는 성인이 되면서 이들의 강요(?)에 신물이 났을지도 모른다. 여호야다의 죽음으로 제사장의 무리가 정가에서 퇴출되기 시작했고, 궁내에는 유다 방백들이 득세하기 시작했을 것이다. 점차 이들이 실세로 등장하면서 왕을 부추키기 시작했고 안정되었던 정가는 흔들리기 시작했다. 백성은 또다시 하나님의 성전을 버리고, 아세라 목상과 우상을 섬기기 시작했다. 물론 이 일로 하나님의 진노가 임했고, 왕은 결국 암살당했다.

1) 신인동형론적으로 하나님께서도 눈이 있는 것으로 묘사된다. 하나님의 눈은 도처에 있으며 선과 악을 감찰하신다(잠 15:3). 왕(인간)은 여호와의 눈에(*여호와의 보시기에*) 올바르게 행할 수도 있고(왕상 15:11), 악을 행할 수도 있다(왕상 16:25).

2) 야사르 : 곧은, 정직한, 올바른

만약, 요엘 선지자가 요아스 왕 때에 활동했다면…

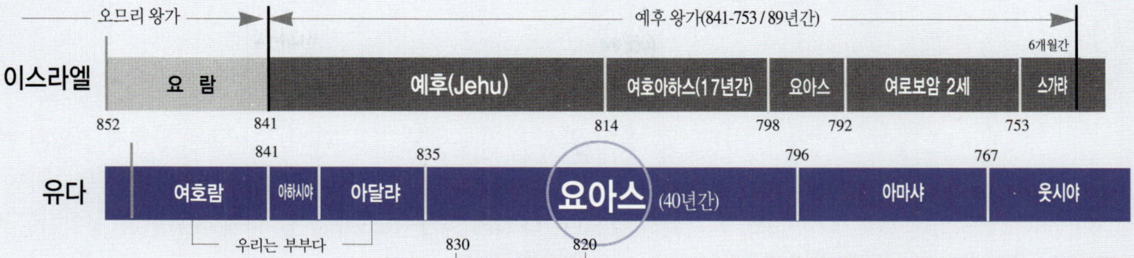

요엘 선지: 여호야다는 제사장이었다. 여호야다의 반정(反正)으로 아달랴의 정권이 무너지고 요아스가 왕으로 옹립되었다. 이런 일로 인해 장로들(늙은 자들, 욜 1:2)과 제사장들이 대거 정치에 등장했다. 요아스 왕의 침체기에 요엘은 임박한 '여호와 날'을 어떻게 맞을 것인가 말하면서 이들이 먼저 겸손히 회개해야 할 것을 말했다. 제사장들은 이스라엘 백성들의 중보자로서 부르짖음이 있어야 할 것을 간곡히 권면했다(욜 1:13, 14). 그러나 요엘서의 저작 시기를 이 시기로 보지 않는 학자들도 많다. 바벨론 포로 후로 보거나 요시야의 죽음 직전 혹은 직후인 609년경으로 보는 사람도 있다.

(3) 점점 타락의 길을 걸어가는 길을 더 이상 참을 수 없었던 (제사장 여호야다의 아들) 스가랴는 백성들을 향해 심판을 선포했으나 그 역시도 죽임을 당했다(대하 24:20-21*).

요아스의 배교(왕하 12:19–21)

1. 요아스의 오른팔 격인 여호야다가 죽자 지도력이 약한 요아스는 그의 정책에 변화를 가져왔고, 이스라엘은 다시 추락하기 시작했다.

(1) 여호야다는 성전 복구 공사가 끝난 후 죽는다. 그때 나이가 130세라고 했다(대하 24:15). 나이 많고 늙어서 죽었다. 그는 다윗성 열왕의 묘실에 장사되었다. 이렇게 한 것은 여호야다가 이스라엘과 하나님과 그 전에 대하여 선을 행하였기 때문이라고 했다(16절).

(2) 앞에서 잠깐 언급되었지만 요아스의 정신적 지주 여호야다의 죽음은 원로급 제사장들의 퇴조를 의미한다. 이 진공 상태를 메운 사람들은 유다 지도자들(방백들)[2]이었다. 이들의 조언을 받아들여 요아스는 신속히 하나님으로부터 등을 돌리기 시작했다. 따라서 그는 그 열조의 하나님 여호와의 전을 버리고 이방 여신인 아세라 목상과 우상을 섬기기 시작했다(대하 24:18).

• 대하 24:20 "이에 하나님의 영이 제사장 여호야다의 아들 스가랴를 감동시키시매 그가 백성 앞에 높이 서서 그들에게 이르되 하나님이 이같이 말씀하시기를 너희가 어찌하여 여호와의 명령을 거역하여 스스로 형통하지 못하게 하느냐 하셨나니 **너희가 여호와를 버렸으므로 여호와께서도 너희를 버리셨느니라 하나** 21무리가 함께 꾀하고 왕의 명령을 따라 ***그를 여호와의 전 뜰 안에서 돌로 쳐죽였더라.***"

여기 "유다 방백들이 와서 왕에게 절했다(יִשְׁתַּחֲווּ)"는 말은 왕에게 경의와 복종을 나타내는 말이기도 하지만 '청원'했다는 뜻이 있다. 그들의 청원 내용이 무엇인지 확실치 않으나, 18절의 내용을 보아 우상 숭배와 관련된 청원이었을 것이다.

(3) 이런 죄로 인하여 하나님의 진노가 유다와 예루살렘에 임하게 된다. 하나님은 그들을 돌아오게 하시려고(경고하시려고, יָעִידוּ)[1] 선지자들을 보냈으나 듣지 아니했다(대하 24:19). 물론 백성들도 죄악으로 물들어갔다.

1) 우드(עוּד)의 히필(사역 능동) 부정사: '되돌아가다, 증거하다, 단언하다, 엄숙히 경고하다'의 의미가 있다. 하나님께서 이스라엘을 경고하실 때 사용되었다(왕하 17:15; 시 50:7; 렘 11:7).

2. 결국, 하나님은 누구를 보내 최후 통첩을 하셨나? (대하 24:20)

(1) 하나님의 영이 여호야다의 아들 스가랴에게 임했다. 그는 타락의 길을 걸어가는 백성들을 향해 이렇게 선포했다(대하 24:20).

"그가 백성 앞에 높이 서서 그들에게 이르되
여호와께서 이같이 말씀하시기를
너희가 어찌하여(לָמָּה)
여호와의 명령을 거역하여(עֹבְרִים)[2]
스스로 형통하지(תַצְלִיחוּ)[1] 못하게 하느냐 하셨나니
너희가 여호와를 버렸으므로(=떠나다, 무시하다, 저버리다)
여호와께서도 너희를 버리셨느니라 하나"

2) 아바르(עָבַר): '지나가다, 건너가다, 사라지다, 성내다'라는 의미가 있다. 인간들이 우상 숭배함으로 혹은 다른 죄를 지음으로 언약을 어기고 율법의 요구를 벗어나거나 넘어선다는 개념으로 쓰였다.

(2) 선지자의 경고에서 보는 것처럼 이들은 하나님의 언약을 어김으로써 스스로 형통의 길을 걷어차 버렸다. 그것은 결국 하나님을 무시하고 저버리는 행동이다. 성경에는 하나님을 구할 동안에는 하나님이 형통케 하셨다는 기록이 많이 나온다(수 1:8; 시 1:3; 대하 26:5).

3. 그러나 스가랴 선지자는 돌로 쳐죽임을 당한다. 그것도 여호와의 전 뜰 안에서.

여호와의 말씀(언약을 어기고 우상 숭배하는 일을 책망했던)을 선포하는 선지자를 싫어했던 무리들은 왕을 부추겨 스가랴를 살해하도록 허락을 받아냈다. 그리고 그를 성전 뜰 안에서 돌로 쳐죽였다. 요아스는 스가랴의 아버지 여호야다가 자기에게 잘해준 것을 기억치 않았다. 스가랴는 죽으면서 "여호와께서 왕의 하시는 일을 보시고 그대로 되갚아" 주시기를 기도했다.

하사엘의 이스라엘 공격(815-810년)

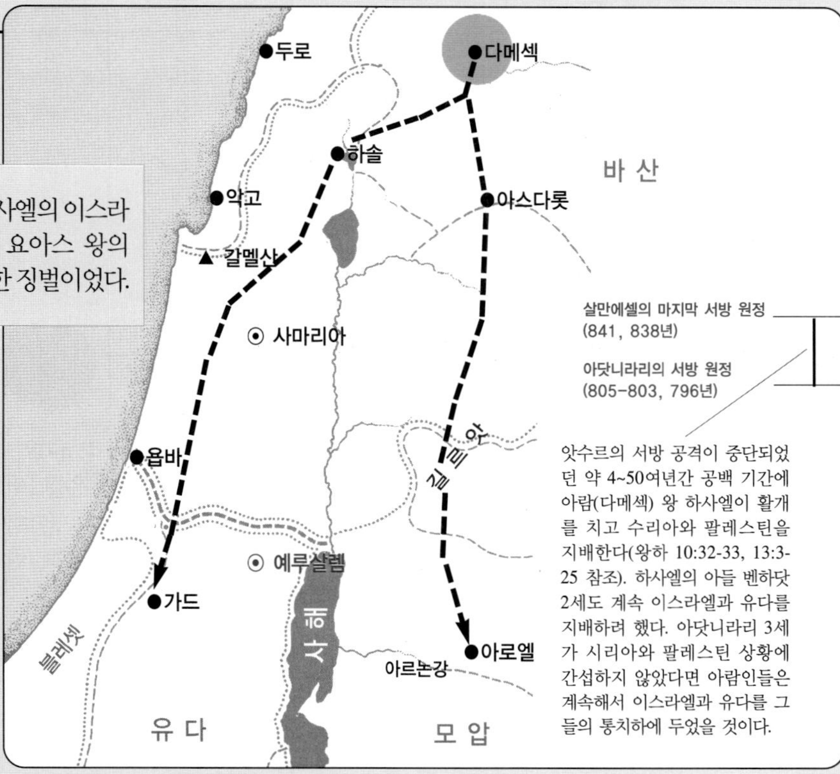

아람 왕 하사엘의 이스라엘 공격은 요아스 왕의 타락에 대한 징벌이었다.

앗시리아 왕들
- 아닷니라리 2세(911-891)
- 투쿨티니누르타 2세(890-884)
- 아슈르나시르발 2세(883-859)
- **살만에셀 3세(858-824)**
- 샴시아닷 5세(823-811)
- **아닷니라리 3세(810-783)**
- 살만에셀 4세(782-773)
- 아슈르단 3세(772-755)
- 아슈르니라리 5세(754-745)
- 디글랏빌레셀 3세(746-728)
- 살만에셀 5세(727-722)
- 사르곤 2세(722-705)
- 산헤립(705-681)

▲ 아람의 하사엘이 북이스라엘을 지나 가드까지 밀고 내려오자 남유다의 요아스 왕은 선왕인 여호사밧, 여호람, 아하시야가 여호와께 바친 물건들뿐 아니라 자신이 모은 것들(왕하 14:4-16 참조)까지 모두 긁어모아(왕실 창고와 성전 창고에 있던 금 은들) 하사엘에게 보냈다. 본문에서는 요아스가 이렇게 안했으면 예루살렘이 멸망하였을 것이라고 기록하고 있다(왕하 12:18).

수리아 왕 하사엘의 공격(왕하 12:17-18)

1. 열왕기하 12:17-18의 기록으로서는 당시 정황을 정확히 알 수 없다. 그러나 역대하 기자는 아람 왕 하사엘의 공격을 요아스 왕의 타락에 대한 하나님의 징벌로 해석하고 있다.

(1) **하나님은 요아스에 대한 징벌로 다메섹의 하사엘을 일으켜 유다를 치게 하셨다.** 아람 군대는 수가 얼마 되지 않았지만 여호와께서 그들을 도와 유다의 큰 군대를 이기게 하셨다(대하 24:24*). 그때 요아스는 곳간의 모든 금을 거두어 아람 왕 하사엘에게 주어 예루살렘을 떠나게 한다. 물론 많은 방백들이 죽었다. 여호와께서 이렇게 하신 이유는 그들이 여호와를 저버렸기 때문이었다.

(2) 하사엘과의 전투에서 왕은 부상을 당했다(25절). 더 비극적인 것은 부하들이 반란을 일으켰고, 그를 그의 침상에서 죽였다는 점이다. 역대하 기자는 죽인 이유를 여호야다의 아들을 죽였기 때문이라고 했다(대하 24:26; 왕상 12:21 참조). 반란을 일으킨 자들은 암몬 여인 시므앗의 아들 사밧과 모압 여인 시므릿의 아들 여호사밧이었다고 기록하고 있다.

• 대하 24:24 "아람 군대가 적은 무리로 왔으나 여호와께서 심히 큰 군대를 그들의 손에 넘기셨으니 이는 유다 사람들이 그들의 조상들의 하나님 여호와를 버렸음이라 이와 같이 아람 사람들이 요아스를 징벌하였더라."

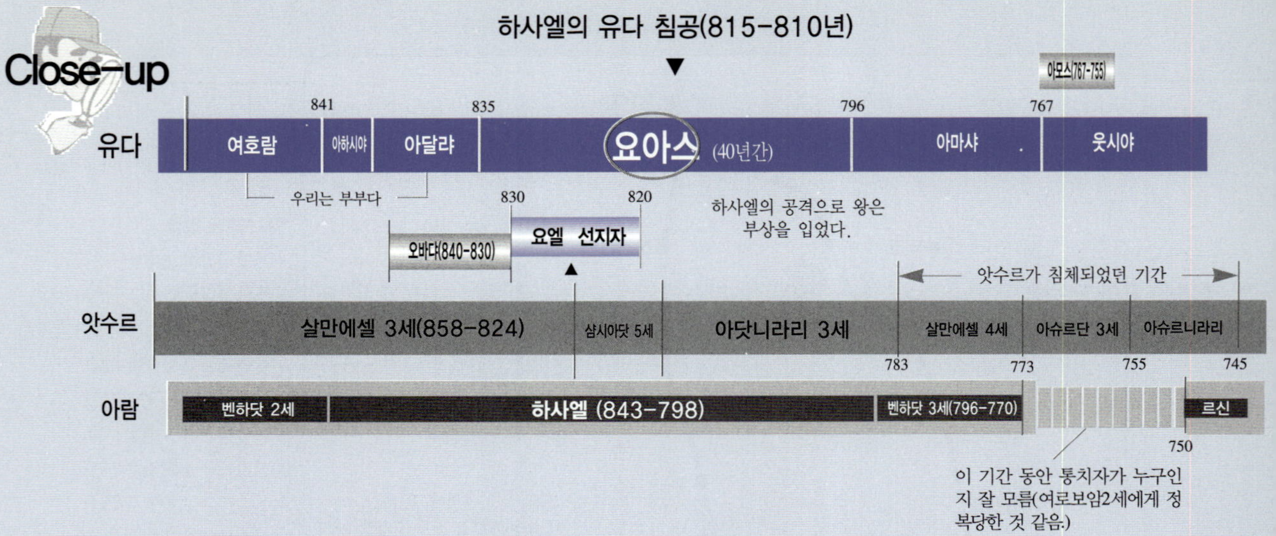

(3) 요아스는 결국 열왕의 묘실에도 장사되지 못하고 다윗 성에 장사되었다(대하 24:25). 요아스는 여호야다라는 거목의 그늘에서 어려움 없이 백성을 통치했다. 그러나 그가 죽자 왕은 간신배들의 손에 놀아나게 되었다. 성전 보수 공사를 성공적으로 끝내고 나름대로 성군(聖君)으로서의 모습도 그 빛이 바랬다.

2. 요아스의 성전 보수 작업(왕하 12:4-16)

성전이 퇴락한 것은 서슬이 시퍼렇던 아달랴의 정권 하에서 자연히 백성들에게서 잊혀졌을 것이고 아달랴의 아들들이 바알을 위하여 여호와의 성전을 약탈했기 때문이었다(대하 24:7). 제사장 여호야다의 등장은 제사장들이 정계에 대거 진출했다는 것을 의미하는데 그들의 목소리 또한 적지 않았을 것이다. 요아스는 성전에 모아놓은 기금을 성전 수리에 쓰라고 명령하고 이 일을 제사장들의 손에 맡겼으나 요아스의 재위 23년에도 성전 수리는 전혀 진척이 없었다. 요아스는 직접 성전 보수 작업을 지휘해서 완공시켰다.[1)]

▲ 위에서 살펴본 바와 같이

- **요엘의 메시지는 이러한 시대적 배경 하에서 선포되었을 것이다.** 요아스는 어린 나이에 등극하여 여호야다의 지도하에 **'성전을 수리'** 하는 등 많은 선한 일을 했다. 그러나 여호야다가 나이 많아 죽자 그는 불안해하면서 악한 왕으로 선회한다. 만약 요엘의 활동 연대가 주전 830-820년이라면 요아스 통치 초기, 즉 여호야다와 제사장 무리가 대거 왕궁에 들어가서 정권을 잡았을 때였다. 그 과정에서 분명히 부패의 요소들이 있었을 것이다.

- 심판의 첫번째 대상은 누구인가? "늙은 자들(=장로들)아 너희는 이것을 들을지어다 땅의 모든 주민들아 너희는 귀를 기울일지어다 너희의 날에나 너희 조상들의 날에 이런 일이 있었느냐"(욜 1:2).

1) 요아스의 이런 정책은 성전에 들어오는 헌금 관리에 큰 변화를 가져왔다. 요아스가 제정한 이 방법은 바벨론 포로로 끌려갈 때까지 사용되었다고 한다. 또한 성전 사업에 대한 권한이 제사장들로부터 왕에게로 넘어가게 되었다.

B. 포로 후 시대로 보는 견해

1. 앞서 비교 설명하는 부분에서 이미 다루어진 문제도 있지만 요엘서의 기록 연대를 포로 후 시대로 보는 견해도 있다. 포로기 이후로 보는 사람들의 주장점은 무엇인가?

(1) 요엘서에는 왕에 대한 언급이 없다. 이런 점을 들어 요엘의 활동 기간이 요아스 때가 아니라 포로 후 시대라고 주장한다. 물론 요아스 시대를 주장하는 사람도 왕에 대한 언급이 없기 때문에 이 점을 강조한다.

(2) 또 요엘서에서는 호세아서나 아모스서에서 강조하는 우상 숭배의 죄에 대한 언급이 없다는 점을 들어 포로기 후라고 주장한다. 그러나 이 주장을 반대하는 사람들은 당시 바알 숭배에 철저했던 아달랴의 정권이 무너지면서 남유다의 바알 숭배도 철퇴를 맞았기 때문에 크게 문제시 될 것이 없다고 주장한다.

(3) 욜 3:6에는 '헬라'(예바님, 그리스인, יְוָנִים)라는 말이 언급되었다. "또 유다 자손과 예루살렘 자손들을 **헬라** 족속에게 팔아서 그들의 영토에서 멀리 떠나게 하였음이니라." 이 말을 근거로 포로 후 시대를 주장한다. 당시 두로나 시돈, 블레셋 사람들은 유다에게 늘 가시 같은 존재였는데(겔 28:20-24), 이들은 이스라엘 사람들을 잡아서 노예로 팔았다. 3:6에서는 헬라 족속에게 팔았다고 했다.[1] 그러나 헬라 사람들에 대한 언급은 국가 단위가 아니라 노예 무역상에 대한 지칭이므로[2] 헬라 제국 시대에 대한 증거로 보기 어렵다. 더욱이 알렉산더 대제 이후로 헬라인들은 베니게, 이스라엘 등 모든 지역을 문화적으로 정치적으로 다스렸다. 이들은 이스라엘의 정복자로 있었기에 본문을 그 증거 구절로 채택하기는 어렵다.

(4) 또 포로 후 시대를 주장하는 사람은 욜 3:2-3을 그 증거 구절로 든다.

- 욜 3:2 "**내가** 만국을 **모아 데리고**(קִבַּצְתִּי- 피엘 동사 완료 1인칭) 여호사밧 골짜기에 **내려가서**(הוֹרַדְתִּים - 히필 동사 완료 1인칭, 대명사 어미-3인칭 남성 복수) 내 백성 곧 내 기업인 이스라엘을 위하여 거기에서 그들을 **심문하리니**(נִשְׁפַּטְתִּי - 니팔 동사 완료 1인칭) 이는 그들이 이스라엘을 나라들 가운데에 **흩어 버리고**(פִּזְּרוּ - 피엘 동사 완료 3인칭) 나의 땅을 **나누었음이며**(피엘 동사 완료)."

1) 헬라는 일찍부터 히브리인들에게는 '야완'으로 알려져 왔다(사 66:19; 겔 27:13, 19). 본래 그들의 조상이 야벳의 아들 '야완'이었기 때문이다(창 10:2; 대상 1:5, 7). 한글역은 '야완'으로 반역하기도 하고(겔 27:12, 19; 사 66:19) 또는 '헬라'라고도 번역했다(단 8:21, 10:20, 11:2; 슥 9:13).

2) 요엘은 9세기 후반의 헬라인들이나 근동에서 노예를 체포하기 위해 헬라 항구로 갔던 노예 상인들을 알고 있었던 것으로 보인다.

욜 3:2-3에서 보는 것처럼 여호와께서는 자기 백성을 사방에 흩어버리고 그들의 땅을 나누며 그 자녀들을 종으로 팔아넘긴 열방의 소행을 벌할 것이라고 선언하신다. 여기에 나오는 동사 형태들이 이미 발생한 사건들을 언급하고 있다(완료형). 따라서 포로기가 과거로 되어 있기 때문에 요엘서의 기록은 포로기 이후 시대 초기로 보아야 한다고 주장한다.

그러나 초기 연대를 주장하는 사람들은 역대하 21:16-17이 요엘 3:2-3의 배경을 제공한다고 본다. "여호와께서 블레셋 사람들과 구스에서 가까운 아라비아 사람들의 마음을 격동시키사 여호람을 치게 하셨으므로 17그들이 올라와서 유다를 침략하여 왕궁의 모든 재물과 그의 아들들과 아내들을 탈취하였으므로 막내 아들 여호아하스 외에는 한 아들도 남지 아니하였더라"(대하 21:16-17). 그러므로 초기 연대를 주장하는 사람들은 요엘 3:2-3의 동사 형태들을 미래 완료형에 해당한다고 설명한다.

(5) 위와 같은 경우는 욜 2:18-19a에서도 마찬가지이다. 여기서는 미래 시제로 번역했다. "그 때에 여호와께서 자기의 땅을 **극진히 사랑하시어**(**개역 - 중심이 뜨거우시며**) 그의 백성을 불쌍히 여기실 것이라 19여호와께서 그들에게 **응답하여** 이르시기를 내가 너희에게 곡식과 새 포도주와 기름을 주리니" 여기서 '극진이 사랑하시어'(וַיְקַנֵּא)[1]라는 말은 미완료형이지만 와우 계속 용법이다. 그러므로 과거형(was zealous)으로 번역함이 직역이다.[2] 그래서 어떤 학자들은(G.A. Smith, Driver) 과거형으로 직역해야 한다고 주장한다. 그러나 KJ, NASB, NIV 등은 미래형으로 번역했다(will be zealous). 아마 이들은 이것을 예언적 과거(prophetical past)로 보았기 때문일 것이다(김희보, 요엘서). 과거형으로 번역해야 한다고 주장하는 사람들은 요엘서를 포로 후 시대의 작품으로 본다.

(6) 요엘서에는 몇몇 본문들이 이미 건축된 성전을 언급하고 있다(욜 1:14, 16, 2:17). 그래서 후기 연대를 주장하는 사람은 제2성전이 건축된 주전 515년 이후에 본서가 기록되었다고 주장한다.

2. 기록 연대를 주전 400년경 또는 600년경으로 보는 학자들도 있다.

(1) 선지자가 하나님의 말씀을 선포하게 된 이유가 무엇일까? 그 전에 전혀 본 적이 없는(1:2) 메뚜기 재앙을 만났다(물론 메뚜기 떼가 외국 군대를 가리킨다고 보는 견해도 있지만). 이런 재앙은 모든 농작물을 폐허로 만들었다(1:7, 12). 목초지 역시 불에 탄 것처럼 황폐하게 되었다(1:19-20). 따라서 곡물 창고는 텅 비었다

1) 피엘 동사 와우 계속 용법 3인칭 남성 단수.

2) RSV - became jealous
NEB - burned with zeal

(1:5, 10, 11, 17). 식량도 부족했고(1:16), 성전에 드릴 수확물마저 얻을 수가 없었다(1:9, 13).

그렇다면 이런 재앙이 언제 발생했을까? 유다와 예루살렘이 회복되리라는 약속은(욜 3:1-2) 주전 586년 유다의 멸망을 암시한다. 그리고 다시 포로 귀환 후 제2성전이 완공된 것은(성전 언급 - 1:9, 13, 14) 주전 515년이다. 또 욜 2:7과 2:9이 (느헤미야에 의해) 성벽이 재건된 것을 암시한다면 그 연대는 주전 400년경이 된다.

(2) 어떤 학자는(E. 쾨니히) 요시야의 죽음 직전인 주전 609년경의 연대를 지지하기도 했다. 또 요엘의 사역 시기가 주전 600년경이라고 비중있는 증거들을 수집해 주장하기도 했다(A. 카펠루드).[1] 이렇게 여러 가지 주장들이 있으나 확실한 연대를 주장하기는 힘들다.

1) 윌리암 S. 라솔, 구약개관, 박철현 역, 크리스찬다이제스트, 651면.

▲ **그러므로 이렇게 정리하자.**

(1) 요엘서가 이렇게 다른 예언서들과 달리 서두에 선지자 개인에 대한 정보나 기록 시기에 대해 침묵하고 있는 이유가 있을 것이다. 예를 들어 요엘서를 호세아와 아모스 사이에 위치시켰다든가(70인경에서는 요엘서는 미가서 다음에 놓여 있다), 제사장직과 성전 예배가 강조되어 있다든가, 애굽과 에돔(3:19)이 언급되어 있다든가 하는 문제이다. 어쨌든 요엘서는 어느 한 시대를 뛰어넘는 예언의 특성을 보여주고 있다.

(2) 이런 선지자적 역사서는 새로 자라나는 세대들에게 이스라엘의 언약의 하나님의 행위들을 기억케 하려는 데 있다(시 78:1-8을 꼭 읽어보자). 이런 선지서들을 기록하는 목적은 과거의 기억들을 보존하고, 그를 논함으로써 현재의 의의를 파악케 하며, 미래의 전망을 열어주려는 데 있다. 그래야 과거를 현재와 연결시켜 미래지향적 개념으로 나아가게 된다.

(3) 어쨌든 요엘서에서는 시대에 대한 모든 정보를 일부러 생략함으로써 주의 말씀이 새로운 모든 세대에게 특히 그들 자신을 위한 말씀으로 전달되게 하고자 했을 가능성이 있다.[2] 또한 소선지서를 하나로 묶어 놓은 사람들이 연대적 순서를 고려했을 것이라는 점은 의심의 여지가 없다. 요엘서를 호세아서와 아모스 사이에 위치한 것은 요엘이 포로 전 인물이었다는 것을 암시한다. 연대 문제는 이제 그만 언급하기로 하자.

2) 제임스 림버그, 호세아-미가, 한국장로교출판사, 107)

Close-up 선지자들의 사역

선지자가 사역한 기간은 학자들마다 그 주장이 조금씩 다르다. 요나, 하박국, 요엘의 사역기간 등은 정확한 연대를 확인할 수 없다.

소선지서의 사역자들

▶ 북쪽을 향해서 : 아모스, 호세아
▶ 남쪽을 향해서 : 요엘, 미가서, 스바냐
▶ 이방을 향해 : 요나, 나훔, 오바댜, 하박국
▶ 포로 이후 : 학개, 스가랴, 말라기

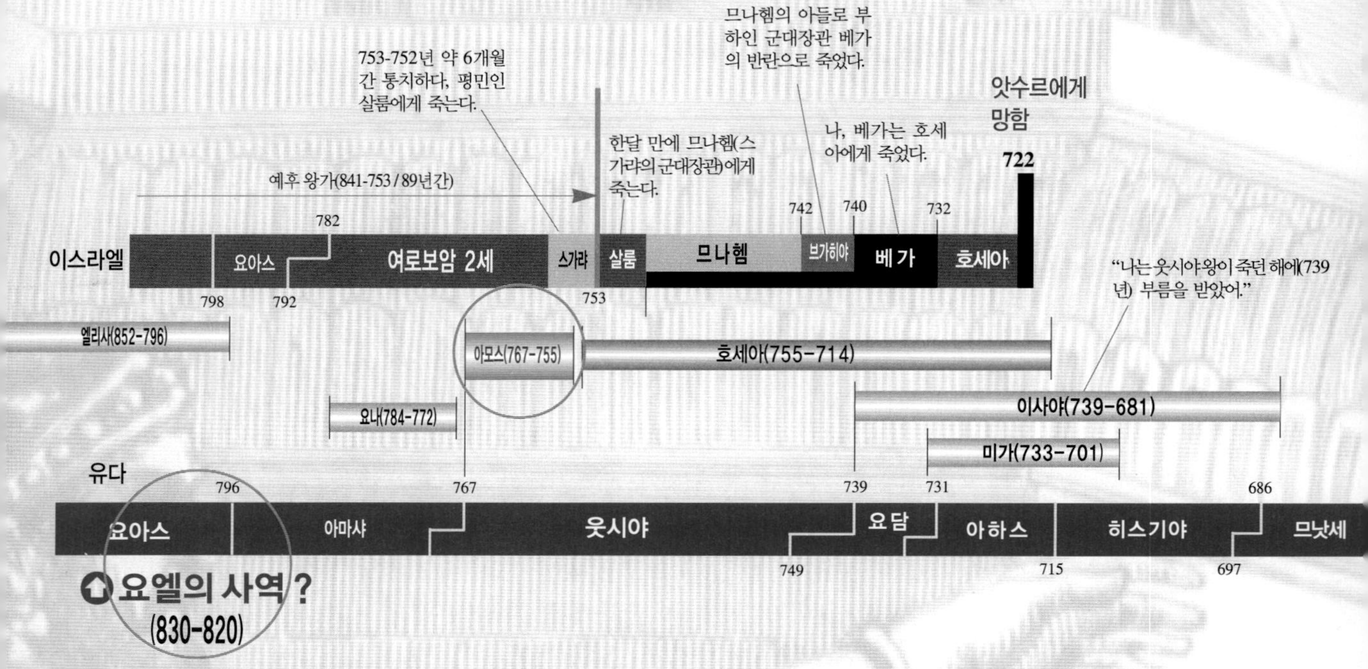

▶ 호세아 - 개인적 윤리 (개인적, 인간적으로 부패했다.)

▶ 아모스 - 사회적 집단에다 공의와 사회정의를 선포했다.
하나님의 심판이 있은 후에 - 새 나라를 세우기 위해, 장차 그리스도의 나라를 세우기 위해 - 호세아와 아모스는 그것을 내다 보았다. / (남은 자) = 순결한 자, 그루터기, 알갱이들 - 영적으로

▶ 요엘 : 제사장과 장로들에게 초점을 두었다. 남쪽 유다에 왕의 힘이 없었던 때에 : 요아스 왕 때 (7살 등극) - 그래서 제사장들이 섭정했다. ❶ 아달랴 정권이 무너지고 요아스가 등장하자 남쪽은 무엇이 될 줄 알았다. 이때에 요엘이 책망했다. (이제는 됐다고 박수칠 때 책망했다. - '성령'이 부어질 것이다. - 구약의 계시록) (북쪽 이스라엘에 비해 왕에 대한 공격이 없다. ❷ 왕에 대한 기사가 없기 때문에 포로 후기로 보기도 한다.)

▶ 요나 - 앗수르의 수도 니느웨에 가서 회개하지 않으면 멸망할 것이라고 선포했다. - 니느웨성이 크게 회개했다.

▶ 미가 (이사야 시대와 동시대) : 그러므로 메시지 내용이 동일하다.
중심은 심판이다. 암흑, 광명이 표리를 이룬다. 명암이 잘 짜여져 있다. 심판과 긍휼

▶ 하박국 - 유다가 완전히 망할 때(여호야김, 시드기야) - 멸망 직전
하박국의 고민 :
1장 - 의인이 왜 핍박을 받고, 악인이 득세하고 - 언제까지 입니까?, 왜 잠잠하십니까?

▶ 요엘의 외침

1. 요엘서는 메뚜기의 대군의 내습에 의한 참담한 재해를 말하여,

(1) 이것이 여호와의 심판에 의한 것임을 경고함과 함께 회개를 촉구하고(욜 1:1-2:17),

(2) 이 일들을, 두려운 주의 날의 예형으로서, 그 메시지를 전하는 데 쓰고 있다(욜 2:18-3:21).

• 여호와(야웨)의 날 : 야웨의 날 사상은 이스라엘을 중심으로 볼 때 심판과 구원의 양면성을 가지고 있다.

1:1-2:17 (전반부) - 하나님의 심판의 날
2:18-3:21 (후반부) - 하나님의 구원(회복)의 날

(3) 베드로는 오순절 날의 성령 강림의 체험을, 요엘 선지자의 예언의 성취로서 말하고 있다(행 2:15-21). 그러나 아직 완성되지 않은, 미래에 성취될 최종 '여호와의 날'을 기다리고 있다.

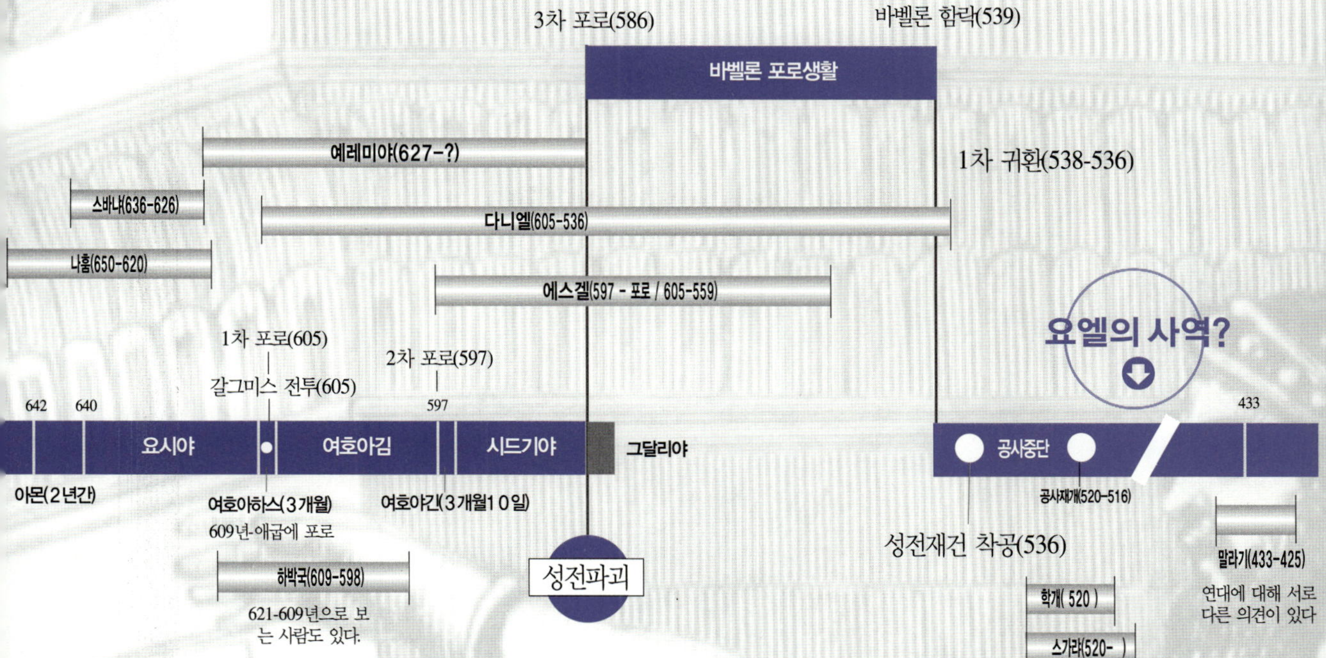

2장 - 하나님의 응답 : '기다리라' - 의인은 믿음으로 살리라. 그래서 하박국은 용기를 얻는다.

▶ 스바냐 : 요시야(성전 수리, 율법책 발견) 왕과 숙질간이다. 왕족(히스기야의 현손)이었기에 자유롭게 성전 출입을 할 수 있었다. / 요시야 왕의 종교개혁의 배경이 된다. 중심은 심판이다. 심판 후에 서광이 있음을 선포했다. - 메시야 왕의 도래

▶ 나훔 - 니느웨 멸망 선포
니느웨는 회개했다. - 회개하면 모두 잘되는가? (요시야 - 회개했는데, 전사했다. 나라도 망하고..) - 그렇게 될 수 있다. 크게 망하기 직전 - 큰 부흥이 있다. / 환난 앞에 부흥을 준다. - 영적 나라가 일어나기 위해서이다. / 앗수르는 무너져야 할 나라였다(왜? - 너무 큰 죄를 지었기 때문에.) - 망해야 복을 받을 수 있다.

▶ 오바댜 - 에돔 멸망 예언

▶ 학개와 스가랴 - 성전 재건이 여러 가지 방해로 15년간 중단되었다. 이때 백성들에게 성전을 재건할 때가 되었다고 용기를 주었다.

또 한 가지 어려운 난제, 메뚜기 떼

1. 요엘서의 또 한 가지 어려운 난제 중 하나는 '메뚜기 떼'이다. 이것이 외국 군대를 말하는 것인가, 아니면 자연재해 중 하나를 말하는가의 문제이다.

(1) 1:4과 2:25의 말씀을 읽어보자.

- 1:4 "팥중이(가잠, גָּזָם)가 남긴 것을 메뚜기(아르베, אַרְבֶּה)가 먹고 메뚜기가 남긴 것을 느치(예레크, יֶלֶק)가 먹고 느치가 남긴 것을 황충(하씰, חָסִיל)이 먹었도다."

- 2:25 "내가 전에 너희에게 보낸 큰 군대 곧 메뚜기와 느치와 황충과 팥중이가 먹은 햇수대로 너희에게 갚아 주리니"

(2) 퓨지(E.B. Pusey)라는 학자는 네 가지의 침략군을 앗수르, 갈대아, 마케도니아, 로마로 보았으나 현대의 학자들은 너무 무리한 해석으로 보고 있다.

(3) 2:4-11에 있는 그림 같은 묘사들을 여호와의 날에 대재난을 가져올 초자연적 생물들(계 9:3-11)로 보는 묵시론적 해석으로 보는 주장도 있으나 여기에도 문제점을 지적한다. 즉 과거 시제가 계속 사용되고 있다는 점과 화자(話者)가 목격자인 것처럼 보인다는 점(욜 1:16 참고)을 들어 요엘서의 내용이 미래를 보고 있는 것이 아니라 이미 발생한 하나님의 심판을 묘사하고 있다는 것이다. 물론 이런 묘사들이 묵시문헌적인 특징들이 들어 있음을 인정한다(2:30, 31).[1)]

1) 윌리암 S. 라솔, 박철현 역, 구약개관, 크리스찬다이제스트, 652.

2. 메뚜기의 재난을 실제로 일어난 역사적 사건으로 보느냐, 혹은 비유로 보느냐, 아니면 선지자가 이상 중에 본 환상인가 하는 문제는 초대교회부터 지금까지 논란의 대상이 되고 있다.

(1) 욜 1:2, 9, 16을 읽어보자. 이 구절들을 보면 역사적인 사건이 확실한 것처럼 보인다. 하나님은 이런 재난을 통하여 앞으로의 이스라엘의 멸망을 예언했다고 주장한다. 즉 '메뚜기의 재난'은 앞으로 나타날 환난에 대한 예표(豫表)라는 것이다.

(2) 그러나 이런 해석도 받아들이기 어렵다는 주장이 있다. 왜냐하면 이 문제가 요엘서 전체와 연결되기 때문이다. 본문에 보면 선지자는 '메뚜기 무리'를 무엇으로 보았을까?

- 이스라엘을 침략해 온 '다른 한 민족(고이, גּוֹי)'
- 많고 강한 백성(2:2)
- 강한 군사(2:5)
- 이빨들은 사자의 이빨 같다(1:6), 그 모양은 말 같고, 그 달리는 것은기병 같다(2:4-5).

(3) 이런 설명을 볼 때, 단순한 '생물학적인 메뚜기'라고 볼 수는 없다. 또한 장차 나타날 적군의 침략으로 되어질 현상을 보여준 단순한 비유도 아니다. 아마 선지자의 눈으로 본 이상이요, 환상이요, 묵시라고 함이 좋을 것이다. 여기서 본문의 술어 동사들이 과거형으로 된 것은 선지자가 이상 중에 친히 환상으로 체험한 것이기 때문일 것이다. 이런 관점으로 보면 메뚜기 재난은 아모스나 사도 요한이 본 환상(암 7:1-5; 계 9:3)과 그 맥을 같이 한다.[1]

1) 김희보, 구약소선지서 주해, 요엘서, 총신대학출판부, 27-28.

이 책의 특징 및 구분

• 총주제 : '여호와의 날'

▶ **제1부에서는**

- '여호와의 날'의 성격이 어떠할 것을 보여주면서
- 그 날을 준비하고 회개하고 여호와께 돌아올 것을 권면한다.
  이들에게 회개할 수 있는 기회가 있었기 때문이다.

- 요엘서 전반부(1:2-11)에 선포된 여호와의 날의 성격은 죄에 대한 심판이다.
- 이 날은 하나님이 주권적으로 심판과 복수를 행하는 때이다(2:11, 12).
- 요엘은 여호와의 날이

① 항상 가깝고 ② 큰 고난을 동반하며 ③ 피할 수 없고
④ 우주적일 것임을(1-11절) 선포했다.
⑤ 또한 그 파괴력이 역시 무시무시하다.

- 여호와는 백성을 향해 "지금이라도 너희의 온 마음을 다하여 돌아오라"고 애타게 부르신다. 그 회개는 생의 방향을 전환해야 하는 실제적인 것이어야 한다. "금식하고 울며 슬퍼하여라. 옷을 찢지 말고 너희 마음을 찢어라"고 말씀하신다(욜 2:12-13).

하나님의 백성이라도 언약을 파기할 경우에는 하나님은 이스라엘에게 대적하신다. 따라서 징벌하신다. 자신의 백성을 정화시키기 위해 하나님은 외국 군대를 동원하신다. 하나님은 지금도 늦지 않았으니 "마음을 다하여 내게로 돌아오라" 고 촉구하신다. 〈두로의 이스라엘 침략〉

▶ 그러나 2부(2:18-3:21)에 선포되는 '여호와의 날'의 성격은 심판으로 의한 재난으로부터의 회복, 곧 구원의 날이다(2:13).

• 구원의 날의 성격
① 북쪽 군대를 멀리 쫓아내시는 날(2:20)
② 자기 백성을 나라들 가운데 에 흩어버린 원수들을 심판하시는 날(3:2, 12, 14)
③ 그 날 이후로 백성이 영원히 수치를 당하지 아니할 것이다(2:19, 26).

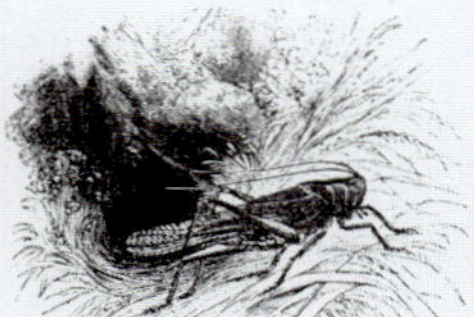

• 백성들이 금식과 눈물과 기도로 반응을 보일 때(2:15-17) 하나님은 이들을 어떻게 대하셨는가? 백성들이 방향 전환을 했을 때, "그 때에 여호와께서 자기의 땅을 극진히 사랑하시어 그의 백성을 불쌍히 여기실 것이라"(2:18) 하셨다.

이렇게 1:1-2:1에서는 심판이 지배적이었지만, 2:18부터는 축복과 희망이 선포되었다.

- 주전 8세기의 선지자들이 '여호와의 날'이라는 말을 사용했다. 이사야에서는 때를 가리키는 말로 역사의 종말을 말하고 있으나, 요엘은 여호와의 날을 그의 당대와 먼 미래 모두에 사용했다. 요엘서의 보편적인 요소는 심판이다. 하나님께서 이 선지자에게 그의 백성을 판단하시려는 데에는 언제나 '그날에'라는 표현을 사용하셨다.

- 심판의 주제는 성경에서 언제나 은혜를 기억하게 한다. 요엘서에서는 그 당시 세대에 은혜 내려주심을 보여 주고 있다. 백성들이 회개하니까 메뚜기가 모두 떠났다. 마지막 심판이 지나간 '이후'에는 유다의 운명이 회복되고 그의 영을 부어주실 것이다(사도행전 2장에서 베드로에 의해 인용됨). 이는 놀라운 사건이며 기대치도 않았던 성취를 맛보게 되었다.

심판의 궁극적 목적은 무엇인가?

(1) 백성의 죄악으로 인해 하나님은 심판을 선언하시지만 하나님의 궁극적 목적은 자기 백성을 고난에서 구원하시는 일이다.

(2) 죄에 대한 하나님의 심판은 필연적이나 그렇다고 그의 백성에 대한 관심을 포기하신 것은 아니다. 그는 결국 자기의 백성에게 번영과 기쁨을 가져다 주기를 원하신다. 그러나 백성들은 영원한 혜택을 누리기까지 잠시 동안 기다려야 할 것이다. 왜냐하면 그의 대적을 물리치셔야 하기 때문이다.

(3) 그렇다면 언약 공동체에 궁극적으로 어떤 복들을 보장하여 주실 것인가?

- 영적인 면(2:28) - "내 영을 부어주실 것이다"
- 물질적인 면(2:19, 23-26) - "곡식과 새 포도주와 기름을 주리니 너희가 이로 말미암아 흡족하리라."
- 모든 역경이 제거될 것이다(2:19, 26, 3:17) - "다시는 너희가 나라들 가운데에서 욕을 당하지 않게 할 것이며"
- 안식을 누리며, 그의 이름을 경배하게 될 것이다(2:20-23).

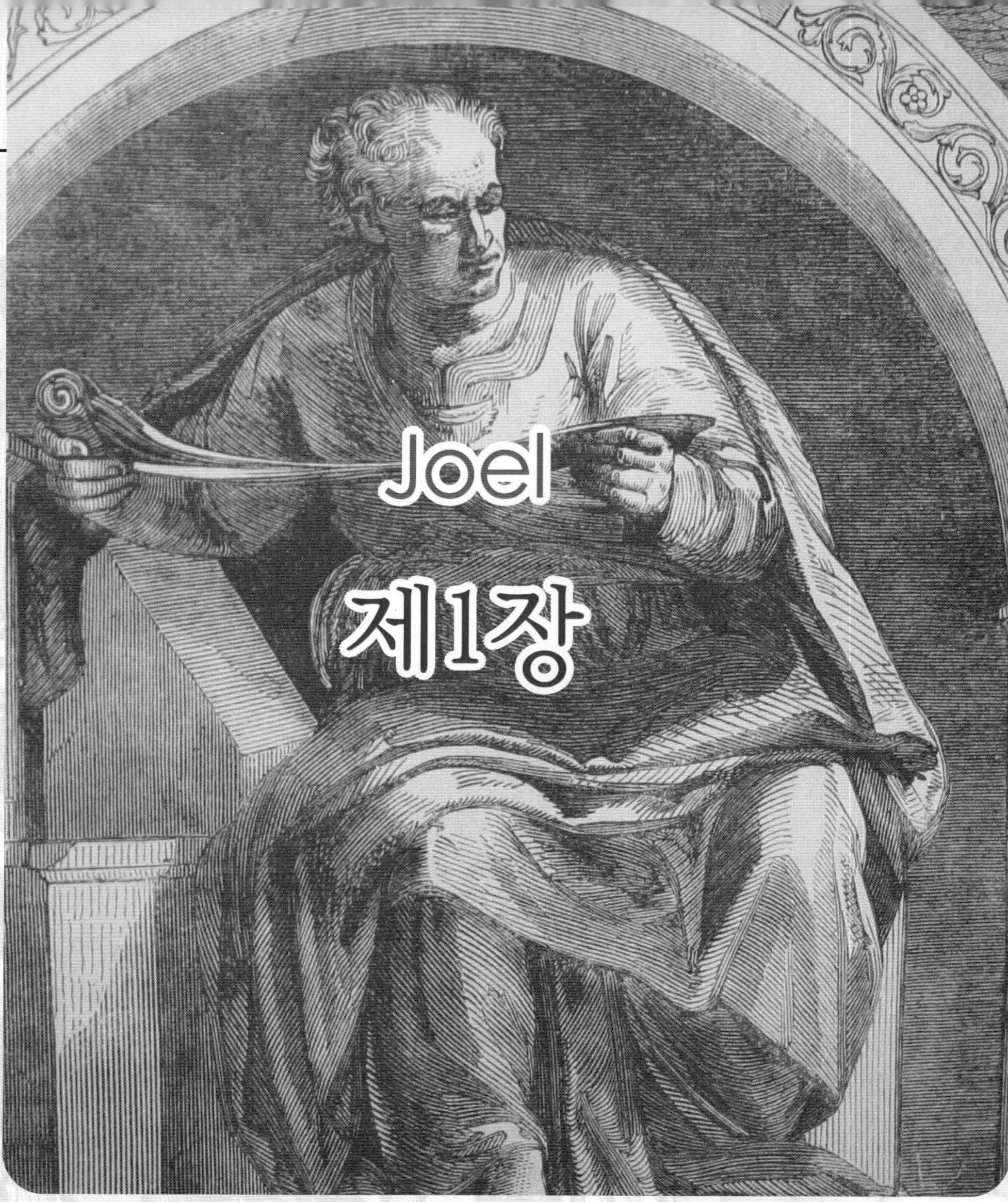

Joel 제1장

이전에 이런 일이 일어난 적이 있느냐?

1:4 “팥중이(가잠, גָּזָם)가 남긴 것을
메뚜기(아르베, אַרְבֶּה)가 **먹고**
메뚜기가 남긴 것을
느치(엘레크, יֶלֶק)가 **먹고**
느치가 남긴 것을 황충(하실, חָסִיל)이 **먹었도다**”

요엘 선지자가 언제 그의 메시지를 선포했는지는 서론에서 이미 고찰했지만 확정적인 결론을 내리지 못한다. 그러나 대체로 요엘이 활동한 시기는 남유다의 '아달랴' 정권이 무너진 이후의 일로 본다. 아달랴는 북이스라엘에서 악명을 떨친 아합과 이세벨 사이에서 태어난 딸이다. 남유다의 여호사밧 왕은 남북의 대치관계를 개선하고자 아달랴를 자부로 맞아들였다. 아달랴의 영향을 받아 남편 여호람은 북이스라엘의 아합의 길을 따랐다(대하 21:6; 왕하 8:18). 여호람의 악정을 보시고도 하나님은 유다를 멸망치 않으셨다. '다윗과 맺은 언약'(삼하 7장) 때문이었다. 여호람은 자기 형제들을 모두 죽이는 만행을 저질렀다(대하 21:2-4). 아마도 아합의 길을 따르는 그의 악한 정책을 비난했기 때문일 것이다. 하나님은 북방에서 사역하고 있던 엘리야를 시켜 무서운 형벌을 예고했다(대하 21:12, 14, 15).

이후 여호람 왕가는 블레셋과 아라비아의 침략으로 거의 전멸되고 말째 아들 여호아하스(=아하시야)만 살아남아 왕위에 올랐으나, 이 왕도 1년이 못 되어 북쪽에서 혁명을 일으켰던 예후에게 죽는다. 오직 희망을 걸었던 하나밖에 없던 아들이 죽었다. 검은 먹구름이 유다 정가를 덮고 있는 과정에서 아달랴는 자신이 살 길을 모색했다. 결국 그녀는 이때를 이용해 정권을 찬달하기로 마음 먹는다. 그녀는 왕의 씨를 말리는 대숙청을 단행한 후에 왕위에 올랐다. 그러나 그 숙청 과정에서 단 한 명이 살아 남았다. 그가 요아스 왕이다. 제사장 여호야다의 반정이 시작된 것이다.

요엘서가 요아스 통치 때에 있었던 메시지라고 한다면
이때의 이야기부터 시작하자.

Outline 1

제1부 : '여호와의 날'의 전조(前兆) 1-2장
(메뚜기 재난)

제1장 : 여호와의 날의 준비(1)

1. 메뚜기 재난과 땅의 황폐(1:2-7)
2. 장로들과 백성들을 향한 회개와 권면(1:8-12)
3. 제사장들을 향한 회개의 권면(1:13-16)
4. 선지자의 탄식과 기도(1:17-20)

제2장 여호와의 날 준비(2)

1. 적군의 침략과 땅의 황폐(2:1-3)
2. 적군의 침략과 처참한 결과(2:4-11)
3. 온 이스라엘은 돌아오라(2:12-17)
4. 하나님의 긍휼과 약속(2:18-20)
5. 기뻐하라, 즐거워하라(의의 교사의 약속)(2:21-27)

제2부 : '여호와의 날'의 승리

제2장의 계속: 성령 강림의 약속(2:28-32)

제3장(MT. 4장) '여호와의 날'의 큰 심판, 큰 은총

1. 열국들의 최후 심판(3:1-15)
2. 하나님 백성들의 최후 승리와 하나님 나라의 완성(3:16-21)

by 김희보(구약 요엘 주해)

◀ 요엘의 활동 기간에 대해 학자들의 견해가 일치하지 않는다. (2가지 견해)

(1) 보수주의 학자들의 견해 - 요아스 왕 통치 (대제사장 여호야다의 반정 이후, 제사장들과 장로들의 정치에 대거 참여) - 주전 830경

(2) 포로 후기로 보는 견해 - 말라기 시대

◀ 요엘의 메시지에서 제일 먼저 언급된 대상

(1) '늙은 자들' - 나이 많은 늙은 자들을 가리키는가, 장로들을 가리키는가에 대한 의견이 있다. 대체로 후자로 본다.

(2) 전례 없는 메뚜기 재앙 - 역사적으로 실제 있었던 일인가, 아니면 환상인가에 대해 논쟁이 있다.

(3) 요엘은 이 무시무시한 메뚜기 재앙을 후손들에게 전하라고 말한다(1:3). 메뚜기 재앙은 농업뿐만 아니라 경제 및 사회 생활 전반에 영향을 끼쳤다. 그러나 이런 재앙에도 불구하고 백성들은 여호와께로 돌아오지 않았다고 말한다.

◀ 메뚜기 무리에 대한 명칭

(1) 팥중이, 메뚜기, 느치, 황충 - 각각 다른 네 종류의 곤충을 말하는가, 아니면 한 종류의 곤충에 대한 네 개의 다른 이름인가?

(2) 요엘은 메뚜기 재앙을 기록하면서 다가오는 또다른 재난을 언급하고 있다.

▶ 요엘의 메시지가 요아스 통치 시기에 있었다면;

(1) 아달랴의 학정(虐政)에 치를 떨어야 했던 백성들은 제사장 여호야다의 반정(反正)을 기뻐했을 것이다. 여호야다는 어린 요아스를 보필했다. 이와 함께 제사장들이 크게 정치에 참여했을 것이다. 그러나 그가 나이 많아 죽자, 정치 판도에 큰 변화를 가져왔다. 요아스가 하나님께 크게 범죄했다.

(2) 지도자들뿐만 아니라 백성 전체가 죄악에 빠지자 하나님은 메뚜기 재앙을 내리셨다. 요엘은 이 재앙이 하나님의 징계임을 보여주려 했다. 엄청난 재앙으로 농사를 지을 씨앗이나 하나님께 드릴 제물조차도 없게 되었다.

(3) 따라서 요엘은 회개를 촉구하고 있다. 제사장부터 먼저 회개하라고 요구한다. 그리고 민족적인 금식기도를 요청하고 있다(19-20절). 이 일에 앞장서야 할 사람이 제사장들과 장로들이었다. 그러나 이보다 더욱 무서운 것은 심판이 날이 다가온다는 것이다. 백성들은 그 '여호와의 날'을 승리의 날로 알고 있으나 그런 헛된 소망을 깨우치라고 경고하고 있다.

모든 백성들아, 들어라!

대부분의 보수주의 학자들은 요엘의 활동 기간을 요아스 왕 재위 기간과 대제사장 여호야다의 섭정 기간인 주전 830년경으로 본다. 그러나 요엘서의 포로 후기설을 주장하는 사람도 적지 않기에 확실한 결론을 내릴 수 없다. 그러나 요엘서는 그 시대를 모른다고 해서 크게 문제시 되지 않는다. 호세아서 같은 경우에는 역사적인 지식이 없이는 많은 부분들이 설명하기 불가능한 곳이 있지만, 요엘서의 경우에는 그 시대가 모호하고 불확실할지라도 그의 가르침이 분명하기 때문이다. 따라서 직접 본문으로 들어가 보자.

1. 이 말씀은 누구에게 임한 것인가? (1:1)

1:1 "브두엘의 아들 요엘에게(אֶל־יוֹאֵל) '임한'(הָיָה) - 하야 동사 칼, 완료
여호와의 말씀이라"

(1) 저자에 대해서는 서론에서 이미 살폈다. '요엘'(יוֹאֵל)이란 뜻은 '여호와는 하나님이시다'이다. 말씀이 요엘에게(אֶל־יוֹאֵל) 임했다고 했는데, 여기서 전치사 '에게'(אֶל־)라는 말은 '~을 향한 움직임'(motion toward)으로 방향을 뜻하기도 한다. 여호와의 말씀이 살아 움직이는 능동성을 보여준다.[1)]

1) 김희보, 구약소선지서 주해(요엘), 총신대학출판부, 18.

(2) 1절에서 보는 것처럼 요엘서의 예언이 여호와께서 요엘에게 임한 말씀이라는 것을 명백히 하고 있다. 선지자들은 자신이 선포하는 말씀이 자신의 생각대로 만들어 낸 말이 아니라는 것을 분명히 보여준다. 그래서 "~에게 임한 여호와의 말씀이라"는 표현은 구약에서 200여 차례 이상 사용되고 있다.

2. 요엘은 여호와께서 자신에게 주신 말씀을 먼저 누구에게 전하고 있는가?

- 늙은 자들아 - 2절
- 땅의 모든 주민들아 - 2절
- 취하는 자들아 - 5절
- 농부들아 - 11절
- 제사장들아 - 13절

1:2 "늙은 자들아(הַזְּקֵנִים) - 늙은 자들을 가리키는가, 장로들을 가리키는 가에 대한 논란이 있다.
너희는 이것을(זֹאת) **들을지어다**(שִׁמְעוּ) (원문에서는 이 말이 먼저 나온다)
땅의 모든 주민들아
'너희는 **귀를 기울일지어다**'(הַאֲזִינוּ) - 히필(사역 능동) 동사 명령법

이런 일이(זֹאת) **있었느냐**
/너희의 날에나(בִּימֵיכֶם) - 욤(יוֹם)의 남성 복수 연계형
/너희 조상들의 날에"

(1) 늙은 자들아(הַזְּקֵנִים) - 자켄(old man, זָקֵן)의 정관사를 동반한 남성 복수형 이다. '늙은 자들'은 '나이 많은 노인들'을 가리킨다. 이 단어를 '늙은 자들'로 번역할 것인가, '장로들'로 번역할 것인가에 대해 서로 다른 주장이 있다. KJ는 'ye old men'으로, RSV는 'you aged men'으로 번역했다. 그러나 NASB나 NIV는 elders로 번역했다. 이 단어가 1:14에는 이렇게 언급되어 있다.

- 1:14 "너희는 금식일을 정하고 성회를 소집하여 **장로들(זְקֵנִים)**과 이 땅의 모든 주민들을 너희 하나님 여호와의 성전으로 모으고 여호와께 부르짖을지어다."

(2) 1:13에서는 제사장들을 언급하고 있다. 지금 요엘은 징책을 받아야 할 대상을 언급하고 있음을 볼 때, 1:2에서 장로들을 언급하고, 13절에서 제사장들을 언급하는 것이 대구법(對句法)으로 잘 맞는다. 따라서 1:2에서 '늙은 자들'이란 '장로들'을 가리킨다고 본다. 장로들은 모든 주민들의 지도자이기 때문이다.

(3) 무엇에 대하여 경청하라는 말인가? '이것을'(זֹאת) - 강조형 지시대명사이다. 이제 지금부터 요엘 선지자가 전하는 명령을 경청하라는 것이다. 이 내용이 얼마나 심각한 하나님의 말씀인가를 보여준다.

- 1:2a "너희는 들을지어다"(שִׁמְעוּ)[1] – 원문에서는 이 말이 먼저 나와 있다. '들을지어다'(칼 동사 명령법)라는 말에 강조점이 있음을 본다. 주의를 기울여(pay attention) 경청하라는 말이다.

1) 샤마(שָׁמַע) - '듣다'(hear)를 의미하며 '경청하다(listen to), 순종하다(obey)'라는 의미도 지닌다.

3. 요엘은 지금 백성들과 그들의 지도자들에게 주의를 환기시키고 있다. 어떤 사건을 들어 환기시키고 있나?

(1) "이런 일이"(זֹאת) "있었느냐"(הֶהָיְתָה - 칼 완료 3인칭 여성 단수) 여기서 '이런 일'은 전례 없는 메뚜기 재앙을 가리킨다. 그렇다면 요엘 시대에서 볼 때 이 일은 이미 경험한 과거의 사건이었다는 말인가, 아니면 앞으로 다가올 무시무시한 재앙(적군의 침략과 여호와의 날에 임할)을 말하는 것인가?

(2) 서론에서 살펴본 것처럼 이 메뚜기 재앙이 과거 사건인가, 아니면 현재 사건인가, 또는 문자적인가, 아니면 상징적인가, 자연재해인가, 군대의 침공인가

하는 문제에 대해서는 학자들 간에 논쟁이 있다.

(3) 어떤 학자들은 요엘이 지금 백성들이 회개하지 않는다면 더 무서운 재앙이 있을 것임을 알려주기 위해 실제 일어났던 사건을 인용했다고 주장한다.[1] 그렇다면 엄청난 자연적 재해가 있었을 것이다. 하나님께서는 이스라엘이 언약을 어기고 범죄할 때 징계하실 것을 말씀하셨다. "네가 많은 종자를 들에 뿌릴지라도 **메뚜기가 먹으므로** 거둘 것이 적을 것이며"(신 28:38)

1) 욜 1:1과 9절과 16절을 읽어보면 실제 일어난 역사적 사건으로 보인다.

(4) 요엘은 메뚜기의 공격으로 인한 파괴와(1:4) 그에 따른 재난들을 묘사한다(1:10, 12). 정확하게 언제 일어났는지 알 수 없으나 유다 왕 요아스 때에 일어났을 것이다. 동시대의 아모스는 이렇게 언급하고 있다(암 4:9).

- 암 4:9 "내가 곡식을 마르게 하는 재앙과 깜부기 재앙으로 너희를 쳤으며 **팥중이**로 너희의 많은 동산과 포도원과 무화과나무와 감람나무를 다 먹게 하였으나 너희가 내게로 돌아오지 아니하였느니라 여호와의 말씀이니라."

(5) 만약, 요엘이 요아스 왕이 통치할 때에 사역했다면, 그가 지적하는 징계의 첫번 대상들은 지도자들(2절)과 제사장들(13절)이었을 것이다. 남유다의 아달랴 정권이 무너지고 요아스 왕의 후견자인 제사장 여호야다를 비롯한 일군(一群)의 제사장 집단들이 대거 정치에 참여했기 때문이다. 이들로 인한 부패가 하나님의 징계를 불러 오기에 충분했을 것이다.

4. 요엘은 이 말씀을 누구에게 전하라고 말하는가?

1:3 "너희는 이 일을 너희 자녀에게 **말하고**(סַפְּרוּ)[2] - 피엘 동사 명령법
너희 자녀는 자기 자녀에게 (**말하고**)
그 자녀는 후세에 (**말할 것이니라**)"

2) 사파르(סָפַר) - 자세히 말하다, 이야기하다, 서기관 - 피엘 어간에서 '반복하다'라는 개념이 있다. 아버지들은 자기 자녀들에게 삶에 있어서 하나님을 우선 순위로 반복하여 가르쳐야 한다(시 78:1이하).

(1) 엄청나고 무서운 메뚜기 재앙에 관한 이야기를(4-12절) 다가올 세대들에게 대대로 전하라는 것이다. '사파르' 동사가 피엘형으로 쓰일 때 반복하여 가르쳐야 한다는 개념이 있다. 자세히 반복하여 가르치라고 명하고 있다.

(2) 메뚜기 재앙은 농업뿐만 아니라 경제 및 사회생활 전반에 영향을 끼쳤다. 제자장직과 성전 제사에도 문제를 가져왔다. 이런 재앙에도 불구하고 백성들은 여호와께로 돌아오지 않았다고 말한다(암 4:9 참조). 계속 언약을 어기는

생활을 하는 백성들에게 요엘은 경고의 메시지를 전하고 있다. 앞으로 다가올 전무후무한 재난을 앞에 놓고도 깨닫지 못하는 백성들을 향해 탄식하고 있다(1:5).

5. 여기 1:4에 나오는 메뚜기 무리는 무엇을 가리키는가?

1:4 "팥중이(가잠, גָּזָם)[1]가 남긴 것을
메뚜기(아르베, אַרְבֶּה)[2]가 **먹고**
메뚜기가 남긴 것을
느치(엘레크, יֶלֶק)[3]가 **먹고**
느치가 남긴 것을 황충(하실, חָסִיל)[4]이 **먹었도다**"

(1) 요엘은 메뚜기 떼를 가리키는 네 개의 상이한 히브리 낱말을 사용했다. 그래서 이에 대한 여러 가지 해석들이 있어 왔다. 즉 위의 곤충들이 '각각 다른 네 종류의 곤충을 말하는 것인가', 아니면 '한 종류의 곤충에 대한 네 개의 다른 이름인가' 하는 것이다.

(2) 후자의 견해로 설명한다면, 한 곤충의 성장 과정에서 불려지는 명칭일 것이다. 팥중이(가잠, גָּזָם, 갉아먹다, 잘라내다)는 그 이름의 뜻으로 보아 곡식을 씹어 짜를 수 있는(gnawing) 어느 정도 성장한 유충(幼蟲)이라고 생각된다. 그 다음에 묘사된 메뚜기(아르베, אַרְבֶּה)는 swarming locust(떼지어 날아다니는 많은 무리[=crowd]의 메뚜기)를 가리킨다. '느치'(엘레크, יֶלֶק)라고 번역된 곤충은 '핥아 먹다'라는 뜻 얄라크(יָלַק)에서 유래했다. NEB와 JB는 '뛰는 벌레'(hopper)라고 했다. 렘 51:27에서는 '**사나운** 황충(엘레크) 같이'라고 번역했다. 그리고 '황충'(하실, חָסִיל)은 하살(חסל)에서 유래했는데, 그 뜻은 '끝장을 낸다'는 의미이다. 그러나 메뚜기의 명칭이 수십 가지가 있는 것으로 보아 그 중에 가장 피해를 주는 각각 다른 메뚜기를 가리킬 수도 있다.

(3) 어떤 학자들은 다음과 같이 주장한다. 즉 네 재난(=팥중이, 메뚜기, 느치, 황충)은 각각 앗수르, 바벨론, 헬라, 로마의 침략을 비유한다고 해석했다. 이 나라들이 이스라엘을 차례로 침략하여 황폐시키리라는 예언적인 비유로 보았다. 이들은 다니엘서에는 나오는 큰 신상을 나타내는 '네 나라'를 보여준 것이라는 점을 그 주장의 근거로 잡는다(단 2:31-40). 그러나 너무 지나친 해석이란 평을 받는다.[5]

▶ 메뚜기를 지칭하는 히브리어는 9개이다. 아르베, 가잠, 게바, 복수형으로만 나오는 게빔, 고바이, 하가브, 하실, 엘레크, 솔임, 첼라찰이다. 아카드어에는 메뚜기를 가리키는 명칭이 18개가 있으며 탈무드에는 20개가 있다. (바이블렉스)

1) 가잠 - 성숙하지 못한 메뚜기, 날개 없이 기는 메뚜기) / gnawing locust

2) 아르베 - 메뚜기의 일종. '많은 무리, 수가 많아지는 것'에서 유래했다. 구약에서 24회 나오며, '황충'으로도 번역되었다.

3) 엘레크 - 어린 메뚜기. 얄라크(핥아 먹다)에서 유래했다. 구약성경에서 이 단어는 9회 나오며, 70인역본은 이 단어를 브루코스(날개 없는 메뚜기 unwinged locust)로 번역한다. KJV는 이 단어는 '모충' caterpillar이나 '자벌레' cankerworm로 번역한다.

4) 하실 - 메뚜기의 일종이며, 몸 길이는 5cm, 떼를 지어 날아다닌다. 그 떼가 앉은 곳은 순식간에 땅 위의 풀 하나도 남아 있지 않게 만드는 농작물에 큰 피해를 주는 해충이다.

5) 초대교부 Jerome이나 Hensgtenberg 등이 이런 주장을 한다. (김희보, 소선지서 주해, 요엘서, 24면, 총신대학교출판부)

Close-up

메뚜기

(아르베, אַרְבֶּה)

1. 아르베(אַרְבֶּה)

'아르베'는 어근 라바(7235a: 많다, 수가 많아지다)에서 유래했으며, '무수한 것, 수가 많아지는 것'이란 의미를 지니며 메뚜기의 일종이다. 구약성경에서 24회 나오며 한글 성경에서 '메뚜기'와 '황충'으로 번역되었다. 욜 2:25에서 아르베가 처음으로 나오는데, 여기서 아르베는 알을 낳을 수 있는 성숙한 메뚜기이다.

(1) 메뚜기는 얼마나 성장할 수 있을까?
메뚜기는 완전히 성장했을 때 그 몸의 길이가 8.75cm나 된다고 한다. 이 메뚜기들은 두 쌍의 날개와 뛸 수 있는 큰 한 쌍의 다리를 가지고 있고, 외형상으로는 말과 비교되기도 했다(욜 2:4; 욥 39:20; 계 9:7).

(2) 메뚜기는 한 번에 17시간 동안이나 날 수 있으며 2,400km를 날아 갈 수 있다고 한다. 그들이 날개치는 소리는 병거 소리에 비유된다(욜 2:5; 계 9:9). 성경이 메뚜기가 땅을 덮는다고 말할 때 그것은 과장된 표현이 아니다(출 10:5). 거대한 메뚜기 무리는 100억 마리나 된다. 메뚜기 떼는 100평방 마일을 덮고 해를 가릴 정도로 빽빽하게 떼지어 나는 것으로 알려져 왔다. 메뚜기는 삿 6:5, 7:12; 렘 46:23에서 막대한 수를 나타내는 직유법으로 사용되었다.

(3) 아르베 재앙은 모세가 이적으로 애굽에 내리게 한 재앙 중의 하나이다(출 10:4이하; 시 78:46, 105:34). 레 11:22에 언급된 아르베와 다른 세 종류의 메뚜기들은 먹을 수 있는 곤충이다.

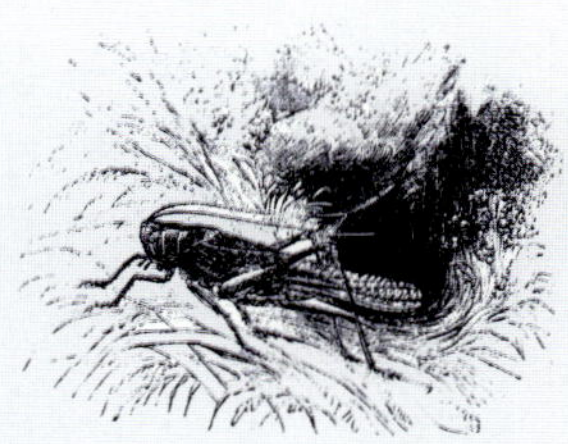

2. 느치(엘레크, יֶלֶק)

(1) '엘레크'는 사용되지 않은 어근 얄라크(핥아 먹다)에서 유래했으며, '어린 메뚜기'를 의미한다. 구약성경에서 이 단어는 9회 나오며, 70인역은 이 단어를 브루코스(날개 없는 메뚜기 unwinged locust)로 번역한다. KJV는 이 단어는 '모충' caterpillar이나 '자벌레' cankerworm)로 번역한다. 즉 이것은 해로운 모충이다.

(2) 나 3:16에서는 메뚜기가 털을 갈고, 그러고 나서 날개를 펼치는 마지막 애벌레 상태를 나타내고 있다. 이 단어는 농작물 등을 먹어버리는 것(욜 1:4, 2:25), 애굽의 재앙에 관해 사용되었다. 또 비유적으로 수많은 사람들(나 3:15; 렘 51:14), 말들(렘 51:27)에 관해 사용되었다. 나 3:16에서 엘레크, 즉 메뚜기를 상인(상고)들에 비유하기도 했다.

3. 하실(חָסִיל)

(1) '하실'은 메뚜기의 일종이며, 보통 '누리'라고 하며, 몸 길이는 5cm, 떼를 지어 날아다닌다. 그 떼가 앉은 곳은 순식간에 땅 위의 풀 하나도 남아 있지 않게 만드는 농작물에 큰 피해를 주는 해충이다. 한글성경은 '황충'으로 번역한다.

(2) 구약성경에서 이 단어는 6회 나온다(왕상 8:37; 대하 6:28; 시 78:46; 사 33:4; 욜 1:4, 2:25).

또 다른 견해는 역사적 사건이었다고 보는 해석이다. 욜 1:2, 1:9, 1:16 등과 같은 구절들이 당시에 실제로 일어났던 역사적 사실이라는 것이다. 그러면서, 메뚜기의 재난은 앞으로 나타날 환난에 대한 예표로 보는 견해이다. 그러나 이런 해석도 요엘서 전체와 조화를 가져오지 못한다고 주장한다.

(4) "남긴 것을 ~가 먹고"라는 반복 구조를 먼저 살펴보자. 이렇게 묘사한 패턴 속에서 파괴적인 메뚜기 떼의 파상적인 공격을 볼 수 있다. 한 번 공격할 때마다 농작물이 무차별로 막대한 피해를 보다가 결국은 이 곤충들에 의해 다 없어져버린다.[1]

1) 요엘은 메뚜기 재앙의 광경을 기록하면서 다가오는 또 다른 재난을 암시하고 있다. 그것은 적국이 곧 쳐들어 올 것이라는 것이다(1:6). 메뚜기 재난은 백성들에게 더 큰 재난의 모습을 보여주기 위해 인용되었다.

6. 선지자의 눈에는 나라의 전조(前兆)가 밝지 못하다. 그러나 아직도 정신 못차린 백성들이 많았다. 향락에 도취되어 있는 자들에게 무엇이라고 외치고 있는가?

원문에는 이 말이 맨 앞에 나와 있다. 강조하기 위해서다.

1:5 "취하는 자들아
너희는 **깨어(라)** (הָקִיצוּ) - 히필(사역 능동) 명령법 (강한 명령이다)
울지어다(울어라, בְּכוּ) - 칼동사 명령법
포도주를 마시는 자들아
너희는 **울지어다**(הֵילִלוּ)[2] - 히필 명령법으로 강조의 뜻을 가진 명령이다)
//이는(כִּי)
단 포도주가 너희 입에서 끊어졌음이니"(끊어졌기 때문이다)

2) 이렇게 계속해서 '깨어라! 울지어다!'라고 강조하는 것은 그만큼 사태가 심각하다는 말이다. 여기서는 히필(사용 능동형) 동사를 씀으로써 강하게 명령조로 말하고 있음을 본다.

(1) 지금 나라가 향략에 도취되어 있을 상황이 아니다. 원수들이 문 앞에 다가왔는데도 백성들은 정신을 차리지 못하고 있다. 요엘의 활동이 요아스 왕 때에 있었다면, 요아스 왕의 배교 때문에 나라가 어지러웠을 것이다. 그의 오른팔이었던 대제사장 여호야다가 죽자(130세에) 요아스의 통치 스타일에 변화를 가져왔다. 여호야다의 죽음은 주로 제사장들과 장로들이 구성원이었던 원로급 정치인들의 퇴조를 의미한다. 이 진공 상태를 메운 사람들이 유다 방백들(왕에 예속된 관리들)이었다.

(2) 구(舊) 세력이 물러가고 신진 세력들이 대거 등장했을 것이다. 역대하 24:17을 보라. "여호야다가 죽은 후에 유다 방백들이 와서 왕에게 절하매 왕이 그들의 말을 듣고" 여기서 '절하다'라는 말은 왕에게 경외와 복종을 나타내는 말이기도 하지만 '청원'했다는 뜻이 있다. 그들의 청원 내용이 무엇인지 확실치 않으나, 18절의 내용을 보아 우상 숭배와 관련된 청원이었을 것이다.

이들의 조언을 받아들여 요아스는 신속히 하나님으로부터 등을 돌리기 시작했다. 따라서 그는 그 열조의 하나님 여호와의 전을 버리고 이방 여신인 아세라 목상과 우상을 섬기기 시작했다(대하 24:18).

(3) 물론 이런 죄로 인하여 하나님의 진노가 유다와 예루살렘에 임하게 된다. 하나님은 그들을 돌아오게 하시려고(=경고하시려고) 선지자들을 보냈으나 듣지 아니했다(대하 24:19). 물론 백성들도 죄악으로 물들어갔다. 결국, 하나님은 여호야다의 아들 스가랴를 보내 최후 통첩을 하셨다(대하 24:20). 그러나 스가랴 선지자는 여호와의 전 뜰 안에서 돌로 쳐죽임을 당했다.[1] 요아스는 스가랴의 아버지 여호야다가 자기에게 잘해준 것을 기억치 않았다. 스가랴는 죽으면서 "여호와께서 왕의 하시는 일을 보시고 그대로 되갚아" 주시기를 기도했다.

1) 여호와의 말씀(언약을 어기고 우상 숭배하는 일을 책망했던)을 선포하는 선지자를 싫어했던 무리들은 왕을 부추겨 스가랴를 살해하도록 허락을 받아냈다. 그리고 그를 성전 뜰 안에서 돌로 쳐죽였다. (동교재, 열왕기하, 139면 이하)

(4) 하나님은 요아스에 대한 징벌로 다메섹의 하사엘을 일으켜 유다를 치게 하

셨다. 아람 군대는 수가 얼마 되지 않았지만 여호와께서 그들을 도와 유다의 큰 군대를 이기게 하셨다(대하 24:14). 그때 요아스는 곳간의 금을 거두어 아람 왕 하사엘에게 주어 예루살렘을 떠나게 했다. 물론 많은 방백들이 죽었다. 여호와께서 이렇게 하신 이유는 그들이 여호와를 저버렸기 때문이었다.

7. 본문 5절에서 보는 것처럼 이런 재난을 앞에 두고도 깨닫지 못하는 자들을 향해 요엘 선지자는 "깨어 울지어다"라고 외친다.

(1) 얼마 후에 남유다에서 사역했던(733-701년경) 미가 선지자의 탄식을 들어보라. 북이스라엘의 죄는 남유다에게도 치명적인 죄를 전염시켰다.

- 미 1:7 "그 새긴 우상들은 다 부서지고 그 음행의 값은 다 불살라지며 내가 그 목상들을 다 깨뜨리리니 그가 기생의 값으로 모았은즉 그것이 기생의 값으로 돌아가리라."(이는 북이스라엘의 죄악을 말하고 있다.)
- 미 1:8 "이러므로 내가 애통하며 애곡하고 벌거벗은 몸으로 행하며 들개 같이 애곡하고 타조 같이 애통하리니 9이는 그 상처는 고칠 수 없고 그것이 **유다까지도 이르고** 내 백성의 성문 곧 **예루살렘에도** 미쳤음이니라."

(2) 왜 이들에게 "**울지어다**"(곡할지어다, הֵילִ֫ילוּ)[1]라고 말하는가? 그 이유는 "단 포도주가 끊어졌기" 때문이라고 말한다. 포도주는 즐거움의 상징이다(시 104:15; 아 5:1; 암 9:13). 그런데 메뚜기 재앙 때문에 그 기쁨과 즐거움이 다 끊어졌다는 것이다. 즐거움 자체가 사라졌으니 이는 결국 하나님의 심판임을 알 수 있다.

1) 야랄(יָלַל) - '우르렁거리다, 울부짖다, 노호하다, 통곡하다'라는 뜻으로 사나운 소리로 고함을 치는 모습이다. 구약에서 약30회 나오며 히필(사역 능동)형으로만 사용되었다.

8. 이들 백성이 울어야만 할 또 다른 이유가 무엇인가?

1:6 //이유(for, כִּי)

'내 땅'은 누구의 땅 어디를 말하는 것인가?

다른 한 민족(고이, גוֹי)[2]이 '내 땅에' 올라왔음이로다(=올라왔기 때문이다)
/그들은 강하고 수가 많으며
/그 이빨은 사자의 이빨 같고
/그 어금니는 암사자의 어금니 같도다

2) 일반적으로 열국 주변의 이방 민족을 가리킨다. '불신 이방인, 이교도'라는 의미로도 쓰였다. '하나님의 백성'(암, עַם)이라는 말과는 다른 말이다.

(1) 또, "다른 한 민족이 '내 땅에(אַרְצִי)' 올라왔음이로다"했는데, 여기에서 '나'는 누구를 가리킬까? 여러 가지 견해가 있으나, 욜 2:18을 보면, 여호와를 가리킨다고 본다(호 9:3 참조). 그 막강한 나라의 군대가 들어와 모든 초목들

을 초토화시켰다. "그들이 내 포도나무를 **멸하며** 내 무화과나무를 **긁어** 말갛게 **벗겨서 버리니** 그 모든 가지가 **하얗게 되었도다**" (1:7).

여기서 포도나무나 무화과나무는 하나님의 백성을 가리킨다(시 80:8-15; 호 10:1; 사 5:1-7). 그 메뚜기떼는 푸른 곡식을 다 먹어치운 후에 괴물 모양을 드러내더니 여호와의 포도나무와 무화과나무를 절단냈다. 그리고 그 나무를 긁어 벗겨버리니 그 모든 가지가 하얗게 되었다고 했다. 이스라엘이 어떻게 황폐할 것과 하나님의 백성들이 어떻게 멸망해 갈 것인가를 의미하는 환상이다. 이후 이스라엘은 타민족들에 의해 (앗수르, 바벨론, 헬라, 로마) 멸망당하고 말았다.

(2) 그 파괴의 철저함을 보라. 이렇게 '다른 한 민족'이 여호와의 땅을 초토화시켰다면 앞서 언급된 메뚜기의 재앙과는 어떤 연관이 있는가? 4절에 나온 메뚜기의 재앙이 선지자가 이상 중에 본 환상인가, 실제로 일어난 역사적인 사건인가 하는 문제는 지금까지 논란의 대상이 되어왔다.

9. 여기서 '다른 한 민족'(גוי - 남성 단수 명사)이란 누구(무엇)을 가리키는가?

(1) 여기서 '한 민족'(גוי)이란 앞에서 언급된 메뚜기의 변형된 모양이 분명하다. 본문에서는 '메뚜기의 무리'(1:4) 그 자체를 이스라엘을 침략해온 '다른 한 민족'으로 보았다(1:6). 그래서 '메뚜기'는 '한 민족'으로 변신한 묵시적인 환상으로 보는 학자들도 있다. 이 견해는 아모스 선지나 사도 요한이 본 환상(암 7:1-5; 계 9:3)과 맥을 같이 하는 것이라고 본다(김희보, 위의 책).

(2) 이스라엘 땅은 에덴 동산에 비교되었던 곳이다. 그런데 그 땅이 곧 황폐화될 것이라는 것이다(욜 2:1-2). 그 날은 어둡고 캄캄한 날이요 구름이 덮이고 짙은 어둠이 깔리는 날이다. 크고 강한 군대가 밀려오는데, 그런 날은 전에도 없었고 앞으로도 없을 것이라고 했다. 그 날은 곧 **'여호와의 날'**이다.

(3) 따라서 이 광경을 단지 메뚜기떼에 당하는 재난으로 생각할 수 없다. 외국 군대들에 의해서 파괴될 참혹한 모습을 말하고 있는 것이다. 그 적들은 북쪽으로부터[1] 온다고 했다(욜 2:20). 이러한 심판의 사상은 여호와의 날과 긴밀하게 연결되어 있다. 메뚜기떼에 의한 재앙이 무시무시한 결과를 가져왔다면 앞으로 다가올 여호와에 의한 심판의 날은 얼마나 더 무서울 것인가! 그러나 백성들은 아랑곳하지 않는다. 여전히 술취함에서 벗어나지 못하고 있다.

1) 북쪽은 어디를 가리킬까? 요아스 시대라면 앗수르는 아직 강대국으로서 이 지역에 영향력을 행사하지 못하고 있었다. 앗수르가 유다에 막대한 영향력을 행사한 것은 약 50여년간의 침체기를 벗어나 다시 강력해진 디글랏빌레셋 때의 일이다(주전 745-727년). 북이스라엘은 여로보암 2세 말기부터 멸망의 길로 치달았는데 이를 징계하기 위해 하나님은 앗수르를 다시 강대국으로 만드셨다.

그렇다면 여기 본문에서 말하는 북쪽은 아람이나 페니키아를 가리킬 것이다.

장로들과 백성들을 향한 회개의 권면(1:8-12)

1. 이제 하나님께서는 이스라엘 자녀들에게 '울라!'고 명령하신다. 울어도 어떻게 울라고 했는가?

(1) 이스라엘에 임한 그 날의 황폐를 보고 모든 백성들은 슬퍼해야 할 것을 명령하고 있다.

1:8 "너희는 **애곡하라(אֱלִי)** - '아라'(אלה)의 칼 명령법, 여성 단수
(어떻게 울어야 하는가?)
/처녀가 어렸을 때에 약혼한 남자로 말미암아
'굵은 베'[1]로 동이고 애곡함 같이"

(2) '너는 애곡하라!'는 명령문으로 되어 있다. '아라'(אָלָה)라는 단어는 '울부짖다, 슬퍼하다'라는 의미로 이곳에서만 한 번 나온다. 앞에서 언급한 재앙의 정도가 얼마나 심각한지 마치 처녀가 자기와 정혼한 '약혼자'를 사별했을 때 애곡함과 같이 애곡하라는 것이다. 히브리 풍속에는 처녀가 약혼을 하면 그 남자를 남편과 같이 생각하게 되어 있다(신 22:23-24, 마 1:19 참조).

(3) 여기서 '너희는' 누구를 가리키는가? 원문에는 여성 단수로 되어 있다(אֱלִי). 의인화된 땅, 또는 그 땅에 사는 주민들을 가리키는 것일 것이다. 이스라엘의 모든 자녀들을 흔히 '시온의 딸아'라고 한 것 같이, 이스라엘 백성들을 머지 않아 신랑을 맞이하려고 준비하는 처녀들로 비유하고 있는 것 같다. 역사적 비참함(9-12절)을 보고 슬퍼하라는 말이 아니라, 앞으로 닥쳐올 '여호와의 날'을 깨닫지 못하는 저들을 슬퍼하라는 말이다.

1) 사크 : 염소털로 짠 것으로 대체로 검은 색이다. 굵은 베옷은 슬픔이나 회개, 복종, 원통함, 겸비, 항의, 금식을 할 때 입었다. 국가적인 슬픔이나 회개를 할 때는 짐승에게도 입혔다(욘3:8). 결혼을 앞에 둔 새 색시가 약혼한 남자의 갑작스런 죽음으로 망연자실한 모습과 같이 애곡하라는 것이다.

2. 여기 9절에서 제사장이 특별히 슬퍼해야 할 이유는 무엇인가?

1:9 "소제와 전제(부어드리는 제사)가
여호와의 성전에서 **끊어졌고(הָכְרַת)** - 호팔(사역수동) 동사 완료
여호와께 수종드는 제사장은 **슬퍼하도다(אָבְלוּ)**" - 칼 동사 완료

(1) 성전에서 제사가 끊어졌으므로 여호와를 섬기는 제사장들이 슬퍼한다고 했다. '끊어졌고'(הָכְרַת)라는 말은 '카라트'(כָּלַת - cut off)의 호팔형(사역수동)

동사 완료로 강한 뜻을 나타내고 있다. 많은 학자들이 이 일은 이미 과거에 있었던 일로 생각한다.

(2) 그러나 또다른 학자들은 이 일을 '예언적 과거형'(prophetical past)으로 본다. 즉 시제는 과거형으로 되어 있으나 내용은 앞으로 있을 예언이라는 말이다. 이제 성전에서 제사가 끊어질 것이고, 따라서 성전에서 수종드는 제사장들이 슬퍼하게 될 것이다. 요엘 선지자는 무엇보다 이 사실이 가슴 아픈 것이다.

(3) 누가 이런 희생제사를 드리지 못하게 한다는 말인가?
물론 하나님의 심판 때문이다. 하나님께서 이들이 자기에게로 오는 것을 막으시는 것이다. 결국 제사가 끊어진다는 것은 하나님께 버림을 받았다는 증표이다. 즉 하나님과의 언약적 관계가 단절되었다는 말이다.

3. 하나님의 심판의 심각성을 보라. 죽음을 몰고 오는 철저한 파멸 속에서 사람들의 즐거움(희락)이 마를 것이라고 했다.

(1) 밭은 황폐해지고 땅은 말라버렸다. 곡식은 다 죽어버렸다. 포도주도 더 이상 생산할 수 없다. 기름도 다 떨어졌다(1:11-12*). 물론 여기서도 예언적 과거로 보아야 한다. 여호와께로 돌아서지 않는다면 앞으로 그렇게 될 것이라는 말이다. 하나님은 모세를 통해서 이미 이런 경고를 하셨다. 하나님의 언약을 어기고 불순종했을 때 백성들이 받을 형벌을 예언하고 있다(신 28:23-24). 계속적인 자연적 재해가 닥쳐올 때, 우리는 그 경고에 귀를 기울여야 한다.

• 욜 1:11 "농부들아 너희는 부끄러워할지어다 포도원을 가꾸는 자들아 곡할지어다 이는 밀과 보리 때문이라 밭의 소산이 다 없어졌음이로다 12 포도나무가 시들었고 무화과나무가 말랐으며 석류나무와 대추나무와 사과나무와 밭의 모든 나무가 다 시들었으니 이러므로 사람의 즐거움이 말랐도다."

• 신 28:23-24 "네 머리 위의 하늘은 놋이 되고 네 아래의 땅은 철이 될 것이며 24 여호와께서 비 대신에 티끌과 모래를 네 땅에 내리시리니 그것들이 하늘에서 네 위에 내려 마침내 너를 멸하리라."

(2) 그렇다면 이 언약적 관계를 다시 회복할 수 있는 길은 없다는 것인가? 아니다. 있다. 어떻게? "너희는 금식일을 정하고 성회를 소집하여 장로들과 이 땅의 모든 주민들을 너희 하나님 여호와의 성전으로 모으고 여호와께 부르짖을지어다"(1:14). 여기서 벗어날 수 있는 오직 한 길은 백성들에게 금식일을 선포하고 성전으로 불러 모으고 하나님께 부르짖는 길이다.

제사장들을 향한 회개의 권면(1:13-16)

1. **장로들과 백성들의 회개를 권면하고(8-12절), 이제는 제사장들에게 권면하고 있다. 메뚜기떼의 재앙은 종교적인 문제와도 무관하지 않기 때문이다.**

1:13 "제사장들아
너희는 **'굵은 베'**[1]**로 동이고** - 칼 동사, 명령법
슬피 울지어다(וְסִפְדוּ - and lament)[2] - 칼 동사, 명령법
제단에 수종드는 자들아 너희는 **울지어다(הֵילִילוּ)** - 히필 동사, 명령법
내 하나님께 수종드는 자들아
너희는 **와서** 굵은 베 옷을 입고
밤이 새도록 누울지어다(לִינוּ) - 칼 동사, 명령법
//이는(이유: כִּי)
소제와 전제를 너희 하나님의 성전에 드리지 못함이로다

1) '굵은 베'라는 말은 원문에는 없다. 그러나 대부분의 역본들이 '굵은 베'라는 말을 보충하여 번역했다.

2) 본래 의미는 머리카락을 '쥐어뜯다' 그리고 '가슴을 치다'라는 의미이다. '애통하다, 통곡하다.'

(1) 장로들과 모든 주민들을 여호와의 전(殿)으로 모으기 전에 저들보다 먼저 제사장들에게 "굵은 베를 입고 와서 (성전에 들어와서, 삼하 12:16) 밤을 지새우라"고 말한다. 여기서 제단에 수종 드는 자들은 물론 제사장들을 가리킨다. 이들에게 밤이 새도록 성전을 떠나지 말고 이처럼 슬퍼하며, 회개해야 할 것을 촉구하고 있다.

(2) 굵은 베로 '동이라': [하가르(חָגַר)의 칼동사 명령형] - '하가르'는 '허리 띠를 졸라매다'라는 뜻이다. 이 단어는 애곡하거나 참회할 때 사용된 삼베옷과 조잡한 염소털로 만든 겉옷을 허리에 동이는 데 사용되고 있다(삼하 3:31; 왕상 20;32; 사 32:11). 요엘 선지자는 백성들의 종교적 지도자들에게 거친 베로 허리띠를 졸라매라고 명령하고 있다. 그리고 '슬피 울라'(סִפְדוּ)고 말한다. '울부짖으며 통곡하라'는 말이다.

(3) 그 이유가 무엇이라고 했나?
그 이유는(for, כִּי) 더 이상 하나님의 성전에 제사를 드릴 수 없기 때문이다. 하나님께 제사 드릴 때 필요한 제물이 동났기 때문이다. 결국은 하나님께 버림을 당했다는 말이다. 그렇다고 백성의 지도자들이 언제까지나 탄식만 하고 있을 수 없다. 그래서 하나님의 성전에 나와 부르짖으라는 말이다. 교

회에 어려움이 있는가? 당연히 지도자들이 나와 문제 해결을 위해 하나님께 기도해야 한다. 그래야 진정한 지도자이다. 그래야 백성들이(성도들이) 방황하지 않는다.

2. 그렇다면 구체적인 방법은 무엇일까?

1:14 "너희는 금식일을 **정하고(קַדְּשׁוּ)** - 피엘(강조 능동) 명령형(거룩히 구별하라)
성회(=집회, 모임, 회중)[1]를 **소집하여(קִרְאוּ)**[2] - 칼, 명령형
장로들과 이 땅의 모든 주민들을
너희 하나님 여호와의 성전으로 **모으고**[3] - 칼, 명령형
여호와께 **부르짖을지어다**" - 칼, 명령형

(1) 먼저, '금식일을 정하라'고 했다. 여기서 피엘 동사를 사용하여 강조하고 있다. 이제 나라의 운명이 비상시에 처해있으니 금식일을 적극적으로 선포하라는 것이다. 금식일을 정하는 것은 아무 때나 행해진 것이 아니다. 금식은 어느 때 행해졌나? 왕상 21:9, 12과 슥 7:3, 5, 8:19을 읽어보자. 금식은 나라가 비상시국일 때(렘 36:9), 또는 자기의 영혼을 경계하는 뜻으로 행해졌다(시 69:10).

(2) 또 "성회(聖會)를 선포하라"고 했는데 여기에서 성회란 어떤 것을 말하는가? '성회'란 모든 세속의 일들을 중단하고(민 29:35 - 아무 노동도 하지 말 것이며), 모든 향략을 중지한 후 겸비한 마음으로 회개하며, 진정으로 하나님을 섬기려고 나오는 것을 의미한다.

(3) 이런 일을 앞장 서서 해야 할 사람들은 누구인가?
본문에서는 제사장들뿐만 아니라 '장로들'에게도 그 책임을 요구하고 있음을 본다. 만약, 요엘서가 요아스 왕의 통치 때의 일을 언급하고 있다면, 대제사장 여호야다의 반정(反正) 이후일 것이며, 이때 제사장과 장로들이 대거 정치에 참여했을 것이다.

(4) 그리고, 여호와께 부르짖으라고 했다(왕상 8:38을 읽어보라). '부르짖다'는 말 '자아크'(זָעַק)는 도움이 필요할 때 '큰 소리로 부르다, 소리쳐 요구하다'를 의미한다(삿 3:9, 3:15; 삼상 7:8-9; 렘 11:11 등). 극한적인 호소와 간절함을 동반하는 것을 의미하는 말이다.

1) 아차라(עֲצָרָה) - 세상의 일을 억제하고, 즉 노동을 중지한다는 의미에서 '엄숙한 집회'(민 29:35)를 의미하게 된 것 같다. 그러나 엄숙한 집회는 경건할 수 있으나(욜 1:14), 패역할 수도 있다(렘 9:2). 또한 우상을 숭배할 수도 있다(왕하 10:20).

2) 카라(קרא): '선포하라'는 의미도 있다. '부르다'라는 의미에서 '소환하다'라는 의미로 사용되기도 했다(민 22:5; 삿 8:1).

3) 개역성경에는 '몰수히 모으고'라고 번역했다.

3. 선지자는 바로 그 심판의 날이 다가왔음을 말하고 있다. 그 날은 언제를 가리키는가?

1:15 “슬프다(오호라, אֲהָהּ) 그 날이여(לַיּוֹם)
//이유(for, כִּי) - 14절의 이유를 설명 : ‘왜 하나님께 부르짖어야만 하는가?”
여호와의 날이 가까웠나니(=가까웠기 때문에)
곧 멸망 같이 전능자에게로부터 이르리로다”

• 암 5:18 “화 있을진저 **여호와의 날을 사모하는 자여** 너희가 어찌하여 여호와의 날을 사모하느냐 그 날은 어둠이요 빛이 아니라.”

(1) 이스라엘 사람들은 여호와께서 원수를 이겨주시고 이스라엘을 구원해주시는 승리의 날을 “여호와의 날”로 알고 그 날을 사모했다(암 5:18*). 그러나 요엘 선지자는 그러한 헛된 소망을 가진 그들을 깨우치며, 경고하고 있다.

(2) 회개하지 않는 자들에게 ‘그 날’은 오히려, 멸망이요(1:15), 어둠의 날이요(욜 2:2, 3:15, 5:18), 한 없는 두려움의 날이다(2:11, 31). 이제, 그 무서운 심판의 날이 생생하게 눈 앞에 다가오고 있음을 선포하고 있다. ‘가까운’(카로브, קָרוֹב)이라는 말은 카라브(קרב)에서 유래했으며, ‘가까운, 근친의, 친한(near)’ 등을 의미한다. 공간적 접근(창 19:20, 45:10)이나, 시간적으로 가까운 것을 가리킨다. 여기서 시간적 의미는 임박한 파멸이 가까왔다는 뜻으로 선지자들에 의해 여호와의 날과 관련하여 사용되었다(사 13:6*; 습 1:7, 14*). 어떤 특정한 사건이 가까이 왔다는 것은 물론 그 사건의 전조가 나타나고 있다는 뜻이다.

• 사 13:6 “너희는 애곡할지어다 여호와의 날이 가까웠으니 전능자에게서 멸망이 임할 것임이로다.”

• 습 1:7 “주 여호와 앞에서 잠잠할지어다 이는 여호와의 날이 가까웠으므로 여호와께서 희생을 준비하고 그가 청할 자들을 구별하셨음이니라.”

• 습 1:14 “여호와의 큰 날이 가깝도다 가깝고도 빠르도다 여호와의 날의 소리로다 용사가 거기서 심히 슬피 우는도다.”

(3) 물론 당연히 ‘그 날’(לַיּוֹם, 그 날은 바로 ‘여호와의 날’을 가리킨다)은 슬픔의 날이 될 것이다. ‘슬프다’라는 말, ‘아하흐’(אֲהָהּ)는 슬픔을 나타내는 감탄사이다. 왜 장로들과 온 주민이 모여 여호와께 부르짖어야만 하는가? (14절) 그 이유는 ‘여호와의 날’이 가까웠기 때문이라고 말한다. ‘여호와의 날’은 바로 심판의 날이기도 하지만 ‘남은 자’들에게는 구원의 날이요, 기쁨의 날이다. 이처럼 요엘에게 메뚜기 재앙과 같은 재난은 곧 하나님이 자기 백성과 열방들을 심판하는 ‘여호와의 날’이 가까웠다는 것을 의미했다.

(4) 아모스가 예견한 무서운 날의 전조를 보라.

• 암 5:18-20 “화 있을진저 여호와의 날을 사모하는 자여 너희가 어찌하여 여호와의 날을 사모하느냐 **그 날은 어둠이요 빛이 아니라** [19]마치 사람이 사자를 피하다가 곰을 만나거나 혹은 집에 들어가서 손을 벽에 대었다가

뱀에게 물림 같도다 [20]**여호와의 날은 빛 없는 어둠이 아니며 빛남 없는 캄캄함이 아니냐**' / 요엘서 2:1, 2을 함께 읽어보자.

4. 임박한 여호와의 날에 닥칠 황폐한 모습을 보라.

1:16 "먹을 것이 우리 눈 앞에 **끊어지지 아니하였느냐**(נִכְרָת[1]···הֲלוֹא)
기쁨(쉬므하, שִׂמְחָה[2])과 즐거움(길, גִּיל[3])이
우리 하나님의 성전에서 (**끊어지지 아니하였느냐**)"

(1) 지금 선지자의 눈은 앞으로 있을 엄청난 재앙의 모습을 현실처럼 보고 있다. "우리가 지켜보는 가운데 우리의 먹을 것이 없어졌다"(쉬운성경)는 말이다. '끊어졌다'(נִכְרָת)라고 수동태 완료로 쓰였으나 앞에서 여러 차례 언급되었듯이 많은 학자들은 이를 '예언적 과거형'으로 본다. 즉 여호와의 날은 앞으로 일어날 예언으로 보아야 한다는 말이다.

(2) 그날에 기쁨과 즐거움이 없는 것은 당연한 일이다. 먹을 것이 없어서 여호와께 드릴 제물조차 없는데, 진정한 기쁨이 있을 리 없다.

5. 여호와의 날이 이르면 사람들의 궁핍함이 극에 달한다. 곤충의 피해와 그 뒤를 따르는 가뭄을 보라.

(1) 선지자는 여호와의 날에 있을 황폐한 모습을 미리 바라보며(17, 18절), 깊은 탄식과 슬픈 호소의 기도를 드리고 있다(19, 20절).

1:17 "씨가 흙덩이 아래에서 **썩어졌고**(아바쉬, עבשׁ - 오그라들다, 시들다.)
창고가 **비었고** 곳간이 **무너졌으니**
//이는(이유, for, כִּי)
곡식이 시들었음이로다"(הֹבִישׁ - 히필 동사 완료형)

(2) 농부가 부지런히 씨를 뿌렸으나 소망이 없게 되었다. 왜? 씨가 흙덩이 아래에서 썩어졌기 때문이다. '썩어졌다'(עָבְשׁוּ, 아바쉬(עבשׁ)의 칼 동사 완료형)는 말은 씨가 말라서 오그라들었다는 말이다. 이렇게 씨가 굳어진 것은 비가 오지 않아 흉년이 들었기 때문이다. 당연히 창고가 비었고, 곳간들(복수로 되어 있음)도 무너졌다.

1) 니팔(수동) 동사 완료형/완료형으로 쓰였으나 예언적 과거형으로 본다.

2) 고요한 마음, 즉 신앙적 기쁨(신 12:7; 시 21:1, 32:11).

3) '대단히, 매우, 크게' 기뻐한다는 의미이다(잠 23:24; 욥 3:22; 시 21:1, 45:11).

(3) 그 이유를 무엇이라고 했나?

"곡식이 시들었기 때문"이라고 했다. '야베쉬'(יָבֵשׁ)라는 말은 '마르다, 시들다'라는 뜻으로 초목의 시들음을 묘사하기 위해 자주 사용되었다. 하나님께서는 범죄에 대한 심판으로 비를 내리지 않게 하심으로써 모든 곡식들을 시들게 하셨다. 이런 사실들은 구약 전체에 걸쳐 자주 언급되었다(사 15:6 - 모압 심판; 사 19:5-7; 슥 10:11 - 애굽 심판; 렘 50:38, 51:36 - 바벨론 심판). 물론 이스라엘과 유다도 예외는 아니었다(렘 12:4; 사 42:15; 욜 1:20).[1] 본문에서는 히필(사역 능동) 동사 완료형(הֹבִישׁ)으로 쓰였다. 히필형은 강조의 뜻이 있다.

(4) 가축이라고 온전할까?

1:18 "가축이 **울부짖고(נֶאֶנְחָה)** - 니팔 동사 완료
소 떼가 **소란하니(נָבֹכוּ)** - 니팔(수동) 동사 완료
//이는(for)
꼴이 없음이라
양 떼도 **피곤하도다(נֶאְשָׁמוּ)**" - 니팔 동사 완료

(5) 여호와의 날에 있을 황폐함은 가축들도 예외가 아니다. '울부짖다'라는 말 '아나흐'(אָנַח)는 '한숨쉬다, 신음하다, 한탄하다'라는 뜻으로 오직 니팔(수동)형으로만 나오며 대부분 시적인 구절에서 나온다(슬퍼서 우는 경우에 사용). '소란하니'라는 말 '부크'(בּוּךְ)는 '방황하다, 헤매다, 혼란하다'라는 의미이다. 그 이유는 꼴(목장, 목초지)이 없기 때문이다. 양 떼까지도(גַּם־עֶדְרֵי) '피곤하도다' 했다. 여기서 '피곤하다'는 말은 '징벌을 받았다'는 뜻이다. 인간들의 죄는 자신들만 망하게 하는 것이 아니라 환경까지도 파괴시킨다(창 3:18; 렘 12:4을 보라).

6. 선지자의 부르짖음을 보라(19, 20절)

1:19 "여호와여 내가 주께(אֵלֶיךָ)[2] **부르짖으오니(אֶקְרָא)** - 칼, 미완료
//이유(כִּי)
불이 목장의 풀을 살랐고
불꽃이 들의 모든 나무를 살랐음이니이다"(=때문에)

1:20 "들짐승도 주를 향하여 **헐떡거리오니(תַּעֲרוֹג)** - 칼, 미완료

1) 마지막 때까지 이스라엘을 흩으신다는 것은 '마른 뼈'로 상징된다(겔 37:11). 하나님을 반대하는 사람은 때로 수족이 마르는 심판을 받으며(왕상 13:4; 슥 11:7), 하나님을 잊어버린 사람은 시든 식물처럼 죽을 것이다(욥 8:12, 15:30, 18:16).

2) 원문에는 이 말이 맨 앞에 나왔다. 강조하기 위해서이다. 오직 주께만 소망이 있다는 뜻이다.

//이유(כִּי)
시내가 다 말랐고
들의 풀이 불에 탔음이니이다(아칼, 먹다, 삼키다)"(=때문에)

(1) 원문에는 '주께'(אֵלֶיךָ)라는 말이 맨 앞에 나와 있다. 구원이 오직 주께만 있음을 보여준다. 왜 선지자는 하나님께 부르짖고(=갈망하다) 있는가? 그 이유는 불이 일어나 목장(들)의 풀을 태웠고, 불꽃이 들의 모든 나무를 살랐기 때문이다.

(2) 누구의 죄 때문에 목장들의 풀이 타고, 시내가 마르고 또한 들짐승까지 헐떡거리게 되었는가? 시 36:6, 147:8-9*을 읽어보고 대답해 보라. 짐승은 말을 하지 못한다. 그러나 이런 짐승들까지도 주를 향하여 호소한다고 말하고 있다. 목장의 풀이 다 말랐거나(암 1:2, 4:7; 욜 1:10, 12) 타버렸기(삼키다, ate up, devoured) 때문이다.

• 시 147:8 "그가 구름으로 하늘을 덮으시며 땅을 위하여 비를 준비하시며 산에 풀이 자라게 하시며 9 들짐승과 우는 까마귀 새끼에게 먹을 것을 주시는도다."

• 시 36:6 "주의 의는 하나님의 산들과 같고 주의 심판은 큰 바다와 같으니이다 여호와여 주는 사람과 짐승을 구하여 주시나이다."

'헐떡거리다'(아라그, עָרַג)라는 말은 '사모하다, 우러러보다, 갈망하다'라는 의미이다(시 42:2). 하나님은 "들짐승과 우는 까마귀 새끼에게 먹을 것을 주시는"(시 147:9, 104:21) 분이라고 했다.

(3) 이렇게 "여호와의 날은 빛이 아니라 어둠이다. 기쁨이나 희망의 날이 아니라 슬픔의 날이다"(암 5:20). 이스라엘 백성은 여호와 앞에 계속 범죄 상태에 있으면서도 앞으로 다가올 '여호와의 날'을 기다렸다. 그 날이 복과 번영을 가져다 준다고 믿었기 때문이다. 그러나 그 날은 희망이 날이 아니라 슬픔의 날이 될 것이다.

Think

- 어느 때 기근이 찾아오는가?
- 지구촌에서 끊임없이 들려오는 자연재해 소식, 우연한 일일까?
- 회개해야 할 계층은 어디서부터일까? 가정에서는? 교회에서는?
- 나에게 끊임없는 어려움이 계속된다면 징계인가, 시련인가? 아니면?
- 이스라엘 백성은 '여호와의 날'을 기다렸다. 왜?
  그러나 범죄한 백성에게 하나님은 어떻게 말씀하시는가?

요엘서 1장 요약 정리

심판의 날 경고

- 요엘이 활동한 시기에 대해서는 크게 두 가지 다른 주장이 있다(포로 전과 포로 후기). 두 가지 다른 견해에 대한 주장점은 무엇인가?
- 2절에 나오는 '늙은 자들'은 누구를 가리키는가? (1:14 참조)
- 본문에 언급된 메뚜기 재앙은 실제로 있었던 역사적 사건인가, 아니면 환상을 말하는 것인가?
- 요엘은 메뚜기 재앙에 관한 이야기를 누구에게 전하라고 말하는가? (1:3)
- 메뚜기 무리에 대해 네 가지 명칭이 언급되고 있다(4절). 각각 어떤 곤충들인가 교재를 보고 설명해 보라.
- 5절을 읽어보고 당시 나라가 어떤 상태에 있었는가 말해 보라. 만약 이 내용이 요아스 왕 때에 있었던 일이라면 당시 역사적인 상황이 어떠했는가 말해 보라.
- 6절에 언급된 "다른 한 민족"은 누구를 가리키는가? 교재를 보면서 설명해 보라.
- 하나님은 장로들과 백성들에게 회개를 요청하신다. 너희는 애곡하되 어떻게 애곡하라고 말씀하시는가? (1:8)
- 9절에서 제사장이 특별히 슬퍼해야 할 이유는 무엇인가?
- 학자들이 주장하는 '예언적 과거형'(prophetical past)이란 무엇인가?
- 죽음을 몰고 올 철저한 파멸을 피할 길은 없는가? 즉 하나님과의 언약적 관계를 회복할 길은 없는가? (1:14)
- 제사장들에게는 어떤 권면을 하고 있는가? (1:13)
- 하나님 앞에 회개하는 구체적인 방법은 무엇인가? (14절)
- 이스라엘 백성들이 기대했던 "여호와의 날"의 개념은 어떤 것이었나?
- 그러나 본문에서 말하는 '여호와의 날'은 어떤 날이 될 것인가? 임박한 '여호와의 날'에 닥칠 황폐함을 설명해 보라. (16-17절)

Think

- 우리는 교회에 충실하게 다니고 있기 때문에 요엘서에서 말하는 죄악에 대한 경고에 둔감하다. 나와는 상관없는 일로 여긴다. 당시 이스라엘 백성들도 우리와 같은 생각을 했을 것이다. 그들도 나름대로 종교행사에 충실했기 때문이다.
- 본문에 요엘 선지자의 책망의 대상은 누구인가? 이들은 오늘날 누구를 가리킬까? 결국은 성도들 모두에게 해당되는 경고이겠지만 지도자들은 어떤 면에서 그 책임이 중요한가?
- 하나님의 경고를 경청하고 돌아선다면 얼마나 복된 일일까? 그러나 대체로 얻어 맞고나서야 돌아선다. 나도 예외는 아니다.

59

심판의 날이 다가온다

요엘은 1장에서 메뚜기 재앙을 보여주었다. 이 재앙이 역사적으로 실제 있었던 일인가, 아니면 환상인가에 대해 논쟁이 있지만, 이 재앙과 앞으로 유다가 파괴당할 모습을 아주 구체적으로 비교함으로써 메시지 선포를 극대화시키고 있다. 그는 유대에게 멸망의 날이 다가옴을 선포하고 있다. "슬프다 그 날이여 여호와의 날이 가까웠나니 곧 멸망 같이 전능자에게로부터 이르리로다"(1:15). 그래서 회개를 촉구하고 있다. 제사장들부터 회개를 요청하고 있다. 또 민족적인 금식기도를 요청했다. 하나님은 백성들이 죄를 지었을 때, 먼저 경고하신다. 회개의 기회를 주신다는 것이다. 회개하는 자들을 불쌍히 여기시고 백성과의 언약 관계를 다시 조율하신다.

2장도 같은 메시지로 시작하고 있다. 여호와의 날의 임박함을 선포하면서 그 날의 성격이 어떠함을 보여준다. "시온에서 나팔을 불어라. 내 거룩한 산에서 경고의 나팔을 불어라. 이 땅에 사는 온 백성이 두려움에 떨게 하라. (왜냐하면) 여호와의 심판의 날이 오고 있다(=때문이다)." 그 날은 어둡고 캄캄한 날이라고 말한다. 산 위에 어둠이 깔리듯 크고 강한 군대가 밀려올 것이다. "이와 같은 것이 옛날에도 없었고 이후에도 대대에 없으리로다"(2:2). 백성들은 큰 환상을 갖고 '여호와의 날'을 기대하고 있겠지만, 그런 환상에 쐐기를 박는다. 오히려 이제라도 회개하고 여호와께로 돌아온다면, 크고 심히 두려운 심판의 날은 실제로 닥치지 않을 것이라고 했다. 그 날에 능히 설 자가 없겠지만 아직 때는 남아 있다고 선지자는 말한다. 그렇다면 어떻게 회개할 것인가? (15-17절).

Outline 2

제1부 : '여호와의 날'의 전조(前兆) 1-2장
(메뚜기 재난)

제1장 : 여호와의 날의 준비(1)
1. 메뚜기 재난과 땅의 황폐(1:2-7)
2. 장로들과 백성들을 향한 회개와 권면(1:8-12)
3. 제사장들을 향한 회개의 권면(1:13-16)
4. 선지자의 탄식과 기도(1:17-20)

제2장 여호와의 날 준비(2)
1. **적군의 침략과 땅의 황폐(2:1-3)**
2. **적군의 침략과 처참한 결과(2:4-11)**
3. **온 이스라엘은 돌아오라(2:12-17)**
4. **하나님의 긍휼과 약속(2:18-20)**
5. **기뻐하라, 즐거워하라(의의 교사의 약속)(2:21-27)**

제2부 : '여호와의 날'의 승리

제2장의 계속 : 성령 강림의 약속(2:28-32)

제3장(MT. 4장) '여호와의 날'의 큰 심판, 큰 은총
1. 열국들의 최후 심판(3:1-15)
2. 하나님 백성들의 최후 승리와 하나님 나라의 완성(3:16-21)

by 김희보(구약 요엘 주해)

◀ 여호와의 날 – 심판의 날이요 또한 구원의 날이다.

1. 여호와의 날, 그 날은 대적자들에게 심판의 날이다.

(1) 심판의 나팔을 불어라. 어디에서? - 성산에서

- 왜 나팔을 불어야 하는가? 곧 닥칠 재난의 다급함을 알리기 위함이다.
- 재난이 어떤 모습을 하고 찾아올까?
어둡고, 캄캄하고, 짙은 구름이 덮인 날 / 이와 같은 날은 전에도 없었고 후에도 없을 것이다.

(2) 언약 백성이라도 범죄하면 징벌하신다.

- 하나님이 자기 백성에게 징벌하시는 방법을 구체적으로 언급한 곳은 어디인가? (신명기 28장)
- 이스라엘이 범죄의 도를 더할 때, 거기에 따르는 징계도 더욱 엄격하다.

(3) 이스라엘을 징계하시는 근본적인 목적은 어디에 있는가?

- 언약에 성실함으로 항상 복을 누리게 하기 위해서이다.

2. 하나님의 징벌에서 벗어날 수 있는 길은?

- 진정으로 회개하는 길뿐이다.
- 회개의 자세 - 옷을 찢지 말고 마음을 찢어라.
- 진정으로 회개하면 그 뜻을 돌이켜 재앙을 내리지 않으실 것이다.
- 용서와 정화(淨化) 앞에 반드시 회개가 우선되어야 한다.

▶ 2:18-3:21 하나님의 구원(회복)의 날

1. 하나님의 자비와 구원의 약속(2:18-27)

- 회복 - 추수가 풍성하고, 토지가 기름지게 될 것이다.
- 북쪽으로부터 오는 군대를 멀리 떠나게 해 주신다.

2. 백성들아 기뻐하라.

- 땅이여, 짐승들아, 시온의 자녀들아 - 두려워하지 말아라. 즐거워하라. 기뻐하라. - 왜냐하면 여호와께서 큰 일을 행하셨기 때문이다.
- 이른 비와 늦은 비를 적당하게 주실 것이다. - 그러나 이 말은 먼저, 의의 교사(자기 백성을 의롭게 하기 위해 오시는 교사)를 주신다는 말로 수정 번역되어야 한다.

3. "그 후에" 하나님의 영을 만민(모든 육체)에게 부어 주실 것이다.

강한 군대가 다가온다(2:1-3)

크고 두려운 여호와의 날은 어떤 모습으로 다가올까? "여호와께서 그의 군대 앞에서 소리를 지르시고 그의 진영은 심히 크고 그의 명령을 행하는 자는 강하니 여호와의 날이 크고 심히 두렵도다 당할 자가 누구이랴"(11절). 이런 무서운 광경이 단지 메뚜기 떼의 재난을 묘사하는 것일까? 계속 범죄하고 있는 자기 백성을 심판하기 위해 이방 군대의 침공을 예언한 내용임을 알 수 있다.

1. 임박한 심판은 매우 두려운 것이다. 여호와의 날의 임박함을 선포하면서 그 날의 성격을 심판으로 설명하고 있다. 우선 경고의 나팔을 불라고 말한다.

2:1 "시온에서 나팔을 **불며(תִּקְעוּ)** - '불어라' (칼, 명령법)
나의 거룩한 산에서 경고의 **소리를 질러(הָרִיעוּ)** - 히필(사역 능동), 명령법
이 땅 주민들로 다 **떨게 할지니** - 칼, 미완료
//이는(for, כִּי)
'여호와의 날'(יוֹם־יְהוָה)[1]이 이르게 됨이니라(=되었기 때문이다)
이제 임박하였으니"(קָרוֹב) 남성, 형용사

(1) 선지자는 나팔을 불고, 또 소리를 지르라고 명령한다. 곧 닥칠 재난의 다급함을 보여주고 있다. 나팔(쇼파르, שׁוֹפָר)[2]은 어느 때 부는가? 사람들을 소집하거나(민 10:2), 경종을 울리기 위해서(렘 6:1), 또 기쁨의 표시로도 불었다(대하 23:13). 승리의 표시로도 나팔을 불었다(수 6:20).

(2) 어디서 나팔을 불까? '시온'이나 '성산'(holy mountain)은 같은 말이다(시 2:6). 하나님은 예배와 계시를 위한 산을 택하심으로써 그의 백성들에게 친근감을 주셨다. 모세와 엘리야는 산에서 기도했다(출 17:9; 왕상 18:42). 에발산과 그리심 산에서는 축복과 저주가 선포되었고(신 11:29, 27:12; 수 8:33), 그밖에 여러 산에서 예배가 드려졌다. 그러나 무엇보다 시온 산에 그의 이름을 두셨으며 이곳은 예배의 최종적이자 중심적인 장소가 되었다(출 15:17; 신 12:1). 물론 신약에서 시온은 명백히 하늘의 예루살렘을 상징한다.

(3) 따라서 하나님의 성산인 시온에서 나팔을 불라는 말은 높은 산에서 모든 사람들로 다 듣게 하기 위해서라기 보다는 '여호와의 날'의 심판은 여호와께로부터 오는 명령임을 보여주기 위해서이다(암 1:2). 또 백성들의 회개는 먼저

1) 여호와의 날 - 이 용어는 요엘서 외에 구약에서만 17번이나 등장하는 매우 중요한 말이다. 요엘서에서는 세 번은 이스라엘에 대한 예언에서(1:15, 2:1, 11) 그리고 두 번은 열방에 대한 예언에서(2:31, 3:14) 나온다. 더 자세한 것은 Cloes-up에서 살펴보자.

2) 숫양의 뿔 - 구약에서 72회 나온다. 구약에서 '쇼파르'는 항상 숫양의 뿔로 만든 굽은 악기를 가리킨다. 처음에는 '양의 뿔'을 뜻하다가 일반적인 '뿔' 혹은 관악기(나팔)를 뜻하게 되었다. 본문에서는 침략을 경고하기 위해 불라는 것이다.

하나님이 계신 여호와의 전으로부터 나오는 것으로 시작되어야 할 것을 보여준다(1:14, 2:15이하). '소리를 지르라'(הָרִיעוּ)는 명령은 히필(사역 능동) 동사이다. 소리를 지르되 '크게 고함을 치라'는 강한 명령이다.

(4) 그래서 "이 땅 주민들로 다 '떨게 하라'(יִרְגְּזוּ - 칼, 미완료)." '라가즈'(רָגַז)는 '전율하다(tremble), 떨다(quake), 격분하다(rage)'라는 뜻이다. 여기서 분노, 두려움, 기대로 떠는 것과 같은 개념들이 나온다. 이렇게 백성들로 하여금 두려운 마음을 가지고 떨게 하라는 것이다. 그래야 이들은 여호와께 부르짖게 될 것이다(1:14).

(5) 왜 나팔을 불고, 소리를 질러야 하는가? 그 이유가 무엇인가?

//이는(for, כִּי)
'여호와의 날'(יוֹם־יְהוָה)이 이르게 됨이니라(בָּא)(=되었기 때문이다)

그 이유는 '여호와의 날'이 이르게 되었기 때문이라고 했다. '이르게 되었다'라는 말은 분사형이다. "for the day of the LORD **is coming**. - NIV" 여호와의 날이 접근해 오는 생생한 모습이 보여진다.[1)]

1) 그러나 이 동사를 완료형으로 보고 "…has come"으로 번역한 성경도 있다.

(6) "이제 임박하였으니"(כִּי קָרוֹב) : '카로브'는 공간에 대해서 '가까운 것'을 나타낸다. 여기서 키(כִּי)는 'for'(KJ)라는 뜻보다는 Surely!(NASB, NEB)라고 보는 것이 좋을 것이다. NIV는 생략했다.

2. 그렇다면, 다가오는 "여호와의 날"이 백성에게 재난의 날이 될 것이라고 했다. 그 상황이 어떠할 것인가?

2:2 "(곧)[2)] 어둡고[3)](호쉐크 - 암흑) 캄캄한[4)](아페라 - 음침한 어둠) 날이요
'짙은 구름'(아라펠 - 암흑, 짙은 어둠)이 덮인 날이라
새벽 빛이 산 꼭대기에 덮인 것과 같으니
(이는) 많고(라브, רַב) 강한(아줌, עָצוּם) 백성이 이르렀음이라

이와 같은 것이 옛날에도 없었고
이후에도 대대에 없으리로다"

2) '곧'이라는 말은 원문에 없다.

3)과 4)는 동의어이다. 전자는 빛과 대립되는 흑암을 (창 1:2, 4), 후자는 초자연적인 깊은 어둠을 말한다.

(1) 2:1-11은 재난이 어떻게 다가올 것인가 묘사하고 있다. 요엘서에서는 '여호

'여호와(야웨)의 날'은 심판의 날이요, 또한 구원의 날이다.

욜 1:1-2:17	욜 2:18-3:21
하나님의 심판(징벌)의 날	하나님의 구원(회복)의 날

▶ "선지서들 중에 '여호와의 날'을 최초로 선포한 자는 요엘 선지자라고 할 수 있다. 그런데 그 날은 심판과 구원의 양면성을 띠고 있다. 위의 도표와 같이 전반부에서는 예루살렘과 유다에 대한 대적의 침공과 그로 인한 비극적인 상황을 예고하고, 후반부에서는 먼저 번영과 안전 그리고 하나님의 영을 부어주신다는 복을 강조하고 다음으로 모든 대적들을 심판하여 멸망시키고 예루살렘과 유다를 회복시킬 것을 말하고 있다." (*by* 윤용진, "야웨의 날의 이중성")

와의 날'에 대해 다섯 번이나 등장한다(1:15, 2:1, 11, 31, 3:14).[1] 위의 도표에서 볼 수 있듯이 '여호와의 날'은 이중성을 띠고 있다. 1:1-2:17에서는 하나님의 심판의 날로 유다에 대한 심판을 언급하고 있다. 그 심판날에 당할 환란의 무서움을 표현하고 있다. 그 날은 어둡고 캄캄한 날이라고 했다. 그 날은 1장에서 언급된 마치 메뚜기 떼로 인한 재앙과 같은 날이다(출 10:14, 15 참조). 그 날은 암흑 같은 구름이 덮인 날과 같을 것이다. 아모스 선지자도 "그 날이 어둠이요 빛이 아니라"고 했다(암 5:18*).

또한 "새벽 빛이 산 꼭대기에 덮인 것과 같으니"라고 했다. 여기서 '새벽 빛'이라는 말이 얼른 이해가 안 가는 것처럼 느껴진다. '새벽 빛'이라는 말 '샤하르'(שַׁחַר)는 '새벽'(dwan)을 의미하는데 일반적으로 동틀 녘, 즉 해뜨기 직전의 시간을 말한다. 또 하나는 '어둡다'라는 의미가 있다.[2] 높은 산에서 동틀 녘의 메뚜기의 무리의 빛깔이 적황색 빛으로 보일 수 있을 것이다.

(2) "(이는) 많고(라브, רַב) 강한(아쭘, עָצוּם) 백성(암, עַם)이 '이르렀음이라'(이 말은 원문에 없음)" - '많고, 강한'이 '백성'을 수식하고 있다. 그렇다면, 이미 여러 번 언급되었던 것과 같이 이 내용이 단순히 무시무시한 자연적인 재

1) '그날'이라고도 하는 여호와의 심판날은 하나님께서 인류 역사에 결정적으로 간섭하시는 날이다. 그런데 이 날은 양면성을 가지고 있다. 하나는 원수들에 대한 심판과 승리이고, 다른 하나는 여호와를 섬기는 '남은자들'에 대한 보상과 복이다.

• 암 5:18 "화 있을진저 여호와의 날을 사모하는 자여 너희가 어찌하여 여호와의 날을 사모하느냐 그 날은 어둠이요 빛이 아니라."

2) RSV, NEB는 "**흑암**이 산 위에 덮임 같이"라고 번역했다.

난, 즉 메뚜기 떼를 언급하고 있는 것인가, 아니면 아모스 선지자가 본 것처럼(암 7:1, 2) 유다를 공격할 적군으로 보아야 할 것인가?

• 욜 2:20 "내가 북쪽 군대를 너희에게서 멀리 떠나게 하여 메마르고 적막한 땅으로 쫓아내리니 그 앞의 부대는 동해로, 그 뒤의 부대는 서해로 들어갈 것이라 상한 냄새가 일어나고 악취가 오르리니 이는 큰 일을 행하였음이니라."

(3) 전자의 주장은 "~처럼"(케, כְּ)이라는 직유법을 많이 사용해, 그것들을 모두 군대에 비유하기 때문에 외적(外敵)으로 보기 어렵다고 본다. 또 2장에서도 1장에 연이어 닥쳐오는 메뚜기 떼 재난을 상세하게 언급하고 있고, 2:18-27에서도 곡식을 풍성하게 해주시겠다는 약속 등을 볼 때, 이 본문이 메뚜기 떼를 언급하고 있는 것으로 주장한다.

(4) 그러나 후자를 주장하는 사람들은, 이는 비유이며 유다를 공격하는 외적으로 본다. 왜냐하면 지금 여호와께서는 범죄로 인해 자기 백성의 심판(징벌)을 경고하고 있기 때문이다. 따라서 욜 2:20*에서 말하는 북쪽 군대는 두로와 시돈과 블레셋 군대이거나(3:4 참조), 아니면 애굽이나 에돔(3:19, 21)으로 본다(앗수르는 아직 잠에서 깨어나지 않았다.) 즉 메뚜기 떼는 여기서 여호와의 날, 즉 대환난 기간 중에 침략해 들어오는 외국 군대의 전조(前兆)로 간주된다. 계시록에 묘사된 황충이나(계 9:1-12), 북방 왕의 침략은(겔 38:15; 단 11:40) 메뚜기 떼와 연관되어 있다.

하나님은 왜 자기 백성을 징벌하시려 할까?

1. 이 문제를 먼저 소개하고 계속 본문을 설명하기로 하자.

(1) 하나님은 이스라엘을 끔찍이도 사랑하신다. 왜? 이스라엘은 하나님 자신의 언약 백성이기 때문이다. 그래서 이스라엘이 어려움에 처했을 때 여호와께서는 자기 백성 이스라엘의 구원과 보호를 **"위하여"**(for) 싸우신다. 물론 이런 내용은 구약 전반에 걸쳐 등장하고 있다.[1)]

(2) 그런데 만약, 하나님의 언약 백성인 이스라엘이 언약적인 삶을 살지 못할 경우에는 어떻게 하실까? 비록 자기 백성 이스라엘이라 할지라도 그들이 언약을 파기함으로써 여호와를 대적할 경우에는 오히려 자기 백성을 "대적하여"(*against*) 싸우신다. 물론 먼저 경고가 있다. 지금 살펴보고 있는 요엘서에도 그 사상이 나타나 있다. 욜 1:1-2:17에서 하나님의 심판(징벌)의 날에 대해 경고하고 있다.[2)]

1) 징벌의 신학 사상을 단적으로 묘사한 예를 보자 : 수 7:7-13

"이스라엘이 범죄하여…나의 언약을 어겼으며…원수 앞에 능히 맞서지…내가 다시는 너희와 함께 있지 아니하리라… 제하기까지는 네 원수들 앞에 능히 맞서지 못하리라"

2) 이에 대한 자세한 설명은 윤용진, 「여호와 전쟁의 이중성」(도서출판 그리심)을 참고해 보라. 이를 간단하게 요약한 내용은 동교재, 신명기, 특강(2), 331-343에 정리되어 있다.

2. 물론 하나님께서 처음부터 대적의 손에 넘기지 않으신다. 언약의 배반이 깊어갈수록 그에 대한 하나님의 징계도 더 무거워진다.

(1) 하나님이 내리시는 징벌은 구체적으로 어떻게 임하는가? 신명기 28:21-22에 어떻게 언급되고 있는지 살펴보자. 다음에 언급된 일곱 가지 질병(4가지는 사람에게, 3가지는 곡식에게)을 살펴보라.[1)] 언약을 파기하여 죄를 짓는 일이 얼마나 무서운 일인가!

① 폐병 ② 열병 ③ 염증(inflammation, 심한 염증으로 온 몸에 열이 나는 병) ④ 학질(말라리아, 일정한 시간이 되면 오한이 나고 발열하는 병) ⑤ 한재 : 극심한 가뭄 ⑥ 풍재(風災, 하늘에서 비가 내리지 않음으로써 먼지와 티끌로 덮인 상태) ⑦ 썩는 재앙(mildew, 곰팡이, 백분병)

(2) 재앙은 또 있다. 어떤 것? (신 28:23*) : 하늘이 놋 같이 되고, 땅은 철 같이 될 것이다. 비가 내리지 않아 굳어지게 된 상황으로 극심한 가뭄을 표현하는 말이다. 젖과 꿀이 흐른다는 가나안 땅은 이들의 불신앙으로 비 대신에 티끌과 모래가 내리는 황무한 땅으로 변할 수 있다는 것이다. 이런 경고 중에 하나가 요엘서에서 보는 대로 메뚜기 재앙으로 나타난 것이다.

(3) 만약에 이런 징책으로도 여호와께로 돌아서지 않는다면 어떻게 하실 것인가? 계속 신명기 28장 후반부를 읽어보라.

① 죄로 인해 이방의 침략을 당하게 될 것이다(47-68절).
② 하나님을 섬기지 않음으로써 원수를 섬기게 될 것이다(47-48절).
③ 원방(遠方)에서 강국이 쳐들어 올 것이다(49절).
④ 참변을 당하게 될 것이다(50-57절).
⑤ 모든 질병을 당할 것이고(60-61절)
⑥ 이방으로 흩어짐을 당할 것이다(62-68절).

(4) 이와 같이 하나님은 자기 백성 이스라엘이 범죄의 도를 더할 때, 여호와께서 그의 백성을 대적의 손에 넘겨 '팔아버리신다'고 했다. 이런 문형은 특히 사사기에서 자주 사용되었다(삿 2:14. "대적들의 손에 파시어"). '뽑아 버리신다'(왕상 14:15), '흩으신다'(렘 13:24), '찢으시고'(호 5:14), '삼켜 먹어치운다'(사 49:19)는 표현도 여호와께서 자기 백성 이스라엘을 대적하여(*against Israel*) 치신다는 의미를 강하게 내포하고 있다.

1) 동교재, 신명기, 331면 이하 참조.

• 신 28:22 "여호와께서 폐병과 열병과 염증과 학질과 한재와 풍재와 썩는 재앙으로 너를 치시리니 이 재앙들이 너를 따라서 너를 진멸하게 할 것이라 23 네 머리 위의 하늘은 놋이 되고 네 아래의 땅은 철이 될 것이며."

(5) 하나님은 범죄한 자기 백성을 징계하기 위해 이스라엘의 주변 나라들을 이용하셨다(아람, 블레셋, 애굽, 바벨론 등). 북이스라엘을 대적하여 치실 때에 앗수르를 징벌의 대리자로 고용하셨다(렘 6:22, 13:20, 21:10). 남유다를 징벌하실 때는 바벨론을 대리자로 고용하여 치셨다(렘 22:9, 25:8-11, 27:6; 겔 23:28). 즉 자기 백성을 치실 때에 여호와께서는 이스라엘의 대적을 그의 군대로 선택하여 사용하셨다. "그들이 반역하여 주의 성령을 근심하게 하였으므로 **그가 돌이켜 그들의 대적이 되사** 친히 그들을 치셨더니"(사 63:10).

(6) 요엘서에서 이와 동일한 경고를 하고 계신다. "북쪽에서 온 군대를 몰아내시겠다"(욜 2:20)는 말씀이나 "…예루살렘이 거룩하리니 다시는 이방 사람이 그 가운데로 통행하지 못하리로다"(욜 3:17)라는 말씀은 이스라엘이 하나님께 회개하고 돌아설을 때에 올 하나님의 구원(회복)의 날에 대한 약속이다.

3. 그렇다면 이렇게 이스라엘을 징벌하시려는 근본 목적은 어디에 있는가?

(1) 여호와께서 단지 자기 백성 이스라엘을 대적하여 치시기 위한 것이 아니다. 이스라엘 백성이 언약에 성실함으로 항상 복을 누리게 하기 위한 경계(신 6:24, 10:12-13)에 있다. 혹시 언약의 파기로 인한 징벌의 결과로 패망하여 대적들에게 포로로 잡혀가더라도 여호와의 인자와 성실하심으로 말미암아 회복(restoration)시키겠다는 궁극적 구원의 약속을 하고 있다(레 26:40-45; 신 30:1-10).

• 욜 2:25 "내가 전에 너희에게 보낸 **큰 군대** 곧 메뚜기와 느치와 황충과 팥중이가 먹은 햇수대로 너희에게 갚아 주리니."

(2) 물론 이런 수많은 경고에도 백성이 여호와께로 돌아서지 않자 북이스라엘은 앗수르에 의해 그 최후를 맞는다(주전 722년). 물론 남유다도 북이스라엘과 별반 다르지 않았다. 다만 멸망이 더 연장되었을 뿐이다. 결국 유다 역시 대적의 손에 팔아 넘기심으로써(신 28:64-68) 징벌의 신학은 절정에 이른다. 그 절정의 사건이 '바벨론 포로 사건'이다.

(3) 요엘의 메시지는 이런 북쪽 군대(두로와 시돈? 아람? 아니면 애굽, 에돔?)의 침략을 예고하고 있다. 요엘서 2:25*의 말씀에서 '큰 군대'가 메뚜기 떼의 재앙을 가리키는가, 외국 군대를 가리키는가에 대한 논쟁이 있지만, 북이스라엘이나 남유다를 멸망시킨 앗수르나 바벨론의 침략을 예고하는 것으로 이해할 수 있다. 구약에서는 인간의 군대를 가끔 메뚜기 떼에 비유하기도 했다(삿 6:5, 7:12; 렘 46:23; 나 3:15-16 참조).

(4) 이렇게 앞에서 살핀대로, 여호와께서는 **이스라엘을 위해**(*for Israel*) 대적과 싸워 그들을 안전하게 보호하는 선한 목자이지만, 자기 백성 이스라엘이 범죄할 때는 오히려 **이스라엘을 대적하여**(*against Israel*) 그들에게 "쑥을 먹이며 독한 물을 마시게 하는"(렘 9:13-16*) 돌변된 모습을 보이시는 분이심을 알 수 있다. 이때 여호와는 이스라엘을 모으시는 선한 목자가 아니고 '흩어버리시는' 대적으로 묘사되고 있다.

- 렘 9:13 여호와께서 말씀하시되 이는 그들이 내가 그들의 앞에 세운 나의 율법을 버리고 내 목소리를 순종하지 아니하며 그대로 행하지 아니하고
- 렘 9:14 그 마음의 완악함을 따라 그 조상들이 자기에게 가르친 바알들을 따랐음이라
- 렘 9:15 그러므로 만군의 여호와 이스라엘의 하나님께서 이와 같이 말씀하시니라 보라 내가 그들 곧 **이 백성에게 쑥을 먹이며 독한 물을 마시게 하고**
- 렘 9:16 그들과 그들의 조상이 알지 못하던 여러 나라 가운데에 그들을 흩어 버리고 진멸되기까지 그 뒤로 칼을 보내리라 하셨느니라

3. 이만 정리하고 다시 본문(2:2하반절)으로 돌아가보자.

"이와 같은 것이 옛날에도(자고이래로) **없었고**
이후에도 대대에(עַד־שְׁנֵי דּוֹר וָדוֹר) **없으리로다**"

(1) 앞으로 다가올 여호와의 날에 대한 두려움과 황폐함이 얼마나 큰지 이런 일은 옛날에도 또 앞으로도 없을 것이라는 말이다. "여호와께서 그의 군대 앞에서 소리를 지르시고 그의 진영은 심히 크고 그의 명령을 행하는 자는 강하니 **여호와의 날이 크고 심히 두렵도다** 당할 자가 누구이랴"(욜 2:11).

(2) 이스라엘 백성들이 사는 땅 팔레스타인은 에덴 동산과 같았다고 했다. 그러나 외국 군대의 침략이 있은 후 그 땅이 황폐한 들과 같이 될 것이다. 요엘 선지자는 메뚜기떼의 환상에 이어 불의 환상도 보고 있다(암 7:2 참조). 그 황폐함에서 피한 자가 한 사람도 없을 것이라고 했다.

2:3 "불이 그들의 앞을 **사르며** 불꽃이 그들의 뒤를 **태우니**
(메뚜기 떼의 재난 때문인가?, 아니면 실제로 불이 산야를 태우는 것을 말함인가?)
그들의 예전의 땅은 **에덴 동산 같았으나**
그들의 나중의 땅은 황폐한 **들 '같으니'**('같으니'란 말은 원문에는 없다)
그것을 피한 자가 **없도다**"

4. 이렇게 2:1-3에서는 '여호와의 날'에 일어난 재난을 전체적으로 언급한 후 4-10절에서는 재난의 파괴의 철저함을 배가하여 보여준다.

(1) 우선, 재난을 일으키는 것들의 모습을 보라(4-6절). 너무 무서워 전율하지 않을 수 없다. 자, 이런 살벌한 모습을 바라보는 사람들의 모습을 보라(6절). 그리고 재난 장면을 7-9절에서 다시 자세하게 보여준다.

그의 모양, 즉 메뚜기의 모양

• 파라쉬 - 기병, 기수, 말, 준마. / 여기서는 '말'에 더 중심적인 의미가 있다.

2:4 "그의 모양은 말 **같고**[1]
그 **달리는 것**은(달리도다 - 칼동사 미완료) 기병(=戰馬) 같으며
5 그들이 산 꼭대기에서 뛰는 소리는 병거 소리와도 같고
불꽃이 검불을 사르는 소리와도 같으며
강한 군사가 줄을 벌이고 싸우는 것 같으니
6 그 앞에서 백성들이 질리고,
무리의 낯빛이 하얘졌도다"

1) 사도 요한도 이와 비슷한 환상을 보았다.

• 계 9:7 **황충들의 모양**은 전쟁을 위하여 준비한 말들 같고 그 머리에 금 같은 관 비슷한 것을 썼으며 그 얼굴은 사람의 얼굴 같고 8 또 여자의 머리털 같은 머리털이 있고 그 이빨은 사자의 이빨 같으며 9 또 철 호심경 같은 호심경이 있고 그 날개들의 소리는 병거와 많은 말들이 전쟁터로 달려 들어가는 소리 같으며 10 또 전갈과 같은 꼬리와 쏘는 살이 있어 그 꼬리에는 다섯 달 동안 사람들을 해하는 권세가 있더라."

(2) 여기서는 메뚜기의 모양을 보다 자세하게 설명하고 있다. 사도 요한도 같은 모양의 환상을 보았다. 계시록 9:7-10*의 내용을 주의 깊게 읽어보자. 그래서 학자들은 요엘서가 생물학적 곤충의 범주를 넘어선다고 말한다. 그러니까 요엘서는 요한계시록이나 다니엘서와 같은 묵시론적인 예언서라는 것이다. 그래서 영(E.J. Young) 같은 학자는, 요엘서는 역사적인 것과 예언적인 것이 섞여 있는 것이 아니라 모두가 완전한 예언이라고 본다(김희보, 요엘서, 85면).

(3) 메뚜기 떼의 모양이 마치 떼를 지어 달려오는 전마(戰馬, war horses)[2]와 같다고 했다. 그리고 메뚜기의 뛰는 소리가 마치 병거소리와도 같다고 했다.

2) RSV, NASB, NEB 등이 war horses로 번역했다.

"저 소리를 들어보라! 그 소리는 전차들이 산을 넘어가며 내는 큰 소리와 같고(계 9:9 참조), 불꽃이 마른 줄기를 태우는 소리와 같다. 마치 전열을 갖춘 강한 군대와 같다"(5절, 쉬운성경).

(4) 자, 이런 광경을 보고 백성들은 어떤 상태가 되었나?

"그 앞에서 백성들이 **질리고**(יָחִילוּ - 칼 미완료, 괴로워하다, 고통스럽다),
무리의 낯빛이 **하얘졌도다**"(6절).

'질리고'라는 말은 몸을 뒤틀며 고통하는 것을 의미한다. 무리들의 얼굴 빛이 '하얘졌도다'[3]라고 했다. 공포로 인해 얼굴색이 하얗게 변했다는 의미이다. 피엘(강조 능동) 동사를 써서 그 뜻을 더 강하게 표현하고 있다. 아주 새하얗게(씨꺼멓게?) 되었다는 말이다.

3) פָּארוּר(파루루) - 안색이 변함 / KJ는 blackness로 번역했다. - '꺼멓게 되었다'

קִבְּצוּ- 피엘 동사, (하얘)졌도다

5. 이제 저자는 7-9절에서 다시 한 번 재난 장면을 상세히 보여준다.

(1) 메뚜기(적군)의 침략상이 어떠한가 보라. 그들 적군의 모습이 얼마나 무서운

지 용사 같다고 했다(7절). 또 질서 정연하게 공격하고 있다(8절). 침략이 최고조에 달해 성안이 온통 그것들로 덮여 땅이 진동하며 하늘이 떨며 해와 달이 캄캄하며 별들이 빛을 거두었다고 했다.

2:7 "그들이 용사 같이 **달리며**
무사(=군사, 군인) 같이 성을 **기어 오르며**
각기 자기의 길로 **나아가되** 그 줄을 **이탈하지 아니하며**"

(2) 용사 같은 적군들이 달려드는 모습이 마치 성을 기어오르는 군인들과 같다는 것이다. 여기서 '용사'(כְּגִבּוֹרִים - like men of war)라는 말 '깁보르'는 '강력한 자'를 가리킨다. 창세기 6:4*에서 처음 나온다. 전투에 대한 문맥에서는 '시험을 거친 전사'(proven warrior)를 가리킨다. 이 강력한 용사가 성(예루살렘 성?)을 기어오르는데 '무사'[1]같이(כְּאַנְשֵׁי מִלְחָמָה) 올라간다.

(3) 이렇게 홍수 같이 밀려오고 달려오는 용사들이지만 서로 부딪치는 일이 없다. "피차에 부딪치지 아니하고 각기 자기의 길로 나아가며 무기를 돌파하고 나아간다"(8절). 또한 이들은 "성중에 뛰어 들어가며 성 위에 달리며 집에 기어 오르며 도둑 같이 창으로 들어간다"(9절). 이렇게 메뚜기(적군)의 침략이 최고조에 달한다.

• 창 6:4 "당시에 땅에는 네피림(장부?)이 있었고 그 후에도 하나님의 아들들이 사람의 딸들에게로 들어와 자식을 낳았으니 그들은 용사라 고대에 명성이 있는 사람들이었더라."

1) 무사 - 전쟁(밀하마, מִלְחָמָה)의 사람.

6. 이 엄청난 광경에 우주가 진동한다고 묘사한다.

2:10 "그 앞에서 땅이 **진동하며**(라가즈, רָגַז)[2]
하늘이 **떨며** 해와 달이 **캄캄하며** 별들이 빛을 **거두도다**"

2) 흔들리다, 동요하다 - 하나님이 심판하시려고 나타나실 때 땅 주민이 전율하는 것을 나타낸다(사 64:2, 욜 2:1).

(1) 여기 '그 앞에서'란 어디를 말하는가? 단순히 생물학적 곤충인 메뚜기 앞에서를 의미하는가? 이 광경은 단순히 메뚜기들에 의하여 당하는 재난으로 해석할 수 없다. 이들은 외국 군대에 의하여 이루어지는 참혹한 파괴의 모습으로 보는 것이 합당할 것이다. **단순히 요엘서만 따로 떼어 읽는다면, 우리는 이 심판의 구체적인 이유를 발견하지 못한다. 선지서들이 이미 하나님의 진노에 대한 충분한 근거를 제시하고 있기 때문이다.** 따라서 요엘서에 나타난 사건은 단지 요엘 시대만이 아닌 전 이스라엘 역사와 관련되어 있다.

(2) 어쨌든 재난에 대해 사람들의 안색이 변하는(6절) 것은 물론 우주의 안색까지도 변했다고 묘사하고 있다.

(3) 따라서 큰 군대가 이처럼 돌격해 오는 '여호와의 날'에 누가 능히 설 수 있겠는가고 반문한다.

2:11 "***여호와께서*** '그의 군대'[1] 앞에서 '소리'(קוֹל)를 **지르시고**(=발하시고)
(키, כִּי - Surely, For란 뜻이다) 그의 진영은 심히 **크고**
(키, כִּי - 진실로) 그의 명령을 행하는 자는 강하니
(키, כִּי - 진실로) 여호와의 날이 크고 심히 **두렵도다**
당할 자가(=당하냐) 누구이랴(=누가)"

(4) 여기 '그의(여호와의) 군대'는 여호와께서 율법 언약을 파기한 자기 백성을 징벌하기 위해 동원하신 군대를 가리킨다.[2] 하나님께서는 북쪽 군대, 즉 두로와 시돈과 블레셋이나(2:20, 3:4) 아니면 애굽이나 에돔(3:19)의 군대를 지휘하여 자기 백성을 공격하신다. 따라서 위의 표현은 여호와께서 주권적으로 간섭하시는 징벌의 전쟁을 가리킨다.

(5) 따라서 본문이 지시하는 것은 문자적인 메뚜기 재앙이 아니라 여호와의 결심으로 말미암는 실제적인 대적의 침략을 의미한다고 보아야 한다. 그러므로 이 전쟁을 지휘하는 주체가 여호와이심을 알 수 있다. 여기서 세 번씩이나 반복되는 '진실로'(키, כִּי)라는 표현은 여호와의 날의 실제성을 강조하고 있다. 이렇게 하나님께서 자기 백성을 징벌하시기 위해서, 하나님은 그의 군대(여기서는 이방 군대로 하나님의 도구를 가리킴)를 지휘하신다. 바로 그 날이 여호와의 날이요 그 날이 크고 심히 두렵다고 했다. 그런데 누가 이 '여호와의 날'에 설 자가 있겠는가!

1) '그의 군대'란 바로 여호와의 군대를 가리킨다. 물론 여호와의 심판을 집행하는 하나님의 도구를 가리킨다. 하나님은 이방 민족을 들어 하나님의 백성을 징계하신다. 이때 이방 나라는 하나님의 하나의 도구일 뿐이다.

2) 침략자들은 북쪽으로부터 올 것으로 언급되었다. 그러나 메뚜기 떼는 보통 남쪽이나 남동쪽으로부터 팔레스틴을 공격한다. 물론 자연 환경에 따라 동북부로부터 오기도 한다.

- 하나님은 우리에게 언제까지나 관대하신 분이신가? 아니라면?
- 하나님은 언제 우리에게 매(징계)를 드실까?
- 하나님은 우리 모두가 성숙한 신자 되기를 원하신다. 성숙은 시간만 지나면 자동적으로 따라오는 것일까? 물론 아니다. 그렇다면 교회 생활에 익숙해지는 것이 성숙해지는 것일까? 그것도 아니라고? 그러면 진정한 신앙의 성숙이란 무엇일까?
- 우리는 하나님을 기쁘게 해드리려고 너무 많은(?) 노력을 기울인다. 이런 일로 인해 하나님은 기뻐하시기보다 오히려 더 피곤을 느끼실 수 있다. 우리의 열심은 무엇에 기반을 두어야 할까?

여기서 벗어날 길은 전혀 없을까? 있다. 어떻게?

1. 위와 같은 상황이라면 백성들은 절망적일 수밖에 없다. 벗어날 길은 없을까?

(1) 있다. 어떻게? 그것은 오직 한 길, 온 백성이 진정한 회개를 하는 것이다. 이제 하나님은 이스라엘을 향해 간절한 회개를 권면한다. 앞에서 본 것처럼 '여호와의 날'은 심히 두렵고 그 앞에 능히 설 자가 없지만, 그래도 아직도 때는 남아 있다고 선지자는 말한다.

2:12 "여호와의(께서) **말씀**(에) **하시기를** (하셨다)
/너희는 ——— 돌아오라(슈브, שֻׁבוּ) 하셨나니
/'이제라도'(גַּם־עַתָּה)
/금식하고 울며 애통하고
/마음을 다하여 내게로(עָדַי)"

원문에는 이 말이 맨 앞에 나와 있다. '이제'(עַתָּה, now)란 말이 특별히 강조되어 있다.

וּבְצוֹם וּבְבְכִי וּבְמִסְפֵּד
and with fasting, and with weeping, and with mourning

(2) 여호와의 날이 얼마나 두려운 날인가! 누가 그 앞에 능히 설 자가 있겠는가? 그러나 선지자는 아직 때가 남아 있다고 말한다. 그래서 원문에는 '이제라도'(וְגַם־עַתָּה)라는 말이 문 앞에 위치한다. 11절에서 무서운 심판을 말했으나 '그러나'(접속사, וְ가 있다. 여기서는 and의 뜻이 아니라 but의 뜻이다) '이제라도 돌아서면' 용서하시겠다는 말씀이다. '이제'(now)가 생명과 사망의 갈림길이다. '여호와의 날'의 심판을 벗어날 수 있는 길은 오직 오늘의 '참 회개'뿐임을 보여준다.[1)]

(3) 물론 회개의 의미는 가던 길에서 '돌아서는'(슈브, שֻׁבוּ- 칼 동사, 명령법) 행위가 있어야 한다. "그러나<וְ> (너희는) 이제라도(But even now also) 돌아오라." '슈브'라는 동사는 그 뜻이 다양하나 기본적으로 '(되)돌아가(오)다, 회복하다'를 의미한다. 이 동사는 구약에서 12번째로 빈도수가 많이 나오는 단어이다(1,050 이상). 그 중에서 예레미야에 가장 많이 등장한다(111회). 이 동사는 본질적으로 두 가지 필수 조건들과 연결된다. 두 가지 필수 조건이란 첫째, 악에서 돌아서는 것과, 둘째, 선으로 돌아가는 것이다.

(4) 누구에게로 돌아오라고 말씀하시는가? '내게로'(עָדַי - to me)[2)] 즉, 다른 곳이 아니라 오직 여호와 하나님만을 향하여 전심으로 돌아오라는 뜻이다. 그 과정에서 금식과 애통이 있어야 한다는 것이다.

1) '이제' = 히 3:13 비교 ("오직 오늘이라 일컫는 동안")

2) 아드(עַד) - '까지, 동안, 그때까지' / 이 단어는 '한 목표를 맞추어' 돌아오는 것을 말한다. 즉 목적지를 말한다. 오직 여호와 하나님만을 향하여 전심으로 돌아오는 것을 말한다.

2. 회개할 때 어떤 모습을 보여야 하는가?

2:13 "너희는 옷을 찢지 말고 '(너희의) **마음을 찢고**'[1] 너희 하나님 여호와께로 돌아올지어다 그는 은혜로우시며 자비로우시며 노하기를 더디하시며 인애가 크시사 뜻을 돌이켜 재앙을 내리지 아니하시나니"[2]

(1) 민족적 회개의 날을 정하여 실시하되 '마음을 찢고 옷을 찢지 말라'고 말씀하신다. 대체로 회개할 때 반대로 하기 쉽다. 우리는 옷을 찢지 마음을 찢지 아니한다. 마음은 지정의(知情意)의 좌소(座所)라고 한다. 따라서 마음은 도덕적, 신앙적 행위의 유일한 기초가 된다. 그러니까 마음을 어디에 두느냐에 따라 우리의 신앙적 상태도 달라진다.

(2) 그러므로 회개가 하나의 피상적 행위에 그쳐서는 안 된다. 강단에서 얼마나 많이 회개에 대한 말씀을 선포하는가! 회개를 위한 거창한 초교파적 행사가 치러지지만, 그렇다고 그 후로 기독교인들의 삶이 크게 변화되었다는 소식은 듣지 못한다. 옷만을 찢는 피상적인 행위에서 그치기 때문이다. 아니 옷도 찢지 아니한다. 오직 행사에만 열중한다. 어느 사이에 무엇을 회개했나 그 내용까지도 잊어버린다.

3. 만약 이렇게 진정한 회개가 있다면 어떤 일이 있을 것인가?

2:14 "누가 — **알겠느냐**(원문에는 이 말이 먼저 나옴)
/주께서 — 혹시(원문에는 없음) 마음과 뜻을 **돌이키시고**
그 뒤에 **복을 내리사**
너희 하나님 여호와께
소제와 전제를 (**드리게 하지 아니하실는지**) "

(1) 원문에는 '누가 알겠느냐'(מִי יוֹדֵעַ)라는 말이 먼저 나온다. 하나님은 일단 공식적으로 무조건적인 의미를 갖는 칙령을 선포하신 다음에는 결코 정해진 행동을 바꾸지 않으신다(민 23:19; 삼상 15:29; 시 110:4). 본문의 내용을 보아 심판이 이전에 이미 선포되었는지는 확실치 않다. 그러나 종종 단순히 경고의 메시지만 발하셨거나 자신의 계획에 대해서 조건적인 진술을 한 경우에는 '자기 마음을 바꾸시는' 분으로 묘사된다(2:13).

(2) 요엘은 진정한 회개가 있다면 "마음과 뜻을 돌이켜 재앙을 내리지 아니하실

---

1) קָרַע(카라) - '찢다, 잡아 찢다 tear, 찢어서(째서) 조각을 내다 tear in pieces'를 의미한다.

• 카라는 옷이나 그와 유사한 물건을 찢는 것에 대하여 사용되었다. 문자적 의미로 '옷을 찢다'는 표현으로 사용되었다. 대개 이러한 옷을 찢는 행위는 심적 고통과 비통함을 나타낸다. 의복을 '찢는 행위'에는 베옷(창 37:34)을 입고 머리에 먼지나 재를 뒤집어쓰며(삼상 4:12) 신발을 벗거나(삼하 15:30) 머리에 손을 얹는 행위(삼하 13:19) 등이 수반되었다. 에스라는 격렬한 분노와 도덕적 의분의 표시로서 속옷과 겉옷을 찢었다(스 9:3, 5). 하나님은 거역하는 자기 백성을 슬퍼하게 만들 것이다 - 그는 그들의 가슴을 찢을 것이다(호 13:8).

• 하나님은 자기 백성들에게 회개하라고 하시면서 옷보다는 마음을 찢으라고 말씀하신다(욜 2:13).

2) 하나님의 성품에 대한 묘사는 출애굽기 34:6-7에 뿌리박고 있다.

것"이라고 하면서 회개를 강권하고 있다. 여기서 '혹시'라는 말은 원문에 없다. 그러나 '누가 알겠느냐?'라는 말과 연결시켜 번역에 삽입했다(**if** he will return and repent - KJ).

(3) "뜻을 돌이키사"라는 말 '나함'(נָחַם)은 '후회하다, 위로하다'라는 뜻으로 '회개하다, 애석해하다, 유감으로 생각하다'라는 의미도 함축한다. 사람의 심정, 주로 슬픔, 동정, 위로의 육체적 표출이라는 개념을 반영한다. 이 말은 영문성경에서 repent(KJ, RSV, NEB)로 번역했으나 NIV는 'have pity'(불쌍히 여기다)로, NASB는 relent(긍휼히 여기다, 가엽게 여기다)로 번역했다. 혹시 하나님께서 저들을 불쌍히 여기셔서 긍휼을 베푸실 것이 아니겠느냐. 그렇게 된다면 그 동안 중지되었던 소제와 전제를 다시 드리게 되지 않겠느냐는 말씀이다.

4. 15-17절에서는 이들이 어떻게 회개해야 할 것을 구체적으로 가르쳐 주며 간곡히 권면한다.

(1) 요엘 선지자는 사람들에게 공식적인 모임을 열고, 거기서 금식하면서 하나님의 구원을 위해 기도할 것을 촉구하고 있다. 그리고 먼저 장로들을 모으라고 했다. 여기에는 누구도 예외일 수 없다는 것이다. 누구까지도 참여하라고 말하는가? 장로도, 어린이와 젖 먹는 자도, 남녀노소 신랑 신부 할 것 없이 한 마음 한 뜻이 되어 하나님께 나아올 것을 명하신다.[1] 여호와의 날의 환란에서는 결혼 전후의 신랑 신부까지도 이 회개의 부름에 제외될 수 없다는 것이다.

(2) 그러나 이들보다 더 회개와 중보의 간구가 필요한 자는 누구인가? (17절) 이제 제사장들은 나팔을 불어 성회를 선포하고 백성들을 위하여 울며 중보의 기도를 드리라고 명령하신다.

(3) 옛날 이스라엘 풍속에는 옷을 찢으며 애통하는 일이 있었다. 견딜 수 없는 큰 불행과 큰 슬픔, 심한 애통을 같이 하는 회개에서 볼 수 있었다. 그러나 오늘 본문에서 하나님은 무엇을 요구하시는가? 호 10:12*; 신 10:16*; 렘 4:4* 등을 읽어보고 이 말씀들이 의미하는 뜻이 무엇인가 살펴보라.

(4) "너희들은 언제든지 하나님께 돌아오라." 이렇게 하나님과의 교통이 끊어졌던 그들에게 언제라도 하나님께 마음을 다하여 돌아오기만 하면, 그들을 용

1) 신 24:5에서는 갓 결혼한 신랑이라면 무엇까지도 면제 되었는가 ?

• 호 10:12 "너희가 자기를 위하여 공의를 심고 인애를 거두라 너희 묵은 땅을 기경하라 지금이 곧 여호와를 찾을 때니 마침내 여호와께서 오사 공의를 비처럼 너희에게 내리시리라."

• 신 10:16 "그러므로 너희는 **마음에 할례를 행하고** 다시는 목을 곧게 하지 말라."

• 렘 4:4 "유다인과 예루살렘 주민들아 너희는 스스로 할례를 행하여 **너희 마음 가죽을 베고** 나 여호와께 속하라 그리하지 아니하면 너희 악행으로 말미암아 나의 분노가 불같이 일어나 사르리니 그것을 끌 자가 없으리라."

용서와 정화(淨化)에 앞서 반드시 회개가 우선되어야 한다.

1. 아래 16개의 구절에서 심판의 날을 소개하고 있다. 요엘서에 나오는 "여호와의 날"도 그 중에 하나이다.

   • 사 2:1, 13:6, 9, 22:5, 34:8; 렘 46:10; 겔 7:10, 13:5, 30:3; **욜 1:15, 2:1, 11, 2:31, 3:14**; 암 5:18-20; 옵 15; 습 1:7-8, 14-18; 슥 14:1.

(1) 위의 구절에서 알 수 있듯이 이방인들뿐만 아니라 자기 백성 이스라엘에게도 심판을 선언하고 있음을 본다. 하나님의 언약을 파기할 경우에는 자기 백성이라도 심판의 대상이 된다. (심판의 방법 - 자연 재해, 초자연적 재난, 군사적 침략)

(2) 이런 심판의 과정을 통해 하나님은 무엇을 원하시는가? 이런 심판을 통해 그들의 죄를 제거하시며, 신실한 자들이 거할 수 있는 정결한 땅을 창조해 내신다.

(3) 오늘 본문에 소개되는 "여호와의 날"은 최종적인 사건이 아니다. 그러나 스바냐 1:7-8과 스가랴 14:1("여호와의 날이 이르리라 그 날에 네 재물이 약탈되어 네 가운데에서 나누이리라")은 역사적 절정을 이룰 마지막 여호와의 날을 언급하고 있다.

2. 지금 요엘서에서는 여호와의 날이 임박했다는 경고를 하고 있다. 이런 재난과 재앙의 길에서 벗어날 수 있는 길은 없는가?

벗어날 수 있는 길이 있다. 구원받을 수 있는 길은 과감한 결단을 내리고 오직 여호와께로 돌아오는 길뿐이다. 그런데 용서와 정화 앞에 반드시 **회개**가 우선되어야 한다는 것이다.

<폴 R. 하우스, 구약신학, 14장>

납하시고, 저들에게 복을 주어 다시 소제와 전제를 드릴 수 있는 복을 주시겠다는 약속을 하신다.

(5) '낭실과 제단 사이'란 백성들이 서 있는 그 앞과 번제단 사이를 가리킨다. 즉, 백성들과 하나님의 중간 위치를 가리킨다. 구약에서는 오직 제사장만이 이스라엘을 대표할 수 있는 유일한 인물이었다. 먼저 제사장이 울어야 했다. 한 가정의 어려움을 당할 때, 제사장 된 식구가 울며 하나님의 긍휼을 원할 때 그 가정은 소망이 있다. 남편을 위하여 아내가 울며 기도하고, 어린 자녀들을 위하여 제사장 된 부모가 울며 기도하라. 오늘 본문이 그것을 가르치고 있다. 그렇다면 나라와 민족은 누가 기도해야 하는가? 교회가 해야 한다. 그러나 기도해야 할 교회가 더 타락의 극을(?) 향해 가고 있지는 않는가?

(6) 이렇게 무섭고 여러 해 동안 계속된 재앙을 통하여(욜 1:4, 2:25) 하나님의 백성들은 깊은 겸손을 불러 일으킨다. 요엘은 자기 백성들에게 이전에 들어보지 못한 땅의 황폐에 대해 곡하라고 요구한다. 민족적 회개의 날을 정하고 마음을 찢고 옷을 찢지 말도록 요구하고 있다.

'여호와(야웨)의 날'은 심판의 날이요, 또한 구원의 날이다.

욜 1:1-2:17	욜 2:18-3:21
하나님의 심판(징벌)의 날	하나님의 구원(회복)의 날

하나님의 자비와 구원 약속(2:18-27)

만약 백성들이 회개하고, 제사장들의 중보의 기도가 있다면, 그 회개의 결과가 어떻게 나타날 것인가? 요엘서 후반부에서는 '여호와의 날'에 대한 개념이 어떻게 바뀔까? 2:18-3:21에서는 '여호와의 전쟁'의 주체이신 '야웨'가 주어로서 22회 등장한다. 하나님의 백성이 언약을 어기고 범죄했을 때는 여호와께서 백성의 대적이 되셨다. 따라서 징계가 따라왔다. 그 징계의 도구로 사용되었던 족속들은 바로 이스라엘에게는 대적이 되었다. 아모스 시대에는 북방 민족들이 이스라엘을 다른 대적에게 팔아 넘겼다(암 1:6-9). 에스겔 시대에도 두로는 헬라와 노예 매매를 거래했었다(겔 27:12이하).

백성들이 여호와께로 돌아섰을 때, 이번에는 여호와가 백성의 구원자로 등장하신다. 따라서 대적들을 물리쳐주시고(2:20), 열국의 악행들을 그들에게 그대로 '돌려 갚아주시고'(3:7), 또한 기근도 물리치시고 풍성한 추수를 거두게 하신다(2:19, 22, 24-26, 3:13, 18). 그리고 황폐한 유다를 번영케 하신다(2:21-23, 26-32, 3:16-21).[1] 이제 본문 속으로 들어가 보자.

1. 하나님은 제사장들의 기도를 들으시고 즉각적인 구원을 약속하신다.

2:18 "(그 때에, וְ)
여호와께서 **극진히 사랑하시어**(יְקַנֵּא)[2] - 피엘 동사, 완료형(시기하다, 질투하다)
/자기의 땅을
불쌍히 여기실 것이라"(וַיַּחְמֹל-and pity)
/그의 백성을

(1) 이스라엘이 범죄함으로 복을 잃어버렸으나 그들이 회개할 때 그들은 마침내 복을 다시 회복하게 될 것인데 하나님의 열심이 그것을 이루신다는 것이다.

1) 윤용진, 야훼의 날의 이중성, 야웨신학교, 홈페이지.

2) 원문에는 동사가 완료형으로 되어 있다. 그러나 영어 성경은 각기 다르게 번역되었다. RSV, NEB는 과거로, KJ, NASB, NIV 등은 미래형으로 번역했다. 이를 미래형으로 번역할 수 있는 것은 이것을 예언적 과거형(prophetical past)으로 보았기 때문일 것이다. 즉 이 사건을 예언으로 보았다는 것이다. 한글성경도 미래형으로 번역했다. 그렇다면 요엘에게 메뚜기 재앙은 여호와의 날에 대한 은유 역할을 한다.

2:19 "(ו)여호와께서 그들에게
응답하여 (וַיַּעַן - 칼동사 미완료, 와우 계속법)[1]
이르시기를 - 이 동사도 예언적 과거로 번역한다.
/내가 너희에게 곡식과 새 포도주와 기름을 주리니
너희가 이로 말미암아 흡족하리라
내가 다시는 너희가 나라들 가운데에서
욕을 당하지 않게 할 것이며"

1) 칼동사 미완료이다. 그러나 와우 계속법이기에 과거로 번역해야 한다. 그러나 일부 영역성경은 예언적 과거로 보아 미래로 번역했다(KJ, NIV). 물론 과거로 번역한 영역도 있다(RSV, NEB).

(2) 19절의 맨 앞에 접속사(ו)는 '그러므로'(so, therefore, then)로 번역하는 것이 좋을 것이다(KJ). 하나님께서 자기 백성을 극진히 사랑하시기에 '그러므로' 그들에게 응답하실 것이다. 욜 1:10(밭이 황무하고, 토지가 처량한 상태)의 모습이 변하여 이제는 추수가 풍성하고, 토지가 기름지게 될 것이라는 말이다. 소제물과 전제물이 없어 제사장들이 슬퍼했으나(1:9), 이제는 '곡식과 새 포도주와 기름을' 넘치게 주실 것이다.

(3) 그 뿐만 아니라 이스라엘의 원수인 북쪽에서 침략해 올 북쪽군대들이 어떻게 졸지에 망할 것을 보여주신다(20절).

2:20 "내가 북쪽 군대를
너희에게서 멀리 떠나게 하여
메마르고 적막한 땅으로 쫓아내리니
그 앞의 부대는 동해로, 그 뒤의 부대는 서해로 들어갈 것이라[2]
상한 냄새가 일어나고 악취가 오르리니"
//이는(이유)
큰 일을 행하였음이니라(=기 때문이다)

2) 여기서 동해로, 서해로 들어갈 것이라는 말은 앗수르나 바벨론의 군대를 바다로 몰아넣어 수장한다는 뜻이 아니다. 여기서는 메뚜기의 전멸을 들어 원수들의 완전한 멸망을 상징적으로 보여준 환상 때문에 이런 표현이 가능할 것이다.

(4) 여기서 북쪽 군대는 '북쪽으로부터 오는 군대'를 가리킨다. 욜 2:25을 보면 '메뚜기 떼'를 가리켜 큰 군대라고 했다. 그래서 학자들 중에는 북쪽 군대를 메뚜기로 보기도 한다. 그러나 앞에서 고찰해온 바대로 요엘 선지자가 본 매뚜기 재난을 '적군'의 침략의 상징으로 볼 때(1:6, 2:2), 북쪽으로부터 오는 침략자로 보는 것이 옳을 것이다. 즉 두로와 시돈과 블레셋이나(2:20, 3:4) 아니면 에돔을 가리킬 것이다. 또한 앗수르와 바벨론도 가리킬 것이다(습 2:13 참조). 어쨌든 이스라엘의 대적들을 '멀리 떠나게 하시겠다'고 약속하신다. '멀리 떠나게 하다'(אַרְחִיק)라는 말은 히필(사역 능동형), 미완료 동사로 쓰였

다. 아주 멀리 떠나게 하시겠다는 강한 뜻이다.

2. 이렇게 하나님은 자기 백성을 괴롭혔던 모든 것들을 극적인 반전을 통해 제거해 버리신다.

하나님은 자연을 완전히 주관하실 뿐만 아니라 외국 군대의 침략과 패퇴를 주관하신다. 이렇게 하나님께로 돌아온다면 모든 것이 다시 회복되고 번영하는 복을 가져온다. '여호와께서 큰 일을 행하셨다'는 말은 현재의 난관들의 극적인 해결을 의미한다. 이스라엘이 언약 파기로 인해 하나님의 심판을 받을 것이지만 다시 회개하면 극적인 반전이 일어날 것이다.

"그러므로 시온의 백성들아 기뻐하라"

1. 백성들의 언약파괴로 인한 범죄에 대해 진노하시던 하나님께서 이제는 백성의 보호자로 자신의 신분을 바꾸신다.

(1) 그래서 백성을 징벌하기 위해 불러 모은 이스라엘의 대적들을 바다로 내모실 것이다(2:20). 마침내 하나님은 이스라엘의 회복을 약속하신다. 이제는 백성들에게 '두려워하지 말고 즐거워하라'고 말씀하신다.

2:21 "땅이여
두려워하지 말고(אַל־תִּירְאִי) - 칼, 미완료 / 이 말이 문두에 나와 있다.
기뻐하며(גִּילִי - 칼, 명령법) **즐거워할지어다**(שִׂמְחִי - 칼, 명령법)
//이유(for, כִּי)
여호와께서 ***큰 일***을 행하셨음이로다"[1](=기 때문에)

(2) "땅이여, 들짐승들아, 시온의 자녀들아" - 이렇게 세 종류의 대상들을 부르면서 이들에게 "두려워하지 말라, 즐거워하라, 기뻐하며 즐거워할지어다"라고 명령하신다. 왜, 즐거워하라고 했는가? "여호와께서 큰 일(הִגְדִּיל)을 행하셨음이라."

여기서 본문은 과거형으로 되어 있지만, 이것은 앞으로 있을 예언이요 약속이다. 선지자들은 종종 앞으로 일어날 예언을 과거형으로 표현하는 경우가 많다.

1) 여기서도 예언적 과거형으로 보고 있다. 앞으로 큰 일을 행하실 것이다. / 물론 과거로 해석한 경우도 있다. (will do // has done)

1) 윤용진, "야웨의 날의 이중성", 야웨신학교, 홈페이지.

▶23절을 어떻게 해석해야 할까?

① "이른 비를 적당하게"라는 말을 "의의 교사"로 번역해야 한다는 주장.

② "예전과 같이"라는 말을 "먼저"라고 번역해야 한다는 주장 - 그래야 28절의 "그 후에"라는 말과 서로 상응한다는 견해.

③ 23절은 28절과 상응관계로 보기보다는 24절과 자연스럽게 연결시켜야 옳다는 주장.

(3) 여기서 '큰 일'(הִגְדִּיל)이란 어떤 것을 가리키는가?[1)]

2:23 "시온의 자녀들아
너희는 ── **기뻐하며**
└ **즐거워할지어다**
/너희 하나님 여호와로 말미암아

//이유(for, כִּי)
그가 ── 내리시되(=내리실 것이기 때문에)
/(비를) '***이른 비를 적당하게***'
/너희를 위하여

[그가] ── **주시리니(וַיּוֹרֶד)** - 접속사 + 히필 동사 와우 계속
/이른 비와 늦은 비가(를)
/너희에게
/예전과 같(을 것이라)이(בָּרִאשׁוֹן)"

24 "[그 결과, וְ] 마당에는 밀이 **가득하고**(מָלְאוּ, 칼동사 완료형이지만 미래로 번역)
[또한 וְ] 독에는 새 포도주와 기름이 **넘치리로다**" (히필 동사 완료형이지만 미래로 번역, 넘칠 것이다)

• 이 말은 "**의의 교사**"라고 번역해야 한다고 주장하기도 한다.

• 이 말을 "**먼저**"라고 번역해야 한다고 주장하기도 한다. 그래야 28절의 "그 후에"라는 말과 연결이 된다는 것이다.

(4) 하나님께서는 "땅이여, 들짐승들아, 시온의 자녀들아"라고 부르시면서 너희는 "기뻐하고" "그리고 즐거워하라"(칼 동사 명령법)고 명령하신다. 그 이유는 그가 '이른 비를 적당하게' 내려주실 것이기 때문이다. 그러나 학자들 중에는 여기 '이른 비를 적당하게'라고 번역된 말(הַמּוֹרֶה לִצְדָקָה)은 "**의(義)의 교사(敎師)**"로 수정 번역해야 한다고 주장한다. "왜냐하면, 그가 너희에게 의의 교사를 주시고"(23절), "그 후에야"(28절, אַחֲרֵי־כֵן) 성령을 만민에게 부어주실 것이기 때문이다. 이스라엘 백성이 영원히 수치를 당하지 아니할 획기적인 사건은 무엇인가? 그것은 결국 성육신하여 십자가 구속을 수행하심으로써 하나님의 의를 가르치실 '의의 교사' 곧 메시아의 오심을 가리킨다.

(5) 그래서 위의 주장과 함께 "예전과 같이"(בָּרִאשׁוֹן - 리숀(רִאשׁוֹן- 첫번째의, 최초의, 처음에) + בְּ// in the first, as before.)라는 말도 "**먼저**"라고 번역해야 한다고 주장하는데, 이 말은 28절의 "**그 후에**"라는 말과 서로 상응한다고 보기 때문이다.

그러나 어떤 사람들은 이런 해석은 너무 무리한 주장이라고 하면서 오히려 23절하반절은 "그리고 그가 너희에게 이른 비와 늦은 비를 **이전처럼** 내려주실 것이다"라고 번역하는 것이 바로 뒤에 이어지고 있는 24절의 내용(**그 결과 마당에 밀이 가득하게 될 것이다**)과 부합된다고 본다(윤용진, "야웨의 날의 이중성").

그렇다면 '의의 교사'(a teacher for righteousness)란 무엇(누구)인가? "이른 비를 적당하게"라는 말을 "의의 교사"라고 번역해야 한다면 '의의 교사'란 무슨 뜻인지 우선 살펴보기로 하자. 이 내용은 김희보, 구약요엘주해, 총신대학교출판부(1985), 부록 : "요엘서에서 보는 의의 교사", 261-272를 요약 정리한 것이다.

의의 교사(敎師)

1. 우선 '의의 교사'라는 말이 무엇인가부터 살펴보고 내용을 전개해 보자.

(1) 요엘서 2장에는 다음과 같이 3가지 중심 사상을 살펴볼 수 있다.

① 요엘 선지자의 여호와의 날이 임박했음을 강조 ② 회개에 대한 권면 ③ **의의 교사의 약속**과(2:23) **성령의 강림에 대한 약속**이다(2:28).

(2) 구속사(救贖史)의 흐름에 두 개의 산봉우리가 있다.

- 욜 2:21-27 = "의(義)의 교사(敎師)"인 메시아에 대한 약속(23절)
- 욜 2:28-32(맛소라 사본은 3:1) = "성령(聖靈)의 강림(降臨)"의 약속(28절)

'맛소라 사본'[1]을 보면 2:23과 28절은 분명히 문맥이 서로 연결되어 있음을 발견할 수 있다. 맛소라 사본에 의하면, 23절의 "너희를 위하여 <이른 비를 적당하게> 내리시되"를 "너희에게 의의 교사를 주고"라고 번역할 수 있다. 전자(23절)는 '義의 敎師'의 약속이요, 후자(28절)는 '모든 육체에 부어질 성령 강림'의 약속임을 알 수 있다.

(3) 그러나 많은 역본들이 이미 옆에서 살펴본 대로 "이른 비를 적당하게"(הַמּוֹרֶה לִצְדָקָה)라고 번역하고 있다. 그러나 NIV는 'a teacher for righteousness'로 번역했다.

- "…for he has given you **a teacher for righteousness**." - NIV
  난외주에 Or / in righteousness the autumn rains라고 되어 있다.
- "For He has given you the early rain for your vindication. - NASB
- "…for he hath given you the former rain moderately - KJ

2. 그러면 '비'(rain)라고 번역된 단어 '함모레'(הַמּוֹרֶה)는 또 어떤 뜻이 있는가?

1) 기원후 6~10세기의 유대 율법학자들(Massorretes-전통이라는 뜻) - 이들의 노력으로 구약의 각종 사본들이 하나로 정리되었고, 모음도 붙여졌다.

[비교]

- 욜 2:23 "시온의 자녀들아 너희는 너희 하나님 여호와로 말미암아 기뻐하며 즐거워할지어다 그가 너희를 위하여 비를 내리시되 이른 비를 너희에게 적당하게 주시리니 이른 비와 늦은 비가 **<예전과 같을 것이라>**('**먼저**'라고 번역해야 된다고 주장)."

*여기 '**예전과 같을 것이라**'라는 말을 '**먼저**'라고 번역해야지 28절의 '그 후에'라는 말과 상응한다고 본다.

- 욜 2:28 "**그 후에** 내가 내 영을 만민(모든 육체)에게 부어 주리니 너희 자녀들이 장래 일을 말할 것이며 너희 늙은 이는 꿈을 꾸며 너희 젊은이는 이상을 볼 것이며"

(1) '함모레'(הַמּוֹרֶה)는 '비'(雨)라는 뜻 외에 '교사'(teacher)라는 뜻도 있다. 이 단어의 어근은 '야라'(יָרָה - 던지다, 내던지다, 쏘다, 발사하다, 가르치다)로서 '(이른) 비'(시 84:6; 욜 2:23), '교사, 가르치는 자'(창 12:6; 신 11:30; 사 30:20; 잠 5:13; 욥 36:22, 합 2:18 등)라는 의미이다. 또 '적당하게'(לִצְדָקָה - for your vindication, NASB)는 'hammore'와 연결되는 말로서 **'의를 위하여'**[צְדָקָה(의로움, 공의)+לְ]라고 번역된다.

(2) 이렇게 이 부분의 번역이 통일되어 있지 않다. 그러나 라틴역(Vulgate)과 탈굼(Targum)은 '의의 교사'[1]로 번역하고 있다. 70인역은 '의인을 위한 양식'(τὰ βρώματα εἰς δικαιοσύνην)이라고 엉뚱하게 번역되었다. 수리아역(Syriac)은 70인역을 따랐다. 더 이상 자세한 설명은 이 책(김희보, 요엘주해)을 참고해 보기로 하자.

3. **다시 정리하면**, 본문에서 오실 그리스도를 가리켜 '義의 敎師'(원문 직역, '義를 위한 敎師, The Teacher for Righteousness)로 번역해야 할 것이다. 즉 '의의 교사'는 자기의 백성을 '의롭게 하시기 위하여 오시는 교사'라는 뜻이다.

(1) 그래서 "예전과 같이"라고 번역된 말도(בָּרִאשׁוֹן)[2] **'먼저'**라고 번역해야 한다고 주장한다.[3] '먼저, 첫번에'라는 번역은 / 2:28(맛소라 사본에는 3:1)의 "그 후에"라는 말과 대응구가 된다. 즉 '먼저' 義의 敎師가 오셔서 이른 비와 늦은 비의 은혜를 주실 것이고 "그 후에는" "내 영을 만민에게 부어주시리라"는 내용이다.

(2) 하나님의 언약을 파기했을 때에는 하나님은 자기 백성이라도 징계하신다. 그래서 이방 민족을 도구로 하여 이스라엘에게 징벌을 내리신다. 그러나 이들이 진정으로 회개한다면 오히려 지난 날에 있었던 그 환란의 때는 지나가고 갑절의 갚음을 받는 복의 시대를 약속하신다(2:25). 그래서 "땅이여 두려워하지 말고, 기뻐하며 즐거워할지어다"라고 했다. 왜? 여호와께서 큰 일을 행하셨기 때문이다(2:21).

(3) 그리고 2:26을 보면 "놀라운 일을 행하신" 여호와의 이름을 찬송할 것이라는 권면을 하신다. 또 "義의 敎師"의 약속(2:23)과 더불어 "내 백성이 당하지 아니하리라"는 말을 반복함으로써(2:26, 27) 이 부분은 끝난다. 그리고 "그 후에" 성령강림의 약속이 나온다. 단 9:24*에도 그리스도로 말미암아 '영원한 의가 드러나리라'고 했다. 이사야 53:11*에서는 어떻게 표현하고 있

1) 그렇다면 '의의 교사'는 누구를 가리키느냐에 대한 문제가 제기되어 왔다. 쿰란 공동체가 특별한 사람, 즉 어떤 사람들이 생각하기에는 약속된 메시아일 수도 있는 사람을 기다렸다는 것은 잘 알려진 사실이다. 의의 교사는 모세가 언급한 적이 있는 약속된 아브라함의 씨와 구약 시대의 모든 참 선지자의 원형을 가리키는 것이 가장 좋을 것이다. <그로닝겐, 구약의 메시아 사상>

2) בָּרִאשׁוֹן = רִאשׁוֹן(리숀, 첫번째의, 최초의, 처음에)+בְּ // in the first, as before.

3) 그러나 이 단어를 '먼저'라고 번역하는 것은 문맥의 흐름과 적합하지 않다고 주장하기도 한다.

는가?

4. 이렇게 선지자들의 눈에는 먼 후일의 일도 현재 일로 보이고 그 마음에는 이미 체험된 것으로 느끼는 법이다(예언적 과거형). 눈을 감았다 뜨면 먼 하늘과 가까운 산이 동시에 보이듯이 선지자들의 눈에는 먼 일과 가까운 일이 동시에 보인다. 앞에 당한 십자가를 볼 때 그 저편에 있는 부활의 영광을 동시에 보는 법이다.

이들이 기뻐하는 이유는 여호와의 행하실 '큰 일', 즉 큰 구원을 벌써 보았기 때문이다. 그러므로 여기서 '큰 일'이란(2:21):

① 먼저는, 의(義)의 교사(教師)로 임하는 메시야의 탄생이요(23절)
② 그 후에는, 만민에게 부어질 성령(聖靈)의 강림이다(28절).

• 단 9:24 "네 백성과 네 거룩한 성을 위하여 일흔 이레를 기한으로 정하였나니 허물이 그치며 죄가 끝나며 죄악이 용서되며 **영원한 의가 드러나며** 환상과 예언이 응하며 또 지극히 거룩한 이가 기름 부음을 받으리라."

• 사 53:11 "그가 자기 영혼의 수고한 것을 보고 만족하게 여길 것이라 나의 의로운 종이 자기 지식으로 많은 사람을 의롭게 하며 또 그들의 죄악을 친히 담당하리로다."

Think

성령 강림의 약속(2:28–32)

1. 앞에서 살펴본 바와 같이 2:23은 의의 교사에 대한 예언이요 약속이라면, 2:28이하는 성령의 충만함을 받은 하나님의 백성들이 어떻게 진리의 눈이 열려 이상을 보게 되고(28, 29절), 또 심판의 날, 즉 여호와의 날이 임하기 전에 그들이 어떻게 구원에 이르게 될 것인지를 보여준다(32절).

(1) 즉 여호와께서는 육체적인 복만을 주시는 것으로 만족하지 않으신다. 보다 더 큰 것을 주시기를 원하신다. 이제 여호와께서는 자기의 영(靈)을 모든 백성 위에 부어주시기를 원하신다.

2:28 "그 후에(וְהָיָה אַחֲרֵי־כֵן)[1] [맛소라 사본; **3:1**]
내가 **부어 주리니(אֶשְׁפּוֹךְ)** 칼, 미완료(쏟아 붓다)
/내 영을(אֶת־רוּחִי)
/만민(=모든 육체)에게(עַל־כָּל־בָּשָׂר)
너희 자녀들이 (장래 일을) **말할 것이며(נִבְּאוּ)** - 니팔 동사 완료(예언하다)
너희 늙은이는 꿈을 **꾸며(יַחֲלֹמוּן)** - 칼, 미완료
너희 젊은이는 이상을 **볼 것이며**"(יִרְאוּ) - 칼, 미완료

(2) "그 후에"(And afterward- NIV // And it will come about after this - NASB)

앞에서 살펴보았던 것처럼 임박한 진노의 날이 올 것이었지만, 만약 백성들이 회개한다면, 2:19-27에 묘사된 복이 주어질 것이라고 약속하셨다. 그리고 회복된 어느 시점에 자신의 영(靈)을 언약 공동체 위에 부어주시겠다고 선언하신다(28-29절).

(3) 누구에게 영을 부어주실 것인가? "만민에게"라는 말은 원문에서 "모든 육체에"(עַל־כָּל־בָּשָׂר)라는 말이다. 여기 모든 육체란 말은 한 사람 한 사람의 개인을 말한 것이 아니다. 언약 공동체 안에 있는 모든 계층의 사람들, 곧 나이와 성별과 사회적인 지위 등을 초월한 것을 말한다. 구약시대에는 하나님의 영이 선택된 소수, 주로 예언자들에게만 주어졌다.[2] 그러나 후일에는 언약을 받아들이는 모든 사람들, 국적과 종족과 계급과 남녀노소의 구별을 초월하여 주어질 것이다(겔 39:29*; 슥 12:10*).

(4) 모세는 여호수아에게 "네가 나를 두고 시기하느냐 여호와께서 그의 영을 그

1) וְהָיָה = 접속사 + הָיָה(be동사)
כֵן = 그와 같이, 그러므로
אַחֲרֵי = 아하르, 이후에, 뒤에

2) 출 28:3, 31:3, 35:31; 민 11:17, 25, 27:18; 신 34:9; 삿 3:10, 6:34, 11:29, 13:24, 14:6 참조.

• 겔 39:29 "내가 다시는 내 얼굴을 그들에게 가리지 아니하리니 이는 **내가 내 영을 이스라엘 족속에게 쏟았음이라** 주 여호와의 말씀이니라."

• 슥 12:10 "내가 그들을 애굽 땅에서 돌아오게 하며 그들을 앗수르에서부터 모으며 길르앗 땅과 레바논으로 그들을 이끌어 가리니 그들이 거할 곳이 부족하리라."

의 모든 백성에게 주사 다 선지자가 되게 하시기를 원하노라"라고 말한 적이 있다(민 11:29). 이렇게 모세 때에 장로들이 여호와의 영을 받았던 것처럼 모든 여호와의 백성들이 하나님의 영을 받게 될 것이다. 그렇지만 이때 일어난 성령의 강림은 종말의 때를 예고해 줄 것이다.

(5) "**부어주시리라(אֶשְׁפּוֹךְ)**"[1) – 풍성하고도 끊임없는 충만한 성령의 교통을 의미한다. 즉, 성령의 부으심을 받아 우리 인간들의 허물진 '육체'는 성령의 전이 되어 새로운 변화가 일어나고 새로운 피조물이 될 것을 보여준다.

1) 솨파크(שָׁפַךְ)의 칼, 미완료 - 쏟아 붓다, 엎지르다 - 하나님께서 인간의 마음과 삶과 환경 가운데 놀랄만한 변화를 가져올 그의 은혜의 영을 아낌없이 내려주겠다는 것이다(욜 12:28-29; 슥 12:10; 겔 39:29).

2. 다른 곳에서는 성령 강림과 연관해서 어떻게 말하고 있는가?

- 렘 31:31 "여호와의 말씀이니라 보라 날이 이르리니 내가 이스라엘 집과 유다 집에 새 언약을 맺으리라… 33그러나 **그 날 후에 내가 이스라엘 집과 맺을 언약은 이러하니** 곧 내가 나의 법을 그들의 속에 두며 그들의 마음에 기록하여 나는 그들의 하나님이 되고 그들은 내 백성이 될 것이라 여호와의 말씀이니라 34그들이 다시는 각기 이웃과 형제를 가리켜 이르기를 너는 여호와를 알라 하지 아니하리니 **이는 작은 자로부터 큰 자까지 다 나를 알기 때문이라** 내가 그들의 악행을 사하고 다시는 그 죄를 기억하지 아니하리라 여호와의 말씀이니라"

- 겔 36:24 "내가 너희를 여러 나라 가운데에서 인도하여 내고 여러 민족 가운데에서 모아 데리고 고국 땅에 들어가서 25맑은 물을 너희에게 뿌려서 **너희로 정결하게 하되** 곧 너희 모든 더러운 것에서와 모든 우상 숭배에서 너희를 정결하게 할 것이며 26또 **새 영을 너희 속에 두고 새 마음을 너희에게 주되** 너희 육신에서 굳은 마음을 제거하고 부드러운 마음을 줄 것이며 27또 **내 영을 너희 속에 두어 너희로 내 율례를 행하게 하리니** 너희가 내 규례를 지켜 행할지라 28내가 너희 조상들에게 준 땅에서 너희가 거주하면서 내 백성이 되고 나는 너희 하나님이 되리라…"

(1) 에스겔 39:25-29과 예레미야 31:31-34은 하나님의 영의 영속적인 회개를 위해서는 마음을 변화시켜야 한다고 기술하고 있다. 욜 2:18-3:21에서도 여호와께서 인간의 회개와 영의 직접적인 간섭을 통해 이스라엘의 운명을 회복시키신다고 언급하고 있다.

(2) 이렇게 하나님은 택한 백성 이스라엘을 포기할 수도 또 포기하지도 않으실 것이다. 그리하여 하나님은 백성들의 운명을 회복시키고자 결심하신다(2:19-26).

3. "너희 자녀들이 (장래 일을) 말할 것이며(וְנִבְּאוּ, -니팔 동사 완료형, 와우 계속)

(1) "저들이 예언하게 되리라"는 말이다. '나바'(נָבָא-예언하다)라는 동사의 와우 계속법 니팔(수동) 완료형이다. 와우 계속형이므로 미래형으로 번역한다. 물론 이 말이 모든 사람이 다 선지자가 된다는 말은 아니다. 성령을 받음으로 또한 거기에 따르는 모든 은사를 같이 받게 됨을 의미한다.

(2) 오히려 특수한 선지자 시대와 사도 시대는 지나가고 누구나 다 은혜를 받아 '작은 자로부터 큰 자까지 다 나(=여호와)를 알게 되며"(렘 31:34), 또 직접 여호와의 말씀을 통하여 교훈을 받고(사 54:13) 하나님의 말씀을 대언할 수 있게 됨을 말하는 것이다.[1] "꿈을 꾸며" "이상을 볼 것이며" 하는 말도 다 같은 표현이다(김희보, 요엘서).

1) 구속역사에 있어서 하나님의 계시의 방법이 전진된 것을 볼 수 있다.
- 神顯現 時代, Theophanic Age
- 특수한 靈感時代, Theopneustic Age
- 靈感된 말씀의 時代, Theologic Age

4. 성령 강림과 함께 주어지는 다양한 징조들은 무엇을 의미하는가?

2:29 "그 때에 내가 또 내 영을 [맛소라 사본; 3:2]
남종과 여종에게["남종과 여종에게'까지'(even, also)"]
[내가] 부어 줄 것이며(אֶשְׁפּוֹךְ)"- 칼동사 미완료

2:30 "내가 이적을 하늘과 땅에 베풀리니(וְנָתַתִּי) - 칼동사 완료
곧 피와 불과 연기 기둥이라"

2:31 "여호와의 크고 두려운 날이 이르기 전에
해가 어두워지고 달이 핏빛 같이 변하려니와"

(1) 여기에 '남종과 여종에게까지'라는 표현은 성령이 그 누구에게나 그 어떠한 차별도 없이 주어지리라는 말씀이다. 당시 남녀 종들은 이방인 출신들이었다. 이들까지도 하나님의 영을 부어주신다는 것이다. 이 사건은 하나님의 백성의 새로운 출애굽을 의미하는 말이요, 신약교회의 새로운 출발을 의미하는 말이다.

(2) '피와 불과 연기'라는 표현은 출애굽 시에 나타난 징조들을 연상케 한다(출 24:4-8, 13:21-22, 19:16-18). 이처럼 성령을 부어주시는 것과 관련하여 하늘(별들이 어두워짐, 31절)과 땅(피, 불, 연기 등은 전쟁을 나타내거나 천재지변을 나타낸다)의 다양한 징조들은 심판의 날이 가까워오고 있음을 나타낸다. 하나님의 백성에게 약속된 이 특별한 은혜의 시대에 하나님의 심판도 분명한 징조를 통해 있을 것이다. 먼저 자연의 재해나 전쟁 등을 통해 나타난다.

(3) 불과 연기의 징조는 도시의 황폐와 적군의 침입을 의미한다. 이 일이 너무 무서워 큰 절망이 있을 것이다. "보라 그 날 곧 내가 유다와 예루살렘 가운데에서 사로잡힌 자를 돌아오게 할 그 때에"(욜 3:1). 그와 동시에 해가 빛을 잃을 것이다. 즉 무섭고 큰 여호와의 심판이 있기 전에 해가 어두워질 것이며 달이 핏빛 같이 될 것이다.[1)]

(4) 이렇게 '**여호와의 날**'은 택한 자들에게는 구원의 날이지만, 원수들에게는 심판의 날이 될 것이다(욜 3:2이하). 그러므로 여호와의 날은 하나님께서 자신을 계시하시며 자기의 본체와 의를 선포하는 날이다.

5. 다양한 징조들은 심판의 날이 가까워오고 있음을 나타낸다. 그렇다고 하나님의 심판이 가져다줄 파멸은 무차별적인 것은 아니다.

2:32 "누구든지 여호와의 이름을 부르는 자는 **구원을 얻으리니**
//이는(이유, for)
나 여호와의 말대로 시온 산과 예루살렘에서
피할 자가 있을 것임이요
'남은 자'[2)] 중에 나 여호와의 부름을 받을 자가 있을 것임이니라"

(1) 예루살렘 주민들 중 진정한 마음으로 여호와를 바라보는 자들은 누구나 구원을 받을 것이라는 약속이 주어졌다. 누구든지 이상한 낌새를 알아차리고 주께 굴복하며 주의 이름을 부르는 자는 구원을 얻을 것이다. 즉 심판을 당하지 않을 것이다.

(2) 하나님은 자기 백성의 피난처요 이스라엘 자손의 산성이 되실 것이다. "여호와께서 시온에서 부르짖고 예루살렘에서 목소리를 내시리니 하늘과 땅이 진동하리로다 그러나 여호와께서 그의 백성의 피난처, 이스라엘 자손의 산성이 되시리로다"(3:16). 그래서 "유다는 영원히 있겠고 예루살렘은 대대로 있으리라"(3:20)고 하셨다. 왜냐하면 "내가(=여호와께서) 전에는 그들의 피흘림 당한 것을 갚아 주지 아니하였거니와 이제는 갚아 주실" 것이기 때문이다.

(3) 그렇다면 자기 백성을 기적적으로 대해 주신 여호와께 찬양할 때는 언제 도래할 것인가? 요엘은 그 때를 여호사밧 골짜기, 곧 판결골짜기에서 이스라엘의 사면의 민족들을 심판하시는 때라고 선포한다(욜 3:1-2, 12, 14).[3)]

1) 사람들은 흔히 주전 585년 메대와 리디아 사이에 일어났던 할리스(Halys) 전투를 생각한다. 전쟁 때에 해가 어두워져 전투가 포기되었다고 한다.

2) **'남은 자' 개념**
패전으로 인해 백성들이 추방되거나 끌려간 후 본토에 남아 있는 사람을 가리킨다. 후에 이 개념은 하나님께서 불러 모으시고 구원하시는 하나님의 백성을 의미하는 단어로 쓰였다(사 28:5, 37:32). 모든 이스라엘 백성이 남은 자가 아니라 하나님의 은혜로 구원받은 소수의 사람들을 가리키는 말이 되었다(사 10:22). 아모스서에서 조금 더 자세히 설명하자.

3) 이 부분과 관련된 주해는 메리데스 G. 클라인, 하나님 나라의 도래, 이수영 역(개혁주의신학사, 2010), 제6장을 참조할 것.

오순절 성령 강림 사건과 요엘의 예언

1. 성령의 감동하심으로 베드로는 오순절의 기적 속에서 요엘의 예언이 이제 막 태동하기 시작하는 교회에서 일어날 것임을 발견했다(행 2:17-21).

(1) 베드로는 요엘과 스바냐 및 당시 선지자들이 전파한 메시아의 시대가 도래했음을 알았다. 베드로는 오순절에 제자들의 성령 충만함을 보고 새 술에 취했다고 조롱하는 사람들에게(행 2:13) "때가 제 삼 시니 너희 생각과 같이 이 사람들이 취한 것이 아니라 이는 곧 선지자 요엘을 통하여 말씀하신 것"(행 2:15, 16)이 성취되었다고 하면서 요엘서 2:28-32을 인용한다.

(2) 요엘의 예언이 마지막 날에 하나님께서 그의 영을 만민(모든 육체)에게 부어 주실 것이라는 내용인데(욜 2:28), 베드로는 오순절이 바로 요엘이 예언한 그 마지막 날의 시작임을 명백히 했다. 그는 요엘서를 인용하여 오순절 사건을 설명하면서 행 2:17-18과 2:19-20 사이에 "그들이 예언할 것이요'(they shall prophesy, προφητεύσουσιν)라는 말을 첨가한다.

(3) 성령의 강림은 "누구든지 주의 이름을 부르는 자는 구원을 받는"(행 2:21) 새 시도의 도래를 의미했다. 이는 곧 하나님께서 예수를 주님이자 그리스도로 만든 그 시대였다. 이는 종말의 시작이 오순절부터임을 증명할 뿐 아니라(행 2:17-18은 오순절 사건임이 분명하다) 그 종말이 주님과 재림을 잇는 시대를 가리키고 있음을(19-20절은 오순절 사건을 초월한 내용이다) 명백히 하고 있다.

즉, 사도행전 2:19-20[1]은 아직도 미래인 주의 날로 그 끝을 보게 될 시대였다. 베드로는 아직도 미래인 주의 날의 측면을 마지막 최후와 동일시하였다. 바울 역시 주의 날을 그리스도의 재림과 동일시했다.[2] 베드로는 벧후 3:10에서 "그 날"(=주의 날)을 다음과 같이 언급한다.

- 벧후 3:10 "그러나 '주의 날(ἡμέρα κυρίου)'(**the** day of the Lord[3]))이 도둑 같이 오리니 그 날에는 하늘이 큰 소리로 떠나가고 물질이 뜨거운 불에 풀어지고 땅과 그 중에 있는 모든 일이 드러나리로다."

(5) 이렇게 요엘이 말한 심판의 두려운 날은 벌써 성령 강림과 더불어 시작되었으나(요 16:8, 그가 와서 죄에 대하여, 의에 대하여, 심판에 대하여 세상을 책망하시리라), 그 심

1) 행 2:19 "또 내가 위로 하늘에서는 기사를 아래로 땅에서는 징조를 베풀리니 곧 피와 불과 연기로다 20 주의 크고 영화로운 날이 이르기 전에 해가 변하여 어두워지고 달이 변하여 피가 되리라."

2) 살전 4:13-5:11; 롬 2:5-16; 고전 3:13-15; 고후 1:14; 빌 1:6-11 등.

3) 이는 구약의 여호와의 날과 같이 영어 성경에는 the day of the Lord로 되어 있다.

판의 완성은 그리스도의 재림으로 완전히 이루어질 것이다.

2. 주님의 재림에 앞서 벌어질 일에 대해 주님께서 어떻게 말씀하셨는가?

(1) 다음 구절을 찾아 보자.

- 눅 21:25, 26 – 일월 성신의 징조와 민족들이 바다와 파도의 성난 소리로 인한 혼란이 있을 것이다.
- 눅 21:10 – 민족 간에 전쟁, 곳곳에 큰 지진과 기근 등 자연 재해, 무서운 일, 하늘로부터 큰 징조들이 있을 것이다.
- 계 6:12 – "내가 보니 여섯째 인을 떼실 때에 큰 지진이 나며 해가 검은 털로 짠 상복 같이 검어지고 달은 온통 피 같이 되며"

(2) 구약의 선지자들도 같은 내용의 예언을 했다. 사 13:10, 34:4; 슥 14:7을 읽어보자.

3. 요엘 선지자는 여호와의 날에 대해서 또 다음과 같은 전쟁의 언어로 묘사했다. 그 내용은 이전에 볼 수 없었던 열국의 전쟁을 암시하는 것 같다.

- 욜 3:9 "너희는 모든 민족에게 이렇게 널리 선포할지어다 너희는 전쟁을 준비하고 용사를 격려하고 병사로 다 가까이 나아와서 올라오게 할지어다 10너희는 보습을 쳐서 칼을 만들지어다 낫을 쳐서 창을 만들지어다 약한 자도 이르기를 나는 강하다 할지어다 …민족들은 일어나서 여호사밧 골짜기로 올라올지어다 내가 거기에 앉아서 사면의 민족들을 다 심판하리로다.…사람이 많음이여, 심판의 골짜기에 사람이 많음이여, 심판의 골짜기에 여호와의 날이 가까움이로다…15해와 달이 캄캄하며 별들이 그 빛을 거두도다."

▶ 위의 말씀은 계시록 14:14-20에서 그 해석을 돕고 있다.

- 계 14:14 "또 내가 보니 흰 구름이 있고 구름 위에 인자와 같은 이가 앉으셨는데 그 머리에는 금 면류관이 있고 그 손에는 예리한 낫을 가졌더라…16 구름 위에 앉으신 이가 낫을 땅에 휘두르매 땅의 곡식이 거두어지니라 17 또 다른 천사가…역시 예리한 낫을 가졌더라 18 또 불을 다스리는 다른 천사가…네 예리한 낫을 휘둘러 땅의 포도송이를 거두라 그 포도가 익었느니라 하더라 19 천사가 낫을 땅에 휘둘러 땅의 포도를 거두어 하나님의 진노의 큰 포도주 틀에 던지매 20 성 밖에서 그 틀이 밟히니 틀에서 피가 나서 말 굴레에까지 닿았고 천육백 스다디온에 퍼졌더라."

- 눅 21:25 "일월 성신에는 징조가 있겠고 땅에서는 민족들이 바다와 파도의 성난 소리로 인하여 혼란한 중에 곤고하리라 26 사람들이 세상에 임할 일을 생각하고 무서워하므로 기절하리니 이는 하늘의 권능들이 흔들리겠음이라 27 **그 때에 사람들이 인자가 구름을 타고 능력과 큰 영광으로 오는 것을 보리라.**"

- 눅 21:10 "또 이르시되 민족이 민족을, 나라가 나라를 대적하여 일어나겠고 11 곳곳에 큰 지진과 기근과 전염병이 있겠고 또 무서운 일과 하늘로부터 큰 징조들이 있으리라."

북쪽 민족의 침략 ▲

4. 요엘이 선포한 '여호와의 날'은 어떻게 역사 속에서 진행되어 가는가?

(1) 예수님께서 오늘날 자신의 영을 모든 새로운 신자들에게 주시는 까닭에 요엘서 2:28-29은 점차적으로 성취되어가고 있다고 말할 수 있다. 그러면서 2:30-32은 이 시대의 마지막 때에 가능케 될 성취를 기다리고 있다고 할 수 있다.[1)]

(2) 요엘이 말하는 '하나님의 영'을 부어주시는 일은 계시와 역사가 진행되는 과정에서 이방인들 역시 그 안에 포함된다는 것을 발견하게 된다. 그들 역시 새로운 언약 공동체 안으로 편입되기 때문이다. 이런 면에서 요엘은 ① 임박한 심판의 위기를 지적하면서도 ② 먼 훗날 만물의 종말로서 발생하는 최후의 심판으로서 주의 날을 이해하기 위한 기초를 놓았다고 할 수 있다.[2)]

(3) 그러므로 요엘서 2:30-31의 예언은 성령 부으심 이전 오랜 세월 속에 일어날 수 있는 많은 사건들을 하나의 환상으로 바라본 요엘 선지자의 예언적 전망(prophetic perspective)으로 볼 수 있다. "내가 이적을 하늘과 땅에 베풀리니 곧 피와 불과 연기 기둥이라…"(2:30)와 같은 불길한 사건들은 그리스도 재림 전에 발생할 종말론적인 징조들과 관련이 있는 듯이 보인다(마 24:29; 눅 21:25). 그러므로 오순절 성령 강림 당시(행 2장)만을 가리키는 것이 아니라 그리스도의 승천 이후 성령 시대, 즉 부활 승천 이후부터 다시 오실 그때까지의 역사를 가리킨다고 볼 수 있다(윤용진, "야웨의 날의 이중성").

1) 로버트 치즈홀름, 강성열 역, 예언서개론, 크리스챤다이제스트, 566.

2) 체스터 레만, 성경신학, 김인환 역, 크리스챤다이제스트, 334.

요엘서 2장 요약 정리

심판의 날이 다가온다

- 임박한 재난의 날이 다가온다. 이때 나팔을 불어야 하는 이유는 무엇인가? (2:1)
- 다가오는 여호와의 날이 왜 이스라엘 백성에게 재난의 날이 되는가?
- 여호와의 날이 심판의 날이면서도 왜 또 구원의 날이 되는가? 여호와의 날에 대한 이중성을 설명해 보라. (교재)
- 그 재난의 날은 단순히 메뚜기 떼의 재앙을 언급하는 것인가, 아니면 이방 군대의 공격을 의미하는가? 각기 다른 주장은 무엇인가?
- 신명기 28장을 읽어보고, 축복과 저주가 어느 때에 오는가 설명해 보라.
- 이스라엘을 징벌하시려는 하나님의 목적은 무엇인가?
- 다가올 여호와의 날에 대한 두려움과 황폐함이 어느 정도가 될 것인가? (2:3)
- 형벌이 가져다 줄 재난의 철저함은 어느 정도인가? (2:4-10)
- 여호와의 날이 범죄한 이스라엘에게는 형벌의 날이 될 것이다. 여기서 벗어날 길은 전혀 없는 것인가? 있다면 어떤 방법으로 가능한가? (2:12)
- 진정한 회개의 모습은 무엇인가? (2:13-17) 그리고 회개의 결과는 무엇인가?
- 용서와 정화에 앞서서 절대로 필요한 것은 무엇인가?
- 여호와의 날은 또한 구원의 날이기도 하다. 이스라엘 백성이 어떻게 할 때 구원의 날이 될 것인가?
- 진정으로 회개한다면, 하나님은 북쪽 군대를 멀리 떠나게 하실 것이다. 북쪽 군대란 어느 나라들을 말할까?
- 시온의 자녀들이기뻐할 이유가 무엇인가? (2:23) "이른 비와 늦은 비를 적당하게"라는 말은 어떻게 수정 번역해야 할까?
- "의의 교사"란 누구를 가리키는가?
- "성령 강림의 약속"은 어느 때 주어질 것인가? (2:29)
- 신약 시대의 오순절 성령 강림 사건과 요엘의 예언 성취의 관계를 설명해 보라. (교재)

Summary

Think

- 요엘이 예언한 "여호와의 날"은 이미(already) 그리스도 안에서 성취가 되었다. 그러나 그 최종적 완성은 아직(not yet) 우리에게 남아 있다. 아직 아닌 부분들도 반드시 성취를 가져올 것이다. 그 날이 우리에게 두려운 날이 되지 않아야 한다. 그래서 히브리서에서 이렇게 말하고 있다.

"그러므로 우리가 저 안식에 들어가기를 힘쓸지니…"(히 4:11 상)

그 날이 되고 그 때가 되면

우리는 앞에서 '여호와의 날'에 대한 특성을 살펴보았다. 그 주 내용은 하나님의 언약을 파기하는 백성에게 '여호와의 날'은 심판의 날이기도 하지만, 다시 진정으로 회개하고 돌아서는 백성에게는 또한 구원의 날이라는 것이다. 이렇게 '여호와의 날'은 이중성을 띠고 있다. 이런 여호와의 날에 대한 최초의 언급자가 요엘 선지자이다. 심판의 날은 얼마나 무섭고, 어둡고, 공포스러운 날인가! 요엘은 북쪽 군대의 침략을 예고하고 있다. 이것을 단순히 메뚜기 재앙을 가리키는 것일 수 없다. 하나님께서는 자기 백성이 범죄하여 언약을 파기했을 때에는 이스라엘을 보호하고 그들을 '위하여' 싸우시는 용사가 아니라, 오히려 자기 백성 이스라엘을 대적하시는 위치에 서신다. 그래서 이웃 나라를 들어 그들로 하여금 자기 백성을 공격하게 하신다. 이렇게 이스라엘(유다)을 징벌하시려는 근본 목적은 이스라엘이 언약에 성실함으로 항상 복을 누리게 하기 위해서이다.

여호와의 날은 유다와 예루살렘의 회복의 날이지만 하나님의 백성을 사로잡혀가게 하고 나라들 가운데에 흩어지게 한 자들에게는 심판의 날이 될 것이다(욜 3:1-3). 이 심판은 "여호사밧 골짜기"에서 이루어질 것이라고 했다(12절). 훗날 예루살렘은 주전 586년에 바벨론에 포로가 되었다. 나라 잃은 유다인들을 주변 족속들이 종으로 팔아넘기기까지 했다(욜 3:4-6). 하나님은 이런 나라들에게 되갚음을 말씀하신다(7-8절). 요엘서 마지막 부분은(3:16-21) 이스라엘의 영광스러운 회복과 하나님의 백성들에게 베풀어지는 큰 은총이 예고되어 있다.

Outline 3

제1부 : '여호와의 날' 의 전조(前兆) 1-2장
(메뚜기 재난)

제1장 : 여호와의 날의 준비(1)
1. 메뚜기 재난과 땅의 황폐(1:2-7)
2. 장로들과 백성들을 향한 회개와 권면(1:8-12)
3. 제사장들을 향한 회개의 권면(1:13-16)
4. 선지자의 탄식과 기도(1:17-20)

제2장 여호와의 날 준비(2)
1. 적군의 침략과 땅의 황폐(2:1-3)
2. 적군의 침략과 처참한 결과(2:4-11)
3. 온 이스라엘은 돌아오라(2:12-17)
4. 하나님의 긍휼과 약속(2:18-20)
5. 기뻐하라, 즐거워하라(의의 교사의 약속)(2:21-27)

제2부 : '여호와의 날' 의 승리

제2장의 계속: 성령 강림의 약속(2:28-32)

제3장(MT. 4장) '여호와의 날'의 큰 심판, 큰 은총
1. 열국들의 최후 심판(3:1-15)
2. 하나님 백성들의 최후 승리와 하나님 나라의 완성(3:16-21)

by 김희보(구약 요엘 주해)

◀ 열방들을 여호사밧 골짜기로 모으신다.

1. 백성들이 구원 받는 날이 바로 이스라엘을 압제하던 대적들을 심판하시는 날이다.

(1) 하나님이 이스라엘의 대적들을 직접 심문하신다.
(2) 여호사밧 골짜기 : 어떤 특정한 장소를 가리키기보다는 최후 심판의 상징적 장소의 의미로 쓰인 것 같다.
(3) 만국(열방)이 범인 몇 가지 죄
- 이스라엘을 흩어 버리고
- 여호와의 땅을 나누어가졌다.
- 제비 뽑아 여호와의 백성을 끌고 가서 소년을 기생과 바꾸며 / 소녀를 술과 바꾸었다.
- 진기한 보물을 가져갔고
- 유다 자손과 예루살렘 자손들을 헬라 족속에게 팔았다.

(4) 이스라엘 자녀들을 만국에 흩어지게 한 나라를 심판하시겠다고 선언하신다. 이제는 반대로 이스라엘을 괴롭힌 대적들의 자녀들이 종으로 팔릴 것이다.

◀ 열국들의 최후 심판(9-15절)

◀ 백성들의 최후 승리(16-21절)

(1) 여호와의 날이 심판의 날이지만 하나님의 백성에게는 그 날에 여호와께서 피난처와 산성이 되신다.
(2) 예루살렘과 그 주민들은 다시 행복해 질 것이다.

▶ 여호와의 날은 유다와 예루살렘의 회복의 날이지만 하나님의 백성을 사로잡혀가게 하고 나라들 가운데에 흩어지게 한 자들에게는 심판의 날이 될 것이다(3:1-3)

▶ 요엘서 마지막 부분은(3:16-21) 이스라엘의 영광스러운 회복과 하나님의 백성들에게 베풀어지는 큰 은총이 예고되어 있다.

'여호와의 날'의 큰 심판, 큰 은총(3장)

요엘서 2:30-32에 언급되어 있는 여호와의 날은 죄악을 위한 심판의 날이자, 또한 남은 자들을 위한 구원의 날이다. 이사야 60-62장에서도 남은 자의 피난처인 시온에 초점을 맞춘다. 요엘서 3:1-15은 하나님의 백성을 괴롭혔던 나라들의 심판을 말하고 있다. 그리고 3:16-21은 죄는 근절될 것이며, 이스라엘의 영광스러운 회복을 언급하고 있다.

1. 하나님께서는 '여호와의 날'이 가까우매 열방들을 여호사밧 골짜기로 불러 모으신다.

3:1 "For(כִּי)[1] 보라(הִנֵּה) **[맛소라 4:1]**

그 날(בַּיָּמִים הָהֵמָּה, in those days)

어떤 날?

/곧 그 때에

/내가 —— 돌아오게 할(**אָשׁוּב**)

포로로 사로잡힌 자를 가리키는가?

/사로잡힌 자를(**אֶת־שְׁבוּת**)

/유다와 예루살렘 가운데에서"

(1) 원문에는 '왜냐하면 보라'(כִּי הִנֵּה)로 시작한다. 여기서 '키'(for, כִּי)는 앞장 2:28-32의 내용과 관련이 있다. 하나님은 하나님의 백성의 구원을 언급하셨는데, 그 구원이 어떻게 이루어질 것인지 그 이유를 설명하고 있다. 백성이 구원을 받는 날이 바로 "내가(=여호와께서) 유다와 예루살렘 가운데에서 사로잡힌 자를 돌아오게 할 '그 때'(וּבָעֵת הַהִיא and in that time)[2]"라는 것이다. 이스라엘을 압제하던 대적들을 심판하는 날이 바로 구원의 날이다.

(2) 여기서 '사로잡힌 자'(셰부트, **שְׁבוּת**, 포로 상태, 사로잡힘, 포로)들이 이스라엘의 포로 사건을 의미하는지, 메시아로 말미암은 영적 해방, 모든 죄악에서의 해방을 의미하는지 확실치 않다. 만약 포로에서의 해방을 언급했다면, 그리고 요엘이 요아스 왕 시대의 사람이라면(주전 835-796), 마치 이스라엘의 포로 사건을 이미 실행되어진 과거처럼 이야기하는 것이 된다. 학자들은 이를 예언적 과거(prophetical past)라고 불렀다.

1) 여기 키(כִּי)는 앞장 2:32에 "여호와의 이름을 부르는 자는 누구든지 **구원을 얻으리라**"에 대한 이유를 설명한다. 즉 구원을 얻게 되는 이유는 '여호와께서 만국을 모아 데리고 여호사밧 골짜기에 내려갈 것이기 때문이다.' 이스라엘의 구원은 결국 이스라엘을 대적한 이방의 심판으로부터 시작하기 때문이다.

2) 지시대명사(**הִיא**)에 정관사(・הַ)가 붙는 경우가 있는데, 이때는 '그 날'과 '그 때'가 강조된다. **בָּעֵת**도 정관사가 있다. 이런 경우에도 임박한 또는 이미 당도한 어떤 사건을 앞에 놓고 말하는 '때'를 의미한다.

2. 하나님께서는 백성들을 괴롭히던 나라들을 여호사밧 골짜기로 불러모으신다.

완료형이지만 미래로 번역한다. I will enter in to judgement.

3:2 "[내가] —— 그들을 **심문하리니(נִשְׁפַּטְתִּי)** - 니팔(일반 수동형) 동사 완료

- 언제 심문할건대? - 3:1에 나오는 바로 "그 때에" 하겠다.
- 이스라엘을 구원하는 날이 바로 만국을 심판하는 날이다.

원문에는 접속사(וְ)로 시작하는 문장이 맨 앞에 나와 있다. also, together - 이스라엘과 이방을 심판하는 일이 동시에 이루어진다는 말이다.

/"(וְ) 내가 만국(all nations)을 모아 데리고
/여호사밧(יְהוֹשָׁפָט) 골짜기에 내려가서(הוֹרַדְתִּים) - 히필 동사, 완료
/내 백성 곧 내 기업인 **이스라엘**을 위하여
/거기에서

"내 백성" "나의 땅" "내 기업"을 위하여 하나님은 이스라엘의 대적을 위해 싸우신다. 이스라엘은 하나님의 '소유'이기 때문이다(출 19:5).

//이는(which, אֲשֶׁר) - 선행사는 '이스라엘'
그들이 이스라엘을
–**흩어 버리고**
/나라들 가운데에
–**나누었음이며**
/나의 땅을"

(1) "내가 그들을(이스라엘을 괴롭힌 이방 민족들) **심문(국문)하겠다.**"
'**심문하다**'(솨파트, שָׁפַט): '재판하다, 판결하다, 다스리다, 통치하다'를 의미한다. 즉 하나님께서 만국(all nations, 모든 이방 나라)을 심판하시겠다는 것이다. 개역은 '국문하리니'라고 했다. '국문'(鞫問)이란 형장(刑杖)을 가하여 중죄인을 심문하던 일을 가리킨다. 여기에는 임금의 명령이 있어야 한다. 이제 여호와 하나님은 이스라엘을 괴롭혔던 이방 민족들의 죄목을 하나하나 들어가면서 심문(심판)하실 것이다. 그 구체적인 나라들이 4-8절에 언급되어 있다.

(2) '(וְ) [내가] 모아 데리고'(קִבַּצְתִּי - 와우 계속법 - 피엘 동사 완료) : 여기서 피엘(강조 능동) 동사를 사용해 그 뜻이 강조되어 있다. 바로 '**내가** 모으리라'는 뜻으로 주권적인 면이 강조되어 있다. 만국을 모을 것이다. 그래서 '여호사밧'(예호사파트, יְהוֹשָׁפָט) 골짜기로 데리고 내려갈 것이다. 여호사밧 골짜기는 어디일까? '예호사파트'는 '여호와께서 심판하시리라'는 뜻이다.

(3) '여호사밧'이라는 말이 장소를 가리키는지, 대하 20장에서 나오는 '여호사밧' 왕과 관련된 명칭인지 확실치 않다. 몇 가지 주장들이 있다.

① 역대하 20장(왕상 22:41-50; 대하 17:1-21:3 참조) : 여호사밧[1] 왕은 모압, 암몬, 에돔의 연합군이 유다를 공격하려 했을 때, 그 공격하는 숫자의 많음에 놀랐다. 그러나 여호사밧은 백성들에게 금식을 선포하고 기도하게 했다(대

1) 여호사밧은 개혁운동을 철저하게 했다(대하 17:6, 19:3). 그는 바알 종교가 유다로 들어오는 것을 막았다. 그는 경건한 인물이었다. 산당과 아세라 목상을 제거하고(대하 17:6), 부왕이 하지 못했던 '남색하는 자'를 쫓아냈다(왕상 22:46).

모세의 법대로 사법 제도를 수정했다(대하19:4-11). 전심으로 하나님께 헌신했다(대하 17:7-9). 유다의 군대는 5개의 군단으로 나누어져 있었고 그 군대의 숫자가 100만을 넘어 열국에 두려운 존재가 되기도 했다(대하17:10).

하 20:3을 보라). 따라서 전쟁은 대승이었다. 전리품을 나르는 데만 3일이 걸렸다고 했다(대하 20:25). 그래서 여호사밧 골짜기라고 했다는 주장이다. 그러나 성경 본문에서는 그 골짜기의 이름을 '브라가'라고 했다.

② 압살롬이 기념비를 세운 '왕의 골짜기"(삼하 18:18), '기드론 골짜기' '사웨 골짜기'(王谷)(창 14:17)도 거론되나 확실치 않다.

③ 슥 14:4, 5 "그 날에 그의 발이 예루살렘 앞 곧 동쪽 감람 산에 서실 것이요 감람 산은 그 한 가운데가 동서로 갈라져 매우 큰 골짜기가 되어서 산 절반은 북으로, 절반은 남으로 옮기고 5그 산 골짜기는 아셀까지 이를지라 너희가 그 산 골짜기로 도망하되 유다 왕 웃시야 때에 지진을 피하여 도망하던 것 같이 하리라 나의 하나님 여호와께서 임하실 것이요 모든 거룩한 자들이 주와 함께 하리라." 여기서 보는 것처럼 하나님께서 심판하시는 그 골짜기가(실제로 있었던 골짜기가 아니지만) 그곳이라는 주장이다. '여호사밧'이라는 뜻이 '여호와께서 심판하시리라'는 뜻이기 때문이다.

따라서 '여호사밧 골짜기'는 어떤 특정한 장소를 가리키기 보다는 최후 심판의 상징적 장소의 의미로 쓰인 것 같다.

(4) 어쨌든 하나님의 백성을 박해한 만국은 이제 공의의 하나님께 심판을 받을 것이다(대상 16:33 참조). 만국이 하나님의 심판에서 피할 수 없다. 왜냐하면 그 심판의 집행자가 여호와이시기 때문이다.

3. 하나님께서는 만국이 벌인 몇 가지 죄를 지적하신다. (3:2하)

//이는(which, אֲשֶׁר) - 선행사는 '이스라엘'
그들이 이스라엘을
– **흩어 버리고(פִּזְּרוּ)**[1]- 피엘(강조 능동) 동사 완료
/나라들 가운데에
– **나누었음이며(חִלֵּקוּ)**[2]- 피엘(강조 능동) 동사 완료
/나의 땅을

(1) '이는'이라고 번역된 말(אֲשֶׁר)은 관계대명사로, 선행사는 앞에 '이스라엘'을 가리킨다. 그들이(=이방 민족들이) 이스라엘을 흩어 버렸다는 것이다. 여기서는 피엘(강조 능동형) 동사를 씀으로써 그들의 잔인성을 표현하고 있다. '나누었다'는 말도 피엘형 동사로 그들의 잔인성을 드러내고 있다.

1) 파자르(פָּזַר) - 흩뿌리다(scatter, 렘 50:17), 소산시키다. 여기서는 피엘 동사 완료형으로 쓰였다. 이스라엘 백성을 흩어 버리되 사방으로 잔인하게 했다는 말이다.

2) 할라크(חָלַק)- '나누다, 분배(할당)하다, 매끄럽다, 부드럽다'

3:3 "**또 제비 뽑아** 내 백성을 (**끌어 가서**)
소년을 기생과 **바꾸며**(יִתְּנוּ)
소녀를 술과 **바꾸어**(מָכְרוּ- 팔다, 자신을 팔다) 마셨음이니라"

(2) 이들은 이스라엘 백성을 강제로 흩어 놓고, 땅을 갈라 놓았을 뿐 아니라(2절 하) 또 "제비를 뽑아서 소년들은 화대로 팔아먹고, 소녀들은 술값으로 팔아먹었다"(공동번역).

4. 심판의 날에 하나님은 이스라엘의 대적들을 벌하실 것임을 선포한다. 그들은 주의 백성을 종으로 팔아 넘겼기 때문에 이제는 자신들이 종으로 팔릴 것이다.

3:4 "(그리고 또한, וְגַם)[1] 두로와 시돈과 블레셋 사방(=지역, 경계)아
너희가 나와 **무슨 상관이 있느냐**(מָה־אַתֶּם)
너희가 내게 **보복하겠느냐**(מְשַׁלְּמִים…הַגְּמוּל)
만일(if, אִם) 내게 보복하면
너희가 보복하는 것을
내가 신속히(קַל מְהֵרָה) 너희 머리에 **돌리리니**(**갚으실 것이다**)"

1) 앞절과의 연결과 또한 4절 자체의 내용도 강조하고 있다. 한글성경은 이 말이 생략되었다.
Now(NIV)
Moreover(NASB)
Yea(KJ)

(1) 3절에서는 이스라엘을 침공해서 이스라엘의 자녀들을 만국에 흩어지게 한 나라들을 심판하시겠다는 선언을 하셨다. "그리고 또한"(וְגַם) 그런 일을 하지 않았다고 해도 서부 해변 국가들, 두로와 시돈과 블레셋에 대한 심판도 언급하신다.[2] '블레셋 사방'이라는 말은 블레셋이 다섯 방백들로 이루어졌기 때문에 그렇게 표현한 것 같다.

2) 암 1:8 내가 또 아스돗에서 그 주민들과 아스글론에서 규를 잡은 자를 끊고 또 손을 돌이켜 에그론을 치리니 블레셋의 남아 있는 자가 멸망하리라 주 여호와께서 말씀하셨느니라 9 여호와께서 이와 같이 말씀하시되 두로의 서너 가지 죄로 말미암아 내가 그 벌을 돌이키지 아니하리니 이는 그들이 그 형제의 계약을 기억하지 아니하고 모든 사로잡은 자를 에돔에 넘겼음이라 10 내가 두로 성에 불을 보내리니 그 궁궐들을 사르리라."

(2) "두로와 시돈과 블레셋 사방아, 내가 너희에게 한 일에 대해 무슨 복수라도 하겠다는 것이냐?" 하나님께서는 '두로와 시돈과 블레셋'이 이스라엘에 대해 벌인 행위들을 하나님께 대한 보복으로 간주하신다. 만국이 나누어 가진 가나안 땅은 하나님이 이스라엘에게 주신 땅이었다. 따라서 땅의 소유는 하나님께 있다(1:6, 2:18, 3:2). 결국 이들의 죄는 하나님을 대적한 것이었다.

(3) "내가 신속히 돌리리니" : '내가 돌리리니'(אָשִׁיב)는 '슈브'(שׁוּב) 동사의 히필(사역 능동) 동사, 미완료로 하나님의 강한 의지가 나타나 있다. 반드시 갚으실 것이라는 말이다. 그것도 '신속하게'(swiftly and speedily, קַל מְהֵרָה) 갚으실 것이다.

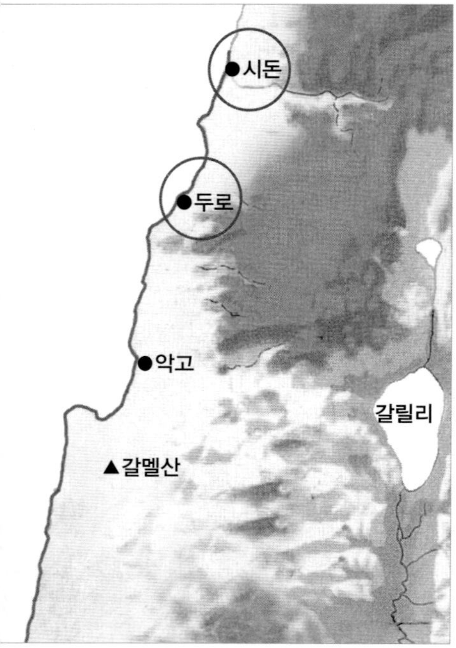

3:5 "곧(이유, Because, אֲשֶׁר)
너희가 내 은과 금을 빼앗고
나의 진기한 보물을 너희 신전으로 가져갔으며"

6 "또 유다 자손과 예루살렘 자손들을
헬라 족속에게 팔아서
//(목적: that … might, לְמַעַן)
그들의 영토에서 멀리 떠나게 하였음이니라(=떠나게 하려고)"

5. 위에 언급된(4절) 나라들이 보복을 당할 수밖에 없는 구체적인 이유는 무엇인가? (5, 6절)

(1) 특히 블레셋은 지리적으로 이스라엘과 인접해 있기 때문에 자주 침략했다. 이들은 백성들의 것이건, 혹 성전의 것이건 은과 금을 빼앗아 갔다(לְקַחְתֶּם - 칼 동사, 완료, 취하다, 운반하다). 게다가 진기한 보물까지 그들의 신전으로 가져갔다.

(2) 더욱더 큰 죄는 유다 자손과 예루살렘 자손들을 헬라 족속에게 팔아넘겼다는 것이다. 두로와 시돈은 당시 해상 무역의 중심지였다. 이들은 여러 가지 상품들을 취급했는데(느 13:16 참조), 그중에도 노예 무역으로 악명 높았다(암 1:9; 겔 27:13). 이들은 이스라엘과 예루살렘의 자녀들을 영원히 돌아오지 못하도록 헬라에까지 팔아버렸다는 것이다.

(3) 두로와 시돈은 어떤 나라인가?

두로 Tyrus(צֹר, 초르)

① '초르'는 '돌, 반석'을 의미한다. 두로는 지중해 연안에 위치한 베니게의 도시이다(수 19:29; 삼하 24:7; 왕상 5:1; 대상 14:1; 시 45:13; 렘 25:22 등). 이 도시의 역사는 히브리인의 가나안 정복과 평행을 이룬다. 베니게인들은 뛰어난 해양 상인들이자 화려한 무역업자들이었다. 그들은 바알을 포함한 여러 신들을 섬겼다. 여러 시대에 걸쳐 그들은 이스라엘과 상업적인 면과 종교적인 면에서 상호 영향을 주고 받았다.

② 다윗은 두로 왕 히람과 언약을 맺은 적이 있다. 히람은 다윗 궁전의 건축을 위해 유명한 레바논의 백향목들을 보내었다(삼하 5:11이하). 히람은 솔로몬과도 계속 조약을 맺었으며 그에게 성전과 왕궁 건축에 필요한 목재와 금을 제공하였다(왕상 5장). 이들은 매우 훌륭하고 값진 상품들을 취급하는 위대한 해양 상

인들이었다. 그러나 그들의 교만으로 인해 선지자들은 두로의 멸망에 대한 여러 예언과 애가를 기록하였다(사 23장; 렘 25:22; 렘 47:4; 겔 26-28장 참조, 시 45:12). 그들은 자신들의 뛰어난 지혜를 통해 막대한 부를 축적하였다(욜 3:1-8; 슥 9:3이하; 겔 28:3이하).

시돈 Sidon(치돈, צִידוֹן)

① 시돈은 베니게의 매우 오래된 도시로, 두로(Tyre) 북쪽으로 20마일 떨어져 있다. 시돈은 바다에 면했고, 이들의 상업활동은 시돈 주민의 특성을 결정지었다. 시돈의 뒤에는(동쪽) 높은 레바논 산맥이 둘려 있다.

② 시돈 사람들의 광신적인 바알과 아스다롯 숭배는 이스라엘로 하여금 많은 배교를 하게 하였는데, 시돈 왕 엣바알의 딸 이세벨이 이스라엘 왕 아합과 결혼함으로써 그 절정에 이르렀다(왕상 16:31-33, 18:18 이하, 18:25-28, 18:40).

③ 시돈은 선지자들에 의해 언급된다. 이사야는 시돈 주민이 휴식을 취하러 구브로로 피하지만 허사일 것이라고 예언하였다(사 23:12). 예레미야는 시돈 땅이 느부갓네살에게 예속될 것이라 하였다(렘 27:3-6). 에스겔은 시돈이 “이스라엘 족속에게 찌르는 가시”였다고 비난하였다(겔 28:21-24). 요엘은 시돈에게 예루살렘을 노략하고 그 주민을 종으로 판 죄과를 물었다(욜 3:4-6). <바이블렉스>

6. 주의 백성을 팔아넘긴 까닭에(6절) 이제는 그대로 그들 자신의 자녀들이 종으로 팔릴 것이다(7-8절).

3:7 “[보라, הִנְנִי]
일으켜 나오게 하고 — מְעִירָם - 히필(사역 능동) 분사, 일어나다, 들어올리다
/내가 그들을 ‘너희가 팔아 이르게 한 곳에서’
돌려서
/너희가 행한 것을 너희 머리에”

(1) ‘힌네’(Behold, הִנְנִי)라는 말이 앞에 나온다. 주의를 환기시키는 감탄사로서 ‘보라, 주목하라’라는 뜻이다. “너희가 팔아 이르게 한 곳에서”(from the place where you have sold them, מִן־הַמָּקוֹם אֲשֶׁר־מְכַרְתֶּם אֹתָם שָׁמָּה[1]) ‘일으켜 나오게’(מְעִירָם) 하실 것이다. 이 말은 ‘우르’(עוּר- 일어나다, 자극하다, 들어오리다)의 히필(사역 능동)형 분사이다. 따라서 주어(=하나님의)의 강력한 의지가 들어 있다. **‘내가’**(하나님께서 친히) 그일을 하시겠다는 것이다.

(2) 그래서 ‘너희가 행한 것’(=그들이 유다 백성들에게 행한 악행)을 “너희 머리에 **돌리겠다**(וַהֲשִׁבֹתִי- and return your recompense)고 선언하신다. ‘돌리다’라는 말도

1) shawm(שָׁם) + 방향표시 어미(헤, ה) = there // 거기에, 거기서부터 - 꼭 헬라에서라기 보다는 어디서에서든, 팔려간 그곳으로부터.

98

“유다 자손과 예루살렘 자손들을 헬라 족속에게 팔아서 그들의 영토에서 멀리 떠나게 하였음이니라”(욜 3:6)

히필 동사 완료형이다. 하나님의 강력한 의지가 표현되어 있다. '반드시' 그렇게 하시겠다는 것이다.

3:8 "너희 자녀를 유다 자손의 손에 **팔리니**
그들은 다시 먼 나라 '스바 사람에게'(לִשְׁבָאיִם) **팔리라**
여호와께서 말씀하셨느니라"

(3) 너희는 내 백성을 팔아먹었지만 이제는 너희가 "너희 아들 딸을 유다인에게 팔아 넘길 것이다." 그리고 유다 백성들은 다시 그들을 멀리 '스바' 사람에게 팔 것이다. '스바'는 세바의 후손들로 고대에 있어서 아라비아의 주요 무역국가이다(지금의 예멘, 왕상 10:2, 10).

(4) 어쨌든, 두로는 바벨론의 느부갓네살에게 점령되었고, 후일에는 알렉산더에게 점령되었다. 시돈은 살만에셀에게 점령 당한 적이 있으며(B.C. 725년), 산헤립의 침략을 받았고, 에살핫돈에게 지배받았다. 그는 많은 시돈 사람들을 포로로 잡아갔다.[1)]

1) 시돈은 앗수르가 멸망했을 때 바벨론의 침공을 받았고, 페르시아에게 점령 당했다. 페르시아의 크세르크세스(아하수에로)와 그리스의 해전에 시돈의 함대와 선원들이 참가하였으며, 알렉산더 대제(B.C. 330년)에 의해 페르시아의 속박에서 풀려났다.

열국들의 최후 심판(3:9–15)

1. 하나님은 이스라엘을 대적한 모든 민족에게 무엇이라 외치라고 말씀하시는가?

3:9 "너희는[2)] 모든 민족에게 **'널리 선포할지어다'**(קִרְאוּ) - 칼, 명령법
이렇게(this, **זֹאת**) - 아래와 같이 선포하라(강조의 뜻을 나타낸다)

- 너희는 전쟁을 **준비하고**(קַדְּשׁוּ) - 피엘(강조 능동) 동사, 명령법
- 용사를 **격려하고**(הָעִירוּ) - 히필(사역 능동) 동사, 명령법
- 병사로 다 **가까이 나아와서**(יִגְּשׁוּ) - 칼, 미완료
  올라오게 할지어다'(יַעֲלוּ) - 칼, 미완료

2) 여기 '너희는' 하나님께 수종드는 천사들을 가리킨다. 그 뒤에 나오는 '너희(모든 민족)'와는 다르다.

(1) 하나님은 가만히, 또는 침묵 중에 있는 자들을 치지 아니하신다. 그들을 흥분케 하고 완악하게 한 후에, 항거하며 일어나 대항하는 자들을 치신다(예 : 바로 왕의 경우와 같이, 출 7:13, 14, 22, 8:19, 32).

(2) 모든 민족("너희는")에게 무엇을 명령하시는가? "전쟁을 준비하고, 용사를 격려하라(=무장시켜라, 자극하라, 선동하라)"고 강한 명령을 내리신다.

1) 땅을 갈아 흙덩이를 일으키는 데 쓰는 농기구 / 삽 모양의 쇳조각으로 쟁기의 바닥에 맞추어 끼운다. 에트(אֵת)의 복수형. (사 2:4; 미 4:3; 삼상 13:20, 21).

3:10 "너희는 보습(אִתֵּיכֶם)[1]을 **쳐서** 칼을 (**만들지어다**)
낫을 (**쳐서**) 창을 (**만들지어다**)
약한 자도 **이르기를**
/나는 강하다 할지어다"

(3) 위의 내용과 반대의 표현으로 이사야와 미가 선지자는 메시아 시대의 예언으로 사용했다(사 2:4; 미 4:3). "그가 열방 사이에 판단하시며 많은 백성을 판결하시리니 무리가 **그들의 칼을 쳐서 보습을 만들고 그들의 창을 쳐서 낫을 만들 것이며** 이 나라와 저 나라가 다시는 칼을 들고 서로 치지 아니하며 다시는 전쟁을 연습하지 아니하리라"(사 2:4).

고대 농경사회에서는 흔히 나무 막대기에 전쟁 무기나 농사짓는 연장을 달 수도 있게 하여 겸용으로 사용하였다. 또 약한 사람에게는 "나는 강하다"라고 말하게 하라고 했다. 대적들의 최후의 교만과 최후의 발악을 풍자적으로 묘사하고 있다. 이사야 2:4과는 반대로 표현했다.

(4) 요엘 선지자는 하나님께 어떻게 기도하고 있는가? (11절)

3:2의 말씀과 같이 하나님께서 만국(all nations, 모든 이방 나라)을 심판하시기 위해 사면의 민족들이 속히 '여호사밧 골짜기'로 모이기를 기도하고 있다. "여호와여 주의 용사들로 그리로 내려오게 하옵소서"(11절하). 여기서 주의 용사들은 하늘의 천군천사를 가리킬 것이다.

2. 이런 선지자의 기도에 하나님은 어떻게 응답하시는가?

3:12 "민족들은 **일어나서**
여호사밧 골짜기로 **올라올지어다**
//이유(for, כִּי)
내가 —— 거기에 앉아서
//(목적: לְ)
사면의 민족들을 다 심판하리로다(=심판하려고)"

(1) 12-13절은 선지자의 기도(11절하)에 대한 여호와의 답변이다. 하나님께서는 3:2에서 말씀하셨던 것처럼 '여호사밧 골짜기'에서 대적들을 필히(반드시) 멸하실 것이다.

3:13 "너희는 낫을 **쓰라** (왜냐하면) 곡식이 익었도다(=기 때문에)
와서 밟을지어다 (왜냐하면) 포도주 틀이 가득히 차고(=기 때문에)
포도주 독이 **넘치니** (왜냐하면) 그들의 악이 큼이로다"(=기 때문에)

(2) 하나님은 낫을 들라고 말씀하신다. 왜냐하면 곡식을 추수할 때가 되었기 때문이다. "포도주 틀이 가득 찼으니 포도를 밟듯 그들을 밟아라"(쉬운성경). 술틀을 밟는 것은 하나님의 진노를 상징한다(사 63:3; 애 1:15; 계 19:15*). 하나님은 열방을 잘 익은 곡식과 포도주 틀의 포도에 비유하시면서 포도를 밟듯 그들을 밟으라고 명령하신다. 여기서 '너희'는 하늘의 천사들일 것이다(마 13:39).

• 계 19:15 "그의 입에서 예리한 검이 나오니 그것으로 만국을 치겠고 친히 그들을 철장으로 다스리며 또 친히 하나님 곧 전능하신 이의 맹렬한 진노의 포도주 틀을 밟겠고"

3. 여호와의 날이 임박할 때 그때의 상황이 어떠할 것인가?

3:14 "사람이 많음이여,
심판의 골짜기에 사람이 **<많음이여>**,
(for, כִּי) 심판의 골짜기에 여호와의 날이 가까움이로다"

3:15 "해와 달이 **캄캄하며** 별들이 그 빛을 **거두도다**"

(1) 여호와의 날의 상황은 어떠할까?
심판의 골짜기에 수많은 사람이 모였다(모일 것이다). 왜냐하면 여호와의 날이 가까웠기 때문이다. 원문에는 multitudes, multitudes(הֲמוֹנִים הֲמוֹנִים[1]) 로 시작하고 있다. 사람들이 많이 모여서 소란스러운 모습을 말한다. 이들이 심판의 골짜기로 모여들기 때문에 큰 혼란이 일어남을 의미한다. 왜냐하면 (for, כִּי) 심판의 날이 가까웠기 때문이다.

1) 하몬(הָמוֹן) - 남성, 복수 - 중얼거리다, 울부짖음, 군중, 소란, 소리.

(2) 그 날은 해와 달이 어두워질 것이다. 별들도 그 빛을 잃을 것이다(마 24:29; 눅 21:25, 26을 참고로 읽어보자).

• 마 24:29 "그 날 환난 후에 즉시 해가 어두워지며 달이 빛을 내지 아니하며 별들이 하늘에서 떨어지며 하늘의 권능들이 흔들리리라."

(3) 다른 곳에서는 이 심판의 골짜기를 어떻게 표현하고 있는가?

• 겔 39:11 하몬곡의 골짜기
• 슥 12:11 므깃도 골짜기
• 계 16:16 아마겟돈 골짜기

백성들의 최후 승리와 하나님 나라의 완성(3:16–21)

1. '여호와의 날'은 무서운 심판이 집행되는 날이지만, 하나님께서는 오히려 백성들의 피난처요 산성이 되신다.

3:16 "여호와께서 시온에서 **부르짖고**(포효하고) - 칼, 미완료
예루살렘에서 목소리를 **내시리니**(발하리니)
하늘과 땅이 **진동하리로다**
그러나(וְ) 여호와께서 그의 백성의 **피난처**(마하세, מַחֲסֶה)**[이며]**,
이스라엘 자손의 **산성이 되시리로다**"

(1) 시온(치욘, צִיּוֹן)은 '보호받는' 또는 '양지 바른' 등의 뜻으로 본다. 아랍어 '차웨'(산마루)로 '요새'나 '성'이라는 뜻이라고 한다. 이곳은 기드론 골짜기와 두로 골짜기 사이에 있는 요새화된 언덕으로 다윗이 여부스 사람들로부터 빼앗은 곳이다(삼하 5:7*). 그후 이곳은 다윗 성으로 불린다. 이 성 북쪽에 성전을 건축했다. 이 산은 시온산으로 불리게 되었다. 시온은 성전 근방을 가리키기도 하나 보다 일반적으로 예루살렘 자체를 가리킨다.

- 삼하 5:7 "다윗이 시온 산성을 빼앗았으니 이는 다윗 성이더라."

(2) '부르짖다'라는 말 '솨아그'(שָׁאַג)는 '거세게 으르렁거리다, 포효(咆哮)하다'라는 의미로 사자의 크고 깊은 포효성을 의미한다(암 3:4, 8*; 삿 14:5; 시 104:21). "여호와께서 시온에서부터 부르짖으시며(שָׁאַג) 예루살렘에서부터 소리를 내시리니 목자의 초장이 마르고 갈멜 산 꼭대기가 마르리로다"(암 1:2).

- 암 3:4 "사자가 움킨 것이 없는데 어찌 수풀에서 부르짖겠으며 젊은 사자가 잡은 것이 없는데 어찌 굴에서 소리를 내겠느냐."
- 암 3:8 "사자가 부르짖은즉 누가 두려워하지 아니하겠느냐 주 여호와께서 말씀하신즉 누가 예언하지 아니하겠느냐."

(3) 여호의 날에는 하늘과 땅이 진동할 것이다(욜 2:10). 하나님의 징벌로 오는 '지진'을 가리키기도 했다(암 1:1; 슥 14:5; 사 29:16). 이 날이 어찌 두려운 날이 아니겠는가?

(4) 그러나 하나님은 이런 백성들에게 무엇이라고 말씀하시는가?
여호와께서는 피난처요 산성이라고 위로하신다. '마하세'(피난처)는 하나님께서 마련하신 것이다. 이 단어는 문자적으로는 폭풍우(사 4:6, 25:4; 욥 24:8)나 높은 산들에 있는 위험(시 104:18)으로부터 피하는 것에 사용되었다. 하나님은 또한 요새(마오즈, 시 91:2)이시다. 즉 안전한 장소요, 보호자이시다. 하나님은 또한 항구적인 피난처이시다(시 27:1).

2. 여호와의 날이 도래한 후의 상황은 어떠한가?

3:17 "그런즉(Then - NASB, NIV)
너희가 ——— **알 것이라**
나는 — 여호와인 줄
/내 성산 시온에 사는 너희 하나님
예루살렘이 — **거룩하리니**
이방 사람이— **통행하지 못하리로다**
/다시는
/그 가운데로"

(1) '그런즉'은 '그때에'라는 말이 더 적합하다. 여호와께서 이스라엘의 피난처요 산성이 되는 바로 "그 때에 너희 하나님 여호와라는 것을 너희가 알게 될 것이다"라는 말이다. 에스겔서 39:7*도 읽어보자.

- 겔 6:14 "내가 내 손을 그들의 위에 펴서 그가 사는 온 땅 곧 광야에서부터 디블라까지 황량하고 황폐하게 하리니 **<내가 여호와인 줄을 그들이 알리라>**(Then they will know that I am the LORD, כִּי־אֲנִי יְהוָה)"

• 겔 39:7 "내가 내 거룩한 이름을 내 백성 이스라엘 가운데에 알게 하여 다시는 내 거룩한 이름을 더럽히지 아니하게 하리니 **내가 여호와 곧 이스라엘의 거룩한 자인 줄을 민족들이 알리라** 하라."

(2) 특히 에스겔서에서는 이런 주제들이 많이 나온다. "그들이(그가) 나를 여호와인 줄 알리라." 또는 "너희가(네가) 나를 여호와인 줄 알리라"(겔 37:13)라는 말씀이 자주 등장한다(직접적으로 54회 이상, 간접적으로 72회).

(3) 이제 예루살렘은 거룩하게 될 것이요 이방 사람이 다시는 그 가운데로 통행하지 못할 것이라고 했다(사 35:8, 9 참조). 이렇게 여호와의 날은 이스라엘의 회복을 바라보고 있다. 이사야, 예레미야, 에스겔 선지자 모두가 포로생활로부터의 본토 귀환을 선포했다.[1] 에스겔을 통하여 하나님께서는 "내가 너희를 정결하게 할 것이고" '새 영'과 '새 마음' '부드러운 마음'을 줄 것이며,"내 영을 너희 속에 두어 내 율례와 규례를 지켜 행하게 하리라"고 하여 그 날의 새로움을 말씀하셨다(겔 36:22-31).

1) 사 11:11, 40-60장; 렘 23:3, 30:3, 18-20; 겔 40-48장.

3. 예루살렘은 그 주민들의 행복을 비유로 묘사하고 있다.

3:18 "그 날에 산들이 단 포도주를 **떨어뜨릴 것이며**
작은 산들이 젖을 **흘릴 것이며**
유다 모든 시내가 물을 **흘릴 것이며**

여호와의 성전에서 샘이 **흘러 나와서**
싯딤 골짜기에 **대리라**"

(1) "그 날에"(In that day, וְהָיָה בַיּוֹם הַהוּא) - 요엘은 이 부분을 먼 미래와 관련시킨다. 이방인들이 예루살렘 성읍을 다시는 침략하지 못할 뿐 아니라(17절하), 유다는 다시 농업의 번성함을 누리게 될 것이다(18절). 전에는 단 포도주가 끊어졌으나(1:5), 그 날에는 다시 산들이 단 포도주를 떨어뜨릴 것이다. 전에는 초장에 물이 없어서 짐승들이 배고파 울부짖고 소 떼는 헤매고 있었으나(1:18, 20), 그 날에는 언덕에 젖이 흘러 넘칠 것이다(3:18).

(2) 전에는 시냇물이 다 말랐으나(1:20) 그 날에는 유다의 개물마다 물이 흐를 것이며(3:18), 전에는 성전이 제물도 없고 기쁨의 소리도 없는 슬픔의 장소였지만(1:13, 16), 그 날에는 여호와의 성전에서 샘이 흘러나와 싯딤 골짜기를 적실 것이다(3:18). 싯딤 골짜기[1]는 '아카시아 나무 골짜기'라고도 불린다.

4. 이와 반대로 대적들은 어떻게 될까?

3:19 "그러나 애굽은 **황무지가 되겠고**
에돔은 황무한 **들이 되리니**

//이는(이유; because of, מִן)
그들이 유다 자손에게 포악(강포, 잔인함)을 행하여

(אֲשֶׁר-관계대명사, 선행사는 '유다')
무죄한 피를 '***그(들의) 땅에서***'(בְּאַרְצָם)[2] 흘렸음이니라"

(1) 여기서 애굽과 에돔이 거론되고 있다. 이 두 나라가 이스라엘을 압제하고 괴롭혔기 때문이다. 이 때가 언제일까? 어떤 학자들은 여기 본문의 사건을 주전 586년 유다가 바벨론의 침공을 받은 직후에 에돔이 악독한 모습을 보인 것으로 주장한다.[3] 그리고 그 일이 이루어지기 얼마 전에 있었던 바로 느고의 유다 침공을 말한다(왕하 23:29-35). 물론 서론에서 살펴본 바와 같이 요엘서의 기록 연대가 확정적이지 못하다.

(2) 어쨌든 유다의 번성은 필연적으로 대적들의 파멸을 초래할 것이다. 이렇게 요엘은 마지막 심판에 대해서 언급하고 있다. 여호와의 마지막 날은 메시아 시대에 절정에 이를 것이다. 물론 요엘에게 있어서 이 시대는 그의 때에 시

1) • 모압 땅 싯딤 골짜기라는 견해(민 25:1, 33:49; 수 2:1).
• 예루살렘 동쪽 지역으로 기드론 시내가 흘러 사해로 들어가는 골짜기라는 주장.
• 상징적인 말이라는 주장.

2) '그(들) 땅에서"라는 말이 어디를 가리키느냐에 대한 서로 다른 주장이 있다. 이것이 '유다 땅'이라면 애굽과 에돔이 유다를 침략한 후에 거기에서 유다인들의 피를 흘린 것을 가리킬 것이다. 반대로 이것이 애굽이나 에돔의 땅을 가리킨다면, 이스라엘 백성이 애굽에서 종노릇 할 때의 사건을 말할 것이다. 에돔의 경우에는 이스라엘 자녀들을 끌어가서 희생을 내게 했던 일을 가리킬 것이다(암 1:11; 대하 28:17).

3) 오바댜의 저작 연대도 이 때의 기록되었을 것이라고 주장한다. 그렇다면 요엘서의 기록 연대는 포로 후가 될 것이다.

작되었고, 마지막 심판의 큰 날까지의 전 기간을 포함한다.[1]

1)게라르드 반 그로닝겐, 구약의 메시야 사상, 유재원 · 류호준 역, 524.

3:20 "유다는 영원히 **있겠고** 예루살렘은 대대로 **(있으리라)**"

3:21 "내가 전에는 그들의 피흘림 당한 것을
갚아 주지 아니하였거니와
이제는 **갚아 주리니**
//이는(וְ)
여호와께서 시온에 거하심이니라(שֹׁכֵן-칼동사 분사)"
(וַיהוָה שֹׁכֵן בְּצִיּוֹן)

(3) 마지막 말, "여호와께서 우리 가운데 계신다"는 주제는(욜 2:27, 3:17) 성경 전체에서 아주 중요한 의미를 갖는다(민 5:3, 35:34; 시 74:2, 68:17). 이 말씀은 신약에서 "말씀이 육신이 되어 우리 가운데 거하시매"(요 1:14)라고 선언하신다.

(4) 여기 '거하심이니라'라는 말은 분사형이다. 이는 하나님께서 시온의 보좌에 영원히 앉아 계신다는 계속적인 상존성(常存性)을 나타낸다. 이것은 곧 하나님 나라의 영원한 승리를 선포하시는 말씀이기도 하다.[2]

2) 김희보, 구약소선지서 주해<요엘서>, 총신대학교 출판부, 258면.

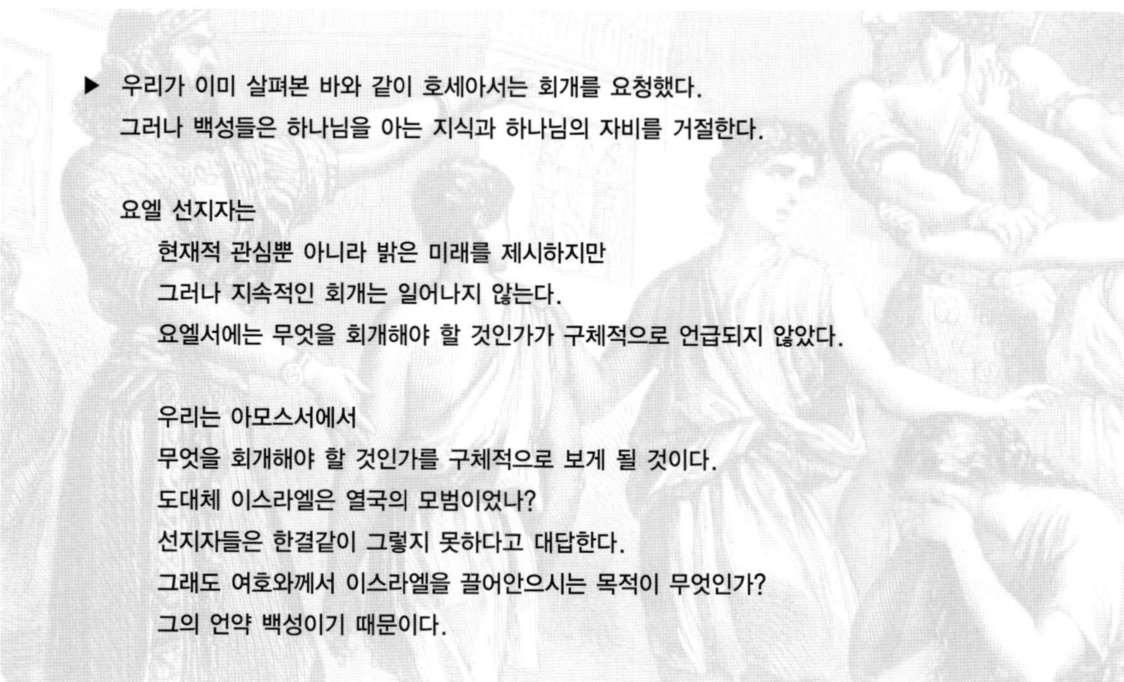

▶ 우리가 이미 살펴본 바와 같이 호세아서는 회개를 요청했다.
그러나 백성들은 하나님을 아는 지식과 하나님의 자비를 거절한다.

요엘 선지자는
현재적 관심뿐 아니라 밝은 미래를 제시하지만
그러나 지속적인 회개는 일어나지 않는다.
요엘서에는 무엇을 회개해야 할 것인가가 구체적으로 언급되지 않았다.

우리는 아모스서에서
무엇을 회개해야 할 것인가를 구체적으로 보게 될 것이다.
도대체 이스라엘은 열국의 모범이었나?
선지자들은 한결같이 그렇지 못하다고 대답한다.
그래도 여호와께서 이스라엘을 끌어안으시는 목적이 무엇인가?
그의 언약 백성이기 때문이다.

요엘서 3장 요약 정리

여호와의 날의 큰 심판과 큰 은총

- '여호와의 날'은 열방들과 이스라엘 백성들에게 각각 어떤 날인가?
- 하나님께서는 만국을 여호사밧 골짜기로 모으신다. 그 이유가 무엇이며, 여호사밧 골짜기는 어디(무엇)를 가리키는가?
- 하나님께서는 이스라엘을 괴롭힌 대적들을 심문하시겠다고 말씀하신다. '심문'의 의미는 무엇인가? 이들은 이스라엘을 어떻게 대했나?
- '여호사밧 골짜기'가 어디인가에 대한 몇 가지 주장이 있다. 교재를 보고 정리해 보라.
- 이들 이방의 대적들이 또 어떤 죄악들을 저질렀나? (3:3)
- 이스라엘을 괴롭힌 이방 국가들은 어떤 나라들인가? (3:4)
- 유다 자손들과 예루살렘은 어떤 일까지 당했나? (3:5-6)
- '두로'와 '시돈'은 어떤 나라인가? 그 위치와 이스라엘에게 직간접으로 끼친 영향은 무엇이었나?
- 주의 백성의 자녀들을 팔아넘긴 대가로 하나님은 대적들에게 어떤 형벌을 내리실 것인가? (3:7-8)
- 하나님은 대적들을 심판하시기 위해 그들 민족들에게 무엇을 하라고 선포하시는가? (3:9) 왜 이런 내용의 선포를 내리시는가?
- 여호와의 날의 상황은 어떠할 것인가? (3:14)
- 하나님은 여호와의 날에 이스라엘 백성들에게 어떤 분이신가? (3:16)
- '시온'이란 어디를 말하며, 그 뜻은 무엇인가?
- 여호와께서 시온에서 '부르짖는다'고 했는데, 이 말의 뜻을 설명해 보라. (교재)
- 여호와의 날이 도래한 후의 상황은 어떠할 것인가? (3:17)
- "내가 여호와인 줄 그들이 알리라"는 구절의 배경과 그 뜻을 설명해 보라.
- 요엘서가 말하는 큰 주제(특징)는 무엇인가?

- 요엘서 3장만을 읽는다면 성도들은 신이 난다. 왜냐하면 하나님은 늘 우리(나)를 위해서 싸우시니까.
- 여호와는 나의 피난처요 산성이시다. 단, 우리가 어떤 상태에 있을 때인가?

But let judgment run down as waters, and righteousness as a mighty stream.

아모스 Amos

• 암 5:15
너희는 악을 미워하고 선을 사랑하며 성문에서 정의를 세울지어다 만군의 하나님 여호와께서 혹시 요셉의 남은 자를 불쌍히 여기시리라

• 암 5:24
오직 정의를 물 같이, 공의를 마르지 않는 강 같이 흐르게 할지어다

• 범죄자에 대한 심판(1:1-2:16)
• 고발의 설교(3:1-6:14)
• 경고에 관한 환상(7:1-9:10)
• 왕국에 관한 환상(9:11-15)

CONTENTS 아모스서

여로보암 2세가 통치하던 시대

• 아모스 선지자는 여로보암 2세의 통치 기간(B.C. 782-753경, 아버지와 공동 통치기간까지 합하면, 약 40년간)에 등장해서, 북이스라엘에서 예언 활동을 시작했다. (주전 767-755) 아모스는 유다 왕 웃시야 시대, 곧 이스라엘 왕 요아스의 아들 여로보암 2세의 시대 지진 전 2년에 활동했다. 북이스라엘 왕 요아스는 이스라엘을 짓누르던 아람(다메섹)을 공격해 승리했다. 이 공격에 승리하면서 이스라엘은 서서히 국력이 살아나기 시작했다. 따라서 영토도 확장되었다. 그의 아들 여로보암 2세는 부왕이 남긴 업적으로 비교적 안정되고 부강해지는 황금시대를 맞이하게 되었다. 요단 동편도 되찾았다. 그는 또한 유능한 왕이었다. 나라가 부강해졌다. 그러나 부패도 함께 찾아왔다. 그 부패에 대해 아모스와 호세아는 회개의 메시지를 선포했다.

▶ 유다와 이스라엘의 주변 국가들이 받아야 심판의 이유는 무엇일까? 이들 국가들은 하나님의 언약 백성에게 직접적인 해를 끼치지 않은 이유로도 하나님의 심판을 면치 못한다. 결국 온 세상은 여호와 하나님의 통치 아래 있음을 볼 수 있다. 비록 언약 백성이 아니더라도 극악한 정치를 해서는 안 된다는 것이다. 이들은 인도주의에 어긋나는 죄를 지었다는 것 때문에 심판을 받는다.

CONTENTS

◀ 제2설교(4장) :

A. 부유한 자들의 타락상(4:1-3) :

- 어쨌든 부유한 계층들의 타락상을 가리키는 것은 분명하다. 이런 자들이 예배 드리는 것은 그 자체가 죄이다. 이런 일들로 이스라엘은 이미 매를 맞았으나 돌아오지 않는다. 그러므로 계속 하나님께 돌아오라고 외친다.
- 이스라엘 부유층은 물고기가 그릇에 담겨져서 시장으로 보내지는 것처럼 포로로 끌려가게 될 것이다. 사마리아는 아주 비참하게 무너져내릴 것이다.

B. 더욱 깊어지는 범죄상(4:4-5)

- 사치한 압제자들이 종교적 행사는 더욱 열심이었다. 아모스는 그들에게 벧엘과 길갈로 가서 더욱 종교적 행사에 매진하라고 조소적인 표현으로 그들을 공격했다.

C. 돌아오지 않는 백성(4:6-11)

- 아모스는 여호와께서 재앙을 계속 점진적으로 강도높게 내리셨으나(7가지 재앙 묘사) 그래도 주께로 돌아오지 않았다고 탄식한다.

D. 최후의 권면(4:12-13)

- 끝까지 여호와께로 돌아오지 않으므로 이제 최후의 형벌이 있을 것이다.

◀ 제3설교(5:1-6:14)

A. 아모스는 '애가'(장송곡)를 지어부른다.

- 앗수르에 의해 비참한 최후를 내다보고 있었기 때문이다. 그러나 백성들은 경제적 풍요로 인해 이 영광의 날들이 언제까지나 계속될 것으로 믿고 있었다. 그러나 이스라엘이 얼마나 철저하게 망할 것인가를 선언한다.

B. 선을 구하라.

- 하나님은 최후의 권면을 하신다. 그들이 진정으로 여호와께로 돌아온다면 멸망을 피할 수 있다고 선언한다. 그러면서 악에서 돌아오라고 경고한다. 악에서 돌아온다는 것은 여호와를 찾는 일이다.

C. 여호와의 날에 대한 소망 :

- 백성들은 '여호와의 날' 을 고대했는데, 이는 그 날이 바로 여호와께서 이방 세력을 물리쳐주시고 자신들은 구원을 가져다 주는 날로 이해했기 때문이다. 그러나 아모스는 그들이 기대하던 '여호와의 날'은 빛이 아니라 어둠이요, 기쁨이나 희망의 날이 아니라 슬픔의 날이라고 선언했다.

D. 정의를 물 같이, 공의를 마르지 않는 강 같이

- 이스라엘은 종교적인 행사에는 열중했지만 삶이 없는 제사에만 치중했다. 아무리 정성을 다했다해도 그것은 하나님 앞에 소음에 지나지 않는다. 이스라엘은 불의가 정의를 대신하고 있다. 하나님께서 거들떠 보지 않는 일에만 정성을 드렸다. 아모스는 정의가 물 같이 흐르는 공의로운 사회가 되도록 하라고 명령하고 있다.

• 6:4-6절은 백성의 지도자들이 향락에 빠져 살아가는 사치한 생활 모습을 보여주고 있다. 그러나 이러한 생활은 그리 오래 가지 못할 것이다. 곧 포로로 끌려가게 될 것이기 때문이다.

• 이스라엘을 직접 공격하는 일은 하나님이 한 나를 일으킴으로써 수행하신다. 이스라엘을 징계하시기 위해 한 나라를 몽둥이로 사용하시는 것이다.

• 하나님께서는 야곱(이스라엘)의 영광(=교만)을 싫어하신다. 또 그 궁궐들을 미워하신다. 다른 사람의 가난을 이용해서 부를 축적하는 일은 왕궁에서부터 시작되었기 때문이다.

• 사회가 이 정도가 되었다면 어느 한 부류도 타락하지 않은 곳이 없다. 왕궁은 물론 선지자들, 제사장들, 방백들이 모두 병들어 있다.

• 그래서 하나님은 이스라엘의 파멸을 선언하시고, 그 파멸의 철저함을 "한 집에 열 사람이 살아 남는다 하여도 다 죽을 것이라"(6:9)고 하셨다.

• 이들은 지금 로드발(허무한 것, 6:13)을, 가르나임을 자신들의 힘으로 정복했음을 자랑스러워 하고 있다(6:13).

6:13 "허무한 것(Lo-debar, דְבָר לֹא)을 기뻐하며
이르기를
/우리는 우리의 힘으로
뿔들(Karnaim)을 취하지 아니하였느냐 하는도다"

• 결국, 여호와께 교만하고 돌아서지 않는 백성들에게 최후의 통첩을 전하신다. 한 나라를 일으켜 파멸시키겠다는 것이다.

◀ 7장부터는 아모스의 환상이 소개된다.

첫 번째 환상 - 메뚜기 떼 환상(1-3절)

• 그 메뚜기 떼가 땅위의 모든 작물을 먹어치움
• 아모스가 용서해 달라는 기도를 드림
• 용서를 허락하심(뜻을 돌이키심)
• [성취] 앗수르의 1차 침공했으나(므나헴 때) - 막대한 조공을 받고 물러감

두 번째 환상 - 불 환상(4-6절)

• 불이 큰 바다를 삼키고, 육지까지 먹으려함. 이스라엘과 땅과 그 안에 살고 있는 백성까지 멸망할 것이라는 예언이다.
• 아모스가 용서해 달라는 기도를 드림 / 기도의 응답을 받음
• [성취] 베가 왕은 반앗수르 정책을 폈는데, 이에 앗수르에게 2차 침공을 당한다. 베가는 죽이고 호세아 왕을 세운다.

세 번째 환상 - 다림줄 환상(7-9절)

• 다람줄로 건축물의 기울기를 재는 것처럼 하나님은 이스라엘의 행위를 달아보심.
• 이번에는 주께서 "다시는 용서치 않으실 것"이라고 선언하심. 이스라엘의 산당이 황폐되고, 이스라엘의 성소들이 파괴될 것임(9절).
• 칼로 여로보암의 집을 치리라.

276 8장

▶ 여름 과일의 환상(1-3절)

- 4번째 환상 - 여름 과일 한 광주리였다.
- 여름 과일은 이제 끝이 되어 곧 썩을 수 밖에 없다. 이는 이스라엘의 끝이 왔다는 뜻을 연상케 한다. 하나님은 "내가 다시는 이스라엘을 용서치 않으실 것"이라고 선언하신다(2절). 이제 곧 그 날이 다가오는데 그 날에는 궁전의 노래가 장송곡(애가)으로 변할 것이고, 곳곳에 시체가 많아서 침묵과 공포만이 가득할 것이다.

▶ 아모스의 최후의 설교(4-14절)

- 먼저 상도덕의 타락한 모습을 보여준다(4-6절).
- 안식일과 월삭(초하루)이 언제 지나갈까 하며 장사에만 눈이 어두운 자들. 되는 작게, 추는 크게 만드는 자들, 은으로 힘없는 자를 사고 파는 자들, 신 한켤레로 가난한 자를 사는 자들. 찌꺼기 밀까지도 곡식에 섞어 파는 자들

▶ 그렇다면 하나님은 이런 악행들에 대하여 눈감고 계시는 걸까?

- 내가(여호와께서) 그들의 행위를 절대로 잊지 아니할 것이다. (8절) 멸망의 심판은 반드시 올 것이며, 그 날에는 온 땅이 흔들리는 징조가 있을 것이다. 그 날에는 해가 대낮에 지며 백주에 땅이 캄캄하게 될 것이다. (9절)

▶ 여호와의 말씀을 듣지 못한 기갈

- 외아들을 잃은 날과 같이 종교적인 축제의 날이 비통한 날이 될 것이다. 그 날에 하나님께서 기근을 보내실 것이다. 그러나 실로 가장 큰 기근은 여와와의 말씀을 듣지 못하는 기갈이다. 하나님은 말씀을 주실 때도 있지만 거두실 때도 있다.

296 9장

▶ 멸망의 최후 환상 (하나님의 명령)

- "기둥 머리(꼭대기)를 문지방이 흔들릴 정도로 쳐라. 그래서 그것이 부서져서 사람들의 머리 위에 떨어지게 하라." 만일 이런 심판 중에서 살아 남은 자는 어떻게 하실 것인가? '만일'(אִם)이라는 가정법을 다섯 번이나 사용하여 결코 하나님의 심판을 피할 수 없음을 강조하고 있다(9:2-4).
- 주님은 계속 범죄한 나라를 주목하여 보신다. 그리고 그들을 지면에서 없애 버리실 것이다. 그러나 야곱의 자손을 완전히 없애지는 않겠다고 약속하셨다(9:7-10). 그러기 위해서 알곡을 걸러내기 위한 체질을 하실 것이다.

▶ 다윗의 무너진 장막을 일으키실 것이다(9:11-15).

- 다윗의 장막(수카 - 여기서는 오두막 집을 상징한다) - 지금 다윗의 장막은 무너진 장막과 같은 상태에 있었다. 하나님은 다윗과 영원한 왕조를 약속하셨는데(삼하 7:14이하), 백성들이 언약을 어기고 죄에서 떠나지 않으므로 지금은 무너진 장막과 같은 상태에 있었다.
- 하나님은 이 무너진 것과 같은 다윗 왕가를 회복시켜 다시 일으키실 것이다.

▶ "보라 날이 이를지라"(9:13-15).

- 죄에서 돌이키지 않는 이스라엘과 유다를 심판하실 것이지만 그렇다고 아주 고사시키지는 아니하실 것이다.
- 하나님은 약속의 땅으로 회복을 약속하심으로써 남은 자들을 격려하신다(9:13-15). 이제 무너진 다윗의 장막은 새로운 축복의 시대를 열게 될 것이다. 아주 훗날에 때가 되어 그 성취를 보게 될 것이다.

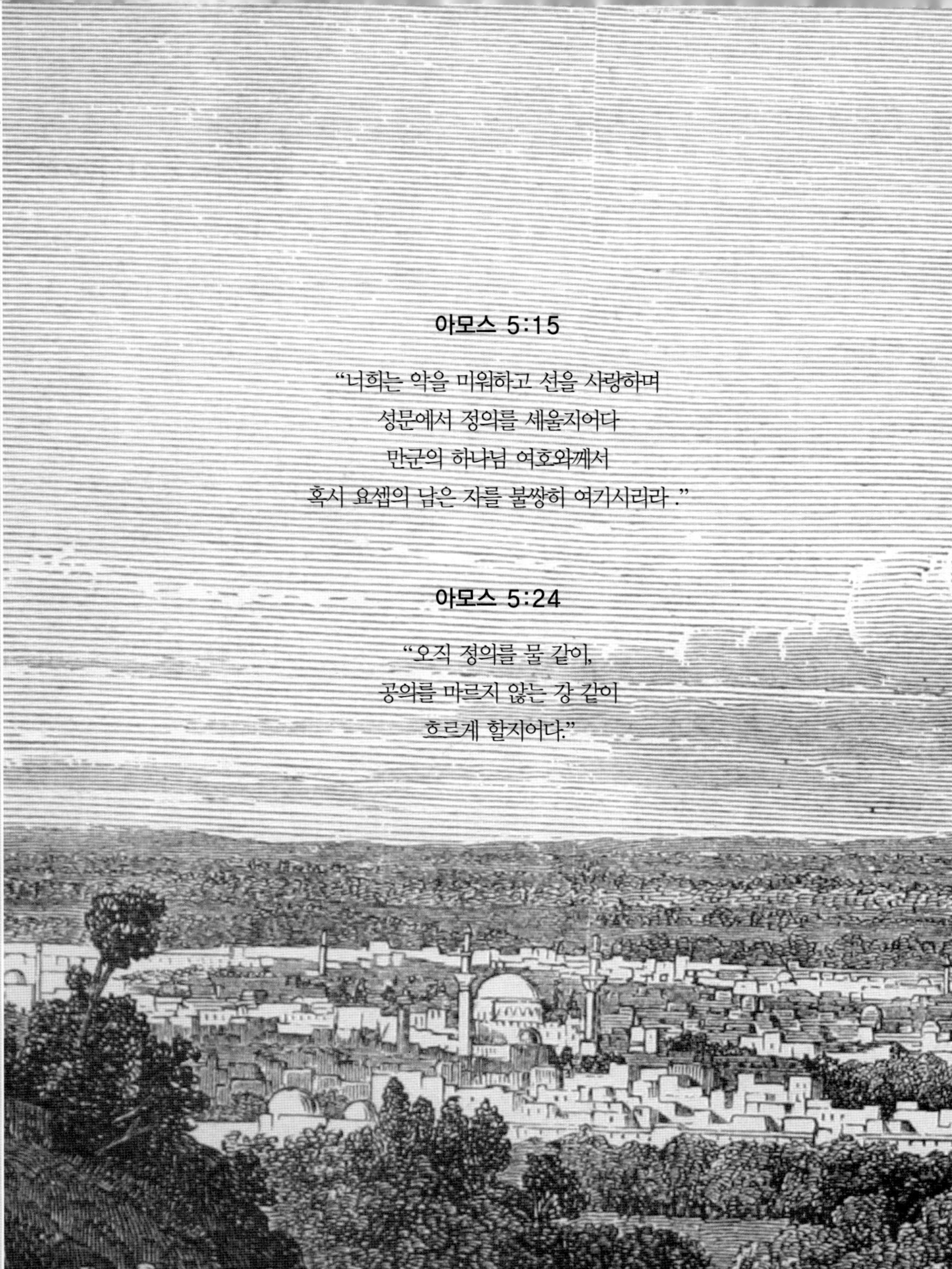

아모스 5:15

“너희는 악을 미워하고 선을 사랑하며
성문에서 정의를 세울지어다
만군의 하나님 여호와께서
혹시 요셉의 남은 자를 불쌍히 여기시리라.”

아모스 5:24

“오직 정의를 물 같이,
공의를 마르지 않는 강 같이
흐르게 할지어다.”

죄를 향해 울부짖는 하나님

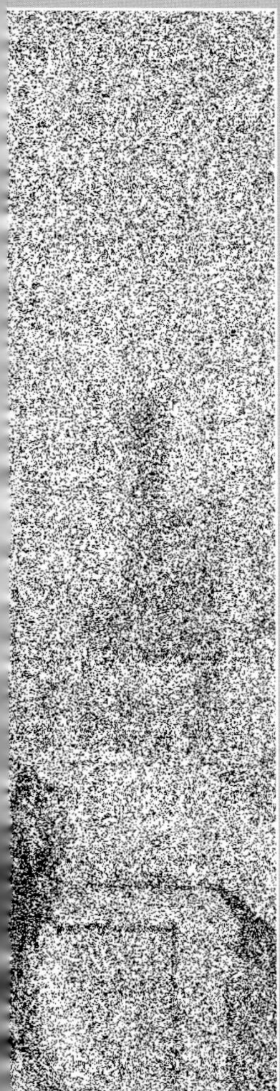

북이스라엘에서는 여로보암 2세가, 남유다에서는 웃시야가 왕위에 있을 무렵, 이 두 나라가 통치하는 지역은 옛날 솔로몬 시대를 방불하는 광대한 나라가 되었다. 앗수르는 자국의 일로 서쪽을 쳐다보지도 못했고, 애굽 역시 왕자들의 분열로 국외의 일을 간섭하지 못하게 되었기 때문이다. 또한 북이스라엘은 예후 왕가 밑에서 질식 상태에 있었는데, 하나님은 이를 불쌍히 여기셔서 그들에게 다시 복을 주셨다(왕하 14:26). 이런 국내외의 좋은 여건으로 인해 이스라엘은 제2의 부흥기라 할 수 있을 정도로 국력이 신장되었다. 그래서 아모스 선지자는 이스라엘을 가리켜 '열국 중 으뜸'(chief of the nations, 암 6:1)이라고까지 표현했다.

여로보암 2세는 강력한 왕으로 그 동안 북이스라엘을 괴롭혔던 아람(다메섹)을 공격했다. 이 공격에 성공하면서 이스라엘은 서서히 침체에서 살아나기 시작했다. 그의 판도가 '하맛 어귀부터 아라바까지'(왕하 14:25, 사해지역) 회복되었다. 요단 동편도 다시 이스라엘 수중에 들어가게 되었다. 그는 주요 무역로를 관할함으로써 막대한 부를 축적할 수 있었다. 세입이 늘어나 경제가 회복되자 부유한 특권층이 생겨나기 시작했다. 이렇게 세입이 늘어나 부강할 수 있었으나 이 부(富)가 공평하게 분배되지는 못했다.

이런 물질적 번영 속에서 덕을 보는 사람들은 누구였을까? 당연히 옛 귀족들과 새로 상업에 종사하는 사람들이었다. 즉 부가 상류층에게로 편중되었다. 이런 상황에서 사치와 향락이 뒤를 이었다. 국력의 증진과 경제적 번영은 곧 교만과 안일과 부패로 이어졌다.

이런 사치와 타락 속에서 죽어가는 백성들을 구원하시고자 하나님은 아모스를 현지에 파견하신다. 아모스는 호세아나 요엘보다 훨씬 구체적으로 죄를 지적한다. 아모스는 선민 이스라엘이 언약을 어긴 사실을 지적한다. 하나님께서는 먼저 다메섹(수리아, 1:3-5), 블레셋, 두로(페니키아, 1:9-10), 에돔(1:11-12), 암몬(1:13-15), 모압(2:1-4)의 죄를 하나하나 열거하신다. 그렇다면 하나님의 백성은 어떤가? 이들은 하나님과 언약 관계에 있는 백성이다. 그런데 이들이 지금 하나님과의 언약을 파괴했다. 하나님은 먼저 유다의 죄에 대해 언급하신다(2:4-5). 유다의 죄는 그들이 하나님의 율법들을 무시하고, 지키지 않았다는 것이다. 거짓 신들에 의하여 미혹의 길을 걸었다는 것이다. 그래서 유다에 불을 보내겠다고 말씀하신다. 주변 나라들과 유다까지 심판을 받아야 한다는 선지자의 외침에 북이스라엘은 어떤 태도로 바라보았을까? 그러나 이제 선지자는 이스라엘의 엄청한 범죄를 고발하기 시작한다. 아모스 3-6장은 주로 북이스라엘의 타락상에 초점을 맞추고 있다.

아모스서 프로필

1. 누가 썼을까? (저자 : 아모스, עָמוֹס)

• 아모스 : '아마스'(עָמַס- 짐을 지다, 짐을 운반하다)에서 유래. '무거운 것' 또는 '짐'으로 보는 것이 적절하다. 그가 전해야 했던 엄숙한 메시지를 암시한다.

(1) 아모스가 저자라는 증거 구절 : "유다 왕 웃시야의 시대 곧 이스라엘 왕 요아스의 아들 여로보암의 시대 지진 전 이년에 드고아 목자* 중 **아모스**가 이스라엘에 대하여 이상으로 받은 말씀이라"(암 1:1).[1)]

1) 다른 증거 구절 : 암 5:1, 7:1, 4, 7-8, 8:1-2, 9:1. / 그러나 1:2에서 아모스를 제3인칭으로 언급하고있는것으로보아 첫 마디는 후대의 아모스서 편집자에 의해 쓰여진 것처럼 보인다.

▶ 목자(노케드, נֹקֵד) - 양 치는 자, 양 지키는 자 / 7:14에서는 '목자'를 보케르(בּוֹקֵר)라고 했다. 그런데, 이 단어는 단 한 곳 '모압 왕 메사'에게 사용된 말이다(왕하 3:4*). 모압은 이스라엘 오므리 왕조에 많은 양털을 상납했는데, 그래서 그를 '노케드'(목자)라고 불렀다. 아모스 역시 '노케드'라고 부른 것을 보면 비천한 출신이 아닐 수도 있다는 주장이 있다(김희보 아모스 주해, 24). 즉 아모스는 시골 에서 소수의 양 떼를 이끌고 이리저리로 옮겨다니는 사람으로 보아서는 안 된다는 말이다. 그렇다면 틀림없이 자산가요, 명망가였을 것이다. 오늘날의 목장주 또는 대규모 농장을 운용하는 농부였을지도 모른다. 7:14에서는 무화과나무(뽕나무) 재배자라고 소개한다. 그는 자신의 업무를 수행하던 중에 부름을 받았다.

• 왕하 3:4 "모압 왕 메사는'양을치는자'(목자, 노케드, נֹקֵד)라 새끼 양 십만 마리의 털과 숫양 십만 마리의 털을 이스라엘 왕에게 바치더니."

(2) 어디에서 살았는가? (드고아, Tekoa, תְּקוֹעַ)

베들레헴에서 남쪽으로 10km 가량 떨어진 곳으로, 르호보암이 요새화했다(대하 11:5-6).[2)] 해발(지중해 기준) 780m, 사해 기준으로는 1,140m의 고지대이다.

2) 렘 6:1에서 드고아에 대해서 예언했다. "베냐민 자손들아 예루살렘 가운데로부터 피난하라 **드고아에서 나팔을 불고** 벧학게렘에서 깃발을 들라 재앙과 큰 파멸이 북방에서 엿보아 옴이니라."

(3) 아모스가 부름 받기 전의 직업은?

• 암 7:14 "아모스가 아마샤에게 대답하여 이르되 나는 선지자가 아니며 선지자의 아들도 아니라 나는 **목자**(보케르, בּוֹקֵר)요 **뽕나무**(샤캄, שִׁקְמִים)**를 재배하는 자**로서"

▶ 샤캄은 무화과(뽕)나무(sycomore tree) : 나무는 뽕나무와 비슷하나 열매는 무화과나무와 비슷하다. 이 나무는 가구, 문짝, 궤, 관 등의 제작에 많이 쓰였다. 줄기는 오동나무처럼 부드러운데 내구성이 있다. 그래서 애굽에서는 미이라 상자를

만드는 데 많이 사용했다.

- 그는 선지자가 아니라 '목자'라고 했다. 여기서 말하는 '목자'(herdman, 보케르, בֹּוקֵר)는 일반 목자(시편 23:1, 단순히 양치는 자)와는 다르다.

2. 아모스는 견문이 넓으며, 유능하며, 용감하며, 상상력이 풍부한 사람이다. 조금 더 자세히 살펴보자.[1)]

- 아모스는 비록 시골에 있었지만 국제 정세에도 깊은 관심을 가졌음을 본다(1:3-2:5, 9:7).

- 직유와 은유, 반복 등과 같은 기교들을 활용할 뿐 아니라 점층법을 사용하는 설교자였다(1:3-2:16, 4:6-12).

- 그는 용감한 사람이었다. - 부유한 여자들에게(4:1-3), 권세 있는 제사장들에게(7:10-17), 도심지의 상인들에게(8:4-8) 싫은 메시지를 선포했다. 물론 이 일로 인해서 그는 북왕국에서 추방당했다.

- 그는 시인의 눈과 귀를 가졌다.[2)] - 그의 언어는 자신의 세계를 반영한다.
  - 무거운 짐을 지고 들판에서 돌아오는 수레를 본 적이 있으며(2:13)
  - 바산의 산등성에서 풀을 뜯어 먹는 살진 암소 떼(4:1)
  - 높이 솟은 백향목과 상수리나무의 강렬한 모습(2:9)
  - 넘실거리는 강물(5:24)
  - 그는 사자가 어떻게 어린 양을 다루는지(3:12), 메뚜기가 농작물을 어떻게 만드는지(7:1) 알고 있었다.
  - 그는 전쟁에 관하여 무엇인가 알고 있었다. 경고의 나팔(3:6), 이스라엘 진으로부터 나오는 죽음의 냄새(4:1), 침략군이 보낸 불의 모습(1:4, 7) 등.
  - 그는 건축술(7:7-8)과 측량 기술(7:17)에도 정통한 사람이었다.
  - 그는 부자들의 생활 양식, 호화로운 별장(3:15)과 사치스러운 취미활동(4:1, 6:4-6)에 대해서도 잘 알고 있었다.
  - 당시 슬퍼하는 사람들의 모습을 목격한 적이 있다(8:10). 상인들(8:5), 가난한 자들(5:12)의 소리를 들었다.
  - 아모스의 경험과 관찰은 그의 메시지를 운반하는 언어의 그릇을 제공한다. 예를 들어, 사자의 포효소리(3:8), 여호와의 날에 대한 그릇된 확신을 사자를 만나려다 곰을 만난 것에 비유한다. 멸망에 끝자락에 도달한 이스라엘은 제 때가 되기 전에 죽은 젊은 처녀와도 같다(5:1-2). 궁정은 정의를 독으로 바꾸어 놓았다(5:7, 6:12) 등의 표현은 그가 지적이며, 감수성이 예민한 사람이었음을 알 수 있다.

1) 제임스 림버그, 현대성서주석, 아모스, 한국장로교출판사, 142-143면에서 정리.

2) 아모스는 시인이었다. 예언서의 많은 부분들이 시(詩)로 전달되었다. 설교문을 산문체보다 시(詩) 형태로 전달하면 어떤 효과가 있을까? 산문체의 설교는 아무런 흥분과 열정, 정념과 생동감, 기대와 예측없이 지내는 평평하고 밋밋한 세계를 가리킨다. 그러나 시인들은 그들의 언어를 사용하여 그들이 보여주려는 세계를 창조하고 있으며, 동시에 독자들에게, 청중들에게 바로 이 새로운 세계로 들어올 것을 촉구하고 초청하는 사람들이다. (류호준, 아모스, 크리스찬다이제스트, 38-42면)

잠깐만!!

아모스 시대의 역사적 배경은 호세아 시대의 역사적 배경과 같습니다. 왜냐하면 동시대에 같은 배경 하에서 사역했기 때문입니다. 아모스가 호세아보다 약간 앞서서 사역한 것으로 알려져 있습니다. 따라서 이 부분은 동교재, 호세아 서론에서 이미 소개된 내용을 그대로 가져와 소개합니다. 동교재, 열왕기하 161면 이하에서나 호세아서에서 공부한 사람은 이 부분을 지나가셔도 됩니다. 물론 추가 설명된 곳도 있습니다.

아모스 시대의 역사적 배경

아합 왕의 바알 숭배 때문에 나라 전체가 위기에 달하자, 하나님은 예후를 시켜 오므리 왕가에 철퇴를 내리셨다. 그런데 예후는 아합 정부를 정리하는 데는 큰 공을 세웠지만 그 역시 하나님의 율법을 전심으로 지키지 아니했기에 나라는 또다시 곤두박질쳤다. 예후는 벧엘과 단에서 우상 숭배를 섬기는 죄를 범했다. 따라서 하나님은 아람(다메섹)의 하사엘과 앗수르 왕 살만에셀 3세를 들어 이스라엘을 징계하셨다. 나라의 영토는 현저히 줄어들었다. 그러나 북이스라엘은 주전 798년 요아스가 등장하면서 조금씩 긴 침체기에서 벗어나기 시작했다. 그리고 여로보암 2세 때에는 안정되고 부강해지는 황금시대를 맞이하게 된다.

1. 여로보암 2세 이후 북이스라엘과 남유다는 약체에서 서서히 벗어나고 있었다. 그리고 점차 나라가 안정권에 들어섰다. 남북이 이렇게 부강할 수 있었던 외적 요인은 무엇이었을까?

(1) 아합 정부가 무너지고 예후 왕가가 등장했지만 개혁운동은 일어나지 않았다. 그 이유는 예후 왕가가 계속 잘못된 길을 걸어가고 있었기 때문이었다. 열왕기하 13:3을 보면, 하나님께서는 이스라엘을 "늘 아람 왕 하사엘의 손과 그의 아들 벤하닷(3세)의 손에 넘기셨다"고 했다(3절). '넘기셨다'[1]는 말은 군사적, 사법적 의미로 사용되어 '권력이나 지배를 넘겨주다 혹은 어떤 사람에게 승리를 허락하다'를 의미한다. '~의 손(야드, יָד)에'라는 말은 지배권을 넘겼다는 것을 뜻한다. 아람(다메섹)은 이스라엘을 늘 괴롭히고 있었는데, 이는 하나님께서 이스라엘에게 심판을 내리셨기 때문이었다.

(2) 여호아하스[2]는 아비(예후 왕)처럼 여로보암의 죄를 따랐기 때문에 사실상 아람에 예속되어 있었다. 하나님께서 모세의 율법을 따르지 않은 것에 대한 징계로

1) 넘기셨다(나탄): '나탄'(נָתַן)은 '주다, 두다, 놓다, 세우다, 만들다'라는 의미로 사용된다.

2) 북이스라엘 예후 왕가 : 예후 - **여호아하스**(814-798) - 요아스 -여로보암 2세 - 스가랴

Close-up

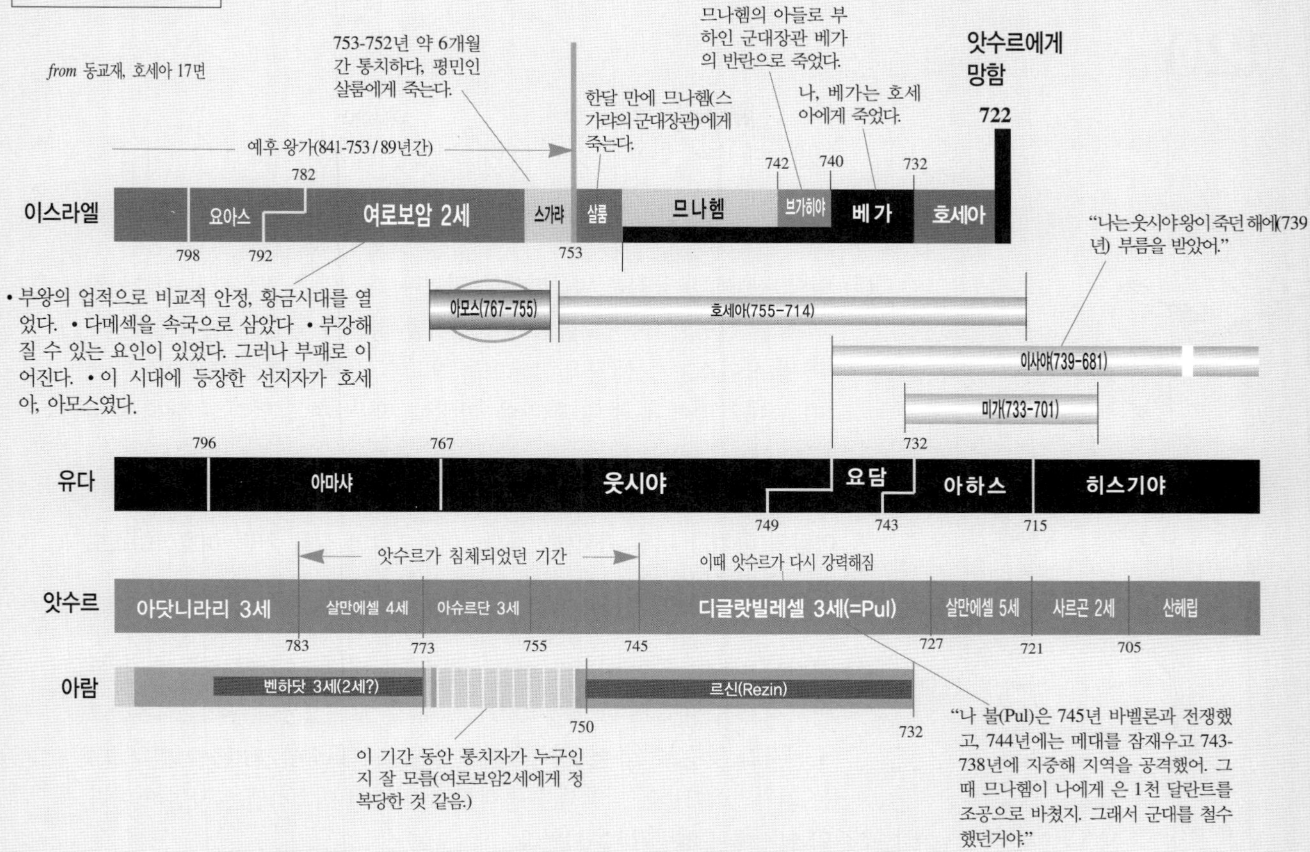

- **웃시야**는 52년간을 통치했다(왕하 15:2). 그러나 그의 단독통치 기간은 16년간이었다. 그의 이름이 아사랴로 기록된 곳이 많다.
- 유다의 열왕 중에서 가장 유능하고 강력한 왕이었다.
- 영토 확장 : 에돔을 계속 주관 / 무역 정책 / 암몬을 다스려 조공을 받았다. 블레셋의 여러 성읍 정복
- 산업정책 : 무역확대, 목축에 힘쓰고, 농업에도 힘썼다.
- 나라가 번영했으나 백성은 사치했고 자신은 교만했다.

여로보암 2세가 통치하던 시대

(1) 아모스 선지자는 여로보암 2세의 통치 기간(B.C. 782-753경, 아버지와 공동 통치기간까지 합하면, 약 40년간)에 등장해서, 북이스라엘에서 예언 활동을 시작했다. (주전 767-755)

(2) 아모스는 유다 왕 웃시야 시대, 곧 이스라엘 왕 요아스의 아들 여로보암 2세의 시대 지진 전 2년에 활동했다.

(3) 북이스라엘 왕 요아스는 이스라엘을 짓누르던 아람(다메섹)을 공격해 승리했다. 이 공격에 승리하면서 이스라엘은 서서히 국력이 살아나기 시작했다. 따라서 영토도 확장되었다. 그의 아들 여로보암 2세는 부왕이 남긴 업적으로 비교적 안정되고 부강해지는 황금시대를 맞이하게 되었다. 요단 동편도 되찾았다. 그는 또한 유능한 왕이었다. 나라가 부강해졌다. 그러나 부패도 함께 찾아왔다. 그 부패에 대해 아모스와 호세아는 회개의 메시지를 선포했다.

이방인에 손에 맡기신 것이다. 이스라엘은 아람의 하사엘 말기와 그의 아들 벤하닷 3세의 초기 통치 기간에 그들의 통치 하에서 신음했다.

(3) 아람(다메섹)의 공격은 남유다에도 미쳤다. 하사엘은 가드까지 쳐들어와 그 땅을 점령한 후 예루살렘까지 진격할 정도가 되었다. 급하게 된 유다 왕 요아스는 성물(궁에 있는 보물 창고와 성전의 보물 창고에 있는 것까지)을 하사엘에게 보내 환란을 미연에 막을 수 있었다고 했다(왕하 12:17-18).

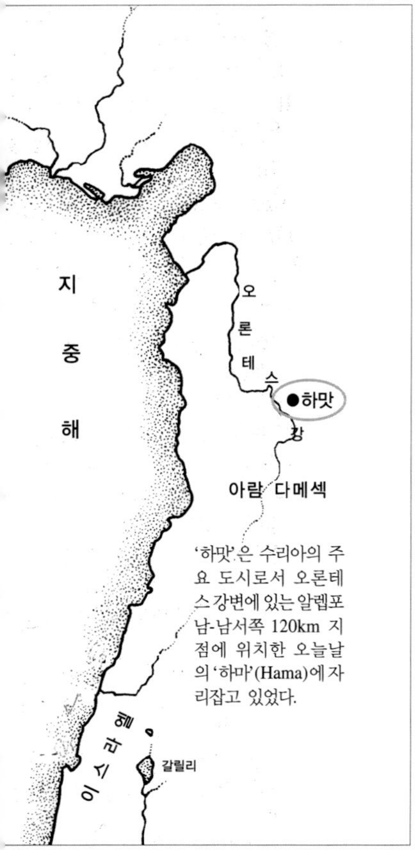

'하맛'은 수리아의 주요 도시로서 오론테스강변에 있는 알렙포 남-남서쪽 120km 지점에 위치한 오늘날의 '하마'(Hama)에 자리잡고 있었다.

▲ 여로보암 2세의 정확한 정복 범위는 확실히 알 수 없다. 이스라엘의 판도가 확장되어 '하맛 어귀부터 아라바까지' 회복되었다. 요단 동편에 있던 아람족 땅들도 병합했을 것이다. 모압족도 완전히 정복했을 것이다.

2. 아람의 통치가 너무 가혹했었을까, 여로보암의 길을 가던 여호아하스도 하나님께 구원을 호소했다. 하나님은 그의 기도에 응답하셨다.

(1) 불쌍한 사람은 왕이 아니라 백성들이었기에 하나님은 백성의 고통을 돌아보시고 구원자(모시아, מוֹשִׁיעַ, a saviour)를 보내셨는데(왕하 13:4-5), 그 구원자가 앗수르 왕 아닷-니라리 3세(Adad-Nirari Ⅲ, 810-782)였다. 그는 기원전 803년에 다메섹을 공격했다. 따라서 이스라엘은 자연히 아람의 압박에서 해방될 수 있었다.

(2) 다메섹은 앗수르의 공격을 받아 힘이 약해졌다. 그런데 다메섹을 공격하던 앗수르는 또다른 북방 세력인 '우라르트'(Urartu, 이란 북쪽 지역)를 막기 위해 서방에 신경을 쓸 여력이 없었다. 또한 복잡한 자국 내의 일로 국외에 눈을 돌릴 수 없는 상황이 되었다. 그리고 계속 약체의 왕들이 통치하게 됨으로써 외국 정복을 펼치지 못했다. 게다가 남유다의 요아스와 북이스라엘의 여로보암 2세는 나름대로 유능한 지도자들이었다. 이런 내외적 요인으로 남북 왕국은 비교적 평온과 번영을 누릴 수 있었다.

(3) 북이스라엘의 판도는 크게 확장되어 그 경계선을 '하맛 어귀부터 아라바까지'(왕하 14:25)라고 했다. 하맛 어귀(레보 하마트, לְבוֹא חֲמָת)는 이스라엘의 이상적인 북쪽 경계로 자주 묘사되었는데(민 13:21; 수 13:5; 삿 3:3; 겔 47:20, 48:1), 하맛 영토의 남쪽 경계를 나타낸 것으로 보인다. 여기서 '아라바'는 사해를 가리킨다. 이스라엘의 남쪽 국경선은 사해 연변의 어느 지점이었을 것이다.

(4) 이스라엘의 판도가 확장되어 '하맛 어귀부터 아라바까지' 회복되었다. 또한 요단 동편 전체가 다시 이스라엘의 수중에 들어갔다. 남유다 역시 이스라엘에게 압도당하고 의존하는 면이 많이 있었지만 웃시야와 요담 왕 통치 시기에 국권

을 회복하게 된다. 두 나라의 경계선은 흡사 다윗 왕국의 절정기의 경계선에 이르도록 확장되었다.

3. 이렇게 남북이 함께 부유해졌다. 그러나 이 부유함이 결국 부패로 이어지게 된다. 백성들은 율법의 언약을 어기고, 신속하게 부패 속에 빠지게 되었다.

(1) 이제 북이스라엘은 멸망을 향해 내리막길을 치닫고 있다. 이 부패를 깨우치기 위해 등장한 선지자가 **호세아**와 **아모스**였다. **요나** 선지 역시 여로보암 2세의 통치 기간에 활동했던 선지자였다. 그러나 요나의 활동 연대를 보다 후기로 잡는 학자들도 있다.[1)]

1) 반 게메렌, 예언서 연구, 김의원 역, 엠마오, 252면.

4. 남유다는 어떠했을까? 남왕국에서는 웃시야가 16세의 나이로 왕위에 올랐다.

(1) 그 역시 유능한 왕으로 북왕국 여로보암 2세와 함께 침략 정책의 대등한 동반자로 성장한다. 따라서 주전 8세기 중엽, 이스라엘과 유다의 영토는 솔로몬 시대의 면적에 비해 거의 손색이 없을 정도로 확장되었다. 솔로몬 이후 누려보지 못했던 번영이 찾아왔다. 남북 두 나라 역시 서로 평화로운 관계에 있었다. 그러나 부정부패와 불공평한 재판 등 사회 정의가 크게 흔들리기 시작했다.

(2) **이때 아모스 선지자가 등장해** 불의와 부패로 치닫는 백성에게 멸망을 선포했다(암 6:1-8). 그 뒤로 10여년 후 호세아가 종교적 부패에 대해 하나님의 말씀을 증거했다.

5. 북이스라엘 왕 여로보암 2세에 대한 성경 기자의 평가는 어떠한가? (왕하 14:23이하)

(1) 여로보암 2세는 아마샤가 유대 왕으로 있은 지 15년 째 되던 해에 왕위에 올랐다(782-753년). 그러나 그는 부왕 요아스 통치 후 5년부터(792년) 공동 통치를 했기 때문에 그의 통치 기간은 40년이나 된다.

(2) 그는 장기간 통치했지만 여호와 보시기에 악한 일을 저질렀다고 했다(왕하 14:24). 그 역시 여로보암의 죄에서 돌이키지 않았다. 앞에서 살핀 대로 그는 이스라엘 옛 영토를 회복하는 등 눈부신 업적이 있었지만 그에 대한 열왕기 기자의 평가는 그가 악한 왕이었다는 것이다. 성경은 이스라엘이 수렁에서 벗어나게 된 동기가 여로보암 2세 개인의 능력에 있지 않음을 분명히 밝힌다. 결

국 여호와께서 이스라엘을 적군의 손에서 구원하셨다는 것이다.

• 왕하 14:25 "이스라엘 하나님 여호와께서 그 종 가드헤벨 **아밋대의 아들 선지자 요나**로 하신 말씀과 같이 여로보암이 이스라엘 지경을 회복하되 하맛 어귀에서부터 아라바 바다까지 하였으니."

(3) 여로보암 2세가 느밧의 아들 여로보암(북이스라엘 창건 왕)의 길을 걸었지만 하나님은 아밋대의 아들 **요나 선지**를 통해 이스라엘의 국경이 하맛 어귀로부터 아라바 바다까지 회복될 것이라고 약속하셨다(왕하 14:25*).

(4) 하나님이 이렇게 이스라엘을 적의 손에서 구원하신 이유는 무엇이었을까? (26절)

왕하 14:26 "이는(כִּי, for)
여호와께서 이스라엘의 고난이 심하여
매인 자도 없고 놓인 자도 없고
이스라엘을 도울 자도 없음을 보셨고"

(5) "여호와께서 또 이스라엘의 이름을 도말하여 천하에 없이 하겠다고도 아니하셨으므로 요아스의 아들 여로보암의 손으로 구원하심이었더라"(27절).

위에서 살펴본 것처럼 여러 이유로 이스라엘은 경제적 풍요를 누릴 수 있었다. 그러나 경제적 풍요는 곧 사치와 부패로 이어졌다. 물론 인구의 대다수는 그 동안 가난한 농부들로서 수리아의 기나긴 통치 하에서 신음하고 있었다. 이제 국권이 회복되고 경제가 회복되자 부유한 특권층이 생기기 시작했다.

(6) 이들 신흥 부자들은 가난한 서민들을 착취하기 시작했다. 부패와 사기가 사회 전체에 만연했다. 이스라엘은 이미 멸망의 내리막길을 치닫기 시작했다. 예후 왕조 후반기에(주전 8세기 중엽) 아모스 선지자는 왕실에 큰 재앙이 닥쳐올 것을 선포한다.

아모스가 지적하는 죄악들

(1) 물질적 번영로 인한
• 여인들의 타락 • 빈부의 격차 • 가난한 자를 삼킴 • 성적 타락
(2) 종교적 부패 : 바알 숭배는 여호와의 종교와 함께 백성들에게 거부감을 느끼지 않게 되었다. (종교적 매춘)
(3) 난잡한 외국 풍속이 백성들의 삶 속에 자리매김하고 있었다.

솔로몬의 '황금시대'와 견줄 만한 번영

1. 북이스라엘 여로보암 2세 때, 이스라엘은 다시 한 번 국력이 회복되었음을 이미 앞에서 살펴보았다. 그렇다면 남유다는 어떠했을까?

• 호 1:1 "웃시야와 요담과 아하스와 히스기야가 이어 유다 왕이 된 시대"

(1) 북이스라엘은 극도로 정치적 혼란을 겪고 있다. 연이은 쿠데타로 계속 새로운 왕권이 등장했다. 물론 이런 과정 중에서도 지도자들은 끝없이 부패를 향해 줄달음쳤다. 그러나 이들을 막을 제동 장치가 고장나버렸다. 극단적인 부패는 곧 멸망과 연결될 것이 분명하다. 이런 이스라엘의 죄를 향해 하나님은 마치 포효(咆哮)하는 사자처럼 울부짖으신다.

(2) 북이스라엘은 그렇다치고 남유다는 어떠했을까? 남쪽에서도 유능한 왕 웃시야가 등장했다. 웃시야는 유다의 열왕 중에서 가장 유능하고 강력한 왕이었다. 북방 여로보암 2세와 대등되는 인물이었다. 여로보암 2세가 왕으로 있은 지 27년째 되던 해, 16세에 왕이 되어 52년간을 다스리면서 비교적 평온을 유지했다. 그는 여호와 보시기에 옳은 일을 했다.

(3) 이런 웃시야에게 하나님은 복을 주셨다. 그러나 그는 산당을 없애지 않았으므로 백성들이 여전히 그곳에서 제사를 드렸다. 그 역시 하나님 앞에 온전하지는 못했다. 웃시야는 나라가 부강해지면서 그 자신 또한 교만해졌다. 그뿐 아니라 제사장 직분까지 무시하게 되었다(대하 26:16*). 따라서 그는 교만 때문에 망하게 된다. 웃시야는 하나님의 진노로 나병에 걸려 별궁에 살면서 그의 아들 요담에게 나라를 다스리게 했다. 결국 제사장들은 그를 성전에서 쫓아냈다(대하 26:19*).

(4) **웃시야의 치적** : 웃시야는 북이스라엘의 여로보암 2세보다는 더 젊었다. 처음에는 여로보암의 그늘에 가려 있었지만 곧 침략 전쟁의 대등한 동반자로 등장했다. 52년 동안 나라를 다스렸으나 그의 단독 통치 기간은 16년간이었다. 그는 나라가 안정되면서 여러 정책을 강력하게 추진해 나갔다. 웃시야는 에돔을 계속 주관하고, 홍해 북부 연안에 항구(에시온게벨)를 재건하여 무역 정책에 힘썼다(왕하 14:22 참조). 대상(隊商) 통로를 보호하기 위해 남방(네게브 지방)을 제압했고, 동쪽으로는 암몬을 다스려 조공을 받았다. 서쪽으로는 블레셋의 여러

1) 이 부분은 동교재, 열왕기하, 168면이하를 가져와 설명한 것이다.

산업정책 : 무역을 확대하고, 목축에 힘쓰며, 농업에도 힘썼다(대하26:10). 주전 8세기경 남북 두 나라의 인구밀도가 가장 높았다고 한다. 많은 성읍들은 주민들로 넘쳐나서 성벽 밖으로 나가 살아야 할 형편이었다. 네게브(이스라엘 남방) 지방은 다른 어느 시대보다 이 무렵에 인구 밀도가 높았다고 한다. 또한 직물 공업과 염색 공업이 두드러지게 번창했음을 고고학이 밝혀주고 있다(존 브라이트, 이스라엘의 역사, 6장).

• 대하26:16 "그가 강성하여지매 그의 마음이 교만하여 악을 행하여 그의 하나님 여호와께 범죄하되 곧 여호와의 성전에 들어가서 향단에 분향하려 한지라."

• 대하 26:19 "웃시야가 손으로 향로를 잡고 분향하려 하다가 화를 내니 그가 제사장에게 화를 낼 때에 여호와의 전 안 향단 곁 제사장들 앞에서 그의 이마에 나병이 생긴지라."

성읍(가드, 아브, 아스돗 등)을 정복했다. 남쪽으로는 국경을 애굽 변방까지 확장했다. 이 당시 이스라엘과 유다의 영토는 솔로몬 시대의 면적과 거의 같았다고 했다.

2. 이렇게 남북이 함께 동반 성장할 수 있었던 외적 요인은 무엇이었는가?

(1) 부흥은 외적 요인도 있었다. 이미 살펴본 것처럼 여로보암 2세 때의 북방 세력인 아람(시리아)은 앗수르에게 맥을 못추고 있었고, 또한 앗수르는 북방의 우라라트의 공격을 받아 그것을 방어하기에 여념이 없었다. 이렇게 거인 앗수르는 자신들의 문제를 해결하기도 벅찼고, 애굽 역시 집안 싸움에 정신이 없었다.

(2) 이렇게 외적 세력이 잠잠한데다 북이스라엘 왕 여로보암과 남유다 왕 웃시야 역시 유능한 왕들이었기에 남북 모두 번영을 가져올 수 있었다.

(3) 그런데 사회가 부해지면 반드시 나타나는 것은 교만과 사치다. 남쪽이라고 더 나은 삶을 살지 않았다. 보다 못한 하나님은 이사야(주전 739-681)와 미가(주전 733-701년) 선지자를 세워 남유다 역시 멸망의 대상이 될 수 있음을 선포케 하셨다. 이사야는 북왕국 이스라엘이 멸망을 눈앞에 두고 있을 때에 활동을 시작했다. 북이스라엘이 앗수르에 의해 멸망당할 때가 이사야 활동의 중간기였다.

번영은 곧 사치로 이어져

1. 이런 번영으로 인해 늘 인류가 그래왔듯이 백성들은 물질주의로 기울어 사치해졌다(사 3:18-23).

(1) 그렇다면 그 당시 백성들이 얼마나 사치해졌을까? 웃시야가 죽던 해에 이사야 선지자가 하나님께 부름을 받는다. 패망을 향해 내리막길을 걸어가던 백성들, 부패와 사치가 도를 넘어서자, 하나님은 급제동을 거셨다. 부패하기는 남북이 마찬가지였는데 북이스라엘은 영적으로 이미 절벽을 향해 곤두박질치고 있었다. 하나님은 이때 아모스와 호세아 선지자를 통해 강력한 경고 메시지를 보내셨다.

(2) 그렇다면 유다의 죄악은 얼마나 극심했을까? 우리는 지금 아모스와 호세아 시대의 이스라엘의 문제를 다루고 있기에 남유다에 대해서는 미가서나 이사야서

를 다룰 때 자세히 언급하기로 하자.

2. 이사야 3장을 읽어보면 그 때 유다의 죄의 심각성을 볼 수 있다.

(1) 지도자들은 타락했고, 부유한 사람들은 가난한 자들을 학대하고 압제했다. 또한 여인들은 음란했다. 유다 백성들은 하나님께 범죄하는 일에 매우 익숙해졌고 범죄함에 대해 뻔뻔스럽고 당당해졌다(사 3:9*).

• 사 3:9 "그들의 안색이 불리하게 증거하며 그들의 죄를 말해 주고 숨기지 못함이 소돔과 같으니 그들의 영혼에 화가 있을진저 그들이 재앙을 자취하였도다."

(2) 물질의 번영은 결국 영적 부패로 이어지는데 역사가 늘 그래왔다. 선지자를 세워 이 부패를 강력하게 제어했지만 잘 치유되지 않았다.

북이스라엘의 마지막 모습

1. 우리는 지금 풍요로움에 취해 영적 분별력이 없어져가는 이스라엘의 비참한 모습을 보고 있다.

(1) 여로보암 2세의 통치가 끝나갈 무렵에 아모스 선지자의 사역이 시작되었다면, 그의 메시지의 상당 부분은 므나헴과 브가히야, 그리고 호세아 당시의 시끄러운 시절에 주어졌을 것이다. 당시 이스라엘의 목줄을 죄고 있던 세력은 앗수르였다. 앗수르는 한 동안 침체기를 거치다가 디글랏-빌레셀 3세(성경에서는 바벨론 식으로 '불'[Pul]이라고 표현했다) 때에 와서는 강력한 세력으로 등장했다.

(2) 당연히 이스라엘은 생존을 위해 앗수르를 달랠 수밖에 없었다. 왕들은 이들에게 무거운 조공을 바쳐야만 했다. 므나헴은 한 달밖에 안 된 왕을 밀쳐내고 왕이 되었기 때문에 왕권을 강화시켜야만 했다. 이를 위해 앗수르의 도움을 받으려는 목적으로 부자들로부터 막대한 세금을 거두어 조공을 마련했다. 이래저래 북이스라엘은 불안정했다. 왕권이 자주 바뀌면서 정치는 음모와 반역과 무질서로 얼룩졌다.

(3) 여로보암 2세 때 이스라엘은 아람의 침략으로 잃었던 영토를 되찾았다(왕하 14:25). 무역로도 다시 확보되었다. 따라서 상업과 무역이 활발해졌다. 점차 물질이 풍요해졌다. 지도자들과 상인들은 그들의 생활 수준을 향상시켰다. 그러나 물질의 풍요는 곧 교만과 사치로 이어졌다. 호세아 선지자는 이 과정에서 일어나는 궁중 음모와 정치적 야욕과 정치적 생존을 위한 시도들을 규탄했다.

126

Close-up

북이스라엘 마지막 30년

▶ 나는 므나헴이다.

① "나는 왕위에 오른지 한 달밖에 안된 살룸을 죽이고 왕위에 올랐어." (살룸도 스가랴를 죽이고 왕위에 오른 놈이거든)

② "나는 왕위에 10년동안 있었는데, 여로보암 2세 때에 가졌던 영토를 회복하려 했지만 앗수르가 워낙 강력하게 공격했기 때문에 주춤했어."

③ "나는 할 수 없이 **앗수르에게 은 천 달란트**의 조공을 바쳐야만 했어. **앗수르의 도움을 받아** 정권을 유지하려 했으나 결국 하수인 역할만 했지." "결국 조공을 확보하기 위해 부자들을 못 살게 굴었지."

④ "나의 아들이 브가히야인데, 그 놈도 악을 행했어. 그 놈도 2년만에 베가한테 죽었어."

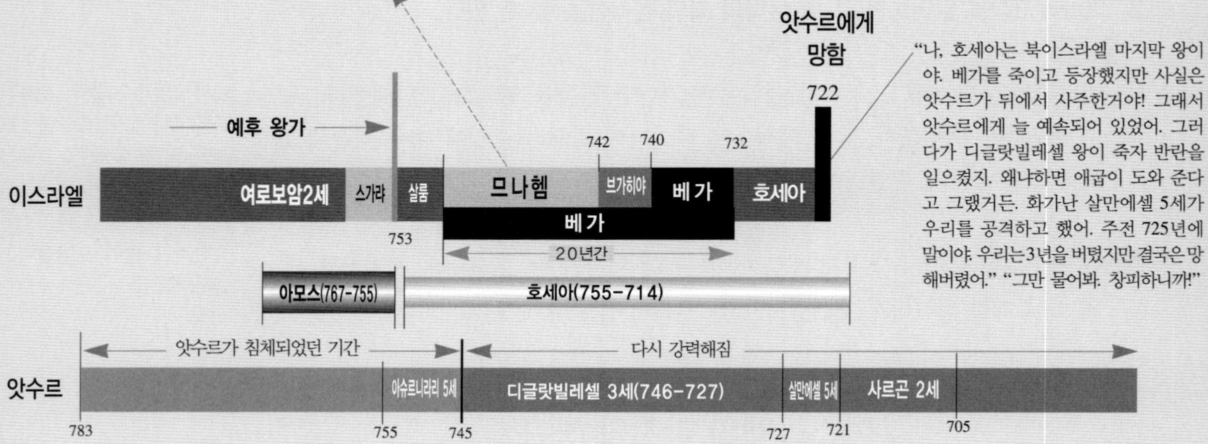

앗수르의 기지개 - 약 50여년간 침체기에 있던 앗수르가 다시 한 번 기지개를 펴기 시작했다. 강력한 왕 디글랏빌레셀 3세가 등장했기 때문이다. 북이스라엘에 연속되는 혁명으로 혼란에 처해 있을 무렵 디글랏빌레셀 3세는 유프라테스 강 서쪽을 공격하기 위한 준비를 하고 있었다. 하나님께서 몽둥이로 사용하시기 위해 잠자는 사자를 깨우셨던 것이다(사 10:5).

솔로몬의 황금 시대에 견줄 만한 **물질적 번영이 찾아왔지만 오히려 이것이 이스라엘에게는 악재**(惡材)**가 되었다.**

2. 사회 전체가 무너지기 시작했다. 어떤 점들이 이스라엘을 썩게 만들었는지 살펴보자.

(1) 문제가 생겼다. 나라가 부강해지면서 막대한 부(富)의 수입이 있었다. 그러나 그 부는 공평한 분배로 이루어지지 못했다. 상류 계층들의 욕심 때문이었다. 부자들은 더 부자가 되기 위해 투기에 열을 올렸고 반대로 노동자들과 농부들은 가난과 굶주림과 압제로 고통당할 수밖에 없었다. 사회는 분열되기 시작했다. 부자들은 가난한 자들에게 대해 전혀 배려를 하지 않았다.

(2) 아모스 역시 이런 사회적 부패상을 통렬하게 비판했다.

- 암 2:6 "여호와께서 이와 같이 말씀하시되 이스라엘의 서너 가지 '죄'(페샤,

아람의 수도 다메섹

פֶּשַׁע)로 말미암아 내가 그 벌을 돌이키지 아니하리니 이는 그들이

① 은을 받고 의인을 팔며
② 신 한 켤레를 받고 가난한 자를 팔며
③ 7힘 없는 자의 머리를 티끌 먼지 속에 발로 밟고
④ 연약한 자의 길을 굽게 하며
⑤ 아버지와 아들이 한 젊은 여인에게 다녀서 내 거룩한 이름을 더럽히며
⑥ 8모든 제단 옆에서 전당 잡은 옷 위에 누우며
⑦ 그들의 신전에서 벌금으로 얻은 포도주를 마심이니라."

(3) 아무런 죄도 없는 사람을 잡아 억울하게 죄를 뒤집어 씌어 돈을 갈취하는 행위를 지적하고 있다. 돈을 빌려 썼는데 미처 갚을 능력이 없게 될 경우 이들은 무차별하게 학대했다. 돈을 갚을 능력이 없으면 노예로 팔아버리는 경우가 허다했다. 이런 경우는 금전만능주의가 팽배할 때 일어난다. 오늘날 우리 주위에서 너무나 흔히 볼 수 있는 것처럼…. 아모스는 또한 "신 한 켤레를 받고 가난한 자를 파는" 파렴치한 행동을 고발하고 있다.

(4) 위의 구절만 보아도 이스라엘의 범죄가 얼마나 크고 심각했는가를 알 수 있다. 이스라엘 백성들의 죄악은 자기 동족을 향한 무자비한 착취뿐만 아니라 성적 타락, 종교적 위선 등 총체적 부패 속에 있었다. 이런 사람들이 오히려 종교적 행사에는 더욱더 열을 올린다. 이스라엘은 속에서부터 서서히 곪기 시작해서 지금은 파멸을 향해 달려가고 있다. 브레이크가 파열된 자동차처럼.

아모스 · 호세아가 지적하는 죄악들

1 . 경제적 부는 백성들의 교만으로 이어졌고, 또한 상류 계층의 권력과 탐욕과 방종을 불러왔다. 이는 곧바로 사치로 연결되었다. 이렇게 부유한 사람들은 가난한 사람들에게 자비를 베풀지 않았다. 그래서 가난한 사람들은 결국 노예상태로 빠지는 경우가 생기게 되었다. 빈부간의 격차가 더욱 심화되었다.

(1) **물질적 번영**은 타락된 문화를 산출한다. 거룩한 백성으로서의 삶은 없어지고 그 본질조차 잃은지 오래되었다. 외국에서 각종 타락한 문화를 흡수하기에 바빴다. 왕궁은 어떠했을까? 나라가 부강하게 되자 사치도 극에 달했는데, 그들은 겨울궁과 여름궁이 있었고, 상아궁도 있었다(3:15). 이들은 상아로 장식한 침대에 누워서 부드러운 양고기와 송아지 고기를 먹었다고 했다(6:4).

- 여인들의 타락 : "사마리아의 산에 있는 바산의 암소들아 이 말을 들으라 너희는 힘 없는 자를 학대하며 가난한 자를 압제하며 가장에게 이르기를 술을 가져다가 우리로 마시게 하라 하는도다"(4:1).
- 빈부의 격차 : "6…내가 그 벌을 돌이키지 아니하리니 이는 그들이 은을 받고 의인을 팔며 신 한 켤레를 받고 가난한 자를 팔며 7힘 없는 자의 머리를 티끌 먼지 속에 발로 밟고 연약한 자의 길을 굽게 하며"(2:6-7)
- "가난한 자를 삼키며 땅의 힘없는 자를 망하게 하려는 자들아 이 말을 들으라"(8:4).
- 성적 타락 : "아버지와 아들이 한 젊은 여인에게 다녀서 내 거룩한 이름을 더럽히며." (2:7하)

(2) **종교적 부패** : 이들은 가나안의 타락한 문화를 쉽게 받아들였다. 마음껏 마시고 떠들어대는 이방 풍속이 자연스럽게 백성들의 생활 속에 스며들었다. 이들은 이미 소돔과 고모라의 백성과 크게 다르지 않게 되었다. 백성들은 음란과 포도주에 절어 있었다(호 4:10-13). 물론 바알 숭배는 여호와의 종교와 함께 백성들에게 거부감을 느끼지 않게 되었다. 이들은 하나님이 부르면 부를수록 더욱 바알에게로 향했다(호 2:17, 11:2).

(3) 난잡한 외국 풍속이 백성들의 삶 속에 자리매김하고 있었다. 종교적 매춘은 이미 만연되어 있었다(암 2:7, 8). 단과 벧엘에서 여호와의 종교 행사가 진행되고 있었으나 이미 혼합주의로 빠진지 오래되었다. 이들은 바알과 여호와를 크게

구분하지 못하고 있었다. 그래서 여호와의 종교에 아주 익숙해져 있으면서도 (각종 제사와 희생과 십일조를 드리면서도, 호 8:11, 13, 9:4, 10:1; 암 5:22 참조), 앗수르의 종교적 관습에 깊이 빠져 있었다(암 5:16).

2. 이스라엘 백성의 타락에는 지도자들이 한 몫 했다. 제사장들은 어떠했을까?

(1) 이들도 백성들과 함께 타락하기는 마찬가지였다(호 4:4-9, 5:1, 6:9). 이방 족속이 섬기는 제사에 참여했다. 마음껏 애욕(愛慾)에 빠진 사람들이 여호와의 종교 행사장에도 참여했다. 그렇다고 이들이 여호와의 종교를 아주 떠났다고 생각한 것은 아니다. 적어도 외형적인 면에서는 하나님의 백성으로서의 삶을 살아가는 것처럼 보였기 때문이다. 그러나 이들은 이미 하나님의 백성의 정체성을 잃어버렸다. 하나님은 이들을 향해 아주 하나님을 떠났다고 말씀하시기 때문이다. 여호와에 대한 얄팍한 헌신은 오히려 민족과 사회 전체에 위협을 가져왔을 뿐이었다.

(2) 정치적 부분은 어떠했을까? 앞에서 여러 차례 언급했듯이 계속되는 정정(政情) 불안으로 백성들은 전전긍긍했다(호 7:6, 7). 여로보암 2세 이후 6명의 왕이 등장했으나 4번의 혁명이 있었다. 자기 수명에 죽은 왕은 므나헴뿐이었다.

게다가 베가(주전 740-732)는 아람 왕 르신과 정치적 동맹을 맺었다. 이들 두 나라는 주변국들과 함께 연합하여 앗수르를 견제하고자 했다. 이들은 남유다 아하스에게 함께 동맹할 것을 요구했다. 이를 거절하자 이들은 유다를 공격했고, 급해진 유다 왕 아하스는 앗수르 왕에게 살려달라고 청원했다. 물론 앗수르는 출병해서 아람을 공격하여 그 주민을 사로잡아 옮기고 다메섹을 초토화시켜버렸다. 그리고 호세아를 북이스라엘의 왕으로 삼았다.[1] 물론 곧 앗수르의 군대가 이스라엘 지역 내에 주둔하게 되었다(왕하 15:29).

1) 호세아는 친앗수르 정책을 옹호하는 무리와 함께 베가를 암살하고 왕위에 올랐을 것이다. 그는 재빨리 친앗수르 정책을 폈다. 그래서 이스라엘은 잠시나마 앗수르의 침공에서 살아남을 수 있었다.

• 왕하 17:2 "여호와께서 보시기에 악을 행하였으나 다만 그 전 이스라엘 여러 왕들과 같이 하지는 아니하였더라."

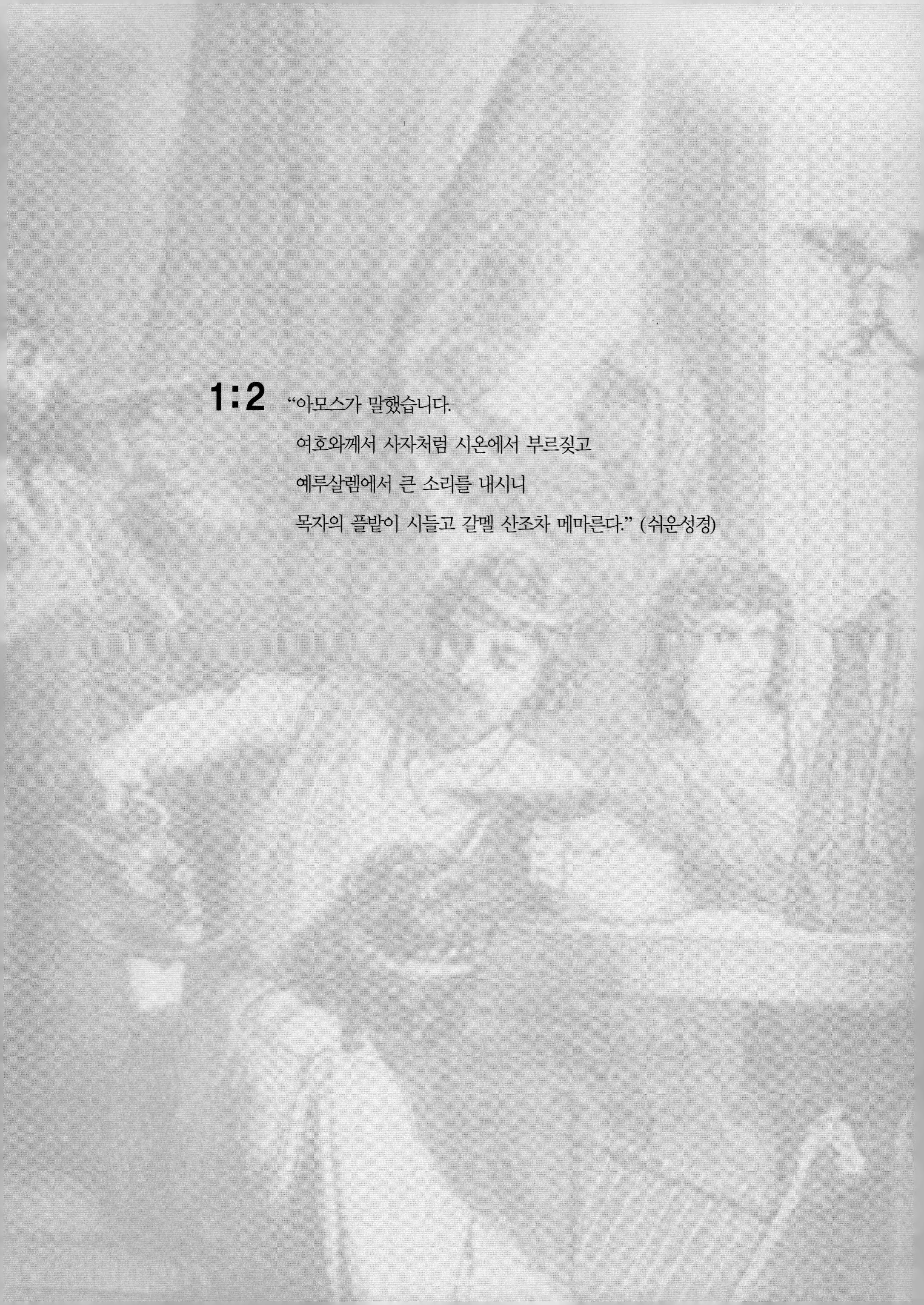

1:2 “아모스가 말했습니다.
여호와께서 사자처럼 시온에서 부르짖고
예루살렘에서 큰 소리를 내시니
목자의 풀밭이 시들고 갈멜 산조차 메마른다.” (쉬운성경)

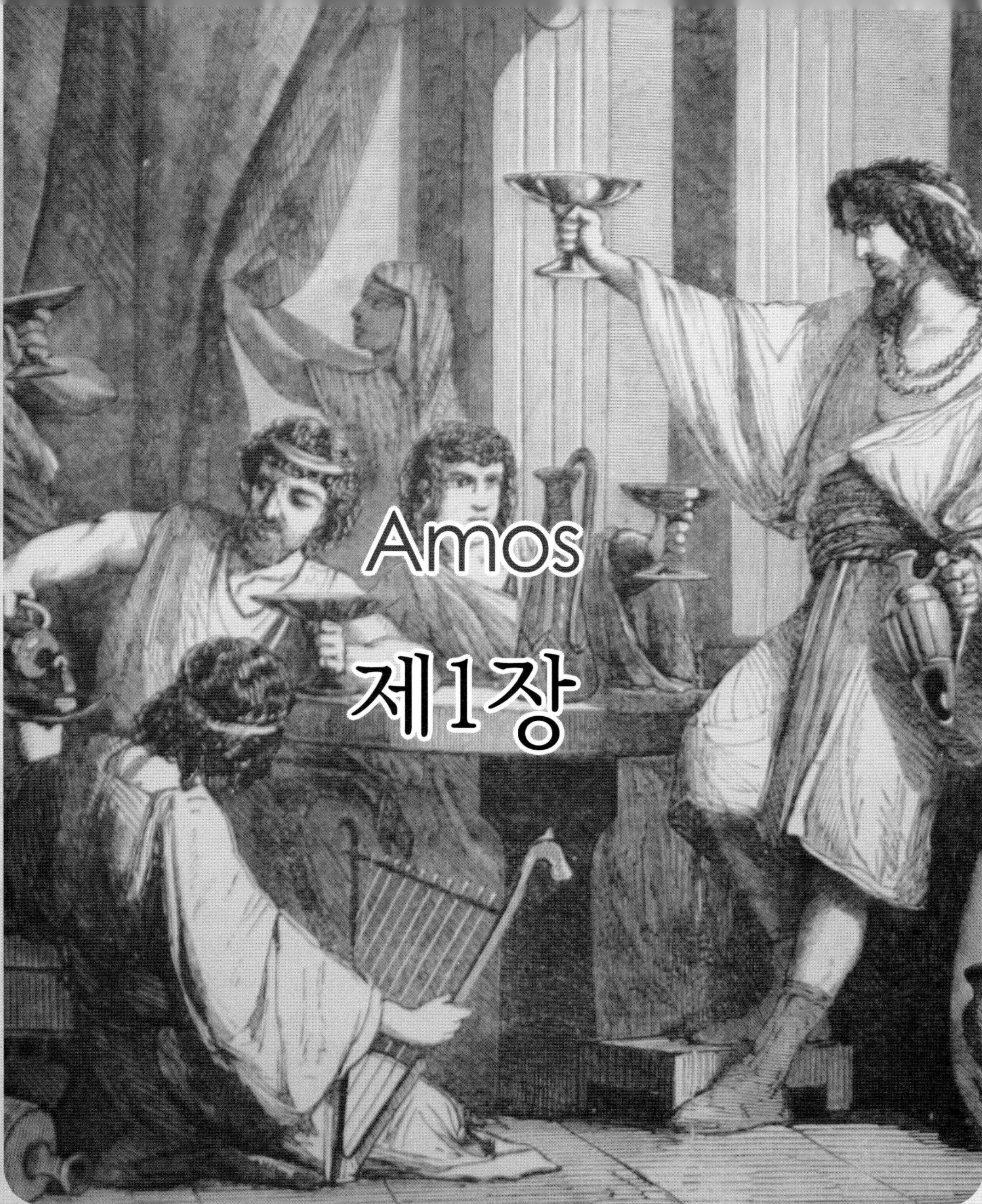

Amos
제1장

1:2 “(And, וַ) 그가 **이르되(וַיֹּאמַר)**[2) - And he said / 3인칭 단수로 되어 있다.

여호와께서 시온에서부터 **부르짖으시며**

예루살렘에서부터 소리를 **내시리니**(발하시리니)

목자의 초장이 **마르고**(시들고)

갈멜 산 꼭대기가 **마르리로다**”

Outline 1

제1부 아모스 서론

모든 민족들의 죄악과 그것을 심판하시는 하나님

제1장 민족들의 죄와 열국들의 심판

1. 서론(1:1-2)
2. 다메섹(1:3-5)
3. 블레셋(1:6-8)
4. 두로(1:9-10)
5. 에돔(1:11-12)
6. 암몬(1:13-15)

제2장 민족들의 죄와 열국들의 심판(계속)

7. 모압(2:1-3)
8. 유다(2:4-5)
9. 이스라엘(2:6-16)

by 김희보, 소선지서주해(아모스)

◀ 여호와는 죄에 대해 격노하신다.

◀ 이스라엘과 유다 주변 국가들의 죄악을 심판하심

●다메섹(수리아, 1:3-5) -너희들은 전투시에 너무 잔악함과 포학함을 드러냈다. 백성들을 마치 물건처럼 취급했다.

- 죄의 목록 : "그들이 철 타작기로 타작하듯 길르앗을 압박하였음이라"
- 심판 선고(1:4-5)
  ① 하사엘의 집에 불을 보내리니 벤하닷의 궁궐들을 사르리라
  ② 다메섹의 빗장을 꺾으며
  ③ 아웬 골짜기에서 그 주민들을 끊으며
  ④ 벧에덴에서 규 잡은 자를 끊으리니 아람 백성이 사로잡혀 기르에 이르리라

●블레셋(가사, 아스돗, 아스글론, 에그론, 1:6-8)

- 죄의 목록 : 무방비였던 성읍을 점령하여 에돔에 노예로 팔아버렸다.
- 심판 선고(1:7-8) "그러므로"
  ① 가사 성에 불을 보낼 것이며(7절a) 그 궁궐들(요새들)을 불태워 사를 것이다(7절b)
  ② 아스돗에서 그 주민들과 왕을 끊을 것이며(8

절a) 아스글론에서 규(홀, 왕권)를 잡은 자를

끊을 것이며(8절a) 또 손을 돌이켜 에그론을 치

절a) 아스글론에서 규(홀, 왕권)를 잡은 자를 끊을 것이며(8절a) 또 손을 돌이켜 에그론을 치리니(8절b) 블레셋의 남아 있는 자들이 멸망하리라

●두로(페니키아, 1:9-10)

- 죄의 목록 :동맹한 자들을 노예로 팔아버렸다. 그 형제의 계약을 기억하지 아니하고 모든 사로잡은 자를 에돔에 넘겼다.
- 심판 선고(1:10) - 내가 두로 성에 불을 보내리니 그 궁궐들을 사르리라

●에돔(1:11-12)

- 죄의 목록 : 그가 칼로 그의 형제를 쫓아가며 긍휼을 버리며 항상 맹렬히 화를 내며 분을 끝없이 품었음이라.
- 심판 선고(1:12) - 내가 데만에 불을 보내리니 보스라의 궁궐들을 사르리라

●암몬(1:13-15)

- 죄의 목록 : 전투시 아이 밴 여인들의 배를 가르는 행위를 서슴지 않는 잔악함을 보였다.
- 심판 선고(1:14-15)
  ① 랍바 성에 불을 놓아 그 궁궐들을 사르겠다.
  ② 그들의 왕은 그 지도자들과 함께 사로잡혀 갈 것이다.

●모압(2:1-4)

- 죄의 목록 : "에돔 왕의 뼈를 불살라 재를 만들었음이라"
- 심판 선고(2:2-3)
  ① 모압에 불을 보내겠다. 그 불이 그리욧 요새들을 사를 것이다.
  ② 모압 왕을 없애고 그의 신하들도 다 죽이겠다.

긴급 투입되는 아모스 선지자

<이 부분은 동교재, 열왕기하 202면에 실린 것을 다시 풀어 정리 설명한 것입니다.>

1. 이스라엘은 역사의 제2의 부흥기라 할 수 있을 정도로 국력이 신장되었다.

(1) 그래서 아모스 선지자는 이스라엘을 가리켜 '열국 중 으뜸'(chief of the nations - KJV, 암 6:1*)이라고까지 표현했다. 그러나 국력의 증진과 경제적 번영은 곧 교만과 안일과 부패로 이어졌다. 북이스라엘의 통치자 여로보암 2세는 다메섹까지도 취할 수 있을 만큼 강력했다. 그는 주요 무역로를 관할함으로써 막대한 부를 축적할 수 있었다. 이렇게 세입이 늘어나 이스라엘이 부강할 수 있었으나 이 부(富)는 공평하게 분배되지 못했다. 물질적 번영 속에서 덕을 보는 사람들은 옛 귀족들과 새로 상업에 종사하는 사람들이었다. 즉 부가 상류층에게로 편중되었던 것이다. 이런 상황에서 사치와 향락은 필연적으로 따라오는 타락한 인간들의 정해진 코스였다.

(2) 부자들은 더욱 부자가 되기 위해 땅 투기에 열을 올렸고 좋은 아파트(?) 구입에 혈안이 되었다. 사람들은 점차 도시로 몰려들었고, 북쪽 왕국의 도시들이 인구 과잉 현상을 빚기 시작했다.

(3) 사회의 부정적 요소들도 나타나기 시작했다. 수많은 가난한 자들이 생겨난 것이다. 그들은 노예와 같은 생활을 해야 했고, 생존을 위해 가족은 몸종이 되어야 했다. 노동자들에게 무거운 세금이 책정된 것은 당연한 일이었다. 소상인들은 어떠했을까? 이들 역시 상류층에 속하기 위해 저울을 속이는 일등을 서슴지 않았다. 사법 기관 역시 부패했다. 물론 공정한 재판이 이루어지지 않았다. 지도자들은 가난한 자들을 보호하기는커녕 뇌물을 받아 챙기기에 급급했다. 나라는 뇌물 공화국이 되어갔다. 사회는 중산층이 무너지고, 압제 당하는 가난한 자들이 더욱 많아졌다. "신 한 켤레를 받고 가난한 자를 파는"(암 2:6*) 지경까지 되었다.

- 암 6:1 "화 있을진저 시온에서 교만한 자와 사마리아 산에서 마음이 든든한 자 곧 백성들의 머리인 지도자들이여 이스라엘 집이 그들을 따르는도다." (개역개정판)
- 암 6:1 "화 있을진저 시온에서 안일한 자와 사마리아 산에서 마음이 든든한 자 곧 **열국 중 우승하여** 유명하므로 이스라엘 족속이 따르는 자들이여"(개역판)
- 암 2:6 "여호와께서 이와 같이 말씀하시되 이스라엘의 서너 가지 죄로 말미암아 내가 그 벌을 돌이키지 아니하리니 이는 그들이 은을 받고 의인을 팔며 신 한 켤레를 받고 가난한 자를 팔며"

2. 그렇다면 하나님께 대한 종교의식은 어떠했을까?

(1) 이런 상황에서 종교적 행위는 더욱 거창하기 마련이다. '하나님의 복, 할렐루야'를 수없이 외치는 종교적 열광주의자들 때문에 하나님은 너무 피로하셨다(사 1장 참조). 지도층에 있는 종교지도자들의 교만 또한 차마 눈뜨고 볼

• 암 4:4 "너희는 벧엘에 가서 범죄하며 길갈에 가서 죄를 더하며 아침마다 너희 희생을, 삼일마다 너희 십일조를 드리며 5 누룩 넣은 것을 불살라 수은제로 드리며 낙헌제를 소리내어 선포하려무나 이스라엘 자손들아 이것이 너희가 기뻐하는 바니라 주 여호와의 말씀이니라."

수 없었다. 그들이 예배하는 장소들은(벧엘, 길갈, 브엘세바 등) 하나님을 기쁘시게 해드린다는 명목으로 아름답게 치장되었을 것이다. 다른 한쪽에서는 무지와 함께 종교적 열정주의가 판을 치고 있었으리라(암 4:4-5, 5:21-23).

(2) 이 긴급한 재난(?) 속에서 죽어가는 백성들을 구원하시고자 하나님은 아모스를 현지에 파견하신다. 아모스, 그는 선지자도 아니요, 그렇다고 선지자의 아들도 아니라고 했다. 그는 목자요 뽕나무를 재배하는 자라고 했다(암 7:14). 그것도 남유다의 드고아 출신이었다. 그는 자신의 직장을 떠나 적대자들이 많은 북이스라엘을 향해 떠나야만 했다. 분명히 그의 메시지에 격분하며 반대하는 권세자들이 있었을 것이다(암 7:10-17). 하나님의 강력한 부르심이 아니라면 제정신으로는 미리 포기했을지도 모른다. 지금 누구보다 급하신 분은 하나님이시다.

아모스가 부름 받았을 때

아모스가 언제 그의 사역을 감당했을까? 일반적으로 아모스는 주전 8세기 전반부에 행해진 것으로 짐작할 수 있다. 그는 여로보암 2세의 치세 아래서 사역을 감당했다. 서론에서 살핀 바대로 여로보암 2세의 통치하에 이스라엘은 정치적으로나 경제적으로 눈부신 발전을 가져왔다. 그러나 이에 따르는 도덕적 부패와 종교적 부패가 만연했다. 하나님은 멸망으로 치닫는 북이스라엘을 치료하기 위해 선지자들을 동원하셨다. 아모스와 호세아였다.

1. 아모스가 부름 받았던 당시 상황을 자세히 조명해 보자.

(1) 아모스 선지자가 계시를 받은 때는 언제인가? (1절상)
(다음 면의 도표를 참조)

1:1 "유다 왕 웃시야의 시대
곧 이스라엘 왕 요아스의 아들 여로보암의 시대
지진(라아쉬, רַעַשׁ) 전 이년에
드고아 목자 중 아모스가
이스라엘에 대하여 '이상으로 받은'(אֲשֶׁר חָזָה) 말씀이라"

(1) 예후의 손자 여로보암 2세, 그는 정치적으로나 경제적으로 탁월한 지도자였

여로보암 2세 통치시 주변 상황 (유다 왕 웃시야 시대)

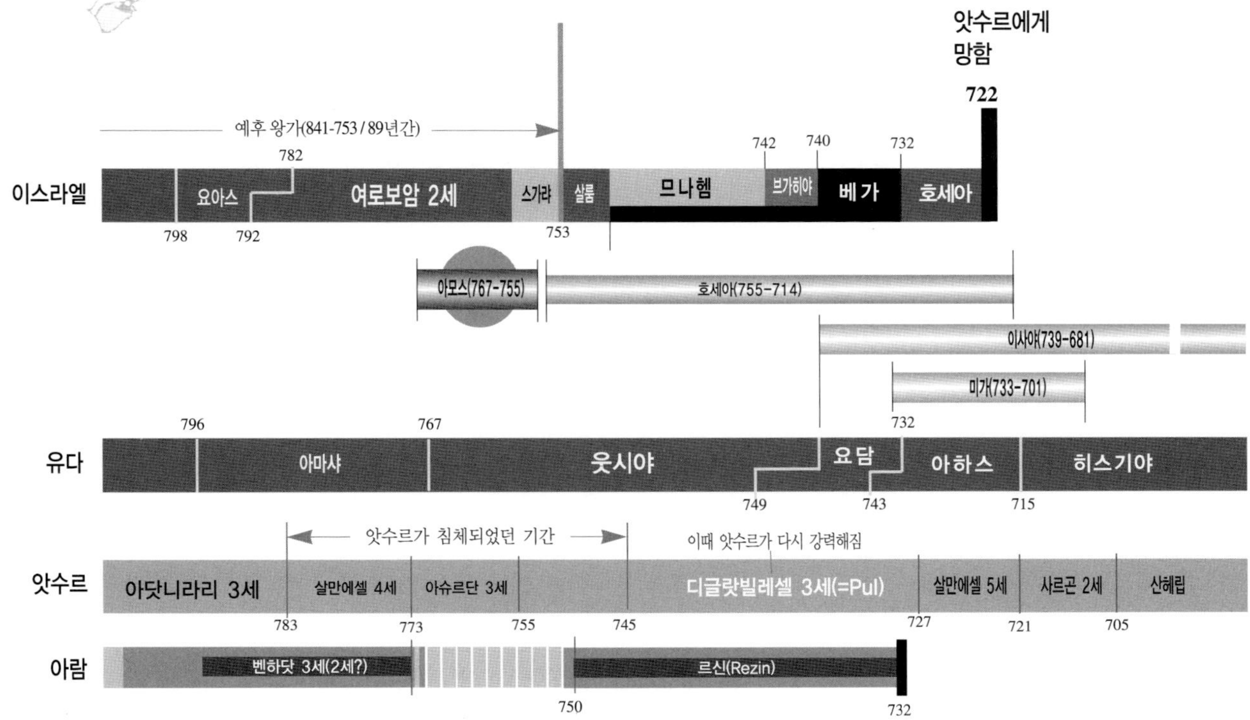

이스라엘은 의로운 백성인가?

1. 지금 아모스는 이스라엘 주변국들에게 엄청난 심판의 포화를 퍼붓고 있다. 그는 "불을 통한" 열방의 멸망을 선포하고 있다. 이들 나라들은 각각 다른 범죄 유형으로 하나님의 택한 백성을 괴롭혔거나 혹은 인간의 법의 기본적인 원칙들을 위반하였기 때문에 고발을 당하고 있다. 이들은 전쟁을 수행하는 중에 잔학 행위를 포함하여 노예 거래나 조약 위반 및 묘지 훼손 등과 같은 죄를 지었다. 이사야 선지자도 열국들이 저지른 이런 피흘린 죄를 '영원한 언약'(사 24:5)에 대한 위반으로 보았다. 하나님은 그들이 행한 대로 심판하실 것이다.

2. 하나님의 택한 백성이라는 유다와 이스라엘은 어떠한가? 이들은 진정 의로운 백성인가? 본문은 절대 그렇지 않다고 하며 오히려 이들을 강도높게 고발하고 있다. 이들 역시 징벌을 받을 것이다. 왜냐하면 이들 역시 우상 숭배를 하였기 때문이다. 결국은 사마리아도 예루살렘도 불타 없어질 것이다. 북이스라엘은 죄의 강도에서 유다보다 더욱 패역의 길을 걸었다. 가난한 자들을 멸시하고 선지자들의 말도 듣지 않았다.

3. 사마리아 여성들과 그들의 가정들(암 4:1 이하), 이들은 갈고리나 낚시로 잡은 동물과 같이 성 밖으로 끌려나갈 자들이다. 이들은 다메섹 저편으로 이주당할 것이다. 사로잡힌 자들 선두에는 누가 서게 될까? 귀족들이 서게 될 것이다. 이들은 소위 상아로 만든 침상에서 '기지개 켜던 자들'이다(암 6:7).

4. 왜 하나님은 이스라엘을 열방 가운데 심어 놓으셨을까? 그들은 열방 가운데 제사장 나라의 역할을 감당해야 한다. 그러나 지금 열방보다도 더 많은 죄를 짓고 있지 않은가?! 만일 하나님께서 그의 '진노'를 온전한 공의로 집행하신다면 단 한 사람도 남는 자가 없을 것이다. 지금 '처녀 이스라엘'은 '실성한' 상태에 놓여 있다. 위의 도표에서 보는 것처럼, 이스라엘은 열방 가운데 있다. 이런 복잡한 역학 관계 속에서 이스라엘과 유다는 오직 여호와만을 의지해야 했다.

1) 이렇게 여로보암 2세는 강력한 왕이었지만 열왕기 기자는 14장 14-29절, 원문으로는 12줄 밖에 할애하고 있지 않다. 열왕기 기자의 관점은 얼마나 왕들이 하나님의 언약에 충실했느냐에 강조점을 두었기 때문이다.

다.[1] "이스라엘의 하나님 여호와께서 그의 종 가드헤벨 아밋대의 아들 선지자 요나를 통하여 하신 말씀과 같이 **여로보암이 이스라엘 영토를 회복하되 하맛 어귀에서부터 아라바 바다까지** 하였으니"(왕하 14:25). 여로보암은 레바논과 안티레바논 사이에 있는 산간 협로 입구의 이스라엘 국경을 재건하였다. 솔로몬 때부터 그곳에서 왕국의 북방 경계선이었던 하맛으로 이어지고 남으로는 사해까지 이르렀다. 이런 복은 이스라엘의 곤비함을 돌아보시고 하나님께서 여로보암의 손으로 구원하셨기 때문이라고 말한다(왕하 14:27).

(2) 또한 이스라엘이 부강할 수 있었던 외적 요인으로는 애굽과 아람(다메섹)이 약체 가운데 있었기 때문이다. 이 부분은 이미 서론에서 살펴보았다. 아모스 역시 여로보암의 군사적인 성공을 언급하고 있다(암 6:13-14 참조). 이런 성공적인 통치 뒤에 따라오는 것은 부패와 사치였다.

2. 남북이 모두 최고의 번영을 구가하고 있었지만, 그래서 나라가 평온한 것 같았지만, 그 평온은 폭풍 전야의 평온이었다.

(1) 특히 북이스라엘은 더 이상 나라를 존속해야 할 이유가 없을 만큼 사치와 타락과 부패가 만연해 있었다. 이들은 스스로 주변 모든 나라 중 "으뜸가는 민족"(6:1)이라는 착각에 빠졌다. 백성들은 "여호와의 날"을 기다리고 있었다. 그 날이 오면 훨씬 좋은 것들이 올 것이라고 확신했기에 미래를 낙관했다. 더욱이 북이스라엘의 영토는 "하맛 어귀에서부터 아라바 바다까지" 이르는 광대한 나라가 되었다.[2] 물질적 풍요와 광대한 제국, 이런 상황들이 백성들의 국가적 자존심을 고취시켰다. 그러므로 이들은 여호와께서 이스라엘을 특별히 사랑하신다는 생각을 가져다 주었다.

2) 유다의 웃시야와 북이스라엘의 여로보암 2세의 통치 때의 영토는 솔로몬 때와 같았다.

(2) 그러나 하나님은 북이스라엘에게 무서운 형벌을 내리기로 작정하신다. 그래서 남쪽 드고아에 살고 있는 아모스를 사마리아로 급파(急派)하셨다. 이들을 경고하기 위해서였다. 만약 이들(호세아, 아모스)의 경고도 듣지 않는다면 아예 북이스라엘을 한 국가로서 더 이상 존재하지 못하도록 하시겠다는 경고도 주어졌다.

• 암 3:7 "주 여호와께서는 자기의 비밀을 그 종 선지자들에게 보이지 아니하시고는 결코 행하심이 없으시리라 8사자가 부르짖은즉 누가 두려워하지 아니하겠느냐 주 여호와께서 말씀하신즉 누가 예언하지 아니하겠느냐."

(3) 우선, 이들에게 경고를 내리기 위해 지진(地震)을 보내기로 하셨다. 아모스의 예언은 이 지진이 있기 2년 전에 주어진 것이었다. 이런 모든 계획을 아모스는 이미 하나님으로부터 받았다(암 3:7-8*). "이상으로 받았다"(묵시 받은, אֲשֶׁר חָזָה)는 말은 선지자들이 특별히 환상(vision)을 보는 것을 말한다(민

24:4, 16; 사 30:10). 이 말씀은 하나님께서 직접 주셨다는 것을 의미한다(사 1:1; 미 1:1 참조).

(4) 이 지진은 그 규모가 상당히 컸던 것으로 보인다. 포로 후 선지자 스가랴가 "마치 유다 왕 **웃시야 시대에 지진을 피해 도망한 것처럼** 도망할 것이다"(슥 14:5, 쉬운성경)라고 기억했을 정도였다.[1] 고고학자들은 주전 760년경에 발생한 것으로 추정하나 확실하지 않다.

3. 요엘서에서는 회개를 요청했지만 무엇을 어떻게 해야 할지 자세한 언급이 없다. 아모스는 이스라엘과 그 민족의 죄를 요엘서나 호세아서보다 더 구체적으로 언급한다.

(1) 아모스는 여호와께서 시온에서부터 부르짖으신다고 했다.

1:2 "(And, וַ) 그가 **이르되**(וַיֹּאמַר)[2] - And he said / 3인칭 단수로 되어 있다.

- 여호와께서 시온에서부터 **부르짖으시며** - 칼, 미완료
  예루살렘에서부터 소리를 **내시리니**(발하시리니) - 칼, 미완료
- 목자의 초장이 **마르고**(시들고) - 칼, 완료
  갈멜 산 꼭대기가 **마르리로다**"- 칼, 완료

(2) '부르짖다'(샤아그, שָׁאַג - 으르렁거리다, 고함치다, 큰 소리지르다)라는 말은 사자의 크고 깊은 포효성을 의미한다(암 3:4, 8; 호 11:10; 삿 14:5; 시 104:21). 아모스는 직접 사자 소리를 들어보았을 것이다(3:4, 12). 아모스가 들은 하나님의 음성은 사자의 포효소리와도 같았다. 그는 '그 음성을 듣고 누가 예언하지 않을 수 있겠는가?'라고 반문한다(3:8).

(3) 여기서 시온과 예루살렘은 같은 곳을 말한다.[3] 둘은 서로 대구(對句)를 이룬다. 따라서 '부르짖다'와 '(소리를) 내시리니'도 서로 평행을 이룬다. 히브리 시의 평행법이다. '시온에서 부르짖고' '예루살렘에서 소리를 내시는 분'이 바로 여호와 하나님이심을 강조하고 있다.[4]

'(그의 소리를) 내시리니'(יִתֵּן קוֹלוֹ) – '나탄'(נָתַן- 칼 동사 미완료 - 계속성을 나타낸다)은 그 기본 어근이 '주다, 놓다, 세우다, 만들다'를 의미한다. 이 단어는 약 2000회나 사용되었다. 이런 광범위한 사용 때문에 번역상 매우 다양한 의미가 주어진다. 이 말은 특별히 하늘에서 우렛소리를 발할 때 쓰여진 표현과 같다.[5]

1) 암 8:8, 9:5; 사 9:9, 10도 읽어보자. 이 말씀들은 지진을 염두에 두고 한 말인 것 같다. 요세푸스는 이 큰 지진은 웃시야 왕이 성전에 들어가서 분향할 때 그만 나병이 발하게 되었는데(대하 26:16-20), 바로 그 때에 일어난 것이라고 주장했다(고대사, Ⅳ, 10.4).

2) 아모스를 3인칭으로 언급한 것을 보면 이 구절은 후대의 편집자가 쓴 것 같다.

3) 하나님은 시온산에 그의 이름을 두셨으며 이곳은 예배의 최종적이자 중심적인 장소가 되었다(출 15:17; 신 12:1). 물론 신약에서 시온은 명백히 하늘의 예루살렘을 상징한다.

4) 류호준, 아모스, 크리스찬 다이제스트, 89면 이하.

5) 시 18:13, 46:6, 68:33, 욜 2:11, 사 30:30.

- 시 18:13 "여호와께서 **하늘에서 우렛소리를 내시고** 지존하신 이가 음성을 내시며 우박과 숯불을 내리시도다."

(3) "**목자의 초장**이 마르고(=시들고) **갈멜 산 꼭대기**가 마르리로다." 여기서도 대구(對句)가 나온다. 목자의 초장은 주로 팔레스틴 남쪽을 생각한 말이고, 갈멜 산 꼭대기는 북쪽을 가리키는 말이라고 한다. 그러나 학자들마다 그 해석을 다르게 했다(유다와 이스라엘, 저지대와 고지대 등). 갈멜 산은 항상 푸르고 기름진 곳으로 알려졌다. 특히 갈멜 숲은 유명하다. 높은 지대에는 올리브와 포도가 재배되었을 것으로 추정된다. 그런데 그런 곳이 마를 것이라면, 결국 남북 이스라엘 전체가 황폐할 것을 가리키는 말이다.

• 신 28:23 "네 머리 위의 하늘은 놋이 되고 네 아래의 땅은 철이 될 것이며 24여호와께서 비 대신에 티끌과 모래를 네 땅에 내리시리니 그것들이 하늘에서 네 위에 내려 마침내 너를 멸하리라."

4. 여호와 하나님은 지금 자기 백성에게 어떤 모습으로 나타나시는가?

(1) 나라는 부강했고, 물질 또한 풍족했다. 이들은 이런 상황을 여호와께서 자신들을 특별히 사랑하셨기 때문에 주시는 은총으로 여겼다. 그런데 이런 태평성대(?)에 어디서 갑자기 나타난 선지자가 충격적인 선언을 하고 있지 않은가? 당연히 백성들의 반응은 냉담했을 것이다.

(2) 결국은 온 나라가 하나님의 심판을 받는다는 것인데(신 28:23-24 참조), 이들은 아모스 선지자의 말씀 선포에 신경질적인 반응을 나타냈다. "예언자야, 여기를 떠나라! 유다 땅으로 가 버려라. 거기에 가서 예언하면서 빌어먹고 살아라"(암 7:12, 쉬운성경).

5. 왜 하나님은 자기 백성 이스라엘에게 포효하는 사자처럼 울부짖어야만 하셨는가?

(1) 계속해서 북쪽 세력(아람, 블레셋, 페니키아 등)에 주눅들어 살던 이스라엘은 지금 국력의 팽창으로 솔로몬 시대와 버금가는 풍요를 누리고 있다. 게다가 북이스라엘은 '여호와의 날'이 올 것을 기대하고 있었다(암 5:18, "화 있을진저 **여호와의 날을 사모하는 자여** 너희가 어찌하여 여호와의 날을 사모하느냐 그 날은 어둠이요 빛이 아니라"). 이들은 하나님께서 주변 나라를 무찔러주심으로써 이스라엘을 위한 새로운 번영의 시대가 열릴 것이라고 생각했다. 그러한 날이 곧 올 것이라고 기대하고 있었다.

(2) 그러나 우리가 요엘서에서도 살펴보았듯이 범죄한 백성들에게는 '여호와의 날'이 바로 심판의 날이 된다. 하나님은 이스라엘은 끔직이도 사랑하셨다. 왜냐하면 이들은 하나님 자신의 언약 백성이기 때문이다. 그래서 이스라엘이 곤경에 처했을 때, 구원을 베푸셨다. 예후 왕조 통치 하에서 이스라엘은

크게 신음하고 있었다. 나라가 얼마나 위태로운 지경까지 갔을까?

예후는 바알 숭배로 악명 높았던 오므리 왕조를 정리하기 위해 하나님께서 기름 부으신 왕이었다. 예후는 하나님께로부터 "잘했다. 너는 내가 보기에 옳은 일을 했다. 네가 아합 집안에게 행한 일이 내 마음에 든다"라는 칭찬을 들었다(왕하 10:30). 그렇다고 그후에 예후가 종교 개혁을 위해 최선을 다했을까? 그렇지 못했다고 말한다. 그는 전심으로 여호와의 율법을 지켜 행하지 아니했다. 결국 예후는 다시 여로보암의 종교로 되돌아가고 말았다. 예후는 벧엘과 단에서 금송아지를 섬기는 죄를 범했다.

(3) 마침내, 하나님께서는 그의 왕국을 잘라내어 아람(다메섹)의 하사엘[1]의 손에 넘기기로 작정하셨다(왕하 10:32). 하나님은 이웃 나라 아람으로 하여금 이스라엘의 침공을 허락하셨다(주전 815-810).[2] 따라서 예후의 통치 하에서 그 영토가 현저히 축소되었다. 그렇다면 예후의 아들 여호아하스(주전 814-798, 17년간 재위)는 어떠했을까? 열왕기 기자는 그 역시 악한 왕이었다고 평가했다. 그가 아비의 뒤를 이어 여로보암의 죄를 따랐기 때문이다. 그래서 하나님은 이스라엘을 "늘 아람 왕 하사엘의 손과 그의 아들 벤하닷(3세)의 손에 넘기셨다"고 했다(왕하 13:3).

(4) 여호아하스 때에 이스라엘은 겨우 명백만 유지하고 있었을 정도였다. 이스라엘 백성은 죄에서 돌이키지 않고 계속해서 죄를 지었다. 물론 수도 사마리아에 아세라 우상을 그대로 남겨두었다. 당시 이스라엘의 상황을 이렇게 표현했다. "여호아하스의 군대는 기마병 오십 명과 전차 열 대와 보병 만 명밖에 남지 않았다. (왜냐하면) 아람 왕이 그들을 짓밟아 타작 마당의 먼지같이 만들어 버렸기 때문이었다"(왕하 13:7).

(5) 상황이 이쯤되자 여로보암의 길을 가던 여호아하스도 하나님께 구원을 호소했다. 하나님은 그의 기도를 들으셨고, 한 구원자를 보내셨는데, 그가 앗수르의 아닷-니라리 3세(주전 810-782)였다. 그가 주전 806년(803년?) 다메섹을 공격했다. 그래서 이스라엘은 목줄을 죄고 있던 아람(다메섹)의 손에서 벗어날 수가 있었다.[3]

그리고 여호아하스의 아들 요아스가 등장했는데(주전 798-782, 16년간 재위), 물론 그 역시도 여호와 앞에 악을 저질렀다. 그는 계속된 아람의 공격으로 어려움에 빠지자 엘리사 선지자를 찾아갔다. 엘리사는 그에게 예언했고, 엘

1) 벤하닷 2세는 아합 왕과 같은 시대의 인물이다. 이 벤하닷 2세는 그의 신하였던 하사엘에게 피살되었다.

2) 예후 통치 말기와 그의 아들 여호아하스 시대의 이스라엘은 사실상 다메섹의 속국이 되었다. 주전 815년경 하사엘은 가드에 도착하였고, 유다 왕 요아스도 그에게 막중한 조공을 바쳤다(왕하 12:17).

3) 당시 블레셋과 이스라엘, 그리고 에돔은 아람-다메섹의 속국이었는데, 아람-다메섹은 앗수르의 아닷-니라리 3세의 공격으로 (806년, 803년?) 항복하고 이들 지역의 통치력을 상실한다. 물론 아닷-니라리 3세는 국내 사정으로 철군했고, 이후 앗수르는 약 50년간 서쪽 지역을 간섭하지 못했다. 이 기간에 아람-다메섹은 다시 시리아 북쪽에 있는 하맛(Hamath)과 충돌했으나 그 이전의 위치를 되찾지 못한다. 따라서 유다와 이스라엘은 기지개를 펴고 정치적 · 경제적 발전을 가져온다.

암 7:8 "여호와께서 내게 이르시되 아모스야 네가 무엇을 보느냐
내가 대답하되 다림줄이니이다
주께서 이르시되
내가 다림줄을 내 백성 이스라엘 가운데 두고
다시는 용서하지 아니하리니"

리사의 예언대로 이스라엘이 승리할 수 있었다. 따라서 이스라엘은 서서히 침체에서 벗어나기 시작했다. 요아스는 재위 5년부터 그의 아들 여로보암 2세와 공동 통치하게 되었다.

(6) 마침내 이스라엘은 여로보암 2세 통치 하에서 다시 강력한 나라로 회복되었다. 그러나 앞에서 여러 번 언급되었듯이 북이스라엘은 과거의 어려움을 점차 잊어버리고 부패 속으로 빠져 들어갔다. 무엇보다 문제가 된 것은 부유한 특권층과 아직도 찢어지게 가난한 자들의 갈등 표출이었다. 물론 종교적 부패도 함께 문제가 되었다. 우리는 호세아서에서 이미 이 문제를 살펴 보았다.

(7) 어쨌든 아모스 선지자는 태평성대라고 환상 속을 헤매는 백성들에게 유다와 이스라엘 전 지역이 하나님의 무서운 심판을 받게 될 것이라는 선언을 한다. 우리도 그 아모스의 메시지를 통해 하나님의 진노의 음성이 무엇인지 들어보아야 한다. 우리가 지금 살고 있는 교회에도 당시 북이스라엘의 죄악의 요소들이 상당히 많이 발견되기 때문이다. 당시 하나님의 백성들에게 외치는 아모스의 메시지는 오늘 우리들에게 같은 무게를 가지고 들려져야 한다.

열국들에 대한 심판 선언(1:3–2:16)

1. 심판 아래 있는 열방은 어느 나라들일까? (한눈에 보기)

- **다메섹**(수리아, 1:3-5) -너희들은 전투시에 너무 잔악함과 포학함을 드러냈다. 백성들을 마치 물건처럼 취급했다.
- **블레셋**(가사, 아스돗, 아스글론, 에그론, 1:6-8) - 무방비였던 성읍을 점령하여 노예로 팔아버렸다.
- **두로**(페니키아, 1:9-10) - 동맹한 자들을 노예로 팔아버렸다.
- **에돔**(1:11-12) - 다른 이를 향해 분노가 맹렬하며 계속해서 타올랐다.
- **암몬**(1:13-15) - 전투시 아이 밴 여인들의 배를 가르는 행위를 서슴지 않는 잔악함을 보였다.
- **모압**(2:1-4) - 복수심이 멈추지 않았다.

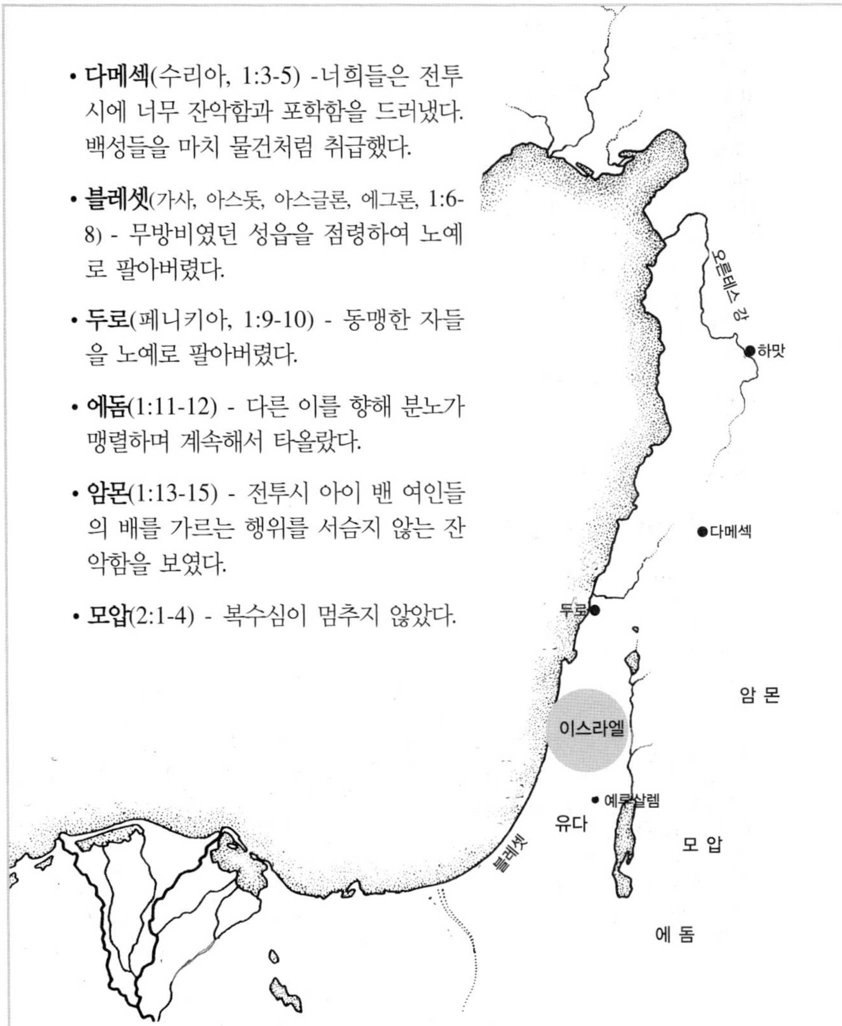

열방들이 심판을 받는다는 사실 앞에 이스라엘은 마음속에 쾌재를 불렀을 것이다. 그것은 당연한 심판이 아니겠는가 생각했을 것이다. 그러나 진짜 목적은 바로 유다와 이스라엘에게 있었다. 즉 이스라엘이 다른 나라들보다 더욱 심각한 죄가 있음을 드러내기 위해서였다. 열방들이 심판의 대상이라면 이스라엘 역시 똑같은 심판을 받을 대상이라는 것이다. 아니 이스라엘은 하나님과 언약 관계에 있기에 더욱 준엄한 심판을 받아야 한다는 것이다.

- 유다(예루살렘, 2:4-5)
  여호와의 율법을 무시하여 율례를 지키지 않았다. 거짓 것에 미혹 / 내가 유다에 불을 보낼 것이다. 예루살렘의 요새들도 불태워질 것이다.

- 이스라엘(사마리아, 2:6-16)
  북이스라엘의 죄는 너무 많아서 여기에 다 못 적는다.

  어쨌든 이스라엘의 가장 큰 죄악은 벧엘과 단에다 제단을 쌓고 제사를 드렸다는 것이다.

<결국 사마리아에서 니느웨로 붙잡혀가 유배생활을 하고 나서도 100년이 지나서야 유다의 선한 왕 요시야가 그 제단을 파괴하게 된다. >

1) 아모스서 다른 부분에서도 발견된다. 3:11, 12, 5:3, 4, 16, 7:17.

2) 제임스 림버그, 호세아-미가, 현대성서주석, 한국장로교출판사, 148-149.

2. 하나님께서 내리신 심판 선언에 대한 말씀은 일정한 형식을 따르고 있다.

(1) "여호와께서 이와 같이 말씀하시되"(יְהוָה the LORD אָמַר says כֹּה Thus)
이런 표현은 본 단락에 있는 설교 전체에서 되풀이 된다(1:3, 6, 9, 11, 13, 2:1, 4, 6).[1]

(2) 이런 표현들은 이 메시지가 아모스 자신의 말이 아니라는 점을 보여준다. 여기서 아모스는 대변자에 지나지 않는다. 즉 메시지 배후에 권위 있는 분이 있음을 말한다. 당연히 메시지 내용 중에 '나'는 메시지를 발하는 사람을 가리킨다. 그러나 메시지를 공식적으로 전달하는 과정에서 대변자는 어느 정도 자율권을 가지고 있다. 즉 여기서 메시지를 전달하는 심부름꾼(messenger)은 단순히 파발꾼이라기보다는 대사(大使)의 신분을 가지고 있다. "주께서 이와 같이 말씀하시되"라는 표현은 국제적인 외교세계에서 비롯된 것이다.

그러므로 메시지는 선지자 자신에게서 나온 것이 아니라 여호와에게서 비롯되는 것이다(암 7:15), 즉 메시지의 권위는 선지자(예언자)를 보내신 여호와께 있다.[2]

❶ 다메섹의 죄(1:3–5)

○ "여호와께서 이와 같이 말씀하시되"(1:3a)
● 죄의 목록 : 한 가지 죄만 언급
"이는 그들이 철 타작기로 타작하듯 길르앗을 압박하였음이라"
▶ 심판 선고(1:4-5)
① 하사엘의 집에 불을 보내리니 벤하닷의 궁궐들을 사르리라
② 다메섹의 빗장을 꺾으며
③ 아웬 골짜기에서 그 주민들을 끊으며
④ 벧에덴에서 규 잡은 자를 끊으리니 아람 백성이 사로잡혀 기르에 이르리라

1. 다메섹의 죄는 무엇인가? 여기서는 한 가지만 언급되었다.

(1) "서(살로쉬, three) 너(아르바, four) 가지 죄로 말미암아" - '서너 가지'라는 말은 꼭 세 가지 네 가지를 말하는 것이 아니라 오히려 세 번 네 번 거듭하는

죄를 말한다(김희보, 아모스 주해). 또 이런 표현은 숫자 양식을 사용하는 격언 진술들과의 구조적 유사성이 있다고 보기도 한다(잠 30:15-16, 18-19, 21-23, 29-31 참조). 어쨌든 처음 일곱 나라에서는 언급되지 않았다.

1:3 "여호와께서 이와 같이 말씀하시되(כֹּה אָמַר יְהוָה)
다메섹의 세 가지 죄(들)로 말미암아(עַל־שְׁלֹשָׁה פִּשְׁעֵי דַמֶּשֶׂק)
그리고 네 가지 '죄들 때문에'(וְעַל־אַרְבָּעָה)
내가 그 벌을(원문에는 없음) 돌이키지 아니하리니(לֹא אֲשִׁיבֶנּוּ[1])
//이는(이유, Because, עַל־)
그들이 철 타작기로 타작하듯 길르앗을 압박하였음이라

1) '돌이키지 아니하리라'에서 '돌이키다'는 '슈브' 동사의 히필(사역형 능동) 미완료형이다. '강한 결심'을 나타낸다.

(2) 심판은 다메섹부터 언급하고 있다. 왜 이곳부터 언급하고 있는지는 확실치 않다. 북이스라엘은 계속 다메섹(=아람) 밑에서 신음했었다. 물론 지금 여로보암 2세 때에는 입장이 바뀌었다.

(3) 다메섹(담메세크, דַּמֶּשֶׂק)은 시리아의 고대의(창 14:15)[2] 유명한 영화로운 도시로, 안틸리바누스의 동쪽 기슭에 있는 가장 아름답고 비옥한 평원에 위치하고 있다.

2) 다메섹은 메소포타미아의 침입자들을 다메섹 근처의 호바까지 추적하여 롯을 구출한 아브라함의 시대로부터 성경에서 알려졌다(창 14:15). 아브라함의 청지기 엘리에셀은 다메섹 출신이었다(창 15:2).

당시의 수리아 군대의 대장인 나아만은 엘리사에 의하여 병고침을 받았다(왕하 5:12 이하).

하나님께서 엘리사에게 지시하신대로, 엘리사는 다메섹에 가서(왕상 19:15) 하사엘에게 벤하닷 왕이 죽을 것이며 하사엘이 그 지역의 왕이 되어 이스라엘을 멸망시킬 것이라고 알리고 있다(왕하 8:7이하).

(4) 여기 나오는 죄의 기본 개념은 무엇인가?

"**죄**(페샤, **פֶּשַׁע**)" - 여기서 쓰인 '죄'라는 단어는 하나님의 권위를 거부하는(반역을 의미) 것을 의미한다. 이 어근의 기본개념은 두 당사자 간의 종교적 또는 사회적 관계 파기에 있다. 국제관계를 다룬 문맥에서 동사형은 충성심을 내던져 버리는 것이나 통치자에 대한 반역을 가리킨다. 이러한 세상적 반역 개념은 열왕기상하와 역대하에서 많이 나온다.

이와 유사하게 종교적 의미에서 이스라엘은 그의 왕이신 하나님께 대한 반역과, 하나님과 그들 간에 성립된 계약의 위반으로 인해 책망을 받는다(사 1:28; 사 48:8; 겔 2:3; 호 8:1). 하나님에게 있어서는 반역을 종식시키는 두 가지 방법이 있다. 형벌로 끝내거나 관계의 갱신으로 나갈 수도 있다. 하나님이 행하시는 첫 단계는 그의 백성을 책망하고 그들의 죄를 반역이라고 드러내는 것이다(욥 36:9; 미 3:8) 자기의 종을 통해 하나님은 자기 백성의 위험에 대해 그들을 경고하시며(시 89:32; 암 3:14) 그들의 범죄가 형벌을 받는 원인이라고 강력히 규정하신다(겔 39:24; 미 1:13; 단 8:12-13). <바이블렉스>

2. 다메섹이 하나님께 지은 구체적 죄는 무엇인가?

(1) 유다와 이스라엘은 왜 하나님께 심판을 선고 받는가? 그것은 이들이 하나님

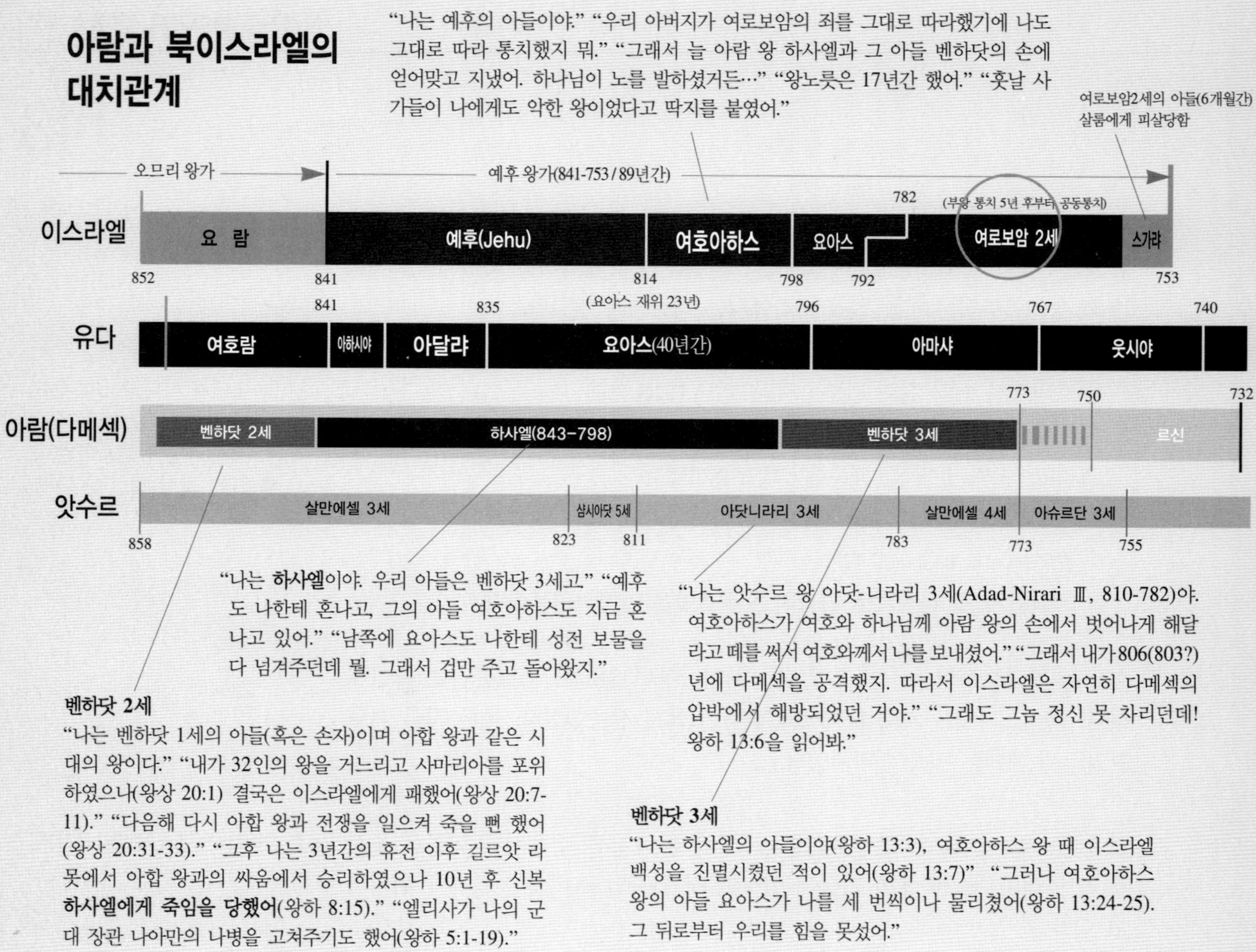

의 언약을 어겼기 때문이다. 그 이유가 분명하다. 그러나 다메섹을 포함한 이방 나라들은 하나님과 언약 관계를 맺은 적이 없다. 그렇다면 다메섹이 심판 받는 이유가 하나님의 백성 이스라엘을 공격했기 때문일까?

(2) 모압은 무엇 때문에 심판을 받는가? (2:1)
"그들이 에돔 왕의 뼈를 불살라 재를 만들었기 때문이다"라고 했다. 본문에서는 이들이 이스라엘을 공격한 것 때문에 심판을 받는 것은 아니라고 했다. 하나님은 무모한 살인을 금지하신다. 왜냐하면 이는 인간 안에 있는 하나님의 형상을 공격하는 일이기 때문이다(창 9:5-7). 결국 1-2장에서 비난의 대상이 되는 나라들은 주변 나라를 상대로 하여 영토 전쟁을 벌이는 과정에서 악독한 짓을 저질렀기에 심판을 선고받는 것이다. 이런 넓은 의미에서 보면 원칙으로는 계명을 위반한 것으로 볼 수 있다.[1]

1) 로버트 치즈홀름, 예언서개론, 강성열 역, 크리스찬 다이제스트, 577면.

3. 다메섹(수리아)은 북이스라엘과는 인접 국가였기에 숙명적인 원수 관계가 지

속되었다. 북이스라엘 역사상에 이들이 어떤 정복전을 펼쳤는가?

(1) 아람족(수리아의 또다른 이름)과 이스라엘의 적대 관계는 다윗 시대까지 거슬러 올라간다. 당시 아람(헬라어로 수리아 - 다메섹은 아람 나라의 수도였다. 사 7:8)은 여러 소국(小國)으로 나누어져 있었다. 사울 왕은 소바의 왕들과 싸워 승리한 적이 있었다(삼상 14:47). 그 후 아람 소바는 다시 아람 세계의 주도권을 갖고 있었던 것 같다. 앗수르가 강력하게 부상하기 전까지 아람인들은 티그리스강 계곡에까지 세력을 뻗치고 있었다.

후에 아람은 암몬 족속과 연합하여 다윗과 전쟁을 벌였으나 다윗은 이들과 싸움에서 승리했다. 이후 다윗은 다메섹에 수비대를 설치한다. 무엇보다 북쪽 수리아 지역에서(삼하 8:8, 대하 18:8에 언급된 곳) 구리를 공급받게 되었다.[1)]

1) 자세한 것은 동교재, 사무엘하 10장, 171-173면을 참조하라.

(2) 그리고 시간이 흘러서 아합 왕이 통치하고 있을 무렵, 아합 왕은 벤하닷 2세와 적대 관계에 있게 된다. 벤하닷 2세의 아버지 벤하닷 1세는 아람 왕 다브림몬의 아들이며(왕상 15:18), 유다 왕 아사와 동맹을 맺고 이스라엘 왕 바아사를 공격하여 이욘과 단과 긴네렛과 납달리 등을 정복했다(왕상 15:18-20, 대하 16:2-4). 벤하닷 2세는 그의 부하 하사엘에게 죽임을 당했다. 하사엘의 아들이 벤하닷 3세였다. 북이스라엘 여호아하스 왕 때 벤하닷 3세가 북이스라엘을 공격해서 이스라엘을 약체국으로 만들어버렸다. "여호아하스의 군대에는 마병 오십 명과 병거 열 대와 보병 만 명 밖에 남지 아니했다"(왕하 13:7하)고 했다. "아람 왕(벤하닷 3세)이 그들을 밟아 타작 마당의 먼지같이 만들어버렸기 때문이다"(왕하 13:7상). 예후의 아들 여호아하스가 등장했으나 그 역시 여로보암의 길을 따랐기 때문에 이에 화가 나신 하나님은 이스라엘을 아람 왕 하사엘과 벤하닷의 손에 넘겨 주어 그들의 지배를 받게 하셨다고 했다(왕하 13:1-3이하를 자세히 읽어볼 것*).

• 왕하 13:1 "유다의 왕 아하시야의 아들 요아스의 제이십삼 년에 예후의 아들 여호아하스가 사마리아에서 이스라엘 왕이 되어 십칠 년간 다스리며 2 **여호와 보시기에 악을 행하여** 이스라엘에게 범죄하게 한 느밧의 아들 여로보암의 죄를 따라가고 거기서 떠나지 아니하였으므로 3 **여호와께서 이스라엘에게 노하사 늘 아람 왕 하사엘의 손과 그의 아들 벤하닷의 손에 넘기셨더니**"

(3) 아람(다메섹)이 얼마나 이스라엘을 잔혹하게 공격했는지는 엘리사가 하사엘에게 한 예언 속에 잘 나타나 있다.

"하사엘이 이르되 내 주여 어찌하여 우시나이까 하는지라 대답하되 네가 이스라엘 자손에게 행할 모든 악을 내가 앎이라 네가 그들의 성에 불을 지르며 장정을 칼로 죽이며 어린 아이를 메치며 아이 밴 부녀를 가르리라 하니"(왕하 8:12).

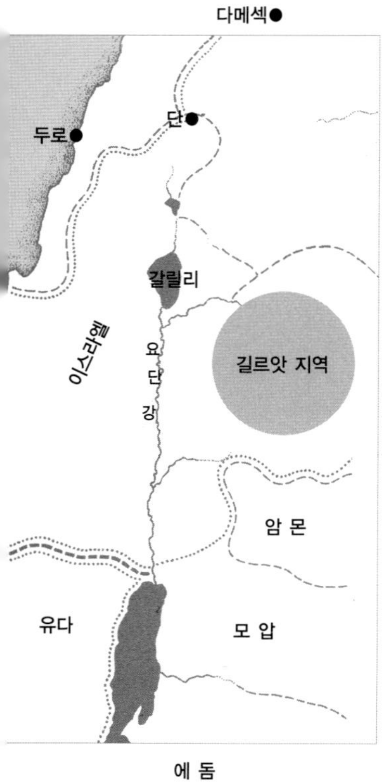

(4) 그런데 이 일은 예후 왕 통치(주전 843-816) 말기에 그대로 현실로 드러났다. "이 때에 여호와께서 이스라엘에서 땅을 잘라 내기 시작하시매 하사엘이 이스라엘의 모든 영토에서 공격하되 요단 동쪽 길르앗 온 땅 곧 갓 사람과 르우벤 사람과 므낫세 사람의 땅 아르논 골짜기에 있는 아로엘에서부터 길르앗과 바산까지 하였더라"(왕하 10:32-33). 하사엘은 이 과정에서 '철 타작기'로 타작하듯 길르앗을 압박하였던 것 같다.

4. 이렇게 다메섹은 북이스라엘과 적대 관계에 있었으나 본문에서 하나님이 지적하시는 다메섹의 죄목은 "길르앗을 압박하였다"는 것이다.

● 다메섹의 심판 죄목
"이는 그들이 '철 타작기'로 타작하듯 길르앗을 압박하였음이라"

(1) '철 타작기'는 쇠꼬챙이가 박힌 타작 기구(implements of sharp iron)를 말한다. 아람 왕 하사엘은 요단 동쪽 이스라엘의 길르앗 지역을 자주 공격했다. 길르앗 지역은 여러 나라들이 서로 점령하려고 했다. 아람은 계속해서 남하정책을 폈는데, 길르앗은 그 공격 대상이었다. 이곳은 곡창지대였을 뿐만 아니라, 홍해에 이르는 무역로(King's high way)를 확보할 수 있었기 때문이다. 따라서 이곳에 살고 있는 갓, 르우벤, 므낫세 지파 사람들은 많은 전쟁의 고통을 받을 수밖에 없었다.

(2) 아모스가 활동하던 당시의 이스라엘 왕은 여로보암 2세였는데, 그는 수리아 지역뿐만 아니라 길르앗 지역도 다시 회복했다. 그리고 아람은 세력이 약화되어(주전 773-750년 동안) 기를 펴지 못하다가 르신 왕이 등장하자 다시 활개를 친다. 그러다가 결국에는 북이스라엘이 멸망하기 10년 전에(주전 732년) 앗수르에 의해 역사에서 사라진다. 이는 아모스 선지자의 예언(암 1:4-5)의 성취였다.

5. 이런 잔혹한 행위에 대해 하나님은 다음과 같은 심판을 선고하셨다.

▶ 심판 선고(1:4-5)
① **하사엘의 집**에 불을 보내리니
벤하닷의 궁궐들을 사르리라
② 다메섹의 빗장을 꺾으며
③ 아웬 골짜기에서 그 주민들을 끊으며

④ 벧에덴에서 규(홀, 왕권) 잡은 자를 끊으리니 아람 백성이 사로잡혀 기르에 이르리라

(1) 심판은 구체적으로 예언되었다. 먼저, "하사엘의 집에 불을 보내 벤하닷의 궁궐들을 사르시겠다"는 것이다. '보내리니'(שִׁלַּחְתִּי)라는 말은 '샬라흐'(שָׁלַח)의 피엘(강조 능동형) 동사이다. 단순히 보내는 것이 아니라 활을 쏘듯, 혹은 돌을 던지듯 보낸다는 말이다. '불'(에쉬, אֵשׁ)은 여기서 심판을 나타낸다. 적국의 왕궁을 불태우는 장면을 연상할 수 있다. 결국 이 표현들은 전쟁을 상징적으로 말한 것이다. 벤하닷의 궁궐과 하사엘의 집이 서로 평행대구(對句)를 이루어 전체의 뜻을 강조한다.

(2) 그리고 다메섹의 빗장을 꺾으실(שָׁבַרְתִּי - 칼 동사, 완료) 것이다. 빗장[1]은 성문을 튼튼하게 하고 잠그는 역할을 하는 보호막이다. 빗장이 꺾어졌다는 것은 성이 점령당하여 최후의 방어막이 무너졌다는 것을 의미한다.

(3) '아웬 골짜기'는 어디를 가리킬까? 확실히 알 수 없으나 아마도 실제적인 지명이 아니라 '다메섹'을 가리킬 것이라고 주장한다. '아웬'(אָוֶן)이라는 말은 '공허함, 우상, 사악함'을 의미한다(겔 30:17).[2] 아마 레바논의 골짜기로 이곳에 페니키아의 신들을 숭배하기 위한 신전이 있었을 것이다.

(4) '벧에덴'은 '환락의 집'을 의미한다. 정확한 장소를 모르나 '기르'는 유프라테스 강 유역을 말하는 것 같다. 아모스 9:7*에 의하면 이곳은 아람으로 이주하기 이전에 수리아인들의 조상들이 살던 곳으로 나타난다. 그 동안의 찬란했던 아람의 역사를 원점으로 돌려 놓으시겠다는 선언이다.

1) 쇠로 된 빗장도 있고(시 107:16; 사 45:2), 놋으로 된 것도 있다(왕상 4:13).

2) 호세아 4:15에서도 '벧엘'(하나님의 집)을 '벧아웬'(우상, 공허의 집)으로 불렀다.

• 암 9:7 "여호와의 말씀이니라 이스라엘 자손들아 너희는 내게 구스 족속 같지 아니하냐 내가 이스라엘을 애굽 땅에서, 블레셋 사람을 갑돌에서, **아람 사람을 기르에서 올라오게** 하지 아니하였느냐."

• '철 타작기'로 타작하듯 길르앗을 압박했다니? 그럴 수도 있는가? 있다. 인류의 역사가 그 사실을 증명한다. 나치 정권은 그보다 더했는데….

• 인간은 어디까지 악해질 수 있을까?

• 인간은 왜 죄를 짓는데 그렇게 용감할까? 물론 살아계신 하나님이 없다고 생각하기 때문이다.

• 잔혹한 행위에 대한 하나님의 심판은 우리가 생각하는 것보다 훨씬 철저하다.

❷ 블레셋의 죄(1:6–8)

• 블레셋 : 가사, 아스돗, 아스글론, 에글론, 가드(6:2에 언급됨)

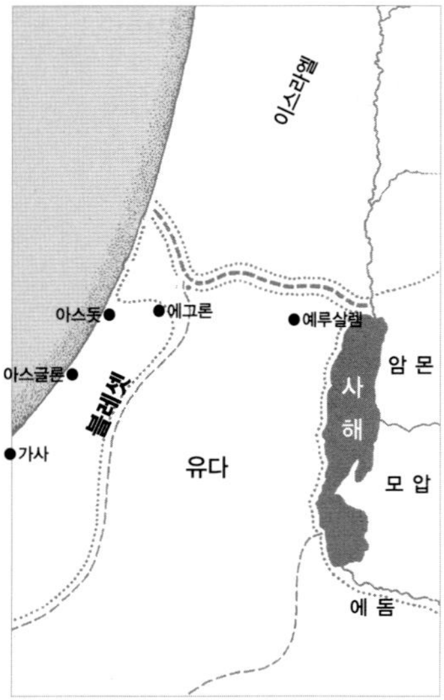

○ "여호와께서 이와 같이 말씀하시되"(1:6a)

● 죄의 목록 : 가사의 죄
"모든 사로잡은 자를 끌어 에돔에 (팔아)넘겼음이라(=때문이다)"

▶ 심판 선고(1:7-8) "그러므로
① 가사 성에 불을 보낼 것이며(7절a)
그 궁궐들(요새들)을 불태워 사를 것이다(7절b)
② 아스돗에서 그 주민들과 왕을 끊을 것이며(8절a)
아스글론에서 규(홀, 왕권)를 잡은 자를 끊을 것이며(8절a)
또 손을 돌이켜 에그론을 치리니(8절b)
블레셋의 남아 있는 자들이 멸망하리라"

(1) 가사는 어떤 도시인가?

가사(앗자, עַזָּה - '강한 자'란 의미이다. 블레셋 5대 성읍 중 하나이다) : 이곳은 여호수아가 정복하여 유다 지파에게 준 곳이다(수 10:41, 15:47). 이곳에 다곤의 신당이 있었다(삿 16:23, 24). 블레셋은 5대 연합도시로 이루어졌는데, 그 중에 가사가 언급된 것은 이중에서 가장 큰 도성일 뿐만 아니라 교통의 중심지로 노예 매매 시장 같이 되어 있었기 때문일 것이다.

(2) 도입 형태는 1:4과 같다. 가사가 심판 받는 죄목은 무엇인가?

1:6 "(이는, because, עַל) 모든 '사로잡은 자'(포로, 갈루트, גָּלוּת)를 끌어
에돔에 (팔아)넘겼음이라(הַגְלוֹתָם – 히필 동사 연계형)"

당시 전쟁의 포로는 자연스럽게 승전국의 노예가 되었다. 이들은 노예를 에돔에 팔아 넘겼다고 했다. 그러나 여기서 특별히 하나님의 엄청난 형벌을 예고하는 것을 보면, 단순한 노예 상거래를 심판의 이유로 말하는 것은 아닐 것이다. "모든 사로잡은 자"(the whole captivity, an entire population)라는 표현은 '한 사람도 남김 없이 모든 사람을 사로 잡아 옮겨' 에돔에 팔아넘겼다는 의미이다. 어느 한 부락 전체를 포로로 끌고 가기도 했다는 말이다.

블레셋

• 주전 2,000년 후반기에 동남부 유럽과 남서부 아시아에는 인구 대이동이 일어난다. 이 인구 이동은 기존 민족들의 분포도를 급격하게 흔들어 놓았다. 따라서 미노아 문명과 미케네 문명의 종말을 가져온다. 이들 소아시아 침략자들은 히타이트(헷)의 수도를 파괴하고, 이들을 동쪽의 시리아 지역으로 몰아넣는다. 이들은 시리아 왕국이나 히타이트 왕국을 몰락시키는 데 일조를 한다. 특히 해양민족들이라고 불리는 그리스, 소아시아, 에게해 군도, 특히 갑돌(Caphtor, 크레테, 암 9:7) 지역 출신들은 도리스 헬라인들(Dorian Greeks)의 압박을 받아 동쪽으로 진격한다. 애굽의 라암세스 3세는 그의 재위 8년에 이들의 공격을 물리쳤지만 가나안의 경우는 그렇지 못했다. 따라서 이들은 팔레스타인 해안 평지 남쪽 끝에 정착하게 된다. 신 2:23에는 이들이 아위 사람을 점령하고 거기에 거했다고 기록하고 있다. 이들은 이 지역에 다섯 개의 요새를 세웠다. 그 도시들의 이름이 가사, 아스글론, 아스돗, 가드, 에그론이다(수 13:3을 보라). 여호수아의 가나안 정복전에서 이 지역은 정복되지 못한 지역으로 남는다.

• **블레셋 사람** : 히브리어; 펠레쉐트에서 '팔레스타인'(Philistines)이라는 말이 유래되었다. 블레셋 사람은 싸움을 좋아했다. 이스라엘이 초기 정착 과정에서 가나안 사람들을 추방하지 않고, 대신 그들의 문화를 많이 도입한 후, 가나안족들의 통치자가 되었다. 이들은 벌써 철병거를 가지고 있었다. 사사기 시대에는 그 철병거의 위용 앞에 이스라엘은 주눅이 들어버린다. 이 "블레셋 오대 도시 연합"은 이스라엘에게 조직적인 위협을 가해온다. 이들은 사사 시대와 사무엘 때에 계속 이스라엘을 괴롭혔고, 다윗 때에 가서야 평정되었다.

(3) 에돔에 팔아넘겼다는 말을 보아 당시 에돔에는 인신매매가 성행했던 것으로 보인다. 에돔은 당시 여러 나라의 무역 중심지였다(겔 27:16[1]). 노예 무역에 대해서는 요엘서에도 기록되어 있다(욜 3:4-6). 어쨌든 이런 인신매매 과정에서 엄청나게 잔인한 행동들이 있었을 것이다.

1) 겔 27:16 "너의 제품이 풍부하므로 **아람**(다른 사본에서는 **에돔**으로 되어 있다)은 너와 거래하였음이여 남보석과 자색 베와 수 놓은 것과 가는 베와 산호와 홍보석을 네 물품과 바꾸어 갔도다."

▶ 심판 선고(1:7-8) "그러므로"(so, but, וְ)

(1) "가사 성에 불을 보내리니(7절a) 그 궁궐들을 사르리라." 선지자들은 여러 세대에 걸쳐서 계속 '가사'에 대한 하나님의 심판을 선고했다. 왜냐하면 가사가 국제 노예 무역에 관여했으며, 주위의 성읍들과 정치적 연합도 꾀하였기 때문이다(습 2:4; 슥 9:5).

• 습 2:4 "**가사**는 버림을 당하며 아스글론은 폐허가 되며 아스돗은 대낮에 쫓겨나며 에그론은 뽑히리라."

(2) "아스돗에서 그 **주민들**과
　　아스글론에서 **규(홀, 왕권)를 잡은 자**를 끊고
　또 손을 돌이켜 에그론을 치리니
　　블레셋의 남아 있는 자가 멸망하리라"(8절)

'끊으리라'는 말은 아주 멸하겠다는 말이다. '주민들'과 '규 잡은 자'가 같은 뜻의 대구를 이룬다. 즉, 위에 왕들부터 모든 백성에 이르기까지 하나님의 심판으로 멸하리라는 말이다.

(3) "주 여호와께서 말씀하셨느니라." 이 심판 선언은 공연한 말에서 끝나지 않는다. 여호와께서 말씀하신 것이기 때문이다. 이 예언은 역사 속에서 어떻게 성취되었을까?

- 유다의 웃시야와 히스기야가 블레셋을 침공[1)]
- 앗수르의 디글랏빌레셀 3세(주전 745-727)가 아스글론과 가사를 자신의 수중에 넣고 이 지역을 앗수르의 한 지방으로 만들어버렸다.
- 주전 701년 산헤립이 아스글론 왕을 사로잡아간 후 에그론을 향한 원정에 성공한다.

1) "여호와께서 그(=히스기야)와 함께 하시매 그가 어디로 가든지 형통하였더라 저가 앗수르 왕을 배반하고 섬기지 아니하였고 그가 블레셋 사람들을 쳐서 가사와 그 사방에 이르고 망대에서부터 견고한 성까지 이르렀더라"(왕하 18:7-8).

"웃시야가 나가서 블레셋 사람들과 싸우고 가드 성벽과 야브네 성벽과 아스돗 성벽을 헐고 아스돗 땅과 블레셋 사람들 가운데에 성읍들을 건축하매 하나님이 그를 도우사 블레셋 사람들과 구르바알에 거주하는 아라비아 사람들과 마온 사람들을 치게 하신지라"(대하 26:6-7).

❸ 두로(1:9–10)

○ "여호와께서 이와 같이 말씀하시되"(1:9a)

● 죄의 목록 : 한 가지 죄만 언급

"이는 그들이 그 형제의 계약을 기억하지 아니하고 모든 사로잡은 자를 에돔에 넘겼음이라"

▶ 심판 선고(1:10)

① 내가 두로 성에 불을 보내리니 그 궁궐들을 사르리라

(1) 두로(צֹר, '돌, 반석'을 의미)는 어떤 곳인가?

옆 면의 '두로'에 대한 설명과 같이 이들은 매우 훌륭하고 값진 상품들을 취급하는 해양 상인들로, 교만으로 인해 선지자들로부터 두로의 멸망에 대한 여러 예언을 선고받았다(사 23장; 렘 25:22, 47:4; 겔 26-28장; 시 45:12).

(2) 그런데 여기서 '형제의 계약'(בְּרִית אַחִים)이란 것은 무엇을 말하는 것일까? 두 가지 설명이 있다.

① 이스라엘과 두로 간의 계약을 말한다는 주장 – 다윗과 솔로몬 시대에는 이들 간에는 돈독한 관계가 있었기 때문이다(히람과 솔로몬 사이의 조약,

두로

- 두로는 지중해 연안에 위치한 베니게의 도시이다(수 19:29; 삼하 24:7; 왕상 5:1; 대상 14:1; 시 45:13; 렘 25:22 등).
- 두로는 레바논 지역에 있는 베니게(페니키아)인들의 주요 도시 국가 중 하나였다. 두로의 중심지는 바위가 많은 섬 위에 위치해 있었으며 이 곳은 해안으로부터 가까운 곳이었다. 그러한 위치는 훌륭한 방어력을 제공하였다. 긴 방파제를 가지고 있는 이 도시는 팔레스틴 해안을 따라 형성된 훌륭한 항구 중 하나임을 자랑하였다.
- 베니게인들은 뛰어난 해양 상인들이자 화려한 무역업자들이었다. 이곳은 무역의 중심지이기도 했다(겔 27:3-5). 그들은 자신들의 뛰어난 지혜를 통해 막대한 부를 축적하였다(욜 3:1-8; 슥 9:3이하; 겔 28:3이하). 자연히 교만했다(겔 28:2). 그러나 침략적이지는 않았다(삿 18:7, 28; 왕상 9:11, 13). 이들은 열국의 시장같이 되었다(사 23:2).
- 여러 시대에 걸쳐 그들은 이스라엘과 상업적인 면과 종교적인 면에서 상호 영향을 주고 받았다. 솔로몬 때에는 두로와 유대와의 협력이 돈독했다(삼하 5:11; 왕상 5:1-12, 18). 북이스라엘 아합 시대에는 그곳에서 이세벨을 왕후로 맞아들이기까지 했다(왕상 16:29).
- 두로 왕은 자신의 노련함과 성공으로 인해 자기를 신이라고 말하였다(겔 28:2, 9). 그들은 바알을 포함한 여러 신들을 섬겼다. 이들은 무역업에 있어서 부정과 난폭한 행위를 저지르게 되었다. 그러므로 하나님은 그를 동산 밖으로 내던져 형벌하였다(겔 28:12-19). 그러나 이사야를 통해 하나님은 두로에 회복의 소망을 던져 주시기도 했다(사 23:17 이하).

왕상 9:13 참조). 그러나 이들 간의 관계가 '형제' 간의 관계는 아니라는 반론이 있다.

② 두로와 주변 한 나라 사이에 맺어진 동등한 조약이라는 설명 : 고대 근동에서는 이웃 왕들끼리 무역과 국가적인 안전을 위하여 조약을 세우곤 했다.

- 왕상 9:12 "히람이 두로에서 와서 솔로몬이 자기에게 준 성읍들을 보고 눈에 들지 아니하여 13 이르기를 **내 형제여** 내게 준 이 성읍들이 이러한가 하고 이름하여 가불 땅이라 하였더니 그 이름이 오늘까지 있느니라."

(3) 그러나 지금 하나님의 심판 선언이 이스라엘을 학대한 원수들에 대한 것임을 볼 때 전자의 설명이 합당할 수도 있다. 확실치 않지만 이세벨이 피살된 뒤(왕하 9:36), 페니키아의 군대가 이스라엘을 침공할 수 있었다는 가정을 할 수 있다. 물론 역사적 기록이 없다. 어쨌든 "그 형제의 계약을 기억하지 아니하고 모든 사로잡은 자를 에돔에 넘겼기" 때문에 심판을 선고받았다.

▶ **심판 선고(1:10)** - 두로 성 파괴

이 예언이 어떻게 성취되었는지는 확실치 않다. 두로는 워낙 자연적 요새를 갖고 있었기에 외국 군대의 많은 공격에도 버텨낼 수 있었다. 그러다가 알렉산더 대왕에 의해 정복되었다(주전 332년).

152

에돔

• 에돔은 유다의 동남쪽, 사해와 아카바만 사이에 있는 광야지대이다. 에돔은 에서의 별명이며, 에돔, 에돔인(족속), 에돔의 영토를 가리키는데 사용되었다. 그는 태어날 때부터 "붉었던" 것으로 묘사되어 있다(창 25:25). 그의 후손들은 그의 이름들 중에서 어떤 것(창 36:9, 에돔, 혹은 렘 49:8, 10에서)으로 지칭되었거나 혹은 그가 정착했던 산 세일로 지칭되었다(참조: 대하 20:22-23).

• 이스라엘은 에돔을 지나 언약의 땅으로 지나가고자 했을 때 이를 거절했다(민 20:14). 에돔인들은 이스라엘을 격퇴하기 위해 모이는 등 매우 '비형제적인' 방식으로 행동했다.

• 선지자 발람이 발락의 부름을 받았을 때, 발람은 에돔이 장차 그들에게 정복되어 그들의 소유가 될 것을 언급하면서 "야곱의" 주권을 거듭 언급하였다(민 24:18). 이스라엘 역사는 반복되는 에돔 정복과 그들의 반란을 입증해 준다. 에돔인들이 자기네의 형제가 바벨론인들에 의해 파괴되고 포로로 잡혀가는 것을 보고 기뻐했을 만큼 그들의 "야곱"에 대한 적의는 극심한 것이었다(시 137:7). 그들은 즐겨 싸움에 가담하여(암 1:6, 9, 11) 이스라엘에 폭력을 가했다. 그들은 멸시하는 심령으로 야곱의 땅을 빼앗아 자기 소유를 삼았다(겔 36:5).

• 사울 왕도 에돔과 싸웠다(삼상 14:47). 다윗도 에돔과 전투에서 승리했다(삼하 8:13, 14). 여호사밧 때에는 에돔에 왕이 없었고 섭정왕이 있었다(왕상 22:47). 그러나 그의 아들 여호람 때 독립했다(왕하 8:22). 그러나 15년 후에 아마샤 왕은 다시 에돔을 이겼다(왕하 14:8). 이들은 바벨론의 느부갓네살이 유다를 칠 때 기뻐하며 그들의 앞잡이 노릇을 했다(오바댜 11-14). 그 뒤로 독립을 한 것 같으나 마카비 시대에 에돔은 다시 강제로 유다에 예속되었다. 예수님 당시의 헤롯 왕은 바로 그 에돔 후손이다.

• 선지자들은 하나님의 질서를 재확인하였다. 에돔은 바벨론인들의 손에서 벌을 받고 이스라엘에 정복되었다(사 11:14; 렘 27:3-6; 옵 1:1-21).

• 겔25:12 "주 여호와께서 이같이 말씀하셨느니라 **에돔이 유다 족속을 쳐서 원수를 갚았고 원수를 갚음으로 심히 범죄하였도다** 13 그러므로 주 여호와께서 이같이 말씀하셨느니라 내가 내 손을 에돔 위에 펴서 사람과 짐승을 그 가운데에서 끊어 데만에서부터 황폐하게 하리니 드단까지 칼에 엎드러지리라 14 내가 내 백성 이스라엘의 손으로 내 원수를 에돔에게 갚으리니 그들이 내 진노와 분노를 따라 에돔에 행한즉 내가 원수를 갚음인 줄을 에돔이 알리라 주 여호와의 말씀이니라."

❹ 에돔(1:11-12)

○ "여호와께서 이와 같이 말씀하시되"(1:11a)

● 죄의 목록 : 한 가지 죄만 언급

"이는 그가 칼로 그의 형제를 쫓아가며 긍휼을 버리며 항상 맹렬히 화를 내며 분을 끝없이 품었음이라"

▶ 심판 선고(1:12)

① 내가 데만에 불을 보내리니 보스라의 궁궐들을 사르리라

(1) 위에서 살펴본 것처럼 에돔은 이스라엘과 복잡하게 얽혀 있었다. 유다가 홍해를 이용하려면 에돔 땅을 거쳐야 했다. 그곳으로 홍해 아카바만에 이르는 무역로인 '왕의 도로'가 지나가기 때문이다. 그러나 에돔은 끝까지 이를 방해했다. 그래서 오바댜 선지자는 이들의 멸망을 예고했다(옵 1:10). "네가 네 형제 야곱에게 행한 포학으로 말미암아 부끄러움을 당하고 영원히 멸절되리라." 에스겔도 이들의 멸망을 선포했다(겔 25:12-15*, 35:1-15, 36:5).

(2) 이렇게 에돔은 사사건건 "칼로 그의 형제 이스라엘과 유다를 쫓아가며" 끝없이 분을 품었다. 이는 칼을 갖고 쫓아가며 짐승을 사냥하듯이 했다는 표현이다. 에서와 야곱은 한 어머니 뱃속에서 태어났지만 태어날 때부터 운명적으로 경쟁자가 되어야 했다. 그 뒤로 이들 두 민족은 철천지 원수처럼 지내왔다. 에돔은 이스라엘에게 계속 패배를 당해 왔지만 기회 있을 때마다 이스라엘을 괴롭혔다.

(3) 긍휼을 '버리며'(שִׁחֵת- 피엘 동사 완료) - 여기서 피엘(강조 능동형) 동사를 씀으로써 동정심과 사랑을 말살해 버렸다는 뜻으로 표현하고 있다. 또한 "항상 (=계속해서) 맹렬히 화를 내며 분을 끝없이 품었다(호 5:10, 13:11 참조)"고 했다.

(4) 그들의 악한 행위를 시편 137편에서도 볼 수 있다.

- 시 137:7 "여호와여 예루살렘이 멸망하던 날을 기억하시고 에돔 자손을 치소서 그들의 말이 헐어 버리라 헐어 버리라 그 기초까지 헐어 버리라 하였나이다."

▶ 심판 선고(1:12) :

데만 성에 불을 '보내겠다'(So I will send, וְשִׁלַּחְתִּי) - 피엘 동사 완료
그 불이 보스라의 요새들을 태울 것이다.

(5) '데만'은 에돔의 족장이다. 에서의 손자로 에서의 아내 아다의 소생인 엘리바스의 맏아들이다(창 36:11, 15; 대상 1:36). 데만은 보스라와 같이 전 에돔을 가리키는 명칭이다. 에돔을 시적(詩的)으로 가리킬 때 사용되었다(합 3:3). 데만 사람은 지혜로 유명했다(렘 49:7; 옵 1:9).

욥의 친구 엘리바스는 데만 출신이었다(욥 2:11). '보스라' 역시 에돔과 댓구적으로 자주 나타났다(사 34:6, 63:1, 렘 49:22). 이런 데만 성에다 불을 보내겠다고 하신다. '보내겠다'는 말은 피엘 동사로 그 뜻이 강조되어 있다. 반드시 보내겠다는 말이다. 그 불이 보스라[1])를 파멸시킬 것이다(렘 48:24).

1) 보스라의 파멸이 예언된 곳은 사 34:6; 렘 49:22, 암 1:12.

암몬

- 롯의 작은 딸은 그녀의 아들에게 암몬이라는 이름을 지어주면서 근친상간으로 임신한 것을 설명한다: 즉 '내 아버지로 말미암은 아들'(창 19:30-38).

- 구약성경은 암몬의 어린 시절이나 그의 사촌 모압(그도 역시 근친상간에 의해 태어났다)의 어린 시절에 대하여 아무런 언급도 하지 않는다.

- 이스라엘 백성이 가나안을 정복할 때 암몬의 자손을 괴롭히거나 공격하도록 허락 받지 못했고 그렇게 하지도 않았으며 그들로부터 소유를 빼앗지도 않았다(신 2:19, 37; 삿 11:15). 이는 하나님께서 아브라함의 조카 롯에게 한 약속 때문이었다(민 21:24; 신 2:19). 그러나 암몬은 모압과 더불어 이스라엘에게 호의적이지 않았다. 모압과 함께 이스라엘을 저주했던 자들이다(신 23:4-6).

- 이스라엘은 암몬을 그들의 친족으로 생각해야 했다. 이스라엘인은 암몬을 그들의 조상 아브라함과 특별한 관계가 있는 자로 존중해야 했다. 하나님은 암몬과 그의 후손에게 복된 소유로서 자신을 주셨다. 따라서 암몬의 종교적 특권과 이스라엘(과 모압)에 대한 책임은 부인될 수 없다.

- 예레미야와 에스겔도 그들의 잔인함을 심판하여 예언했다(렘 49:1-5; 겔 25:3-7).

❺ 암몬(1:13–15)

- 삿 10:8 "그 해에 그들이 요단 강 저쪽 길르앗에 있는 아모리 족속의 땅에 있는 모든 이스라엘 자손을 쳤으며 열여덟 해 동안 억압하였더라."

○ "여호와께서 이와 같이 말씀하시되"(1:13a)

● 죄의 목록 : 한 가지 죄만 언급

"이는 그들이 자기 지경을 넓히고자 하여 길르앗의 아이 밴 여인의 배를 갈랐음이니라"

▶ 심판 선고(1:14-15)

① 랍바 성에 불을 놓아 그 궁궐들을 사르겠다.

② 그들의 왕은 그 지도자들과 함께 사로잡혀 갈 것이다.

(1) 암몬의 경계는 남쪽으로는 모압이었고, 북쪽으로는 길르앗의 르우벤 지파와 국경을 같이 하고 있었다. 본문의 말씀과 같이 이들은 국경을 넓히기 위해 자주 길르앗을 공격했다. 암몬은 길르앗에 사는 이스라엘 지파들에게 자주 살육을 감행했다(삿 10:8*). 길르앗이 자기들의 땅이라고 주장했다(삿 11:13).

(2) "자기 지경을 '넓히고자 하여'(הַרְחִיב -히필 동사)" - 히필(사역 능동) 동사로 주어의 강한 의지가 담겨 있다. 지경을 넓히기 위하여 온갖 수단을 기울이는 강한 야심과 의지와 행동이 내포된 표현이다(that they might enlarge their border).

(3) "길르앗의 아이 밴 여인의 (배를 - 원문에는 이 말은 없음) 갈랐음이니라."

암몬 사람들의 잔인성이 잘 드러나 있다. 전투 중에 살상은 어쩔 수 없이 일어나는 일이다. 그러나 비인간적인 살육, 즉 어린이나 노약자, 여인들을 살육하는 일은 그 당시에도 흔치 않은 일이었다. 너무 비상식적이요 야만적인 행동이 아닐 수 없다. 물론, 성경 여러 곳에서 이와 비슷한 일이 있었음을 보여주고 있다(왕하 8:11-12, 15:16; 호 10:14, 13:16; 사 13:16; 나훔 3:10; 시 137:9 등).

'(배를) 가르다'라는 말 '바카'(בָּקַע)는 '쪼개다, 부수다, 분리하다, ~을 뚫다, 갈라지거나 터져 열리다, 부수다, 헤치고 나가다'를 의미한다. 이 단어는 전쟁이나 폭력과 연관되어 있다. 도시, 진영, 영토 안으로 들어오는 군대의 행동을 나타내기 위해 여러 차례 사용되었다(왕하 25:4; 대하 21:17; 겔 30:16). 이런 정복의 결과는 너무 참혹한 것이었다. 포로들과 어린 아이들이 자주 높은 곳에서 던져져서 바위 위에서 산산조각으로 부서졌다(왕하 8:12; 대하 25:12). 본문에서와 같이 아이 밴 여인의 배를 가르곤 했다(왕하 15:16, 암 1:13).

- 렘 49:2 "여호와의 말씀이니라 그러므로 보라 날이 이르리니 내가 전쟁 소리로 암몬 자손의 **랍바**에 들리게 할 것이라 랍바는 폐허더미 언덕이 되겠고 그 마을들은 불에 탈 것이며 그 때에 이스라엘은 자기를 점령하였던 자를 점령하리라 여호와의 말씀이니라 3 **헤스본아** 슬피 울지어다 아이가 황폐하였도다 너희 랍바의 딸들아 부르짖을지어다 굵은 베를 감고 애통하며 울타리 가운데에서 허둥지둥할지어다 말감과 그 제사장들과 그 고관들이 다 사로잡혀 가리로다."

▶ 심판 선고(1:14-15)

① 랍바 성을 불을 놓아 파괴하겠다.
② 왕도, 지도자들도 사로잡혀 갈 것이다.

(1) '랍바'(רַבָּה) 성은 요단강 동쪽 얍복강 상류에 건설된 암몬 사람의 도성으로 암몬의 수도이다(암 1:14; 삼하 11:1). 오늘날의 '암만'이다. 이곳은 갓 지파의 경계에 있었다(수 13:25). 요압 장군이 이곳을 포위 공격했으며, 다윗이 정복했다(삼하 10:8-14; 대상 20:1; 삼하 12-27-29).

(2) 선지자들이 이 성의 파멸을 예고했다(렘 49:2-3*). 에스겔서 25:5-7을 읽어보라. "내가 랍바를 낙타의 우리로 만들며 암몬 족속의 땅을 양 떼가 눕는 곳으로 삼은즉 내가 주 여호와인 줄을 너희가 알리라 6주 여호와께서 이같이 말씀하셨느니라 네가 이스라엘 땅에 대하여 손뼉을 치며 발을 구르며 마음을 다하여 멸시하며 즐거워하였나니." "7그런즉 **내가 손을 네 위에 펴서 너를 다른 민족에게 넘겨 주어 노략을 당하게 하며 너를 만민 중에서 끊어 버리며 너를 여러 나라 가운데에서 패망하게 하여 멸하리니** 내가 주 여호와인 줄을 너희가 알리라 하셨다 하라."

'불을 보내겠다'라는 표현보다 랍바 성 '안에'(בְּ) 불을 지르겠다고 했다. 그리고 암몬의 왕과 왕실은 포로로 잡혀갈 것이다.

(3) 예언의 성취 - 랍바는 앗수르, 바벨론, 페르시아에 의하여 계속 지배를 당했다. 주전 6세기에는 바벨론의 느부갓네살 군대가 암몬을 정복했다. 이때 폐허가 되었으나 프톨레미 2세 때에(주전 285-246) 재건되어 '필라델피아'란 이름이 붙여졌다. 로마 시대에는 이 성이 데가볼리(열 개의 동맹 도시들) 가운데 한 성이 되었다. 그러나 안티고누스 3세의 공격을 받아 무너져 에스겔의 예언대로 되었다(겔 25:4).

❻ 모압(2:1-3)

○ "여호와께서 이와 같이 말씀하시되"(2:1a)

● 죄의 목록 : 한 가지 죄만 언급
"이는 그가 에돔 왕의 뼈를 불살라 재를 만들었음이라"

▶ 심판 선고(2:2-3)
① 모압에 불을 보내겠다. 그 불이 그리욧 요새들을 사를 것이다. 모압 백성은 외침과 나팔 소리가 요란한 가운데 죽을 것이다.
② 모압 왕을 없애고 그의 신하들도 다 죽이겠다.

(1) 모압은 어떤 족속인가? (옆 페이지 참조)

모압 족속은 에돔의 왕실 무덤을 더럽히는 죄를 범했다. 이들은 죽은 왕들 중 한 명의 뼈를 취하여 불살라 재로 만들었다. 이런 뼈를 불살라 재(灰)로 만들었다는 주장도 있다. 이런 행위가 얼마나 크게 악한 행위인지 우리나라 사람들은 충분히 이해할 만하다. 당시 고대 팔레스타인에서도 이런 일은 너무나 강한 적대감을 갖는 행위였다(왕하 23:15-16* 참조). 지금 아모스는 모압이 이스라엘을 공격했다고 심판을 선언하는 것이 아니다. 모압과 암몬은 이웃 나라로 적대적 관계가 매우 오래 지속되었기에 서로 싸울 수는 있었겠지만 이러한 악한 일은 전 인류를 통치하시는 여호와의 눈 앞에 지극히 반인륜적인 행위였다.

• 왕하 23:15 "또한 이스라엘에게 범죄하게 한 느밧의 아들 여로보암이 벧엘에 세운 제단과 산당들을 왕이 헐고 또 그 산당을 불사르고 빻아서 가루를 만들며 또 아세라 목상을 불살랐더라 16 **요시야가 몸을 돌이켜 산에 있는 무덤들을 보고 보내어 그 무덤에서 해골을 가져다가 제단 위에서 불살라 그 제단을 더럽게 하니라** 이 일을 하나님의 사람이 전하였더니 그 전한 여호와의 말씀대로 되었더라."

(2) '그리욧'은 어디를 가리키는가? 예레미야 47:24에 보면 모압의 대표적인 도성으로 나와 있다(렘 48:24, 41). 궁궐이 있다는 것으로 볼 때 모압의 수도였

모압

• 모아브(מוֹאָב)는 '그의 아버지로부터'를 의미하며, '모압 Moab'을 가리킨다. 그들의 신은 그모스(Chemosh)였다.

• 모압은 롯이 큰 딸에게서 낳은 아들(창 19:30-38), 롯의 아들의 후손이 형성한 백성, 롯의 아들의 후손들이 거주한 땅(영토)을 가리키는데 사용되었다.

• 모압은 이전의 주민들(에밈 Emim)이 불의하였기 때문에 하나님께서 그들을 쫓아내신 후에, 사해 동편에 정착했던 민족의 조상이 되었다(신 2:10-11).

• 이들은 일찍부터 비옥한 농경지와 목초지를 갖고 있었고, 잘 조직된 왕국이었다. 모압은 발람을 고용하여 이스라엘을 저주하고자 하였으며(민 22-24장), 바알브올 사건으로 이스라엘을 범죄케도 했다(민 25장, 호 9:10). 사울 왕 때에도 이스라엘을 괴롭혔다(삼상 14:47). 다윗이 모압을 완전히 제압했다(삼하 8:2; 대상 18:2, 11). 그러나 솔로몬이 죽은 후 독립했다. 그리고 오므리 왕 때 다시 이스라엘에게 점령당했다. 그러나 아합 왕이 죽은 후 다시 독립했다. 여호람 왕 때는 남북이 연합하여 모압을 물리쳤다. 엘리사가 죽은 후 모압은 예후의 아들 여호아하스 때에 유다를 침략했다. 여호야김 때도 침략했다(왕하 24:2). 유다가 바벨론에 망한 후에도 이 나라는 존속해서 유다의 피난민들이 그리로 도망했다(렘 40:11이하). 그러나 결국은 바벨론의 느부갓네살에게 망했다.

• 죽은 자에게 희생 제사를 드리는 것과 관련된 종교적인 매음 의식을 실행하였다(민 25:1 이하, 참조: 시 106:28). 선지자들은 모압에 대항하여 이런 메시지를 선포하였다(암 2:1-3; 사 15-16장; 렘 48장, 그리고 겔 25:8-11).

을 것이다. 이사야 15:1에 '알'(아르, Ar)이 나오는데, 아르곤 강 유역에 위치하고 있다(민 21:15; 신 2:9). 학자들은 이 두 성을 같은 곳으로 보기도 한다. 어쨌든 이 성을 사르시겠다고 선언하신다. 모압(백성)은 원수들의 침략으로 요란함 속에 죽을 것이다(사 25:10-12*).

(3) '요란함'(샤론, שָׁאוֹן) - 기본적으로 이 단어는 큰 군중에 의한 소음을 표현한다. 군중의 소음은 전투를 준비할 때나(사 13:4), 공격할 때(렘 51:55; 호 10:14; 암 2:2)를 나타나는 데 사용되었다. 그들 중에 모압의 정치 지도자들인 "재판장과 지도자들을 그와 함께 죽이리라"고 하셨다. 한 나라의 지도자들이 얼마나 중요한가를 볼 수 있다. 그들 손에 한 나라의 흥망성쇄가 달려 있다.

• 사 25:10 "…모압은 짓밟힌 지푸라기처럼 으깨진 채 썩고 말 것이다. 11 주께서 모압 사람들을 수영 선수가 물을 밀어내듯 밀어 내시며 그들의 자랑과 악한 행동을 끝내실 것이다. 12 모압의 높고 굳건한 성벽을 주께서 무너뜨려 땅바닥의 먼지로 만드실 것이다."(쉬운성경).

▶ **지금까지** 유다와 이스라엘의 주변 국가들이 받아야 할 심판의 이유와 심판의 강도를 살펴보았다. 이들 국가들은 하나님의 언약 백성에게 직접적인 해를 끼치지 않은 이유로도 하나님의 심판을 면치 못한다. 결국 온 세상은 여호와 하나님의 통치 아래 있음을 볼 수 있다. 비록 언약 백성이 아니더라도 극악한 정치를 해서는 안 된다는 것이다. 이들은 인도주의에 어긋나는 죄를 지었다는 것 때문에 심판을 받는다.

여로보암 2세 통치 말기, 북이스라엘과 남유다는 크게 부강했다. 솔로몬 시대를 방불하는 제2의 황금 시대를 맞이했다. 그러나 부와 함께 사치와 부패 또한 흘러넘쳤다. 더 이상 볼 수 없었던 여호와께서 경고의 메시지를 전하신다. 그래서 드고아 출신 아모스가 하나님께 붙들린 바 되어 말씀을 선포한다. 그는 사마리아의 멸망이 임박하였다는 것과(주전 722년) 그 후에 예루살렘도 몰락(주전 586년)하리라는 것을 보았다. 그는 우선, 이스라엘 주변 국가들부터 심판을 선고한다.

야, 너희들 내 말 잘들어!

"이스라엘 주변국에 사는 놈들아, 내 말 잘들어!"

"우리 하나님 여호와께서 너희들에게 공의로운 심판을 선언하셨다. 이에 대해 억울하다고 생각하는 놈 있으면 나와봐."

"너, 다메섹부터 네가 지은 죄와 심판 받을 내용을 말해봐!"

"뭐, 그 사이에 잊어버렸다고?!"

"너희들이 피흘린 죄는 <영원한 언약>을 위반한 거야. 모르겠다고? 그러면 이사야 24:5과 창세기 9:5, 16을 읽어봐!" "이런 죄들은 온 땅에 저주를 가져온다는 것을 모르느냐?"(사 24:6-13)

"너희들(열국)이 저지른 악한 행위에 당연한 심판이 따라온다는 것을 꼭 기억해. 미가서 5:15과 7:13을 꼭 읽어봐!"

"여호와의 백성을 조롱한 열국은 두려워하여 구멍에서 나온 벌레들처럼 기어다니게 될 꺼야, 두고봐"(미 7:16-17). "너희들은 여호와 하나님을 단순히 이스라엘의 하나님으로만 생각하는 것 같은데, 이제 그 생각을 고쳐줄꺼야."

"여호와께서는 언약 백성들에게만 주권자가 아니시다. 여호와는 만국을 통치하는 전능자 하나님이시다." "그분은 천지만물의 창조자이시다. 그러므로 온 세상은 여호와의 통치 영역이다."

"너희는 눈을 들어 하늘을 바라보아라. 누가 이것들을 창조하였느냐?"(사 40:26). 그러므로 고삐 풀린 권력을 자행하는 자들은 여호와의 공의로운 최종적 심판을 받는다는 것을 잊지 말아라."

"그렇다고 우리 하나님은 아무 때나 심판하시는 것이 아니다. 주께서 몇 번이나 너희에게 경고를 했는지 아느냐?" "제발, 정의로운 나라가 되라." "너희들이 도덕적으로 건전하다면 하나님이 왜 너희들을 심판하시겠니."

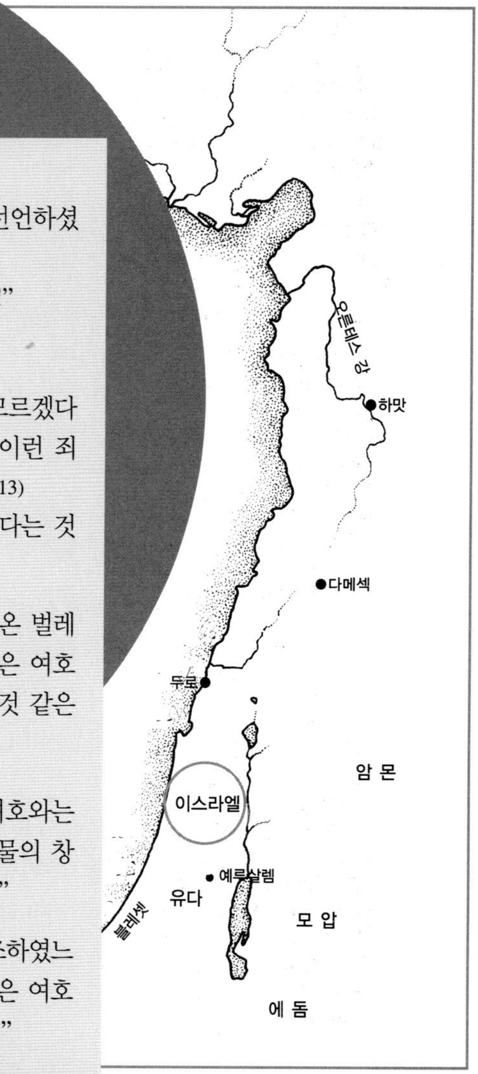

"유다와 이스라엘아, 너희들 열국이 심판 받을 것이라는 말을 듣고 좋아하는 모양인데, 2장에서 보자."

아모스 1장 요약 정리

모든 민족들의 죄악과 심판

Summary

- 아모스와 호세아가 왜 긴급하게 북이스라엘에게 메시지를 전파하게 되었는가?
- 아모스는 언제 부름을 받았는가? 남북 어느 왕 때인가?
- 여로보암 2세 때의 북이스라엘은 어떤 상황에 있었는가? 어떻게 이스라엘은 침체에서 다시 부강한 나라로 올라설 수 있었는가?
- 이 당시 남북은 모두 평화를 구가하고 있었다. 그러나 어떤 상태의 평온한 상태였나?
- 이스라엘 주변국들에게 심판이 선고되고 있다. 이들은 왜 심판의 대상이 되었는가?
- 각국마다 죄의 목록은 무엇이며 이에 대한 심판의 내용은 무엇인가? (교재)
- 아람(다메섹)은 어떤 왕들이 통치하고 있었나? 이들이 이스라엘에게 미친 영향은 무엇인가?
- 다메섹이 길르앗을 어떻게 대했는가?
- 블레셋의 5대 도시는 어디를 말하는가? 블레셋은 어떤 경고를 받았는가?
- 두로는 어떤 곳이며 왜 심판을 받는가?
- 에돔은 어떤 곳이며 왜 심판을 받는가?
- 암몬은 어떤 곳이며 왜 심판을 받는가?
- 모압은 어떤 곳이며 왜 심판을 받는가?

Think

- 이스라엘 백성들의 편협한 생각들 - 하나님은 '택한 백성'만의 하나님이라고 생각했다. // 우리도 이와 비슷한 생각을 하고 있지 않는지 곰곰이 생각해 보자.

- 우리는 믿음이라는 전제 하에 너무 편협한 가치관을 가질 수 있다. 오직 믿음, 구원, 천국이라는 것에만 관심을 가질 때, 보다 높은 하나님이 원하시는 가치관을 놓쳐버리기 쉽다.

- 우리가 말하는 소위 '일등 신자'란 어떤 사람을 말하는 것인가? 그 일등 신자가 하나님이 원하시는 삶과는 훨씬 거리가 먼 생활을 할 수 있다. 그런 사람을 주위에서 많이 볼 수 있기 때문이다. 하나님은 우리의 무조건적인 열심에 감격하시지 않는다. 하나님이 원하시는 가치관으로 변화되지 않으면, 그것은 믿음의 성장이 아니다.

Amos 제2장

너희들은 하나님의 율법을 어겼다

아모스와 호세아 선지자는 동시대에 사역한 것으로 알려져 있다. 학자들은 아모스가 호세아보다 앞서서(약 10년에서 20년) 활동한 것으로 추정한다. 호세아가 비교적 긴 기간 동안 활동한 것에 비하여 아모스는 짧은 기간 동안 북쪽 이스라엘서 모습을 드러냈다. 아모스는 자신을 목자요 무화과를 재배하는 전문 일꾼으로 묘사한다. 아모스는 그의 직업 특성상 이스라엘 여러 곳을 돌아다녔을 것이다. 이런 과정에서 이스라엘 내에서 벌어지는 한심한 작태를 이미 잘 알고 있었을 것이다. 아모스는 자신이 결코 선지자도 아니며 선지자의 아들도 아니라고 했다(암 7:14-15). 그가 이렇게 말한 의도는 어디에 있을까? 이 말 속에는 자신은 선지자로서의 직업적 야심이나 타고난 의무를 짊어지기 위함이 아니었음을 드러내고 있는 것이다. 그는 선지자 훈련을 받은 적이 없으며 경험도 없다는 것이다. 그러나 여호와께서 강력하게 명령하셨기에 그 명령을 지금 수행하고 있다고 말한다.

1:1-2:3에서, 그는 이스라엘 주변 국가들에 대한 여호와 심판의 보편성을 강조했다. 이들 나라에 대한 심판은 공의의 하나님으로부터의 심판이다. 처음 여섯 개의 메시지 안에 있는 구체적 고발은 한결 같이 전쟁 중에 저지른 범죄와 관련된 것이었다. 하나님은 세상의 다른 모든 민족들에게도 깊은 관심을 가지고 계심을 알 수 있다. 이들의 심판을 바라보는 유다와 이스라엘은 어떻게 생각했을까? '그러면 그렇지!' 그들은 하나님의 심판은 당연히 이방 나라들에게 임하는 것이라고 생각했다. 그러나 아모스는 그의 포문의 방향을 정반대로 돌리고 있다. 유다와 이스라엘에게 더욱 심각한 심판을 선고하고 있지 않은가?!

Outline 2

제1부 아모스 서론

모든 민족들의 죄악과 그것을 심판하시는 하나님

제1장 민족들의 죄와 열국들의 심판

1. 서론(1:1-2)
2. 다메섹(1:3-5)
3. 블레셋(1:6-8)
4. 두로(1:9-10)
5. 에돔(1:11-12)
6. 암몬(1:13-15)

제2장 민족들의 죄와 열국들의 심판(계속)

7. **모압(2:1-3)**
8. **유다(2:4-5)**
9. **이스라엘(2:6-16)**

by 김희보, 소선지서 주해(아모스)

◀ **2장에서는 유다와 이스라엘의 심판을 선고하신다**

• **유다(2:4-5)**
① 율법을 거부하며
② 다른 신을 섬겼다.

시내산 언약에 대한 근본적인 위반(우상 숭배)은 심판을 피할 수 없다. 광야에서도 그랬고(출 32-34장; 민 25:1-8), 가나안 땅에 들어와서도 그랬다(삿 2:6-23).

• **이스라엘(2:6-16)**

(1) 의인(정직한 시민들)을 종으로 팔아넘겼다.
① 은을 받고 의인을 팔며
② 신 한 켤레를 받고 가난한 자를 팔았다.
(2) 가난한 자들을 헐값에 종으로 팔아넘겼다.
(3) 힘없는 자의 머리를 티끌 먼지 속에 발로 밟고
(4) 연약한 자의 길을 굽게 하며
(5) 부자(父子)가 한 여인에게 다닐 정도로 타락했다.
(6) 부요한 채권자들의 횡포가 도를 지나쳤고
(7) 벌금으로 거둔 포도주까지도 개인적으로 착복했다.

▲ **과거를 한번 돌아보라**

(1) 애굽에서 구원해주셨고
(2) 광야를 지나오는 동안에도 특별하게 지켜주셨다.
(3) 가나안에 거주하는 아모리인들을 멸절시켜 약속의 땅에서 안식을 누리게 하셨다.
(4) 예언자들을 끊임없이 보내서 올바른 길로 가도록 여호와의 뜻을 전달하셨다.
(5) 나실인을 세워 여호와를 향한 헌신의 모델이 되게 하셨다.

▲ **그러나 지금 너희들은 어떤 상태에 있는가?**

(1) 그러함에도 불구하고 늘 하나님의 언약을 배반했다. 이 모든 이유들로 인해 너희들은 이제 심판을 받을 것이다.
(2) 이 심판에서 제외되는 사람은 하나도 없다.
(3) 곡식단을 가득히 실은 수레가 흙을 누름 같이 너희를 누르겠다. (심판의 강도)

유다와 이스라엘의 죄, 그 심판(2:4–16)

우리는 앞에서 이스라엘 주변 국가들의 심판을 살펴보았다. 이들 나라가 심판을 받게 된 원인은 이들이 인도주의에 어긋나는 죄악들을 저질렀다는 데에 있다. 그렇다면 유다와 이스라엘은 어떤 죄목 때문에 고발을 당하고 있는 것일까? 나라가 부강하고 태평성대를 누리고 있다면 그것은 하나님의 엄청난 복의 결과가 아닌가?! 지금 우리가 잘 살고 있고, 하나님의 영광을 위한 종교적 행사도 풍성한데 왜 우리에게 와서 멸망을 선포한단 말인가! 선지자도 아닌 자가, 그것도 남부 출신의 이름도 없는 선지자가 와서 '하나님의 복, 할렐루야!''를 외쳐대는 백성들에게 찬물을 끼얹고 있다. '도대체 왜 그럴까?'

❼ 유다의 죄와 그 심판(2:4–5)

○ "여호와께서 이와 같이 말씀하시되"(2:4a)

● 죄의 목록 :

"이는 그들이 여호와의 율법을 멸시하며 그 율례를 지키지 아니하고 그의 조상들이 따라가던 거짓 것(우상)에 미혹되었음이라"

▶ 심판 선고(2:5)

① 유다에 불을 보내어 예루살렘의 궁궐들을 사르리라

1. 유다에게 내려진 죄의 목록은 무엇인가?

2:4 "이는(because, עַל)
그들이 '여호와의 율법'(תּוֹרַת יְהוָה)을 '멸시하며'(מָאֳסָם)[1] - 칼 동사
그 율례(호크, חֹק)[2]를 지키지 아니하고
그의 조상들이 따라가던 **거짓 것**[3]에 미혹되었음이라"

1) 멸시하다(despise), 배척하다(reject), 차버리다.

2) 율례(호크) - 규정, 법령(규), 관습, 의무

3) 거짓말, 허위, 사기. 여기서는 '우상'이란 뜻으로 쓰였다.

(1) '멸시하다'(마아쓰, מָאַס) - 백성들은 그들 가운데 계신 여호와를 경멸했기 때문에(despise, 민 11:20) 하나님으로부터 거절을 당할 수밖에 없다(호 4:6).

(2) '여호와의 율법'이란 무엇인가? 율법이 주어진 배경부터 살펴보자.
율법을 백성에게 주신 분이 누구인가? 물론 여호와 하나님이시다. 하나님은 이스라엘 백성을 애굽에서 강한 능력으로 구원하셔서 광야로 인도하셨다. 그리고 율법을 주셨다.

(3) 하나님께서는 율법을 주시기 전에 먼저 백성들에게 하나님의 은혜를 상기시키신다(출 20:2*). 하나님은 이스라엘 백성을 애굽에서 이끌어 내시면서 그들을 인도해 낸 이유를 분명히 말씀하신다. '자기 백성 삼으시려고 이스라엘을 불러냈다'고 강조하여 말씀하신다. 그런데 하나님은 거룩한 분이시다. 그러니 자기 백성 역시 거룩하게 살아야 한다고 말씀하신다. 그 거룩한 백성이(출 19:6*) 살아가야 할 법이 필요했는데, 그것이 율법이다.

(4) 그러니까 율법은 언약 백성의 생활 규범이라고 할 수 있다. 물론 구원의 길로 주신 것이 아니었다. 율법은 하나님이 자기 백성과 맺은 언약을 거룩히 지키기 위한 울타리였다. 그런데 오늘 본문에서 볼 수 있는 것처럼 백성들이 이런 율법의 의도를 왜곡하고 '그 하나님의 율법'을 멸시했다는 것이다. 율법을 주신 하나님은 그의 백성에게 기계적 순종을 원치 아니하신다. 기쁜 마음으로 이 율법을 순종하기를 원하신다. 하나님은 자신과 그의 백성 사이에 인격적 관계가 흐르기를 원하신다.

(5) 율례(호크) - '규정, 법령(법규), 관습, 의무' 등의 뜻으로 율법을 뜻하는 다른 단어들, 즉 '데바림'(말), 토라(율법), 미쉬파트(심판), 에두트(증거), 미츠와(계율) 등과 같은 단어들과 함께 연속적으로 나온다(출 15:25; 수 24:25; 스 7:10). 그러므로 '율례'라는 말은 "너희 열조의 규례"라는 어구(겔 20:18*; 삼상 30:25*)에서처럼 '법령'이나 '관습'을 의미한다.

2. 이런 율법을 멸시할 뿐만 아니라 그 율례를 지키지 아니했다. 그렇다면 이방 나라들과 다른 점이 무엇이 있겠는가?

(1) 앞에서 살펴본 것처럼 이방 나라들은 도덕적인 면에서 하나님의 심판을 받았다. 이방 나라가 정죄 당하는 모습을 보고 환호했을 유다에게 아모스가 던진 메시지는 무엇인가? 유다 역시도 <하나님께서 시내산에서 자기 백성과 더불어 맺으신> 모세 언약을 위반하였다는 것이다.

(2) 어떤 위반 행위가 있었는가? 그러나 유다에 대해서는 그 구체적인 언급이 없다. 다만 "그의 조상들이 따라가던 '**거짓 것**'에 미혹되었음이라"고 했다. '거짓 것'(카자브, כָּזָב)이란 '거짓말, 허위, 사기'라는 뜻이다. 문자적으로 읽으면 이렇다. "그의 조상들이 따라가던 (which, אֲשֶׁר) <거짓 것들>이 그들을 미혹하였다." 대부분의 학자들은 여기 '거짓 것들(err, their lies)'을 거짓 신들이나 우상들로 이해한다. 다음의 몇 군데 성경 구절에서 "따라가다'라는

• 출20:1 "하나님이 이 모든 말씀으로 말씀하여 이르시되 2나는 너를 애굽 땅, 종 되었던 집에서 인도하여 낸 네 하나님 여호와니라."

• 출 19:6 "너희가 내게 대하여 제사장 나라가 되며 거룩한 백성이 되리라 너는 이 말을 이스라엘 자손에게 전할지니라."

• 겔 20:18 "내가 광야에서 그들의 자손에게 이르기를 너희 **조상들의 율례**를 따르지 말며 그 **규례**를 지키지 말며 그 우상들로 말미암아 스스로 더럽히지 말라."

• 삼상 30:25 "그 날부터 다윗이 이것으로 이스라엘의 율례와 규례를 삼았더니 오늘까지 이르니라."

표현이 우상 숭배를 가리키고 있음을 본다(신 6:14, 8:19, 13:3, 28:14 등).

- 신 6:14 "너희는 다른 신들 곧 네 사면에 있는 백성의 신들을 **따르지 말라**(shall not go after, לֹא תֵלְכוּן)"

(3) "미혹되었음이라"(יַתְעוּם - 히필 동사) - 이 말은 육신적이나 정신적이나 도덕적으로 방황하고 잘못 가는 것을 말한다. 여기서는 히필(사역 능동) 동사가 쓰였다. 그러니까 우상이 그들을 그처럼 잘못되게 하였다는 비참성을 강조하고 있다. 특히 '거짓 것들'을 거짓 예언자들의 미혹하는 말들과 동일시하기도 한다.

▶ 심판 선고(2:5)

"유다에 불을 보내리니 예루살렘의 궁궐들을 사르리라."

(1) 첫번째 심판의 언급부터 여기까지 일곱 번에 걸친 심판 선고는 "주께서 불을 보내실 것"이라는 어구로 표현되었다. 그러나 유다는 이방 나라들과 다르다. 하나님과의 특별한 언약 관계에 있으므로 이들은 심판도 다르고 그 강도(强度)도 다르게 받을 것이다.

(2) 하나님의 특별한 언약 관계에 있는 자기 백성들은 이방 나라들보다 더욱 엄격한 심판을 받을 것이다(롬 2:12*). 이방인들은 인간의 양심의 법에 의하여 심판을 받는다(롬 2:14-15). 앞에서 언급된 이방 나라들이 심판 받은 내용도 사회적인 죄악들이었다(압박, 잔인, 불의, 부정, 시기와 질투 등).

- 롬 2:12 "무릇 율법 없이 범죄한 자는 또한 율법 없이 망하고 무릇 율법이 있고 범죄한 자는 율법으로 말미암아 심판을 받으리라"

(3) 그러나 유다의 죄는 무엇인가? 이들은 율법을 멸시하고 율례를 지키지 않았다는 것이다. 그리고 우상을 따랐다는 것이었다. 물론 유다 백성이 여호와를 완전히 버리고 우상을 숭배하지는 않았다. 그러나 그들은 여호와도 섬기고 우상도 따르는 혼합주의로 빠졌다. 본문은 이를 여호와를 버렸다고 표현하고 있다.

(4) 유다 백성들은 예루살렘에 성전이 있는 한 멸망치 않을 것이라는 망상에 빠져 있었다. 물론 이런 예언은 바벨론 침략으로 성취되었다. 마침내 예루살렘과 궁궐은 불타버릴 것이다. 어쨌든 유다는 아직은 북이스라엘보다 죄악의 강도가 약하다. 그러나 죄악이 점증하고 있다. 그들의 죄악 때문에 하나님은 이사야와 미가 선지자를 대기시키고 계신다.

❽ 이스라엘의 죄와 그 심판(2:6-16)

1. 이스라엘의 죄악은 열거할 것이 너무 많아 아주 자세하게 하나하나 고발하고 있다.

(1) 아모스는 유다의 심판을 언급했다. 친족 국가인 유다가 고발당하는 모습을 지켜보는 이스라엘은 그 심판의 강도 때문에 두려움이 가득했으리라.

(2) 아모스는 여로보암 2세 때에 활동한 선지자였다. 유다 왕 웃시야가 언급된 것으로 보아 여로보암 2세의 통치가 끝날 무렵에 활동했을 것이다.[1)]

(3) 이스라엘과 유다, 비록 지금은 남북이 분열되어 거의 200여년이 되어가지만, 이들은 하나님과 특별한 언약 관계에 있는 나라들이다. 그래서 선지자의 관심은 더욱 각별하다. 지금 아모스는 저주의 불가피성을 선포한다. 아모스는 그의 심판의 화살을 이스라엘의 어느 한 위치에 있는 사람들에게만 겨냥하지 않는다. 앞으로 살펴보겠지만 전 나라가 심판 아래 있음을 아주 분명히 하고 있다.

2. 부패도 어느 한 부분만 가져온 것이 아니다. 백성들의 삶의 모든 면들이 죄로 부패했음을 지적하고 있다. 아모스는 이들 모두에게 집중 포화를 퍼붓고 있다. 벧엘의 제사장 아마샤는 아모스를 향해서 '반란을 일으키는 자'라고 몰아세웠다. 그러나 아모스의 심판의 메시지는 멈추지 않는다. "여로보암은 칼로 죽을 것이고 이스라엘 백성은 포로로 끌려갈 것이다."

이스라엘의 구체적인 죄 일곱 가지

1. 그렇다면 아모스가 지적하는 이스라엘의 죄는 어떤 것들인가?

(1) 이들은 이방인들이 지은 죄와 유다가 지은 죄를 모두 지었다고 말한다. 이제 아모스는 앞에서 고발했던 방식과는 다른 패턴으로 이스라엘의 죄를 나열한다. 그는 구체적으로 일곱 가지 죄목을 나열하고 있다.

(2) 유다의 죄(2:4)에 이어 이스라엘의 사회적 죄를 언급하고 있다. 물론 여기서

1) 이즈음 이탈리아 반도에서는 아주 먼 훗날 이스라엘에게 엄청난 파장을 몰고올 로마가 막 태동을 시작했다.

유다의 죄와 이스라엘의 죄를 완전 구분지어 말할 수 없다. 유다라고 해서 이런 종류의 죄에서 자유롭지 못하기 때문이다. 히브리 시(詩)의 특징들 중 하나는 한 본문 내에서 평행법을 이루는 요소들이 전체 메시지의 한 부분들이다. 그러므로 전체의 본문을 보고 그 본문 안에서 각각의 요소들이 어떤 역할을 하고 있는지를 파악해야 한다.[1] 결국은 유다도 이스라엘도 여호와의 율법을 어긴 것인데, 유다 역시도 이스라엘이 지은 동일한 죄에서 자유롭지 못하다는 것이다.

1) 윌리암 S. 라솔, 구약개관, 박철현 역, 크리스찬다이제스트, 475면.

1 의인(정직한 시민들)을 종으로 팔아넘겼다

1. '가난한 자'는 왜 생기는 걸까? 이 거창한(?) 주제를 여기서 장황하게 설명할 수 없다.

(1) 아주 다양한 이유로 한 개인이나 가족이나 공동체에 가난이 쓰나미처럼 다가올 수 있다. 자연적인 원인 때문에 올 수도 있고, 농작물에 병충해가 들거나 메뚜기 떼와 같은 것들로 인해 하나님의 심판과는 상관없이 사회를 어렵게 만들 수 있다. 기근, 질병, 재난은 한 인생을 회생 불가능으로 만들 수 있다.

(2) 물론 자기 자신의 게으름으로 가난이 올 수도 있다. 또한 압제로 인해 가난에 내몰릴 수 있다. 이는 빈곤의 이유 중 훨씬 주된 요인일 것이다. "대부분의 사람들은 직간접적으로 다른 사람들의 행위 때문에 가난하게 된다. 그러니까 가난이 유발(誘發)되는 것이다. 그리고 그 일차적인 원인은 다른 사람들을 계속해서 가난하게 억눌러 놓음으로써 자신들의 이기적인 이익을 챙기는 사람들이 행하는 다른 사람들에 대한 수탈이다."[2]

2) 크리스토퍼 라이트, 현대를 위한 구약윤리, IVP, 232면 이하.

2. 여로보암 2세 통치 말기, 국력이 신장됨에 따라 나라가 안정권에 들어섰다. "그러나 당시 이스라엘은 왕실 군사 관료들이 나라를 다스렸다. 이 관료 집단이 늘어나면서, 그들은 점점 많은 땅을 갖게 되었고, 점차 경제와 법 체계까지 장악하게 되었다. 그들은 다양한 차원에서 뇌물과 다른 부정직한 행동을 요청하였다. 일반 백성에게는 과도한 징세, 징병, 지나친 이율, 다른 압제적인 수단 등에 의해 점점 토지 소유권을 박탈당하면서 부동산과 생존 수단과 시민권 등을 잃게 되었다."(로버트 치즈 홀름).[3]

3) 로버트 치즈홀름, 예언서개론, 강성열 역, 크리스찬다이제스트, 583면.

"내가 그 벌을 돌이키지 아니하리니(=용서하지 않겠다)
//이는(because, עַל)
그들이 ① 은을 받고 **의인**(짜디크, צַדִּיק)을 팔며(מִכְרָם-칼 동사, 연계형)
② 신 한 켤레를 받고 **가난한 자**를 (팔며)"(=팔았기 때문에)

여기서 '짜디크'는 의로운(사람), 공정한, 올바른, 합법적인'이라는 말이다. 이 문단 내용을, 뇌물을 받고 불의의 재판을 하는 부정을 공격하는 것으로 보는 견해도 있고, 죄 없는 자들을 붙들어 노예로 팔고 사는 잔인함과 불의함을 공격하는 것으로 보는 견해가 있다. 그러나 다음 구절의 히브리 시의 평행적인 연결을 생각하면 후자가 더 적합한 것으로 보인다(김희보, 호세아서). 여기서 '의인'이란 보통의 정직한 사람들을 가리킨다. 어려운 시대를 살아가는 평범하게 살아가는 사람들을 '은을 받고' 팔아 넘겼다는 것이다.

2 가난한 자들을 헐값에 종으로 팔아넘겼다

1. 백성 중에는 가난하게 사는 사람들이 많이 생겨났다. 빚에 쪼들려 도망갈 곳도 없는 이들을 신 한 켤레 값을 받고 팔아 넘기기까지 했다.

2:6b "신 한 켤레를 받고(for a pair of shoes, בַּעֲבוּר נַעֲלָיִם[1]) **가난한 자**를 (팔며)"

(1) 살다보면 빚을 질 수 있다. 그 빚이 쌓이면 땅을 잃게 되고 그러면 사람들은 점점 더 가난의 악순환 속으로 깊이 빠져들어 간다. 이자가 눈덩이처럼 커져 간다. 결국 파멸 속으로 떨어지고 노예가 될 수밖에 없다. 그런데 돈을 빌려주는 사람들은 파렴치하게 극심한 요구를 하고 있다는 것이다.

(2) '신 한 켤레' 때문에 가난한(궁핍한) 자를 팔았다는 말이다. '신 한 켤레' 가격이란 가장 낮은 가격을 의미한다(창 14:23 참조). 그렇게 헐값에 종으로 팔았다는 말이다. 왜 이런 극단적인 상황까지 가게 되는 것일까? 남유다가 멸망의 문턱에서 서성이고 있을 때, 예레미야 선지자는 이와 똑같은 상황에서 슬프게 울부짖는다. "너희는 예루살렘 거리를 이리저리 다니며, 두루 살피고, 생각해 보아라. 성의 광장을 모두 뒤져 정직한 일을 하는 사람이 한 명이라도 있는지 찾아보아라. 진리를 구하는 사람이 한 명이라도 있는지 찾아보아라. 너희가 찾을 수 있다면 내가 이 성을 용서해 주겠다"(렘 5:1).

1) בַּ+עֲבוּר

עֲבוּר- 아부르 - 때문에, ~을 위하여 / 항상 접두사 '베'와 함께 원인적, 목적적, 결과적 관계들을 나타내는데 사용되는 전치사 및 접속사이다. "신 한 켤레 때문에"라는 의미이다.

2. 경제적으로 무력한 사람은 사회적으로도 무력하다. 예레미야 5장에 생생하게 묘사되어 있는 것과 같이 그 상황이 나란히 간다. 극빈자가 빚에서 벗어나기란 너무 힘들다. 이렇게 아모스는 채무자들을 종으로 팔고, 가난한 자들 역시 종으로 파는 악덕 업자들의 행위들을 비난하고 있다. 물론 하나님께서 이런 사실을 모르실 리가 없다. 다만 지금은 인간이 깨닫지 못하도록 숨어서 역사하실 뿐이다. 사회에서 억압 받는 자의 외침을 결코 외면하지 않으신다. 악행자의 처벌을 오랫동안 지체하시는 것 같고, 의인이나 행악자의 운명이 별 차이가 없는 것처럼 보이나 하나님은 결코 주무시는 분이 아니시다.

3 힘없는 자의 머리를 티끌 먼지 속에 발로 밟고

2:7a "힘 없는 자의 머리를 티끌 먼지 속에 **발로 밟고**"

개역성경 - "가난한 자의 머리에 있는 티끌을 탐내며"라고 번역했다.

(1) '힘 없는 자들'(דַּלִּים - 복수) - '낮은, 가난한, 약한', 즉 약하고 비천한 사람을 말한다. 6절에 '가난한 자'는 물질적으로 궁핍한 사람들을 가리키나, 여기서 '달'(דַּל)은 사회적 지위를 갖지 못하여 취약하게 노출되어 있는 사람을 가리킨다. 이런 경우는 전형적으로 가족이나 토지 혹은 둘 다 잃은 경우에 해당한다. 당시 고아나 과부, 그리고 이방인들이 이 경우였다. 이런 사람들에게는 강력한 대변자들이 나와서 그들의 정당한 주장을 변호해 주어야 한다. 그렇지 않으면, 그들은 아무런 변호를 받을 수 없게 된다.[1]

1) 크리스토퍼 라이트, 현대를 위한 구약윤리, IVP, 234면.

(2) 그런데 이런 사람들의 머리를 흙을 밟듯이 짓밟았다는 것이다. 이사야 3:14-15을 참고로 읽어보자.

"여호와께서 자기 백성의 장로들과 그 지도자들을 심문하신다. '너희가 포도원을 먹어 치웠다. 가난한 사람들로부터 빼앗은 것이 너희 집에 있다. 어찌하여 너희가 내 백성을 짓밟느냐 어찌하여 가난한 사람들을 못 살게 구느냐?(가난한 자의 얼굴에 맷돌질 하느냐) 주, 곧 만군의 여호와의 말씀이다"(쉬운성경)

(3) 이렇게 국가 지도자들의 죄야말로 하나님의 심판을 초래하는 근본 문제점에 해당한다. 하나님은 가난한 자들을 압제하는 죄많은 지도자들을 벌하실 것이다. 이 땅에서는 언제든지 가난한 자가 그치지 않을 것이다(신 15:11).

4 연약한 자의 길을 굽게 하며

2:7b "연약한 자들(עֲנָוִים-복수)의 길을 '굽게 하며'(יַטּוּ -히필 동사 미완료)"

(1) '연약한 자들'(개역 - 겸손한 자)[1]의 길을 굽게 했다는 말은 '고통당하는 자들' 또는 가난에 찌들린 자들의 재판을 공정하게 다루지 않았다는 말이다.

(2) 하나님은 이스라엘 공동체가 공의의 나라가 되도록 많은 재판관들을 세우셨다. 그러나 그들이 다 공의를 따라 재판하지 못했음을 고발한다. 하나님은 재판관들에게 뇌물을 피하고 진정한 무죄를 선언하는 자를 칭찬하시는 반면(왕상 8:32), 뇌물을 취하는 자들을 비난하신다(미 3:11, 7:3). 재판관들은 지속적으로 뇌물의 유혹을 피해야 한다(대하 19:7). 대신에 자비를 보여야 한다. 물론 재판관들은 그들의 권위를 남용하는 경우가 많았다. 인간 재판관은 아주 선하거나(이런 경우 재판관은 사회질서의 공의와 사신이다), 아주 악하다(이 경우에는 이기적이고 사회의 도덕적 타락에 일익을 담당한다). 그러나 궁극적 심판관은 하나님이시다. 이를 믿는다면 인간 재판관이 얼마나 바른 재판을 해야 하는가를 알게 된다. 결국 재판을 굽게 한다는 것은 하나님을 멸시하는 행동이다.

(3) '굽게 하다'(나타, נָטָה -기울이다, 구부리다, 돌리다) - 이 용어는 비유적으로 정의를 곡해하는 것, 혹은 뒤트는 것(왜곡하는 것)을 의미한다. 이에 대한 비난이 이스라엘 율법의 핵심을 이룬다(암 2:7, 5:12; 말 3:5). 여기서는 히필 동사로 쓰여 '연약한 자들'을 강한 힘으로 압박하는 것을 의미한다.

1) '아나우'(עָנָו)는 '가난한, 고통 받는, 겸손한, 온유한'이라는 뜻이다. 고난의 목적인 경건한 자의 도덕적, 영적 상태를 강조한다.

5 부자(父子)가 한 여인에게 다녀서

2:7c "아버지와 아들이 한 젊은 여인에게 '다녀서'(- הלך의 칼, 미완료)
내 거룩한 이름을 '더럽히며'(חַלֵּל)[2]"

(1) '한 젊은 여인에게'(הַנַּעֲרָה) - 여기서 '한'이란 말은 원문에 없다. '나아라'(נַעֲרָה)라는 말은 '처녀, 아가씨, 젊은 여자, 첩, 매춘부' 등 여러 가지 뜻이 있다. 여기에 정관사(הַ)를 보아 어떤 지정된 여인(*the* same maid)을 가리킨다. 어쨌든 부자(父子)가 '같은 한 여자에게' 다녀간다는 말이다.

(2) 문제는 이 여자가 '매춘부'인가, 아니면 소위 바알 신전에 바쳐진 '성녀'(케

2) 하랄(חָלַל)의 피엘(강조 능동) 동사의 연계형. '신성모독하다, 더럽히다, 오염시키다, 신성을 더럽히다.'

데솨, קְדֵשָׁה)인가 하는 문제이다. 만약 후자라면 이스라엘 자녀들이 도덕적 또는 성적 타락과 더불어 얼마나 가나안 종교에 깊이 물들어 있었던가를 보여 준다. 더욱이 '다녀서'라는 말은 הלך(come, walk, move, proceed)의 칼, 미완료형이다. 즉 습관적으로 계속 드나드는 것을 말한다.[1]

(3) '더럽히며'(חִלֵּל)라는 말은 '하랄'(חָלַל-'신성모독하다, 더럽히다, 오염시키다, 신성을 더럽히다')의 피엘(강조 능동) 동사로 그 뜻이 강조되어 있다. 동사 앞에 접속사(לְמַעַן - in order to)가 있다. 즉 나의 거룩한 이름을 '더럽히려고'(to profane my holy name)라는 고의적인 행동이 있다는 것이다. 옆의 각주 1)의 주장의 진위(眞僞)야 어떻든, 이런 행동들은 여호와 하나님의 거룩한 이름을 더럽히는 일이요 그것도 고의적인 의도가 있었다는 것이다.

6 부요한 채권자들의 횡포

2:8a "[그들이] ——— 누우며(יַטּוּ-히필 동사 미완료)
/모든 제단 옆에서
/전당 잡은 옷 위에(בְּגָדִים חֲבֻלִים)

(1) 그 당시 사회적인 불의와 종교적인 타락이 어느 정도인지 실감케 하는 내용이다. '전당 잡히다'(하발, חָבַל) - 이 동사는 '파멸(파괴)하다, 타락한 행동을 하다, 저당 잡히다'란 의미가 있다. 여기서는 '전당 혹은 담보로 잡다'를 의미한다. 대부를 보증하기 위하여 취하여(혹은 맡기는) 담보(pledge)를 가리킨다(참고로 레 25:35-54을 읽어보자). 이스라엘 사람이 선불 이자 할인 대부를 해주었을 때, 만약 채무자가 갚을 수 없을 경우 그는 그 대부를 일로 대신해야 한다. 그러나 이럴 경우 더 이상의 이자는 부과하지 않는다. 부과되는 이자는 고리대금이 될 것이다.

(2) 그러므로 전당 잡은 옷(출 22:26) 혹은 계약을 보증하는 신(룻 4:7; 암 2:6)은 대부에 대한 보증이 아니라 그 계약을 비준하는 교환의 증표라고 한다. 분명히 그것은 증거로 취한 것이며, 그 후 즉시 되돌려주게 되어 있었다(E. A. Speiser).

(3) 그런데 부요한 채권자들은 전당 잡은 옷 위에서 누웠다고 했다. '누웠다'는 말은 히필(사역 능동) 동사 미완료형이다. '사지를 쭉 펴고 누웠다'는 말이다.

1) 어떤 학자는 이 내용을 아버지와 아들이 동일한 여자와 성관계를 맺는 것으로 이해해서는 안 된다고 주장하면서 다음과 같은 설명을 하고 있다. 즉,

"~에게 가서"(יֵלְכוּ אֶל־)라는 히브리어 관용구는 다른 곳에서 성관계를 가리키는데 사용되지 않았다는 것이다. 이 구절은 이방종교의 '마르제아흐' 잔치를 가리킬 가능성이 더 높다는 것이다. 이 제도는 아모스 6:4-7(렘 16:5-9도 보라)에서 언급되며, 고대문헌에서도 언급되고 있다. 그러니까 '마르제아흐' 잔치는 일종의 종교적인 사교클럽이라는 것이다. 그곳에서 부자 손님들은 아마도 죽은 자를 위한 애곡의식과 관련하여 과도하게 먹고 마시는 잔치를 벌였을 것이다. 이곳에 언급된 '젊은 여인'은 그러한 잔치의 여주인을 가리킨다고 보고 있다. 이 견해에 의하면 이 부분은(2:7)은 성적인 난잡함을 가리키기 보다는 그러한 잔치에 참여하는 아버지와 아들을 가리킨다. 그들이 그러한 잔치에 참여했다는 것은 가난한 자들을 희생시키면서 즐기는 그들의 생활 양식이 어떠한지를 잘 설명해 주고 있으며 그들이 쉽게 이교 풍습에 동화되었다는 것을 보여준다.

<로버트 치즈홀름, 예언서개론, 강성열 역, 크리스찬다이제스트, 584면.>

그것도 제단 옆에서. 여기 '옷'(베게드)은 전폭으로 몸을 감을 수 있는 '겉옷'을 말한다. 이러한 겉옷은 추운 밤이 오기 전에 돌려주어야 한다(출 22:26-27*). 이는 채무자를 위한 보호조치였다. 그런데 부요한 채무자들은 성전 주변에서 즐거운 시간을 보내면서 그 겉옷을 담요로 사용하고 있었다는 것이다.

• 출 22:26 "네가 만일 이웃의 옷을 전당 잡거든 해가 지기 전에 그에게 돌려보내라 27 그것이 유일한 옷이라 그것이 그의 알몸을 가릴 옷인즉 그가 무엇을 입고 자겠느냐 그가 내게 부르짖으면 내가 들으리니 나는 자비로운 자임이니라."

7 벌금으로 거둔 포도주를 마셔버리다

2:8b "[그들이] ——— 마심이니라(יִשְׁתּוּ - 히필 동사 미완료)
/포도주를 - 그러니까 이 포도주는 벌금으로 산 것이다.
/벌금으로 얻은
/그들의 신전에서

(1) 율법에는 어떤 사람이 타인에게 부당하게 손해를 입힌 경우 그가 입힌 손해를 보상하기 위해 벌금을 부가하고 있다(출 21:22; 신 22:19*). 이들은 벌금으로 거둔 돈으로 포도주를 사서 그 포도주를 마셔 버렸다는 것이다.

(2) "그들의 신전"은 물론 예루살렘 성전을 가리키지 않는다. 벧엘과 단에 있는 그들의 전을 가리킬 것이다.

• 출 21:22 "사람이 서로 싸우다가 임신한 여인을 쳐서 낙태하게 하였으나 다른 해가 없으면 그 남편의 청구대로 **반드시 벌금을 내되** 재판장의 판결을 따라 낼 것이니라."

• 신 22:19 "이스라엘 처녀에게 누명을 씌움으로 말미암아 그에게서 은 일백 세겔을 **벌금으로 받아** 여자의 아버지에게 주고 그 여자는 그 남자가 평생에 버릴 수 없는 아내가 되게 하려니와."

▶ 이렇게, 아모스는;

(1) 다메섹을 시작으로 여러 주변의 이방 나라들의 죄와 유다의 죄를 지적했지만(1:4-2:5), 이는 이스라엘의 죄를 지적하며 심판할 메시지의 준비요 서론에 불과했다.

(2) 그렇다면 이스라엘의 죄는 무엇일까? 앞에서 이미 살펴본 것처럼, 불의, 부정, 잔인과 학대뿐만 아니라 하나님의 법과 율례도 멸시했다. 즉 이방과 유다가 범한 죄를 모두 범했다는 것이다(2:6-7).

특별히 상류층의 범죄행위는 용서할 수 없는 것들이었다. 사회적인 약자들의 존엄성을 보호해야 할 이들이 철저히 그 법을 무시했음을 고발하고 있다. 이제 하나님은 이들 역시 반드시 심판하실 것이다(2:14-16).

172

Close-up 가난하고 궁핍한 자

1. 우리가 앞에서 살펴본 대로 아모스는 사회정의에 대해 강조하고 있음을 본다. 그렇다면 아모스가 윤리적 유일신 신앙을 도입한 최초의 사람인가?

(1) '윤리적 유일신 신앙'이라는 개념은 하나님이 오직 한 분만 유일하게 존재하시며, 그는 윤리적인 행동을 요구하신다는 개념이다. 지금은 많은 학자들이 아모스가 그런 개념을 최초로 도입한 사람이라고 믿지 아니한다(윌리암 S. 라솔, 구약개관).

(2) 가난하고 궁핍한 자들에 대한 하나님의 관심은 아모스에서만 발견되는 독특한 주제가 아니다. 이사야서 10:1-4에서는 어떻게 언급하고 있는가?

- "1불의한 법령을 만들며 불의한 말을 기록하며 2 가난한 자를 불공평하게 판결하여 가난한 내 백성의 권리를 박탈하며 과부에게 토색하고 고아의 것을 약탈하는 자는 화 있을진저 3벌하시는 날과 멀리서 오는 환난 때에 너희가 어떻게 하려느냐 누구에게로 도망하여 도움을 구하겠으며 너희의 영화를 어느 곳에 두려느냐 4포로 된 자 아래에 구푸리며 죽임을 당한 자 아래에 엎드러질 따름이니라 그럴지라도 여호와의 진노가 돌아서지 아니하며 그의 손이 여전히 펴져 있으리라."

(3) 위의 본문에서처럼 **과부**와 **고아**와 **가난한 자** 등 세 부류의 사람들은 공통적으로 사회 안에서 힘을 갖지 못한 사람들이다. 아모스서에서도 이와 같은 내용을 지적하고 있다. 가난한 사람들에게 법적인 도움을 주지 않는다거나 젊은 여인을 성적으로 학대하거나 또한 사회적인 약자들에 대해서 관심을 갖지 않는 자들에게 여호와의 진노가 떠나지 않을 것이라고 말씀하고 있다.

2. 이렇게 여호와께서는 약자들에게 관심을 가지고 계신다는 주제는 성경 전체에서 발견할 수 있다.

(1) 출애굽기 - 22:21-24, 25, 23:3-11
신명기 - 14:28-29, 15:7-11, 26:12-15
레위기 - 19:9-10, 15, 33, 25:35-38

(2) 시편 - 72:2-4, 12-14, 82:3-4, 107:41, 113:7, 132:15
잠언 - 14:21, 31, 19:17, 21:13, 22:9, 22-23, 23:10-11, 29:7, 14, 31:9, 20 등.

(3) 아모스와 같은 시대에 활동한 선지자들에게서도 많이 등장한다.
이사야 - 1:10-17, 21-26, 5:1-7, 10:1-4
미가 - 3:1-4, 9-12, 6:6-8 등.

(4) 마태복음 25:31-46 / 야고보서 1:26-27

(5) 그 외에도 성경에는 많은 부류의 사람들이 굶주림과 불의로 인해 고통 받고 있음을 지적하고 있다. 소작하는 농부들, 품삯을 받고 일하는 일꾼들, 외국인들이 바로 그들이다. 이렇게 가난한 사람들은 자주 권력에 대한 탐욕의 희생자들이 된다. 그래서 선지자들은 '억압하고, 강탈하고, 파괴하고, 괴롭히며, 짓밟고, 학대하는' 지도자들이나 그 사회를 비난하였다(사 3:14-15, 32:6-7; 암 4:1, 8:4 참조).

(6) 가난한 자들이 권력을 쥔 자들의 억압의 대상이 되므로 이들이 의지할 곳이라고는 하나님 밖에 없다. 이들의 울부짖는 기도를 하나님은 결코 무시하지 않으신다. 물론 게으름이나 불순종 때문에 가난을 겪는 자들도 있다. (*)

지난 날을 한번 되돌아보라(2:9–12)

1. 여호와 하나님은 이스라엘에 대한 고발을 마무리하기에 앞서 이스라엘의 과거를 다시 되돌아보게 하신다. 왜?

> 2:9 "[그러나 내가 וְאָנֹכִי] 아모리 사람을 그들 앞에서 멸하였나니
> 그 키는 백향목 높이와 같고 강하기는 상수리나무 같으나
> 내가 그 위의 열매와 그 아래의 뿌리를
> '진멸하였느니라'(yet I destroyed, וָאַשְׁמִיד)" - 히필 동사

(1) 맨 앞에 '그러나 내가'라고 강조하여 말씀하셨다. 그들을 인도하신 분은 바로 '나' 곧 여호와시라는 뜻이다(Yet it was I who…). 바로 여호와께서 아모리 사람을 멸하셨다. 아모리 족속은 일반적으로 팔레스틴 정착민에게 사용되었다. 그들은 이스라엘이 멸해야 했던 백성인 가나안 족속 대신으로 지칭되었다(창 15:16; 왕하 21:11).[1]

(2) '멸하였나니'(הִשְׁמַדְתִּי) - 솨마드(שָׁמַד- 파괴하다, 전멸시키다, 전멸되다)의 히필(사역 능동) 동사 완료 1인칭이다. 따라서 아주 '멸절해 버렸다'는 말이다(Yet it was I who destroyed).

(3) 그들의 키는 백향목 높이와 같다고 했다. 여기서 '백향목 높이[2]'(the height of cedars)라는 말은 교만했다는 말이 아니라 실제로 키가 큰 거인이었다는 말이다. 가나안에는 '르바 족속', '엠 족속', '아낙 족속'과 같은 거인들이 많이 살았다. 여기서 그들을 백향목에 비유한 것은 본래 백향목이란 키가 크고 높은 나무의 전형적인 것으로 불려 왔기 때문이다(사 2:13, 겔 17:22, 23 참조). 상수리나무 역시 강할 뿐만 아니라 잎이 무성하며 그 그늘도 아름답다(호 4:13). 나무가 강하기 때문에 '노'를 만드는 재료로 쓰였다(겔 27:6, "바산의 상수리나무로 너의 노를 만들었고").

(4) 그렇게 강한 족속이었지만 "[그러나, ו] 내가 그 위의 열매와 그 아래의 뿌리를 진멸하였다"고 했다. 히필(사역 능동)형 동사로서 그 뜻이 강조되었다. 아주 멸절시켰다는 말이다. '뿌리'까지 진멸하였다는 것은 완전히 뽑아버렸다는 말이다(호 9:16; 겔 19:9; 사 37:31).

1) 아모리인들은 서해안, 헤브론(창 14:13), 세겜(창 48:22), 길르앗, 바산(신 3:10), 헤르몬(신 3:8, 4:48)에 거주했다. 시리아-팔레스틴 지방은 '아모리족의 땅'이라고 지칭되었다. 아모리 왕조는 함무라비가 살았던 수도 바벨론이 있는 북바벨로니아 지방을 통치하였다. 아모리 왕국은 이스라엘이 가나안을 정복하기까지 계속 존속했다. 아모리 왕 시혼이 패하고 난 후 아모리 족속의 왕국은 사라졌다.

2) 높이(고바흐) - '거만함, 교만'이라는 말도 있으나 여기서는 실제로 거인이었다는 뜻이다.

2. 이스라엘이 가나안에 정착할 수 있었던 것은 여호와께서 이스라엘의 대적들을 뿌리채 뽑아버리셨기에 가능했다. 그렇다면 이스라엘은 당연히 여호와께 순종의 길을 걸었어야 했다.

2:10 "내가(Also I…, וְאָנֹכִי) 너희를
애굽 땅에서 이끌어 내어(brought up)
사십 년 동안 광야에서 인도하고
아모리 사람의 땅을 너희가 차지하게 하였고"

(1) 하나님은 과거 이스라엘의 모습을 되새기게 하신다. 여호와 자신께서(내가, אָנֹכִי) 어떻게 그들을 애굽에서 건져주셨고, 광야 40년 동안 어떻게 동행하셨는지, 그리고 9절에서 말한 것처럼 이스라엘 대적인 아모리 군대를 진멸하셨는지를 상기시키신다.

• 신 2:7 "네 하나님 여호와께서 네가 하는 모든 일에 네게 복을 주시고 네가 이 큰 광야에 두루 다님을 알고 네 하나님 여호와께서 이 사십 년 동안을 너와 함께 하셨으므로 네게 부족함이 없었느니라 하시기로"

• 신 29:5 "주께서 사십 년 동안 너희를 광야에서 인도하게 하셨거니와 너희 몸의 옷이 낡아지지 아니하였고 너희 발의 신이 해어지지 아니하였으며"

(2) 성경은 그 광야 생활 40년 동안 부족함이 없었다고 했다(신 2:7*). 비록 광야는 황량한 곳이요 위험한 곳이었지만, 그래서 백성들의 불만이 표출되는 곳이기지도 했지만, 긍정적인 면 또한 적지 않았다. 즉 광야는 여호와께서 자신을 나타내시는 곳이기도 했다. 40년간의 유랑(신 8:2 참조)은 특별히 하나님과 밀착되는 시간으로 간주되기도 한다(호 9:10). 이러한 내용은 예레미야, 이사야, 에스겔에서 나타난다. 광야에서의 여호와의 신실하심과 이스라엘의 불충실이 대비되어 나타난다(시 78:17, 40, 95:7-11; 사 48:21, 63:13; 렘 2:6; 겔 20:10-26, 36).

2:11 "또 너희 ***아들 중에서*** 선지자를,
너희 ***청년 중에서*** 나실인을 '일으켰나니'(=세우다)
이스라엘 자손들아 과연 그렇지 아니하냐
이는 여호와의 말씀이니라"

(3) 하나님은 모세의 율법이 주어진 이후에도, 율법을 충실히 이행하기를 독려하기 위해, 또는 잘못된 길을 가는 백성들을 올바른 길로 인도하기 위해 끊임없이 선지자들을 보내셨다. 그러나 아모스 때에는 선지자들을 거절했다(암 7:12, 13). '나실인'은 성별되거나 헌신된 사람을 가리킨다(민 6:2-21 참조). 이렇게 하나님은 선지자들과 나실인을 세워 불순종하는 이스라엘을 바르게 인도하셨다. 하나님은 "과연 그렇지 아니하냐?"(Is this not so, הַאַף אֵין־זֹאת) 고 반문하신다.

(4) 하나님께서는 예언자들을 세우시고 그들을 통하여 자신의 뜻을 아주 충분하게 드러내셨다. 만일 백성들이 믿음으로 순종했다면 약속하신 땅에서 복된 삶을 계속 누렸을 것이다. 그러나 백성들은 배은망덕한 모습을 보였다.

2:12 "그러나 너희가 나실 사람으로 포도주를 마시게 하며
또 선지자에게 명령하여 예언하지 말라 하였느니라"

(5) 백성들은 선지자들을 배척했다. 그렇지 않아도 기득권을 가진 사람들은 황금시대를 구가하고 있는데, 이스라엘의 멸망을 선언하는 선지자들의 메시지가 달갑지 않았을 것이다. 이스라엘 백성들은 선지자들에게 침묵할 것을 요구했다. 물론 이런 일은 이스라엘 역사상 계속 있어왔던 일이다. 그들은 자신들의 잘못만을 책망하는 선지자보다는 축복 운운 하는 선지자를 더 원했다.

선지자들에게 예언을 금한 경우는 수없이 많았다. 예를 들면, 여로보암 1세(왕상 13:4), 이세벨(왕상 18:4, 19:2), 아합 왕(왕상 22:8, 26이하), 아하시야(왕하 1:9이하), 여호람(왕하 6:31), 아모스 때에도(암 7:13) 그리했다. 남유다에서도 이사야(사 30:10, 11)와 예레미야 시대에 특히 그러했다.

심판 선고(2:13–16)

흙을 짓누르는 것처럼 내가 너희를 누르겠다

1. 하나님은 이제 결론을 내리시려 하신다. 지금 이스라엘 백성은 그 진노에서 피할 수 없다. 하나님은 언제까지나 인내하지 않으신다.

2:13 "보라(Behold, הִנֵּה)
내가(אָנֹכִי)[1] — 누르리니(מֵעִיק)[2] - 히필(사역 능동), 분사
/(너희를)
/너희 자리에(너희 서 있는 곳에, תַּחְתֵּיכֶם) - 개정개역판 없음
/곡식 단을 가득히 실은 수레가 흙을 누름 같이"

1) 주어가 강조되어 있다. **I will** crush
2) 짓뭉개다

(1) '보라'라는 말로 주위를 환기시킨다(Now then - NIV). 이제 '내가'(myself, אָנֹכִי), 즉 여호와께서 징계를 내리실 것이다. 여호와께서 자기 백성을 어떻게 이끌어 오셨는가를 보여주시면서 그들의 언약 파괴로 인해 당할 심판을 언급하신다. 백성들은 선지자들의 권고를 거절하며, 그래서 모든 회개의 기

회를 무시함으로써 파멸의 길로 나아간다. "곡식 단을 가득히 실은 수레가 **흙을 누름 같이**"란 표현은 이제 곧 닥칠 재난을 상징하는 말이다.

(2) 그 임박한 재난에서 그 누구도 빠져나갈 수 없다. 하나님의 심판은 철저하고도 완전할 것이다. 아무리 무장한 군인들도, 용맹한 군인들도 완전히 무너질 것이다.

2:14 "빨리 달음박질하는 자도(아무리 빠른 사람도) 도망할 수 없으며
강한 자도 자기 힘을 낼 수 없으며
용사도 자기 목숨을 구할 수 없으며
15 활을 가진 자도(활을 가진 군인도) 설 수 없으며
발이 빠른 자도 피할 수 없으며
말 타는 자도(말을 탄 군인도) 자기 목숨을 구할 수 없고
16 용사 가운데 그 마음이 군센 자도 그 날에는 벌거벗고 도망하리라
여호와의 말씀이니라"

2. "여호와의 말씀이니라"(נְאֻם־יְהוָה- 네움, 발언, 신탁) - 이 말씀은 다른 누구의 말이 아니라 '하나님께서 말씀하셨다'는 말이다. 메시지의 진정성을 보증하는 심부름꾼 양식에 해당한다.

(1) 아모스 선지자는 여호와의 심부름꾼의 자격으로 말하면서, 여호와께서 과거에 이스라엘을 어떻게 이끌어 오셨는가를 전한다. 그것은 부모가 자식을 사랑하는 것을 뛰어넘는 사랑이었다. 그렇다면 당연히 이스라엘은 겸손히 순종해야 한다.

(2) 그러나 이스라엘은 철저히 여호와의 심부름꾼인 선지자의 말을 아주 분명하게 저절했다. 하나님의 언약을 파괴한 것이다. 하나님은 이제 이스라엘을 향해 돌변하신다. 이제는 사랑의 하나님으로서가 아니라 자녀를 징벌하시는(이스라엘에게 대적하시는 분으로, *against* Isreal) 분으로 나타나실 것이다. 그 징계는 상상을 초월하는 아픔으로 나타날 것이다.

(3) 이미 주님은 모세를 통해, 언약을 파괴할 경우 이방의 침략을 통해 이들을 심판하시리라고 경고하셨다(신 27-28장 참고). 물론 그 뒤로도 끊임없이 선지자들을 보내셔서 같은 내용을 선포하셨다.[1)]

1)열왕기상 17장; 렘 2:1-3:5; 겔 16장, 23장; 시 78편; 단 9:1-19; 느 1:4-11 참조

아모스 2장 요약 정리

유다와 이스라엘의 죄악과 그 심판

Summary

- 1장에서는 이스라엘의 주변 나라들에 대한 죄와 그 심판에 대해서 언급했다. 간단히 그 내용을 설명해 보라.
- 2장에서는 선민에 대한 죄와 심판을 언급한다. 남유다의 죄는 무엇이며 그 심판은 무엇인가? (2:4-5)
- 모세 율법을 어겼다고 했는데, 율법은 무엇이며 왜 백성들에게 주어졌는가?
- 이스라엘의 죄는 무엇인가? 그 구체적인 일곱 죄 가지를 교재를 보면서 설명해 보라.
- 이 세상에는 가난한 자들이 늘 있어왔다. 가난하게 되는 원인이 많이 있는데, 어떤 경우들인가?
- 성경에서는 가난한 자들에 대해 어떻게 대하라고 했는가?
- '신 한 켤레를 받고 가난한 자를 팔았다'는 것은 무엇을 의미하는가? 당시 사회가 얼마나 부패했는가? 그런 부패를 가져오게 한 원인은 무엇인가?
- '연약한 자의 길을 굽게 하며' 했는데, 재판이 공정하게 진행되지 않는 이유는 무엇인가?
- '부자(父子)가 한 여인에게 다녀서'라는 말의 배경은 무엇인가?
- 채권자들의 횡포로 채무자들은 자살하는 경우까지 있는데, 특히 오늘 우리가 살아가는 사회에서도 이들은 암적인 존재이다. 만약 여러분이 입법자라면 어떤 특단의 대책을 내놓을 수 있을까? <무조건 사형시켜야 된다고?>
- 특히 북이스라엘은 그 죄가 너무 만연해 있었는데, 이 죄를 지적하는 아모스와 호세아에 대한 기득권층과 권세자들의 태도는 어떠했는가?
- 하나님께서는 이스라엘에 대한 고발을 마무리하기 전에 지난날 이스라엘을 어떻게 인도해 오셨는가를 말씀하셨다. 어떻게 그들을 사랑하셨나?
- 이스라엘에 대한 심판의 필연성과 그 강도가 어느 정도가 될 것인가 말해 보라.

- '하나님의 심판'하면, 우리는 먼저 무엇부터 생각나는가? 심판은 하나님을 믿지 않는 불신 세상부터? 과연 그럴까?
- 성도는 하나님과 특별한 언약 관계에 있다. 따라서 더욱 엄격한(?) 심판을 받을 것이다. 이방인이 죄를 짓는 것은 당연한 것이나 성도들의 삶은 하나님의 특별한 관심사가 된다. 세상 사람들과 성도들의 심판은 그 기준이 무엇일까? 로마서 2장을 연구해 보자.

우리는 하나님의 백성이 아닌가?!

이방 나라를 비롯해 선민이라 불리는 남유다와 북이스라엘의 죄와 그에 대한 고발이 끝났다. 아모스는 하나님의 심부름꾼이다. 그는 다만 여호와께서 말씀하신 바를 백성들에게 정확히 전달했을 뿐이다. 이제 3:1-2에서는 이스라엘 백성의 정체성 문제를 다룬다. 백성들은 아모스의 긴 외침을 듣고나서 어떤 반응을 나타냈을까? 여호와께서는 이스라엘 백성을 애굽의 속박으로부터 건져주셨다. 왜 이들을 이끌어 내셨는가? 이들은 세상 모든 나라들 중에서 특별한 지위를 부여받았는데, 이는 제사장 나라를 삼기 위해서였다(출 19:6). 하나님은 이들에게 사회 정의를 특징 짓는 모범적인 공동체가 되기를 소원하셨다. 그러나 우리가 이미 살펴본 바와 같이 그의 백성은 실패했다. 그래서 하나님은 이들을 심판하시겠다는 것이다. 여기서 제외되는 사람은 아무도 없다.

그러나 이들은 의아심을 갖는다. '설마 우리에게 이런 일이 일어날까?' '그래도 우리는 선민(選民)이 아닌가!' 하는 얄팍한 소망을 갖는다. 이런 망상을 갖는 백성들에게 아모스는 "이스라엘 백성아, 이 말씀을 들으라"는 말로 경고의 메시지를 시작하고 있다. 아모스는 '어찌해서 우리(이스라엘)가 징계를 받아야 하느냐?'라는 질문에 대해 답변하고 있다. 이들은 다가오는 여호와의 날을 잘못 알고 있었다(암 5:18-20). 자신들은 여호와의 심판을 면할 것이라고 생각했다(암 9:10). 그래서 "여호와의 날"은 그와 같은 헛된 망상과 허식을 쓸어버리는 날이 될 것이다.

Outline 3

제2부 아모스서의 본론

제3장 이스라엘의 타락과 하나님의 탄식

1. 아모스의 제1설교(3:1-15)
A. 심판을 피할 수 없는 이유(3:1-8)
B. 심판의 상태(3:9-15)

제4장 이스라엘의 타락과 하나님의 탄식(계속)

2. 아모스의 제2설교(4:1-13)
A. 부유 계층들의 타락상(4:1-3)
B. 더욱 깊어지는 범죄상(4:4-5)
C. 돌아오지 않음을 탄식하는 하나님(4:6-11)
D. 최후의 권면(4:12-13)

by 김희보, 소선지서 주해(아모스)

◀ **3-5장에서는** 하나님은 백성들을 향하여 "들으라"고 명하면서 주의를 환기시킨다(3:1, 4:1, 5:1).

◀ **제1설교(3장) :**
이스라엘의 죄가 확실히 드러난 이상 심판도 반드시 따를 것이다. 헛된 의식으로 섬기던 벧엘의 단들이 파괴될 것이다. 물론 상아를 박은 부자들의 집과 여름궁, 겨울궁도 다 파괴될 것이다.

A. 심판을 피할 수 없는 이유(3:1-8)

- 이스라엘은 정의를 실현해야 할 하나님의 언약 공동체였다. 그러나 모범 공동체이기는커녕 오히려 주변 나라들보다 도덕적인 면에서 더욱 악했다는 것이다.
- 그러므로 이스라엘은 징벌당할 수밖에 없다. 아모스의 심판 선언을 들은 이스라엘은 아모스에게 '도대체 너는 누구냐'고 따져 들었다.
- 아모스는 자신은 하나님의 예언적 대변인으로서의 역할이 정당함을 밝힌다. 그는 9가지의 수사학적 질문을 던짐으로써 선지자로서의 타당성을 증거한다.

B. 심판의 상태(3:9-15)

(1) 하나님은 블레셋과 애굽 사람들을 사마리아 산지에 불러 모아 이스라엘의 수치를 만방에 고하라고 하신다. 그 성 사람들이 얼마나 패역한가를 보라는 것이다. 이스라엘 백성은 옳은 일을 할 줄 모른다는 것이다(3:9-10).

(2) 그래서 적군이 이 땅을 차지하게 될 것이다. 그 비참함은 마치 목자가 사자 입에서 자기 양의 두 다리뼈나 귀 조각을 건져냄과 같을 것이다(3:11-12).

(3) 벧엘의 제단들을 모두 무너뜨릴 것이다. 제단의 뿔을 꺾어버리실 것이다(3:14).

(4) 가난한 자들을 착취하여 부유한 삶을 살며 여름 별장과 겨울 별장을 지니고 큰 소리 치며 사는 사람들에게 그 모든 것들이 허물어질 것을 선포한다(3:15).

이 말씀을 들으라(3:1–2)

우리는 앞에서 이스라엘 주변 국가들의 심판을 살펴보았다. 선민이라고 자부하는 유다와 이스라엘은 이방 나라가 심판을 받는 것은 당연하다고 생각했을 것이다. 그러나 심판의 화살은 유다에게도 날아왔다. 더욱이 이스라엘은 그 죄가 너무 많아 별도로 다루어야 했을 정도였다. 이방 나라에 대한 심판 언급은 이스라엘의 범죄를 더욱 드러내기 위해서였을 것이다.

1. 그렇다면 이 모든 심판이(2:13–16) 실제로 일어날까? '어쨌든 우리는 하나님의 백성이 아닌가!' 이에 대해 선지자는 무엇이라고 대답하는가?

3:1 "이 말씀을 **들으라**(שִׁמְעוּ - 칼 동사 명령법)[1]

/여호와께서 너희에 대하여 이르시는

'무엇이라고 말씀하셨는데요?'

이스라엘 자손들아[2] - 이스라엘은 어떤 족속인가?

/'애굽 땅에서(으로부터) 인도하여 올리신

모든 족속(the whole family)' - 여기에는 남유다도 포함된다.

정확하고 노골적인 대상에 대한 지목을 가리킨다 - "너희 만을"

이르시기를(saying, לֵאמֹר)

2 /내가 —— '너희만을'(רַק אֶתְכֶם) 알았나니

/땅의 모든 족속 가운데 —— 오직, 전적으로

'오직 너희만을'이라는 말을 3:2 맨 앞에 두어 이를 강조하고 있다. 특별히 이스라엘만을 선택하고 사랑했다는 말이다.

그러므로(therefore, עַל־כֵּן) - 이 말은 징벌할 수밖에 없는 근거를 제시한다.

내가 —— 보응하리라(אֶפְקֹד -칼, 미완료) 하셨나니

/너희 모든 죄악(아본 - 사악, 타락, 불법)을

/너희에게

(1) "이 말씀을 들으라(שִׁמְעוּ - 칼 동사 명령법)" - 3:1, 4:1, 5:1 등 세 편의 설교 모두 이 말로 시작하고 있다. 이 말씀을 문장 맨 앞에 둠으로써 주위를 환기시키고 있다. '이(this, הַזֶּה) 말씀', 어떤 말씀? 앞으로 선포되는 말씀을 '들으라' 즉 경청하라는 말이다. 그런데 이 말씀은 "여호와께서 <**너희에 대하여**(개역 - '너희를 쳐서, upon you, עֲלֵיכֶם)[3]> 이르시는 말씀'"이라고 했다.

1) 솨마(שָׁמַע) - '듣다, 경청하다, 주의하다, 찬성하다, 소리를 내다' / 칼 동사 명령법 / 문장 맨 앞에 나와 있다. "들어라, 이 말씀을" - 이런 형식은 4:1, 5:1에서도 똑 같다.

2) 여기서 이스라엘 자손은 일차적으로 북이스라엘을 지칭하지만, 애굽으로부터 인도하여 낸 모든(all) 족속이란 표현을 보면 남유다의 족속도 염두에 둔 말이다.

3) עֲלֵי는 עַל- upon의 longer form 형태로 종종 詩文에서 사용된다. 그러므로 강한 반복의 복수적인 뜻이 들어 있다. 따라서 עֲלֵיכֶם는 '너희 모든 죄악을 반드시 남김없이 하나 하나 모두 찾아내리라'는 강한 뜻이 된다.

(2) "이스라엘 자손들아" - 이들은 어떤 족속인가? 이들은 "애굽 땅**에서**(*으로부터*, מֵאֶרֶץ מִצְרַיִם) 인도하여 올리신" 족속이라고 했다. 여기 '모든(all, כֹּל) 족속'(the entire family)이란 말에서 유다 역시 포함되는 말임을 알 수 있다. 그러니까 이스라엘은 하나님께서 애굽의 속박으로부터 건져주신 특별한 지위를 부여받은 민족이라는 말이다.

(3) 하나님께서는 땅의 모든 족속(미쉬파하 - 씨족, 백성, 지파) 가운데 "오직 너희만을"(רַק אֶתְכֶם) 알았다고 하셨다. '너희만을'(אֶתְכֶם), 즉 이 단어(에트, אֵת)는 전치사의 목적을 보다 분명하게 지적하기 위하여 사용되었다. "오직(רַק) **너희만을** '알았다'(야다 - 알다, 이해하다)"는 말은 이스라엘 백성만을 선택하여 자신의 특별한 언약 백성으로 삼으셨다는 말이다. 여기서 '알다'라는 동사는 "특별한 방식으로 인정하다"라는 뜻으로 '선택하다'라는 개념을 가지고 있다.

• 신 4:5 "내가 나의 하나님 여호와께서 명령하신 대로 규례와 법도를 너희에게 가르쳤나니 이는 너희가 들어가서 기업으로 차지할 땅에서 그대로 행하게 하려 함인즉 6 너희는 지켜 행하라 이것이 여러 민족 앞에서 너희의 지혜요 너희의 지식이라 그들이 이 모든 규례를 듣고 이르기를 이 큰 나라 사람은 과연 지혜와 지식이 있는 백성이로다 하리라 7 우리 하나님 여호와께서 우리가 그에게 기도할 때마다 우리에게 가까이 하심과 같이 그 신이 가까이 함을 얻은 큰 나라가 어디 있느냐 8 오늘 내가 너희에게 선포하는 이 율법과 같이 그 규례와 법도가 공의로운 큰 나라가 어디 있느냐."

2. 하나님은 이렇게 선택된 백성이 사회 정의를 특징으로 갖는 모범적인 공동체가 되기를 원하셨다.

(1) 그러므로(therefore, עַל־כֵּן) - 이 말은 이스라엘을 징벌할 수밖에 없는 근거를 제시한다. 하나님께서 이스라엘을 선택하신 것은 이스라엘에게 제사장 나라의 역할을 감당케 하기 위해서였다. 그들은 하나님의 계명들에 순종함으로써 열방 중에서 여호와의 이름을 높이 드러내야 했다(신 4:5-8*). 그러나 이스라엘은 그 사명에 실패했다.

(2) 따라서 "너희 모든 죄악(아온, iniquity - 불법, 부정)[1]을 보응하시겠다"고 선언하신다. '보응하다'(פָּקַד)라는 말은 여러 뜻이 있지만 여기서는 '처벌하다'라는 의미로 쓰였다(Therefore, I **will punish** you for all your iniquities.).

(3) '우리는 하나님의 백성인데, 왜 우리가 심판을 받아야만 하는가?'라는 생각에 쐐기를 박는다. 그 이유는 하나님이 땅의 모든 족속 가운데서 오직 "너희만을 알았기" 때문이라는 것이다. 여기서 '알다'라는 말의 의미는 단순한 지식을 말하는 것이 아니라 '선택'과 '사랑'과 '교통'을 의미한다. 그렇다면 하나님과 언약에 충실한 삶을 살아야만 했다.[2] 하나님의 선택에는 일정한 과제가 주어진다. 그것은 의와 공의를 실천하는 삶이다. 그러나 이스라엘은 그렇지 못했다는 것이다. 지금 이스라엘은 심판에 직면해 있다. 출애굽부터 지금까지 모든 죄악에 대하여 반드시 심판하시겠다는 것이다.

1) '아온'은 정로(正路)에서 탈선한 행위를 가리킨다. 혹은 '길 잃고 헤매다, 타락하다'라는 의미도 있다. 즉 이스라엘의 지금까지 잘못된 탈선 행위를 심판하시겠다는 말이다.

2) 출 20:5; 신 5:9; 출 34:7; 민 14:18 참조.

야, 아모스, 너는 도대체 누구냐? (3:3-8)

1. 이런 심판 선고를 듣고 이스라엘 백성이 고개를 끄덕이며 순순히 자신의 죄악을 인정했을까? 물론 아니다. 강력한 반대에 부딪쳤을 것이 틀림없다.

주의 특별한 부르심을 받은 아모스는 자신의 정체성을 분명하게 밝힌다. 따라서 자신이 선포한 메시지는 하나님으로부터 확실하게 받은 것이며(메시지의 출처), 자신은 하나님의 예언적인 대변인으로서의 역할(메시지를 전할 수 있는 권세의 출처)이 정당함을 밝힌다. 그는 원인과 결과의 원리를 분명히 세우는 9가지의 수사학적 질문을 던진다. 하나씩 살펴보기로 하자.

❶ "[만일, אִם] 뜻이 같지 않은데(=않다면) (unless)
어찌(הֲ) 두 사람이 동행하겠느냐"(3절)

• 두 사람이 같이 동행하고 있다는 것은(결과) 그 둘이 여행을 함께 하기로 미리 결정했기 때문이라는 것이다(원인). 즉 아모스는 하나님과 동행하기 때문에 고향 드고아를 떠나 자기를 배척하는 벧엘과 사마리아에도 왔다는 것이다(암 7:10-13*). 그러니 어찌 대언하지 않을 수 있겠는가!

그러나 여기 두 사람이 각각 누구를 가리키는가에 대해 몇 가지 의견이 있다. 단순한 격언일까, 아니면 하나님과 선지자 아모스를 가리키는가? 칼빈은 이 두 사람을 하나님과 그의 선지자로 보고 있다. 또다른 견해로는 하나님과 이스라엘을 가리킨다고 보는 견해이다.

• 암 7:10 "때에 벧엘의 제사장 아마샤가 이스라엘의 왕 여로보암에게 보내어 이르되 이스라엘 족속 중에 아모스가 왕을 모반하나니 그 모든 말을 이 땅이 견딜 수 없나이다 11아모스가 말하기를 여로보암은 칼에 죽겠고 이스라엘은 반드시 사로잡혀 그 땅에서 떠나겠다 하나이다 12**아마샤가 또 아모스에게 이르되 선견자야 너는 유다 땅으로 도망하여 가서 거기에서나 떡을 먹으며 거기에서나 예언하고 13다시는 벧엘에서 예언하지 말라** 이는 왕의 성소요 나라의 궁궐임이니라."

❷ "사자(아리, אַרְיֵה)가 '움킨 것'(=먹이, 사냥물)이 없는데(when)
어찌(הֲ) 수풀에서 부르짖겠는가"(포효하겠는가, roar) (4절상)

• 이유 없는 하나님의 심판은 없고, 원인 없이 멸망이란 없다는 말이다. 사자가 움킨 것(테레프, טֶרֶף), 즉 사냥물(prey)이 그 앞에 있는데 어찌 부르짖지 않겠는가? '부르짖겠는가'(הֲיִשְׁאַג - 칼 동사 미완료의 질문형이다). 여기서 '사자의 부르짖음'은 하나님의 심판의 선포를 상징하는 말이다(암 1:2, 3, 5:8; 사 31:4; 렘 25:38; 호 5:14, 11:10 등). 이미 이스라엘은 사자의 발톱 안에 잡혀 있는 사냥감처럼 하나님의 심판의 손 안에 들어 왔음을 강조하고 있다. 물론 여기서 여호와는 이스라엘을 사나운 맹수로부터 구출해 내는 사자의 모습이 아니다. 오히려 그들에게 무서운 사자처럼 울부짖으

시면서 충격적인 소식을 전하는 분이시다.

❸ "[만일, אִם] '젊은 사자'(케피르, כְּפִיר)[1]가 잡은 것이 없는데(=없다면) (unless)
어찌(הֲ) 굴에서 소리를 지르겠느냐"(4절하)

1) 겔 19:33 "그 새끼 하나를 키우매 '젊은 사자'(케피르)가 되어 먹이 물어뜯기를 배워 사람을 삼키매"

- 여기서 '젊은 사자'는 어린(새끼) 사자와는 다르다. 렘 51:38에는 '젊은 사자'(케피르, כְּפִיר)와 새끼 사자(아리, אֲרִי)를 구분했다. "그들이 다 '젊은 사자'(young lions) 같이 소리지르며 '새끼 사자'(lions' cubs) 같이 으르렁거리며"(렘 51:38).

- 그러므로 여기서 '젊은 사자'는 young lion(케피르, כְּפִיר)으로 왕성한 사자를 가리킨다. 그 '젊은 사자'가 '잡은 것'(테르프, 먹이, prey)도 없이 어찌 굴에서 '소리지르겠느냐?' 즉 어찌 사자가 그처럼 소리를 지르는가(포효하는가)?(결과) 이는 바로 전에 먹이감을 사냥했기 때문이라는 것이다(원인). 선지자가 이렇게 이스라엘을 향해 소리지르는 것은 '움킨 것'이 있기 때문이요, '잡은 것'이 있기 때문이다.

❹ "덫(모케쉬[2] - 미끼, 유혹물)을 땅에 놓지 않았는데(원인)
어찌(הֲ) 새가 거기 치이겠느냐"(결과) (5절상)

2) 모케쉬 - 야코쉬(יָקֹשׁ)-'미끼를 놓다, 유혹하다'에서 유래했으며, '미끼, 유혹물, 덫, 올가미'를 의미한다. 이 단어는 특별히 은유적인 언어로 완전히 구비된 덫이나 함정을 나타내는 것 같다.

- 땅에 덫을" (וּמוֹקֵשׁ[2] הָאָרֶץ(the ground) פַּח(파흐, 새 덫)עַל־)
모케쉬(덫, מוֹקֵשׁ)의 어근 야코쉬(יָקֹשׁ)는 새를 유혹하는 '먹이를 놓는다'는 말이다. 시 18:5*에서는 사망의 '올무'에 대해, 욥 40:24에서는 짐승의 코를 꿰는 '갈고리'라는 말로 사용되었다. 새가 덫에 치인 것은 먹이의 유혹 때문이다. 이스라엘의 운명이 마치 덫에 치인 새와 같은 형국이다. 사치와 향락과 탐욕 등 인생을 즐겁게 하는 요소들은 이스라엘의 눈에 좋게 보이는 먹이였다. 그러나 그것은 유혹물이었다.

- 시 18:5 "스올의 줄이 나를 두르고 사망의 올무가 내게 이르렀도다."

- 이제 욕망의 덫에 치인 이스라엘은 그곳에서 헤어나오지 못한다. 몸부림칠수록 더욱 옭아 매일 것이기 때문이다. 하나님의 심판은 마치 덫에 치인 것처럼 절대적이고 무서운 일이다.

❺ "(정말로) 아무 잡힌 것도 없는데 (원인)
어찌(הֲ) 덫이 땅에서 튀겠느냐" (결과) (5절하)

❻ "[만일, אִם] 성읍에서 나팔(쇼파르)이 울린다면
백성이 어찌 두려워하지 아니하겠는가" (6절상)

- 나팔은 언제 부는가? 성회(聖會)로 모일 때처럼 종교적인 목적에 나팔을 불지만(사 27:13; 욜 2:1, 2:15; 시 47:6; 대하 15:14), 여기서는 전쟁을 알리거나(욥 39:24, 25), 침략을 경고하기 위해 부는 나팔이다(암 3:6; 호 5:8 참조). 어느 성읍에서 경고의 나팔이 울려퍼지면 백성들은 두려워하게 된다.

❼ "여호와의 행하심이 없는데 (=성읍의 재앙은 여호와께서 행하신 것이라는 의미이다)
[만일, אִם] 재앙이 어찌 성읍에 임하겠느냐" (6절하)

//왜냐하면(כִּי) (7절)
주 여호와께서는 자기의 비밀(=계획)을
그 종 선지자들에게 보이지 아니하시고는
결코 행하심이 없으시리라(=없으시기 때문이다)

- '만일(If - NASB) 재앙이 성읍에 임한다면, 그것은 여호와께서 그렇게 만드신 것이 아니겠는가?'라는 의미이다. 이는 하나님께서 선악 간에 모든 것을 통치하신다는 뜻이다(사 45:7).

- 그 이유를 설명하고 있다. 왜냐하면, 주 여호와께서 일을 하실 때에는 반드시 그 종인 선지자(예언자)들에게 미리 알려주시기 때문이다. 따라서 아모스는 자신이 선언하는 심판은 자신의 울분이나 감정으로 하는 것이 아니요 자신은 어디까지나 하나님의 대언자라는 점을 강조한다. 하나님의 심판 선언과 형벌 결정이 갑작스럽게 이루어지는 것이 아니다. 여기 '비밀'이란 단어 '쏘드'(סוֹד)는 '의논, 협의' 즉 '서로 의논하는 것'(counsel) 또는 '계획'을 의미한다. 특히 본문은 '은밀한 의논'을 의미한다(잠 11:13, 20:19, 25:29). 렘 23:18을 읽어보라. "누가 여호와의 **회의**(סוֹד)에 참여하여 그 말을 알아들었으며 누가 귀를 기울여 그(=내) 말을 들었느냐." 여기에 나오는 '회의'가 '비밀'이란 단어와 같은 말이다.

- 아모스가 선포한 심판 선언은 천상회의를 거쳐 하나님으로부터 오는 것이기에 반드시 실현된다. 하나님께서 한 번 명령을 발하시면 반드시 성취되어 돌아온다. 결코 헛되이 돌아오지 않는다는 말이다. 하나님께 있어서 '말씀'과 '사건'(행위)은 동일하기 때문이다.

❽ "사자(아르예, אַרְיֵה)가 부르짖은즉(솨아그 - 포효하다)
누가(מִי) 두려워하지 아니하겠느냐"(8절상)

- 울부짖는(포효하는) 사자로 묘사된 하나님께서 임박한 심판을 선포하시면, 그에 대한 올바른 반응은 두려움이다. 이 두려움이 있을 때 인간은 회개하게 된다.

❾ "주 여호와께서 말씀하신즉
누가 예언하지(יִנָּבֵא)[1] 아니하겠느냐" (8절하)

- 여기서 보는 대로 아모스의 예언은 자신의 기분에 따라 울분을 토하듯 전한 것이 아니다. 그는 하나님의 강제에 떠밀려 있음을 분명하게 밝히고 있다. 아모스는 이렇게 말한다. "여호와께서 **양 떼를 치던 나를 불러 내셔서** '가서 내 백성 이스라엘에게 예언하여라' 하고 말씀하셨다. 그러므로 이제는 여호와의 말씀을 들어라"(암 7:15-16상, 쉬운성경). 그는 제단 곁에 계시는 여호와를 보았고, 그가 말씀하시는 것을 들었다(암 9:1*). 따라서 그는 여호와 하나님의 말씀을 그대로 전했을 뿐이라는 말이다. 이렇게 아모스는 많은 핍박을 무릅쓰면서도 이스라엘의 운명을 예언하지 않을 수 없었음을 보여주고 있다.

1) 나바(נָבָא)의 니팔(수동형) 동사 미완료 / 예언하다

- 암 9:1 "내가 보니 주께서 제단 곁에 서서 이르시되 기둥 머리를 쳐서 문지방이 움직이게 하며 그것으로 부서져서 무리의 머리에 떨어지게 하라 내가 그 남은 자를 칼로 죽이리니 그 중에서 한 사람도 도망하지 못하며 그 중에서 한 사람도 피하지 못하리라."

2. 이렇게 아모스는 하나님께서 이스라엘을 징계해야 하는 이유를 설명하고(암 3:1-2), 이 멸망의 소식을 전하지 않을 수 없는 선지자의 사명을 보여 주고 있다.

(1) 이 메시지가 선포되었을 때가 정확히 언제인지 알 수 없으나 만약 여로보암 2세 통치 말기라면, 물질적 번영이 최고조에 달했을 것이고, 반면에 영적인 부패 또한 극을 치닫고 있을 때이다. 이스라엘은 영적으로 이미 절벽을 향해 곤두박칠치고 있었다. 브레이크는 이미 파열되어 버렸다. 아모스는 이런 이스라엘을 심판하기로 작정하신 여호와의 뜻을 알았다. 하나님은 이스라엘을 심판하시기 위해 자리에서 일어나셨다.

(2) 북이스라엘의 여로보암 2세, 이스라엘을 세속적인 면에서 강력한 제국의 반열에 오르게 한 그의 40년간의 통치가 끝나고, 그의 아들 스가랴가 왕위에 올랐다. 그러나 스가랴는 재위 6개월 만에 평민인 살룸에게 살해된다. 이로써 예후 왕가는 끝이 난다(주전 752년). 물론 이미 예후 왕가가 몰락하리라는 아모스의 예언이 있었다(암 7:9*). 그러나 이 살룸 역시 한달 만에 므나헴이

• 암 7:9 "이삭의 산당들이 황폐되며 이스라엘의 성소들이 파괴될 것이라 내가 일어나 칼로 여로보암의 집을 치리라 하시니라."

라는 사람에게 살해되었다. 이런 과정에서 북이스라엘은 30여년을 버티다가 앗수르에게 영원히 멸망하게 된다(주전 722년).

(3) 여로보암 2세의 아들 스가랴, 그는 6개월을 통치했지만, 그 역시 오직 열왕들의 악을 따라 **단과 벧엘에서** 여로보암의 우상을 계속 섬겼다는 기록이 있을 뿐이다. 이런 역사의 소용돌이의 한복판에서 우리는 지금 피를 토하는 아모스 선지자의 외침을 듣고 있는 것이다(암 3-6장).

3. 하나님께서는 오늘도 주의 종들을 통해 자신의 뜻을 계속 전달하신다.[1] 그렇다면 청중의 변화가 나타나야 하지 않겠는가?

(1) 오늘날도 강단을 통해 주의 종들이 성도들의 삶의 변화를 위해 사자후(獅子吼)를 토한다. 그러나 생각만큼 변화가 나타나지 않는다. 어디에 문제가 있을까? 물론 그 말씀대로 변화가 나타났다면 한국교회의 모습은 크게 달라졌을 것이고, 세인들에게 손가락질을 당하지는 않을 것이다. 그러나 세인들은 여전히 우리에게 곱지 않은 시선을 날린다. 기독교에 대한 박해 때문이 아니라는 것을 우리는 알고 있다.

(2) 종교적인 거창한 행사는 그 도를 더해간다. 때로는 하나님도 강제로 초빙되어 그들의 잔치 자리를 빛내주셔야 한다. 오늘도 아모스와 같은 메시지를 전하지만 대체로 외형적인 모습일 뿐이다. 청중들에게 생기를 불어 넣어줄 책임이 누구에게 있는가? 물론 메시지를 전하는 자들에게 있다. 그들이 아모스의 마음을 가질 때 청중은 변화를 나타낼 것이다. 아모스는 지금 두려움 가운데 그의 예언 사역을 하고 있다. 그가 전하는 메시지의 권위는 여호와께로부터 온다. 그럴 때 그의 말씀은 마치 사자가 부르짖는 모습이 된다.

(3) 그러나 정작 메시지를 전하는 사람들은 자기도 모르는 사이에 하나님 자리에 올라 서게 된다. 아니 그런 유혹을 받게 된다. 마치 자신이 하나님이나 된듯 오만한 자세를 가질 때, 청중들은 그의 메시지에 반응하지 않는다. 자기 백성에게 멸망의 심판을 결심하신 여호와의 마음은 얼마나 슬프실 것인가! 이런 하나님의 마음을 갖지 않는다면 말씀사역자들의 메시지는 울리는 꽹과리에 지나지 않는다. 이런 정체성의 혼란 때문에 메시지를 듣는 청중들은 피곤하다. 그러나 하나님의 깊고 오묘한 경륜 속에 들어 있는 비밀을 전하는 자는 얼마나 복된 자들인가! 그러나 책임도 있다는 사실을 인지해야 한다.

1) 롬 10:14-17; 고전 1:21

• 롬 10:14 "그런즉 그들이 믿지 아니하는 이를 어찌 부르리요 듣지도 못한 이를 어찌 믿으리요 전파하는 자가 없이 어찌 들으리요 15 보내심을 받지 아니하였으면 어찌 전파하리요 기록된 바 아름답도다 좋은 소식을 전하는 자들의 발이여 함과 같으니라 16 그러나 그들이 다 복음을 순종하지 아니하였도다 이사야가 이르되 주여 우리가 전한 것을 누가 믿었나이까 하였으니 17 그러므로 믿음은 들음에서 나며 들음은 그리스도의 말씀으로 말미암았느니라."

• 고전 1:21 "하나님의 지혜에 있어서는 이 세상이 자기 지혜로 하나님을 알지 못하므로 하나님께서 전도의 미련한 것으로 믿는 자들을 구원하시기를 기뻐하셨도다."

Close up

선민 이스라엘, 그들은 대체 누구인가?

암 3:1-2

"이스라엘 자손들아
… 애굽 땅에서 인도하여 올리신 모든 족속에 대하여 이르시기를 내가 땅의 모든 족속 가운데 너희만을 알았나니…"

1. 왜 하나님은 이스라엘을 선택하셨는가?

(1) 다음 구절을 읽어보자. 이스라엘의 선택과 관련된 구절들이다. 아모스 3:1-2은 선택된 백성이라는 개념을 다루고 있다. 이 주제의 시작은 아브라함의 부르심까지 거슬러 올라간다.

- 창 12:1-3 "여호와께서 아브람에게 이르시되 너는 너의 고향과 친척과 아버지의 집을 떠나 내가 네게 보여 줄 땅으로 가라 2**내가 너로 큰 민족을 이루고 네게 복을 주어 네 이름을 창대하게 하리니 너는 복이 될지라** 3너를 축복하는 자에게는 내가 복을 내리고 너를 저주하는 자에게는 내가 저주하리니 땅의 모든 족속이 너로 말미암아 복을 얻을 것이라 하신지라."

- 출 19:4 "내가 애굽 사람에게 어떻게 행하였음과 내가 어떻게 독수리 날개로 너희를 업어 내게로 인도하였음을 너희가 보았느니라 5세계가 다 내게 속하였나니 너희가 내 말을 잘 듣고 내 언약을 지키면 너희는 모든 민족 중에서 내 소유가 되겠고 6너희가 내게 대하여 제사장 나라가 되며 거룩한 백성이 되리라 너는 이 말을 이스라엘 자손에게 전할지니라."

- 신 7:7 "여호와께서 너희를 기뻐하시고 너희를 택하심은 너희가 다른 민족보다 수효가 많기 때문이 아니니라 너희는 오히려 모든 민족 중에 가장 적으니라…11그런즉 너는 오늘 내가 네게 명하는 명령과 규례와 법도를 지켜 행할지니라."

(2) 베드로는 선택과 관련하여 성도들에게 무엇을 상기시키고 있는가?

- 벧전 2:9 "그러나 너희는 택하신 족속이요 왕 같은 제사장들이요 거룩한 나라요 그의 소유가 된 백성이니 이는 너희를 어두운 데서 불러 내어 그의 기이한 빛에 들어가게 하신 이의 아름다운 덕을 선포하게 하려 하심이라."

(3) 위의 구절에서 볼 수 있는 것처럼 결국 선택된 백성이 된다는 것은 무엇을 의미하는가? 이런 내용은 다음과 같은 구절에서도 발견할 수 있다.

- 요 15:15-16; 살전 1:4, 딤후 2:10; 딛 1:1, 2:14; 약 2:5; 요이 1:1

(4) 이상의 본문들은 선택 행위가 항상 하나님께서 시작하며 하나님의 놀라운 은총에 뿌리박고 있다는 점이다(신 7:7-8; 요 15:16 참조).

2. 그렇다면 선택받은 백성에게 요구되는 것은 무엇인가?

하나님께서 다음과 같은 것을 요구하고 계심을 알 수 있다.

- 정의와 의(창 18장)
- 순종과 계약 이행(출 19장)
- 계명 준수(신 7장)
- 열매 맺음(요 15장)
- 하나님의 위대한 행동에 대한 간증(벧전 2장)

3. 만약 거룩한 하나님 앞에서 산다면, 거룩함이 믿음의 공동체 안에 특징이 되어야 한다.

(1) 그것이 소위 성결법전(레 17-26장)의 주제이다. 하나님을 바로 섬기기 위해 거룩해야 될 사람은 제사장뿐만 아니라 이스라엘 백성 전체이다. 그들은 거룩한 하나님과의 관계로 인해 다른 나라들과 구별된 거룩한 백성으로 살아가야 한다(출 19:6; 신 7:6; 벧전 1:15 참조).

(2) 지금 아모스의 심판 선언을 듣고 있는 이스라엘은 이런 하나님의 요구에 근본적으로 어긋난 길을 걸어왔다. 하나님의 선택된 백성은 하나님께 행동으로 그들의 충성을 보여야 한다. 그러나 이들은 우상 숭배는 물론 도덕적인 면에서도 그 정도를 벗어났다. 따라서 이들은 언약을 배반함으로써 오는 저주를 맛보게 될 것이다. (*)

<제임스 림보그, 호세아-미가, 한국장로교출판사>

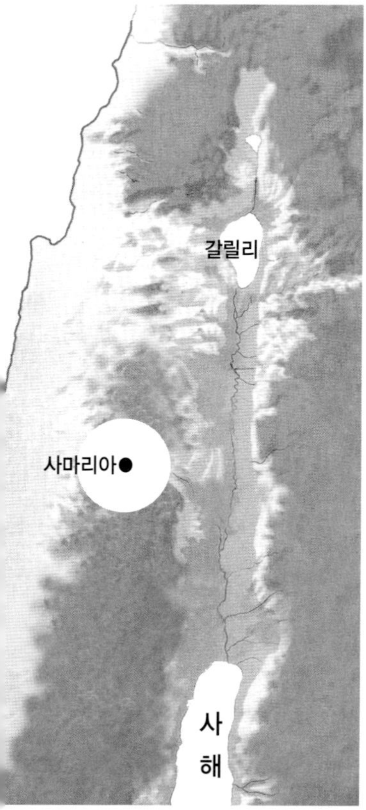

사마리아의 죄와 그 형벌(3:9–15)

1. 지금까지 아모스는 이스라엘에게 여호와께서 작정하신 심판을 전할 수밖에 없었던 이유를 설명하고 이제 이스라엘이 지은 죄를 구체적으로 언급하려 한다.

3:9 "[너희는] —— **선포하여** - 히필(사역형) 동사 명령법 - 누구에게 선포할까?
/아스돗의 궁궐들과 애굽 땅의 궁궐들에
이르기를 - 칼 동사 명령법
/너희는 ┬ 모여라 - 니팔(일반 동사 수동형) 명령법
/사마리아 산들에
└ 보라 - 칼 동사 명령법 - 무엇을 봐요?
/그 성 중에서 얼마나 큰 요란함과
학대함(백성들을 해치는 일)이 있나 하라"

10 /"쌓는 자들이 —— 모르느니라
/자기 궁궐에서 /바른 일 행할 줄을
/포학과 겁탈을
/(이는) 여호와의 말씀이니라"

(1) 3:9-15에서는 사마리아의 멸망을 예고하고 있다. 멸망 받아야 할 주 원인이 무엇일까? 여호와께서는 '너희는'(복수) 선포하라고 명령하신다. 아모스가 여호와께로부터 받은 것이겠지만 선포해야 할 사람들이 아모스만은 아닌 것 같다. '선포하다'라는 말은 '샤마'(שָׁמַע)의 히필(사역 능동) 동사 명령법이다. '듣다, 경청하다, 순종하다, 이해하다, 비판적으로 듣다' 등 여러 가지 뜻이 있으나 그 기본 개념은 메시지나 소리를 인지한다는 것이다. 대개 효과적인 들음이나 경청을 의미한다. 확실하게 잘 들을 수 있게 하라는 강한 의미가 내포되어 있다.

(2) 아스돗은 블레셋의 주요 다섯 성읍 가운데 하나이다(수 3:3). 이 성읍은 유다 지파에게 할당되었으나 주민을 쫓아내지 못하였으며 아낙 자손들이 여기로 피신하였다(수 11:12, 15:46-47).[1] 여호와께서는 조롱하는 투로 블레셋 사람과 당시 남방의 강대국인 애굽 사람들을 이스라엘의 수도 사마리아 산지에 불러 모으라고 명령하신다. 이스라엘의 수치를 만방에 선포하기 위해 증인으로

1) 아스돗은 블레셋 사람들에게 정복되었으며, 이들이 하나님의 궤를 이곳에 있는 다곤 신상으로 놓음으로 아스돗 사람에게 재앙이 내린 적이 있었다(삼상 5:1, 2, 6).

참석케 하라는 것이다.

(3) 사마리아 산에 모여서 무엇을 보란 말인가? 이방 민족들로 하여금 "그 성중에서 얼마나 큰 요란함과 학대함(백성들을 해치는 일)이 있나 보라"는 것이다. '요란함'(메후마, מְהוּמָה)이란 '혼란, 소란, 소동, 불안, 파멸, 당황' 등을 나타낸다. 법과 질서가 피괴된 상태를 말한다. 그리고 '학대'(아슈크, עָשׁוּק)란 백성을 압제하거나 강탈하는 것을 말한다(욥 35:9; 전 4:1*). 사마리아 주변 언덕에 올라 와서 혼란과 학살과 강탈로 무법천지가 되어 하나님의 심판으로 망하는 것을 보라는 것이다. 이를 통해 하나님의 선민이라고 자부하는 백성 역시 이방 나라들과 결코 다르지 않다는 것을 보여주고 있다.

- 욥 35:9 "사람은 학**대가 많으므로** 부르짖으며 군주들의 힘에 눌려 소리치나."
- 전 4:1 "내가 다시 해 아래에서 행하는 모든 학대를 살펴 보았도다 보라 **학대받는 자들의 눈물이로다** 그들에게 위로자가 없도다 그들을 학대하는 자들의 손에는 권세가 있으나 그들에게는 위로자가 없도다."

(4) "쌓는 자들아"(אוֹצְרִים) - 능동 분사 복수로 여기서는 특별히 재물과 보물 같은 것을 쌓아두는 자들을 말한다(왕하 20:17; 사 39:6 참조). 주권자들이 약탈물을 자기의 재산을 삼아 쌓아 두는 것을 말할 것이다. 이런 자들이 '바른 일을 행할 줄을 모르는 것'은 당연한 일이 아닌가! 여기서 '바른 일'(네코아흐, נְכֹחַ)이란 '곧은, 올바른, 공정, 정직'이라는 뜻이다. 이 단어는 일차적으로 개인 및 민족적 도덕성 둘 다에 관련되는 행동에 있어서 윤리적 자질을 강조한다(사 26:10, 57:2, 59:14; 삼하 15:3 참조). 탐욕자들에게 바른 일을 전혀 기대할 수 없다는 말이다.

2. "그러므로" 이런 자들에게 심판은 필연적이다.

3:11 "그러므로(Therefore, לָכֵן) (~이기 때문에, 이유로)
주 여호와께서 이와 같이(thus, כֹּה) 말씀하시되
이 땅 사면에 대적(환란)이 있어
네 힘을 '쇠하게 하며' 네 궁궐을 약탈하리라"

(1) 10절에서 사마리아의 구체적인 죄악을 언급했다. 여기서 '그러므로'는 멸망을 당해야 하는 이유를 설명하려는 접속사이다. 11-15절은 하나님의 구체적인 심판 선언이다. '이와 같이'(thus, כֹּה), 즉 아래와 같이 심판이 내려질 것이다.

(2) 그러므로 당연히 적군이 이 땅 사면을 차지하게 될 것이다. 앞절에서 약탈했던 모든 부(富)를 가져갈 것이다. '대적'(차르, צַר)이라는 말은 '좁은, 단단한, 고통, 재난, 환란'이라는 뜻도 있지만,[1] 여기서는 '적대자, 원수, 적'을 의미

1) 그래서 어떤 학자는 '대적'이라는 말 대신 '환란'이라고 번역해야 한다고 주장하기도 한다. "이 땅 사면에 환란이 있어" -

한다(욥 16:9; 신 32:27; 시 81:15; 애 1:7; 사 9:10). 그 대적들이 이스라엘의 힘(세력, 능력, 권세)을 '쇠하게' 할 것이다. '쇠하게 하다'라는 말은 '야라드'(יָרַד)의 히필(사역 능동) 동사, 완료형이다. 히필형으로 쓰일 때에는 '끌어 내리다'(bring down), '낮추다'(take down), '흘러 나오다'(pour ot) 등의 뜻으로 쓰인다. 오바댜 1:4에서 이 단어가 쓰였다. "네가 독수리처럼 높이 오르며 별 사이에 깃들일지라도 내가 거기에서 너를 **끌어내리리라**(야라드, יָרַד) 여호와의 말씀이니라." 패역한 국가를 쳐부신다는 의미이다.

3. 하나님께서 이스라엘에게 내리실 심판의 강도는 어느 정도일까?

3:12a "여호와께서 '이와 같이'(Thus, כֹּה) 말씀하시되
목자가 사자(아르예) 입에서
양의 두 다리나 귀 조각을 '건져냄'(יַצִּיל - 히필 동사 미완료)과 같이

12b 사마리아에서 침상 모서리에나
걸상의 방석에 앉은 이스라엘 자손도 건져냄을 입으리라."

(1) 목자가 이미 사자에게 잡혀 먹은 양의 두 다리나 귀조각을 건져낸들 소용없는 일이다. 앞으로 있을 파멸의 날에 사마리아가 당할 비참한 결과를 비유하고 있다. 여기 '건져냄'은 '나짤'(נָצַל)의 히필(사역 능동) 동사로 강한 내용이다(snatches, take out). '건져내다'라는 말이 '구원하다'라는 뜻도 있지만 여기서는 이스라엘이 다가올 심판으로부터 "구원받는" 것이 아니다. 이스라엘이 당할 처절한 미래를 말하고 있을 뿐이다.

(2) 그 다음(12b)은 히브리어 본문이 복잡해서 이해하기가 힘들다.
עָרֶשׂ(침상, 침대) וּבִדְמֶשֶׁק(다메섹에서 사는 자들로서?, 다마스커스의 섬유로 만든?)[1)]

어쨌든 앞에 대칭되는 내용과 같이 본문이 말하려고 하는 것은 침대의 머리 부분과 다리 부분만이 남아 있을 정도로 폐허가 된 어떤 침실을 가리키는 것 같다. 표준새번역은 다음과 같이 번역했다. "…사마리아에 사는 이스라엘 자손도 구출되기는 하지만 침대 모서리와 안락의자의 다리 조각만 겨우 남는 것과 같을 것이다"(3:12하). 부정 축재와 향락을 일삼던 사마리아의 부유층 사람들 위에 내린 형벌의 비참 정도를 표현했을 것이다. 하나님의 심판은 사자가 양을 갈가리 찢어발기는 것에 비교될만큼 파괴적인 것이 될 것이다. 그렇게 되면 목자는 사라진 양이 도둑질 당한 것이 아니라는 것을 고용주에

1) 여기 '데메섹'(דְמֶשֶׁק)은 '생비단'을 의미하기도 한다. 그래서 '비단의자'를 말하는 것이라고 주장하기도 한다. '비단의자'를 말하는 것이라고 주장하는 학자도 있고, בִּדְמֶשֶׁק를 בְּשׁוֹק(on a leg, 또는 feet)로 수정해야 한다고 주장하기도 한다. 이 내용대로라면 '침상 모퉁이나 걸상 다리' 혹은 걸상 '구석'에 낮은 자들을 가리킨다. 그러나 이런 수정은 무리가 있기도 하다.

게 입증하기 위해 뼈나 귀조각을 건져내려고 애쓸 것이다(출 22:13* 참조). 이스라엘에게 다가올 심판은 이렇게 무서운 일이 될 것이라는 말이다.

• 출22:12 "만일 자기에게서 도둑 맞았으면 그 임자에게 배상할 것이며 13 **만일 찢겼으면 그것을 가져다가 증언할 것이요 그 찢긴 것에 대하여 배상하지 아니할지니라.**"

(3) 가난한 자들을 희생시켜가며 부를 축적한 사람들은(10절)의 사치와 향락이 언제나 계속될 것처럼 생각했을 것이나 이런 일들이 심판의 원인임을 알아야 한다. '내 돈 가지고 내가 쓰는데, 왜들 난리들이야'라고 생각하는 특권층들에게 하나님은 목자가 사자 입에서 양의 두 다리나 귀 조각을 '건져냄'과 같이 되게 하실 것이다.

4. 하나님께서는 블레셋 족속과 애굽 사람들에게 증인이 되어 달라고 청하신다.

3:13 "너희는 **듣고**(שִׁמְעוּ- 칼동사, 명령법, 들어라)
[그리고, וְ] 야곱의 족속에게 **증언하라**(הָעִידוּ- 히필 동사, 명령법)
주 여호와 만군의 하나님의 **말씀이니라**"

(1) 여기서 '너희'는 누구를 가리키는가? 이스라엘 자손을 가리키는가? (3:1 참조) 아니면 3:9에 언급된 '아스돗과 애굽인들'을 가리키는가? 만약 이스라엘을 가리킨다면 야곱 족속(이스라엘 자손)이 야곱 족속에게 말한다는 것인데, 무리한 해석이다. 그렇다면 여기서 '너희'는 '아스돗과 애굽인들'을 가리키는 것으로 보아야 한다.

(2) 즉 이방 나라(이스라엘의 대적들)에게 증인이 되어 달라고 청하신다는 것은 이방 족속들이 도덕적으로 이스라엘보다 우위에 있음을 암시한다. 야곱의 족속은 물론 남유다까지도 포함될 것이나 여기서는 우선 대상이 북이스라엘을 가리킬 것이다. 여기 '증언하라'(우드, עוּד- 엄숙히 경고하다. 단언하다)는 명령은 히필(강조 능동형) 동사이다. 이렇게 이 단어가 강한 책망이요 경고를 나타내는 것이라면, 일차적으로 북이스라엘의 패역을 증언하라는 말일 것이다.

5. 하나님께서 특별히 북이스라엘에 대하여 역겨워하시는 불의는 무엇인가?

3:14 "[For, כִּי] 내가 이스라엘의 모든 죄를 '보응하는'(파가드, פָּקַד)[1] 날에
벧엘의 제단들을 '**벌하여**'(파가드, פָּקַד) - 칼 동사, 완료
그 제단의 뿔들을 '**꺾어**'(- 니팔 동사 완료) 땅에 **떨어뜨리고**"

1) '세다, 계수하다, 돌보다, 시찰 혹은 방문하다, 임명하다'

(1) 하나님께서 이스라엘을 심판하실 때 우선적으로 타격의 대상은 무엇일까?

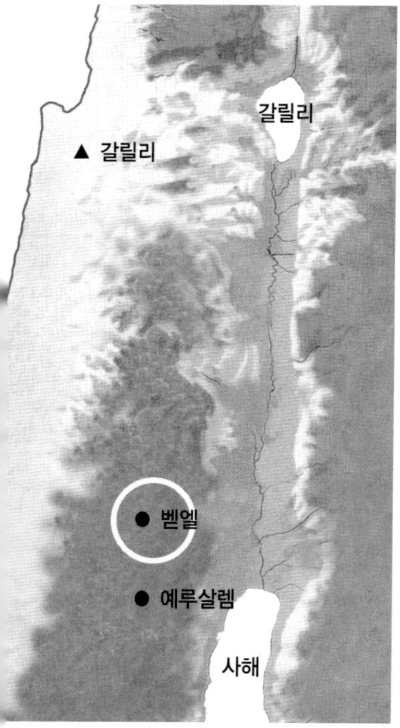

▲ 벧엘은 예루살렘의 북쪽으로 10내지 11마일 떨어져 있으며, 산꼭대기를 따라 남북으로 이어지는 도로와 여리고 평원과 해안 평원에 이르는 동서 도로의 교차점에 위치해 있었다. 이 지역은 베냐민의 북쪽 경계(에브라임의 남쪽 경계)에 위치해 있었다.

먼저, '벧엘의 제단들'(מִזְבְּחוֹת בֵּית־אֵל)을 파괴하실 것이다. 벧엘은 얼마나 영광스러운 곳인가!(창 28장). '벧엘'이라는 말은 '하나님의 집'을 의미 한다(벧엘에 대한 자세한 설명은 옆페이지 참조). 어쨌든 벧엘은 지금 위선적인 종교 우상지가 되었다. 이들은 이곳에서 예배를 드림으로써 심판으로부터 자신들이 보호받을 수 있다고 생각했다.

(2) 벧엘의 제단들을 벌하실 것이다(and I will destroy, I will also punish, וּפָקַדְתִּי - 칼 동사, 완료) '보응하다'라는 말과 '벌할 것이다'라는 말은 같은 단어이다(파가드, פָּקַד). '벧엘의 제단들'이라는 말을 보아 아모스 시대에 벧엘은 종교의 중심지임을 알 수 있다(4:4, 5:5; 호 4:15, 10:5, 8, 15).

(3) 이제 하나님께서는 '그 제단의 뿔들'(모든 제단들의 뿔)을 '꺾어'(=베어넘기다, 절단하다, 잘라내다 - 그러니까 아주 부셔서 조각내 버리시겠다는 의미이다.) 땅에 '떨어뜨리시겠다'[1]고 선언하신다. 땅에 내팽개쳐서 황폐화 시킨다는 의미이다. 모든 제단의 뿔들이 꺾여 땅에 던져진다는 것은 이미 나라가 공중분해 된다는 말이다. 이스라엘은 다가오는 심판에서 안전한 도피처를 찾지 못하게 될 것이다.

6. 왕들은 물론 일부 부유층들 사이에는 겨울 별장과 여름 별장을 갖고 있었다. 물론 나라가 망하는데 이런 호화 별장이 무슨 소용이 있겠는가!

3:15 "겨울 궁과 여름 궁을 **치리니**(And I will smite, וְהִכֵּיתִי)[2]
상아 궁들이 **파괴되며**(아바드, אָבַד의 칼동사 완료형) - 사라지다, 멸망당하다
큰 궁들이 **무너지리라**(쑤프, סוּף의 칼동사 완료형) - 끝나다, 그치다, 결단나다
여호와의 **말씀이니라**"

(1) 이들의 부는 가난한 자들을 희생시켜 얻은 것이었다. 이들은 상아(셴, שֵׁן)로 치장한 집들을 가졌다. 가구 역시 상아로 꾸며졌다(암 6:4, "너희는 상아로 만든 침대에 누워서"). 이런 사치한 집들은 고대 근동에서는 왕들에게만 한정되었다.

(2) 부자들은 자신들의 그 부가 하나님의 복의 결과라고 생각했을 것이다. 이런 부자들과 권력자들 뒤에는 가난한 자, 약자, 압제받는자, 소유를 빼앗긴 자, 희생물이 된 자들의 눈물이 있음을 잘 느끼지 못한다. 왜냐하면 하나님은 늘 자기들의 편이라고 생각하기 때문이다. 이제 하나님은 그들의 부를 결단내실 것이다. 이는 그들의 부(富)가 악행과 압제를 통해 획득된 것이 대부분이기

1) 나팔, נָפַל의 칼 동사 완료형 - 완료형이지만 와우 계속법이기에 미래로 번역한다. 땅에 내팽개쳐서 황폐화 된다는 의미이다.

2) 치다, 때리다, 죽이다 - 여기서는 '공격하다, 파괴하다'라는 의미로 쓰였다.

벧엘

1. 초기 족장 시대에 이 도시는 루스로 불려졌다(창 28:19). 야곱이 잠에서 깨어난 후, 그가 베고 잔 돌들로 기둥을 세워 그 위에 기름을 붓고 그곳을 벧엘이라고 불렀다. 야곱은 하나님과 만나기 위해 밧단 아람에서 돌아오면서, 이 지역을 다시 방문했다(창 35:2-3, 7). 리브가의 유모 드보라가 죽어, 근처의 '상수리 나무' 아래 매장된 곳도 바로 이곳이었다(창 35:8).

2. 이 곳은 가나안인들의 왕의 도시(수 12:16)였으며, 여호수아에 의해 점령되어(수 8:7) 베냐민 지파에게 할당되었다(수 18:22). 벧엘은 사사 시대 초기에 가나안인들에 의해 다시 점령되었다가 요셉의 가문에 의해 다시 탈취되어(삿 1:22 이하) 에브라임 지파의 영역이 되었던 것 같다(대상 7:28). 이 곳은 주요한 예배 중심지가 되었다(삼상 10:3). 사무엘이 재판할 때, 이곳은 사무엘의 순회 재판소였다(삼상 7:16).

3. 왕국이 분열되었을 때, 여로보암 1세는 벧엘을 북왕국의 주요 성소로 정했다(왕상 12:26-33). 금송아지 제사와 벧엘 성소는 후일, 아모스 시대에도 중심적인 것으로 남아 있었다(암 3:14, 4:4; 호 4:15). 벧엘은 사마리아가 앗수르에게 멸망되었을 때, 틀림없이 보존되어 있었던 것 같다(앗수르인들에게 멸망되었음을 시사해주는 고고학적 자료는 없음). 사마리아가 멸망되고난 후에도 여전히 제사장들은 그 곳에서 가르쳤던 것같다(왕하 17:28). 요시야는 그 곳을 점령하여 제단을 헐고 그 곳을 모독하였으며(왕하 23:15), 한편 바벨론인들은 제 2차 침입 때(B.C. 587-586) 이 도시를 파괴하였다. <바이블렉스>

때문이다. 이들의 악행에 하나님께서 복을 주시거나 재가해 주시거나 보답해 주시는 하나님이 아니기 때문이다.

(3) 하나님은 약자와 가난한 자들에 대해 적극적인 관심을 기울이시는 것은 틀림없지만 그렇다고 편향적이거나 자의적인 편파성을 갖는 분은 아니시다. '하나님은 가난한 자들의 편이다'라는 표현을 성경은 거부한다. 하나님은 가난하다고 해서 이들의 죄악에 대해 특별히 눈감아 주지 않으신다. 가난한 자들 역시 죄인이다. 죄는 사람을 차별하지 않기 때문이다.

(4) 그러나 사회의 가난한 자들은 만성적인 불의의 상황에 '피해를 입고 있는' 자들 편에 있기 때문에 하나님의 특별한 주목을 받는다. 따라서 하나님께서는 가난한 자들에게 특별한 관심을 갖고 모든 일들을 집행하라고 요구하신다. 그러나 가난한 자들을 희생시켜 얻은 부로 부패와 교만의 극을 달리는 종교 지도자들과 부유층 인사들의 위선과 허식은 이스라엘을 병들게 했다. 아니 그것이 원인이 되어 지금 나라가 멸망 직전에 놓이게 되었다. 그러나 이제 모든 것은 곧 끝나게 된다. 이스라엘이라는 대형 기관차는 이미 탈선했기 때문이다.

아모스 3장 요약 정리

이스라엘의 타락과 하나님의 탄식

- 아모스의 심판 선언에 이스라엘 백성들은 처음에 어떤 반응을 보였을까?
- "땅의 모든 족속에서 내가 너희만 알았나니"란 말의 의미를 설명해 보라. 이스라엘의 선택과 관련하여 백성들은 어떤 삶을 살아가야 하는가?
- 하나님은 선택된 백성들에게 어떤 공동체가 되기를 원하셨나?
- 백성들은 아모스 선지자의 정체성에 의문을 표시했다. 그 이유는 무엇이며, 이에 대한 아모스의 답변은 무엇이었나?
- 아모스는 9가지의 원인과 결과의 원리를 들어 그가 메시지를 선포하지 않을 수 없는 이유를 설명하고 있다. 9가지 내용을 교재를 보면서 설명해 보라.
- "여호와의 행하심이 없는데 재앙이 어찌 성읍에 임하겠느냐"(6절하)라고 말한 의미를 설명해 보라.
- "주 여호와께서 말씀하신즉 누가 예언하지 아니하겠느냐"(8절하) - 이 뜻을 설명하고 아모스가 부름 받은 배경을 설명해 보라.
- 오늘날 메시지를 전하는 자의 태도를 아모스와 비교해서 설명해보라.
- 3:9-15에서는 사마리아의 죄와 그 형벌을 설명하고 있다. 하나님은 이방 나라의 두 증인을 사마리아로 부르신다. 어떤 나라들인가? 왜 하나님은 그들을 증인으로 부르시는가?
- 이스라엘은 도덕적인 면에서 이방 나라보다 월등한가? 아니면?
- 하나님이 이스라엘에게 내리실 심판의 강도는 어느 정도인가? 무엇을 비유로 들고 있나? (3:12상)
- 3:13에서 "너희는 들어라" 하실 때, 여기서 "너희"는 누구를 지칭하는가? (교재를 보고)
- 하나님이 특히 이스라엘에 대해 역겨워하시는 일은 무엇인가? (3:14)
- '제단의 뿔을 꺾는다'는 말은 무슨 뜻인가?
- 이스라엘의 부유한 계층과 특권층에 있는 자들의 생활 태도는 어떤 극단적인 일까지도 행했나? (3:15)

- 우리들은 지금 세상 사람에게 도덕적인 면에서 칭찬을 받고 있을까? '그렇다'고 대답하는 사람이 많지 않을 것이다. 그 이유가 무엇일까? 박해 때문이라고? 아닌 것 같은데…
- 왜 우리는 외식을 하게 되는가? 성도의 진정한 변화란 무엇인가? 즉 진정한 믿음의 성숙은 무엇으로 측정되는가?
- 이스라엘은 지금 열방들보다 더욱 엄격한 심판과 책망을 듣고 있다. 영적 이스라엘이라고 불리는 우리는 어떨까?
- 우리의 진정한 신앙 성숙은 무엇으로부터 오는가?

바산의 암소들아!

아모스의 이스라엘에 대한 심판 선포는 백성들로 하여금 울분과 경악을 감추지 못하게 했다. 하나님은 아모스 선지자를 통해 이스라엘의 멸망을 선포하셨다. "나는 이 땅 족속 가운데서 오직 너희만을 알았다." 즉 이스라엘은 하나님께서 특별히 선택한 민족이라는 말이다. "그러므로 너희가 행한 모든 죄대로 너희를 심판하겠다." '아니, 우리나라가 망한다고? 우리는 하나님의 택한 민족이 아닌가? 우리에게 멸망이라니.' 백성들은 아모스를 탐탁지 않게 여겼다. 더욱이 아모스는 남부 출신이 아닌가! 그래서 아모스에게 따져 물었을 것이다. "아니 너는 도대체 누구냐? 누가 너를 이곳에 보냈느냐?" 아모스는 자신의 정체성을 드러낸다. '나도 너희들에게 이런 말 하고 싶어서 하는 게 아니다.' "사자가 부르짖는데 누가 두려워하지 않겠느냐? 주 여호와께서 말씀하시는데 누가 예언하지 않겠느냐"고 했다. 그는 아홉 가지의 수사학적 질문을 던짐으로써 그의 메시지 선포의 정당성을 주장했다.

아모스의 메시지는 더욱더 이스라엘의 치부를 드러내고 있다. 지금 아모스는 바산의 암소 떼를 떠올리고 있다. 살찐 암소였다. 그 암소 떼와 사마리아의 여인들의 모습이 중첩(重疊)되어 뇌리를 어지럽히고 있다. 그녀들 역시 남편의 지위를 이용하여 사회의 약자들을 무시하고 괴롭혔다. 이들은 가난한 자들을 학대했고, 불쌍한 자들을 그릇이 깨지고 부서지는 것과 같이 짓눌렀다. 그리고 남편들에게 매우 사치스로운 생활방식을 유지할 것을 강요했다.

Outline 4

제2부 아모스서의 본론

제3장 이스라엘의 타락과 하나님의 탄식

1. 아모스의 제1설교(3:1-15)
   A. 심판을 피할 수 없는 이유(3:1-8)
   B. 심판의 상태(3:9-15)

제4장 이스라엘의 타락과 하나님의 탄식(계속)

2. 아모스의 제2설교(4:1-13)
   A. 부유 계층들의 타락상(4:1-3)
   B. 더욱 깊어지는 범죄상(4:4-5)
   C. 돌아오지 않음을 탄식하는 하나님 (4:6-11)
   D. 최후의 권면(4:12-13)

by 김희보, 소선지서 주해(아모스)

◀ 제2설교(4장) :

A. 부유한 자들의 타락상(4:1-3) : "(바산의 암소들이여), 너희들도 갈고리로 끌어내림을 당할 것이다."

'바산의 암소들'은 부유한 여인들을 가리키느냐, 이스라엘의 타락한 자들을 가리키느냐의 문제가 있다.

어쨌든 부유한 계층들의 타락상을 가리키는 것은 분명하다.

• 이런 자들이 예배 드리는 것은 그 자체가 죄이다. 이런 일들로 이스라엘은 이미 매를 맞았으나 돌아오지 않는다. 그러므로 계속 하나님께 돌아오라고 외친다.

• 이스라엘 부유층은 물고기가 그릇에 담겨져서 시장으로 보내지는 것처럼 포로로 끌려가게 될 것이다.

• 사마리아는 아주 비참하게 무너져내릴 것이다. 포로민들은 침략자들이 공격하기 위해 뚫어 놓은 성벽의 틈으로 끌려갈 것이다. - 비참한 상태

B. 더욱 깊어지는 범죄상(4:4-5)

• 사치한 압제자들은 종교적 행사에 더욱 열심이었다. 아모스는 그들에게 벧엘과 길갈로 가서 더욱 종교적 행사에 매진하라고 조소적인 표현으로 그들을 공격했다.

• 이들은 수은제와 낙헌제를 많이 드렸다. 그럴수록 하나님의 복을 받을 수 있다고 믿었기 때문이었다. 그러나 마음속에서 우러나오는 순종이 없다면 이는 종교적 행사에 지나지 않는다. 진정한 제사는 그 제사(예배)가 삶과 분리되어서는 안 된다.

C. 돌아오지 않는 백성(4:6-11)

• 아모스는 여호와께서 재앙을 계속 점진적으로 강도높게 내리셨으나(7가지 재앙 묘사) 그래도 주께로 돌아오지 않았다고 탄식한다.

D. 최후의 권면(4:12-13)

• 끝까지 여호와께로 돌아오지 않으므로 이제 최후의 형벌이 있을 것이다.

제2설교: 이 말씀을 들으라(4:1–13)

아모스의 심판 선고는 계속된다. 이스라엘 백성들은 아모스가 선고하는 메시지의 내용이 자신들에게는 너무 터무니없는 내용이라고 생각했다. 비록 죄를 지었다 해도 나라가 멸망한다는 것은 있을 수 없다는 것이다. 이번에는 아모스가 사마리아에 사는 귀부인들을 향해 공격을 퍼붓는다. 남편보다 한 술 더 떠서 타락해가는 모습을 충격적으로 드러내고 있다.

1. 가난한 사람들을 착취해 배를 불리는 남편들, 그들 못지 않게 그들 부인들 역시 아모스의 포격을 피하지 못한다. 아모스는 그녀들을 무엇에 비유하고 있나?

4:1 "사마리아의 산에 있는 바산의 암소들아
이 말을 **들으라**(שִׁמְעוּ) - 칼동사, 명령법, 남성, 복수
① 너희는 힘 없는 자를 학대하며
② 가난한 자를 압제하며
③ 가장에게 이르기를 술을 가져다가 우리로 마시게 하라 하는도다"

(1) 원문에는 '들으라'(שִׁמְעוּ)라는 명령이 맨 앞에 나온다. '들으라' 이 말은 (הַזֶּה[1] הַדָּבָר - the word), 즉 앞으로 전개될 하나님의 말씀을 경청하라는 말이다.

1) this, 이것, 이런 것

(2) 바산(Bashan, בָּשָׁן) : '매끄러운, 부드러운'이라는 의미이다. 요단 동편의 한 지역으로 북쪽에는 얍복강과 길르앗 산이 있으며, 서쪽으로는 살르가 성읍이 있으며(신 3:10, 13; 수 12:4), 남쪽으로는 '헤르몬' 산이 있다(대상 5:23). 이곳은 비옥한 목초지로 유명하다(신 32:14; 겔 39:18; 시 22:12).

(3) '바산의 암소들(פָּרוֹת - 여성 복수)[2]아' : 파라(פָּרָה - 어린 암소)는 이스라엘의 배신을 완고한 암소에 비유했을 때와(호 4:16), 오늘 본문에서 사마리아 여인들의 무절제한 사치를 상징할 때 사용되었다. 여기 본문에서는 호화롭고 사치하고 권세있는 귀부인을 상징하는 말이다.

그러나 이와는 반대되는 의견을 가진 학자들도 있다(Calvin이나 Henderson과 같은 학자들). 왜냐하면 '들으라'(שִׁמְעוּ)라는 말이 '남성, 복수'로 되어 있기 때문이다.[3] 본문에 남성어미와 여성어미('학대하며, 압제하며, 이르기를' 등은 여성어미

2) 파라(פָּרָה) - 어린 암소를 가리킨다. / 파르(פַּר - 황소, 수송아지)

3) 사 32:9의 경우에는 여성 복수로 되어 있다. - "너희 부녀들아 들을지어다" 라고 했을 때 שְׁמַעְנָה(칼, 명령법, 여성 복수)로 되어 있다. (렘 9:20도 참조)

로 되어 있다.)가 혼용되어 사용됐다. 그렇다면, 즉 이런 견해가 옳다면 여성형이 이스라엘의 타락을 나타내는데 적합했기 때문일 것이다. 그러나 동사가 남성어미로 되어 있기에 여기서 '바산의 암소들'을 가리키기 보다는 '부유한 이스라엘의 타락한 자들'을 가리키는 것이라고 주장한다(김희보, 아모스 주해).

2. 앞의 설명에서와 같이 어느 견해를 따르느냐에 따라 다음 구절도 다르게 해석된다.

4:1b "너희는 '힘 없는 자'(דַּלִּים)를 '학대하며'(칼 동사, 분사 여성, 복수)
'가난한 자'를 '압제하며'(칼 동사, 분사 여성, 복수)
가장에게 이르기를 술을 가져다가
'우리로 마시게 하라 하는도다'(칼동사, 미완료)"

(1) 여기 '힘 없는 자'(דַּלִּים)[1]는 약하고 비천한 자를 가리킨다. '학대하며'는 아사크(עָשַׁק)의 칼동사, 분사, 여성 복수이다. 그 뜻은 '압박하다, 침해하다, 폭력을 행사하다, 강탈하다'라는 뜻이다. '가난한 자'(에브욘)는 궁핍한 자를 가리킨다. '힘 없는 자'와 대구를 이룬다.

1) 달(דַּל)의 남성 복수 - '낮은 가난한, 약한, 비천한' 뜻으로 약하고 비천한 자를 가리킨다. 개역성경에서는 '가난한 자'로 번역했다.

(2) 여기 '가장'(אֲדֹנֵיהֶם)이라는 말은 '아돈'(אָדוֹן-주, 주인)의 3인칭 남성 복수형(הֶם־)이다. 그러므로 그 뜻은 their lords(their masters, KJ)로 번역해야 한다. 그러나 아래와 같이 영역본들은 their husbands로 번역했음을 본다. 이처럼 husbands로 수정 번역한 것은 '바산의 암소들'을 여성으로 보았기 때문이다(김희보, 호세아 주해).

- Who say to your husbands - NASB
- and say to your husbands - NIV
- which say to their masters - KJV
- who say to their husbands - RSV
- κυρίοις αὐτῶν (their masters) - LXX

(3) Jerome, Calvin, Henderson 등은 '바산의 암소들'이 남편을 가진 '귀부인 여성'들이 아니라 왕과 방백들과 짝하여 타락해 가는 '부유한 자'들을 가리킨다고 보았다. Henderson은, 아도님(אֲדֹנִים)이 비록 표현은 복수(Lords)이지만 그 뜻은 단수로서 왕을 가리키는 것이라고 했다. 히브리어법에 그러한 경우가 많이 있기 때문이다(창 40:1; 삼하 10:3 참조, 김희보, 위의 책).

(4) "술을 가져다가"(הָבִיאָה)라고 번역된 말은 '보'(בּוֹא -들어가다, 입장하다, 가다)의 히필 동사 명령법이다. 여기 첨부 어미(ה ָ)는 목표나 행동의 방향을 나타낸다. 그래서 70인경은 Bring *to us*(ἡμῖν)라고 *to us*를 보충해서 번역했다. "우리에게 가져오라." 여기서 '술'이라는 직접적인 말은 없다. 여기에 '술'을 보충함은 지나친 의역은 아니나(호 7:5 참조) 정확한 번역은 아니다.

"[그리고, וְ] 우리로 마시게 하라"(נִשְׁתֶּה)[1] - 이 말은 '먹고 마시고 즐거워한다'는 표현으로 축하행사와 관련된 잔치를 묘사할 때 다양하게 사용되었다(삼상 30:16; 왕상 1:25). 연회(feast)를 가리키기도 한다. 그렇다면 연회를 베풀자는 뜻이 되기도 한다(김희보, 소선지서 주해, 호세아).

1) '샤타'(שָׁתָה-마시다, drink)의 칼동사, 미완료 /

(5) 그러나, 대체로 '바산의 암소들'은 남편에 의해 호의호식하는 부요한 관리들의 부인들을 가리키는 것이라고 해석한다. 어쨌든 잠언에서도 '힘없는 자들을 학대하며, 가난한 자를 압제하는 일'은 그 지으신 자를 멸시하는 행동이라고 했다(잠 22:16, 28:3; 전 4:1-3을 참조할 것).

- 잠 14:31 "'가난한 사람'(달, דַּל)을 '학대하는 자'(아사크, עָשַׁק)는 그를 지으신 이를 멸시하는 자요 궁핍한 사람을 불쌍히 여기는 자는 주를 공경하는 자니라."

3. 바산의 암소들이 부유한 남편의 부인을 지칭하든, 아니면 남여 이스라엘의 귀족들과 지배 계급들을 가리키든, 이들은 물고기가 그릇에 담겨져서 시장으로 보내지는 것처럼 포로로 끌려갈 것이다.

4:2 "주 여호와께서 자기의 거룩함을 두고 **맹세하시되**

사람이 ── 너희를 끌어 가며(נִשָּׂא - 피엘 동사, 완료형) ── • 피엘 동사로 그 뜻이 강조되고 있다. 끌려가되 그 비참함이 클 것을 보여주고 있다. 완료형이지만, 여기서는 미래형으로 번역된다.

/**갈고리**로(찌나 - 뾰족한 갈고리)

└ 그리하리라

/**낚시**로 너희의 남은 자들도

때가 ── 이를지라 (보라! 그 심판의 때가 분명히 이를 것이다)

/너희에게"

▲ 주님께서 당신의 거룩하심을 두고 맹세하셨다. 사람들이 너희를 갈고리로 꿰어 끌어갈 날이, 또한 너희의 남은 자들도 낚시로 꿰어 끌고갈 날이 반드시 올 것이라고 하였다.

1) בְּקָדְשׁוֹ - 니팔(수동) 동사 완료 / '샤바' 동사는 니팔형(수동형)으로 가장 많이 사용되었는데, 그 의미가 본어간의 특징인 재귀적 강조 용법을 반영하고 있다. 즉 '맹세로서 자신을 묶다'라는 의미이다(창 26:3; 왕상 2:42 참조).

(1) 하나님께서는 살육으로 살찐 바산의 암소들을 그대로 내버려두지 않으신다. 주 여호와께서 '자기의 거룩함을 가리켜'(by His holiness)[1] 맹세하셨다. 여호와께서는 스스로 맹세하시며, 그 맹세 형태는 절대적 확실성과 불변성을 강조하기 위해 자기 자신을 가리켜(창 22:16), 자신의 거룩함으로(시 89:35), 자기 오른손으로(사 62:8), 그의 큰 이름으로 맹세하고 있음을 보게 된다(히 6:13-19 참조). 바산의 암소들에게 무서운 형벌을 내리신다는 확정된 사실을 여호와께서 작정하신 것이다. 공중에 뜬 빈 말이 아니다.

(2) 갈고리와 낚시가 대칭되어, 그 비참함을 잘 드러낸다. 밧줄 끝에는 포로들의 코나 아랫 입술에 뚫은 구멍에 거는 갈고리가 있었다. 여기서 '너희의 남은 자들'(אַחֲרִיתְכֶן)이란 말은 소위 말하는 '남은 자'(충성된 이스라엘의 남은 자, 왕하 19:4; 사 37:32; 미 2:12 등)를 가리키는 것이 아니라, 갈고리에 끌려가고 그 뒤에 남은 자들뿐만 아니라 뒤에 오는 그 지손들까지도(and your posterity) 포함된 남은 자를 말한다.

(4) '끌어갈 것이다' - 피엘 동사 완료형이지만, 여기서는 미래형으로 번역된다. 피엘형을 씀으로써 포로로 끌려가는 그 비참함이 매우 클 것임을 보여주고 있다. 이제 곧 심판의 날이 반드시 올 것이다. 여호와께서 자기의 거룩함을 가리켜 맹세하셨기 때문이다.

בָּאִים(will surely come) יָמִים(the days) הִנֵּה(Behold) כִּי(that, for)
<보라! 그 심판의 때가 분명히 임할 것이다.>

4. 사마리아가 어떻게 무너져내릴 것인가?

(1) "너희가 성 무너진 데를 통하여"(이미 사마리아가 망했기 때문에) 각기 앞으로 바로 나가서, 좌우를 돌아볼 여유도 없이 곧장 포로로 끌려가는 모습을 잘 보여주고 있다. 침략자들이 뚫어놓은 성벽의 틈으로 끌려갈 것이라는 말이다.

(2) "하르몬(Harmon)에 던져지리라" - '하르몬'이 어디인지는 정확히 알려지지 않고 있다. 4:1에 언급된 '바산'은 요단 동편의 한 지역이다. 이 바산의 북쪽에는 얍복강이 있고, 남쪽으로는 '헤르몬' 산이 있다(대상 5:23). 만약 이곳을 가리킨다면, **이들이 애초에 거했던 이곳을 통과하여** 다메섹 북쪽으로 끌려가게 될 것이다.

벧엘에 가서, 길갈에 가서 죄를 더하라 (4:4–5)

1. 사치한 압제자들, 그러나 이들은 종교행위에는 누구보다 더욱 열심이었다. 그렇다면 무엇이 문제였을까?

(1) 하나님의 언약을 배반하고, 언약 백성으로서 그 역할을 잘 감당하지 못한 이스라엘은 지금 멸망의 내리막길을 치닫고 있다. 아모스가 주변 나라들의 죄를 고발하며, 이들에게 내리는 하나님의 심판 선고를 들으면서도 자신들은 오히려 담담했다. 자신들은 멸망과는 거리가 멀다고 생각했다. '하나님의 선민'이라는 생각 때문이었다.

4:4 "너희는 벧엘에 ─┬ 가서(בֹּאוּ - 칼 동사, 명령법), Go to Bethel
　　　　　　　　　　└ 범죄하라(וּפִשְׁעוּ - 칼 동사, 명령법), and sin
　　　　　길갈에 ─┬ (가서), go to Gilgal
　　　　　　　　　├ 죄를 더하며(הַרְבּוּ) - 히필 동사, 명령법, and sin yet more.
　　　　　　　　　└ 드려라(וְהָבִיאוּ) - 히필 동사, 명령법, Bring
　　　　　　　　　　　/아침마다 너희 희생을,
　　　　　　　　　　　/삼일마다 너희 십일조를

• 인간이 하나님 앞에 제사를 드리는 목적이 무엇인가? 바로 자신들의 죄 때문이 아닌가? 그러나 이제는 이들이 드리는 예배(제사) 행위는 오히려 죄에 죄를 더하는 일이 되어버렸다.

• 신실한 삶이 없는 예배 행위는 하나님을 더욱 피곤케 할 뿐이다. 여기서는 아모스의 비아냥거림이 나타나 있다.

(1) 너희는 '벧엘'로 올라가라고 명령한다. 그 곳에 가서 '범죄하라'는 것이다. 그리고 길갈에 가서 죄에 죄를 더하라고 명령한다. 벧엘이 어떤 곳인가는 앞에서 이미 살펴보았다. 그곳은 그들이 숭배하는 금송아지가 있는 곳이다. 당시에도 이곳은 다른 지역들과 뚜렷하게 구별되는 곳이었다. 그곳은 '여로보암 왕의 성소요, 이스라엘의 성전이라'고 불렸던 곳이다(암 7:13).

(2) '길갈'은 어떤 곳인가? 이곳은 이스라엘이 가나안에 첫 상륙한 지점으로(수 4:20) 잊지 못할 중요한 장소이다. 여로보암 1세는 이곳을 택하여 벧엘과 함께 북이스라엘의 종교 중심지로 삼았다. 그런데 이런 중요한 곳에 가서 죄를 더 지으라고 말씀한다. 물론 이는 조소적(嘲笑的)인 표현이다. 만약 지금 조소적인 표현이 아니라면, '벧엘'로 올라가라는 말은 오히려 마땅히 권면받는 말로 받아들여야 한다(시 95:6, 96:8; 사 1:12).

(3) 만약 이들이 신실한 삶과 일치하는 종교행위를 한다면 이런 권면은 얼마나 아름다운 말인가! 그러나 아모스는 하나님의 거룩하신 뜻과는 상관이 없이

종교적 행위 자체에만 열중하는 자들을 향해 비아냥거리고 있다. 아침마다 희생 제물을 바치고, 삼일마다 십일조를 바친다면 이보다 더 바랄 일이 무엇이겠는가? 물론 성경에는 매 3일마다 십일조를 드리라는 말은 없다. 제2십일조라고 해서 매 3년마다 드리는 것이 있다(신 14:28, 26:12). '그런데 이런 십일조를 매 3일마다 드린다면 하나님이 더욱 기뻐하시지 않겠는가!'라고 조소적인 말을 던지고 있는 것이다.

여호와에 대한 진정한 예배는 없어지고

1. 이스라엘은 여호와에 대한 진정한 예배는 없고, 우상 숭배에 열을 올리고 있었을 뿐이다. 물론 그렇다고 여호와에 대한 예배 의식과 전혀 다른 제사를 드렸던 것은 아니다. 이들은 우상도 섬기고 여호와도 섬기는 혼합주의자들로 떨어지고 말았다.

4:5 "'**누룩 넣은 것**(מֵחָמֵץ)'[1]을 **불살라** 수은제로 **드리며**
　낙헌제를 **소리내어 선포하려무나**
　　//(for, כִּי)
　　이스라엘 자손들아
　　이것이(כֵן, 이런 것들이) 너희가 기뻐하는 바니라(-때문이다)
　　주 여호와의 말씀이니라"

(1) 옆의 각주의 설명과 같이 '누룩 넣은 것'이란 말은 '누룩 넣지 않은 것'이라고 번역하는 것이 더 타당한 것 같다. '누룩 넣은 것'은 화제로 드릴 수 없기 때문이다(레 2:11, 6:10). '수은제'(酬恩祭, 토다, תּוֹדָה)는 감사제를 말한다. 희생 제사가 하나님에 대한 찬양(고백)을 수반할 때, 이 때는 특히 기쁨의 때였다(시 95:2; 렘 17:26, 33:11). 하나님은 이런 찬양으로 찬미를 받으셨다(시 69:30). 시편 100편은 대표적인 감사 찬양의 시(노래)이다. '낙헌제'(樂獻祭, 네다바, נְדָבָה)는 자발적으로 드리는 제사를 말한다. 수은제와 낙헌제, 서원제는 화목제 속에 포함되는 자원적인 제사였다. 원래 이러한 제사는 그들의 종교적 열심과 충성의 표현이기도 했다.

(2) 그런데 오늘 본문에서와 같이 하나님은 수많은 희생 제물보다(암 4:5) 마음 속에서 우러나는 순종(삼상 15:22; 호 6:6)을 원하신다고 하셨다. 찬양과 순종하는 마음으로 수은제나 낙헌제를 드린다면 얼마나 좋은 일인가. 그러나

1) 하메쯔, חָמֵץ - 발효된, 효모, 효소 / מֵ-חָמֵץ - '누룩 넣은 것'이라고 번역했지만 מֵ(מִן)라는 접두사는 그 반대의 뜻으로 '누룩을 제한 것'을 나타낸다. 영역 성경 중 NEB는 이런 뜻을 반영했다(without leaven). מֵ(מִן)이라는 접두사가 반대의 뜻을 나타낸 용례는 성경 여러 곳에서 나타난다. 욥 19:26 - '육체 밖에서'; 잠 1:33 '두려움이 없고' ; 렘 22:3 '힘이 없어' / 그러므로 '누룩 넣은 것'이라는 말은 '누룩 넣지 않은 것'으로 수정번역해야 할 것 같다. (김희보)

위의 구절은 이스라엘 백성에게 조소적인 의미로 말하고 있는 것이다. "이것이(כֵּן, 이런 것들이) 너희가 기뻐하는 바니라"라는 표현과 같이 이들은 단순히 이런 것들을 여호와께 드리면 기뻐하실 것이라고 착각하고 있었기 때문이다. 이들은 형식과 체면과 가식으로 치장된 예배를 드리고 있었다.

2. 그렇다면 진정한 제사(예배)란 무엇인가?

(1) 거창한(?) 제사(예배), 그러나 삶과 예배가 분리되어서는 안 된다. 그러나 이스라엘은 의식(儀式)과 생활이 너무 차이가 있었다. 이렇게 될 때 하나님께 드리는 제물은 무의미한 것이 된다. 예배는 하나님의 구원에 대해 우리의 반응을 나타내는 것이다. 참다운 예배는 어떤 의식을 행하는 것보다는 하나님께서 원하시는 삶을 사는 것이기 때문이다(롬 12:1-2*).

(2) 그러므로 삶이 없는 의식만의 예배, 참 마음이 없고, 헌신적인 정신도 없이 왔다갔다 하는 행위는 하나님 앞에 가증한 행위요 역겨운 일이다. 하나님은 쓸데없는 형식만을 차려서 절기를 지키는 것을 기뻐하지 않으신다. 당시 이스라엘은 우상 숭배와 위선이 너무나 심각했기 때문에 제사가 오히려 하나님께 귀찮은 것이 되었다. 이스라엘 백성들은 벧엘이나 길갈 같은 전통적인 예배 중심지를 방문하여 제사 드리기를 좋아했다. 이렇게 하는 것이 하나님의 복을 받는 길이요, 자신들의 안전을 보증해 줄 것이라고 생각했기 때문이다. 그러나 하나님은 이런 일들은 가증한 일이요 그런 것이 곧 죄임을 지적하고 계시지 아니한가!

3. 사람들은 왜, 삶이 없는 의식만의 종교적 행위에 그렇게 열심을 내는 것일까?

(1) 죄에서 돌이켜 정의를 구할 줄 모른다면 예배는 가증한 것이 되기 쉽다. 오늘을 사는 우리도 이스라엘 백성들의 종교 형태에서 자유롭지 못하다. 우리는 대체로 내 자신의 삶을 개혁하기 보다는 종교적 헌신에로 달려간다. 그래서 신앙생활이 몹시 분주하다. 아니 어떤 면에서 종교 행사가 또다른 무거운 짐이 될 정도이다. 이런 과정이 너무 지나치면 복음에서 오는 기쁨보다는 다시 옛날 율법의 체제로 되돌아가는 느낌을 갖게 된다.

(2) 지금도 이와 같은 율법주의적 믿음 때문에 우리 주위는 분주하다. 훗날 바리새인들은 이런 종류의 전통들을 더욱 발전시켜 하나님의 율법과 같이 여겼

하나님의 뜻과는 상관없는 열심

- 우리의 열심은 무조건 하나님께 칭찬받는 덕목인가?
- 수많은 종교행사들 - 넘쳐나는 부흥 집회, 간증, 찬양, 쎄미나 - 이런 행사들 때문에 하나님도 피곤하실 꺼다. 물론 하나님과 관계 없는 행사들을 말한다. '그런 행사들이 있느냐고?' 하나님과 관계없는 종교행사들은 자기만족이며 자기 영광을 추구하는 행위일 뿐이다. 대체로 집회의 중심에는 인간이 자리 잡고 앉아 있기 때문이다. '아모스 시대에도, 이사야 시대에도 그랬다는 것이다'(사 1:10-14 참조).

- 롬 12:1 "그러므로 형제들아 내가 하나님의 모든 자비하심으로 너희를 권하노니 너희 몸을 하나님이 기뻐하시는 **거룩한 산 제물로** 드리라 이는 너희가 드릴 **영적 예배니라** 2 너희는 이 세대를 본받지 말고 오직 마음을 새롭게 함으로 변화를 받아 하나님의 선하시고 기뻐하시고 온전하신 뜻이 무엇인지 분별하도록 하라."

고, 이로 인해 예수님께 대항하여 끊임없는 논쟁을 벌였다. 지금도 이런 바리새적 요소들은 어떤 사람이 기독교인인가 아닌가를 가리는 시금석의 역할까지 한다. 예수님은 바리새인들에게 "너희가 박하와 회향과 근채의 십일조는 드리되 율법의 더 중한 바 정의와 긍휼과 믿음은 버렸도다"(마 23:23)라고 책망하셨다. 이들은 율법의 모든 요구 조건들을 순종했다. 이런 점에서는 그들을 칭찬하셨다. 그러나 이들은 더 비중있는 일을 외면해 버렸다.

(3) 그렇다면 우리는 왜 자꾸 보다 작은 일들을 더 중시하려는 것일까?
성도들은 자신들이 보다 성화되고 의롭게 되었음을 인정받고 싶어한다. 자비와 정의를 성숙한 수준까지 실천하는 것이 쉬울까, 아니면 십일조, 새벽기도, 주일을 성수하는 일 등이 더 쉬울까? 물론 후자도 어떤 재정적 희생을 감수해야 하고 시간도 투자해야 하는 어려운 일이 동반된다. 또한 당연히 성도들이 지켜야 할 일들이다. 그러나 대체로 후자가 더 하기 쉽다는 것이다.

① 우리의 자만심, 탐욕 그리고 인내하지 못하는 성품을 버리고 영적 성숙의 열매를 드리는 일과 ② 세상의 타락한 문화에 접근하지 않는 것 중 어느 것이 더 쉬울까? 후자가 더 쉽다. 물론 마음의 상태가 어떻게 정돈되고 있는가 하는 것을 측정하기가 훨씬 어렵다. 우리는 자칫하면 말씀이 요구하는 외형만을 강조하기 쉽다. 그러나 그 뒤에 있는 보다 깊은 정신적 의미를 무시해서는 안 된다. 바리새인들은 외형적으로는 순종의 대가(大家)였지만 내적으로는 결국 불순종의 삶을 살고 있었던 것이다.

(4) 아모스 시대와 그리 차이가 나지 않는, 남유다를 향해 포문을 연 이사야 선지자는 다음과 같이 백성들을 향해 그들의 외식을 책망했다.

• 사 1:15 "너희가 손을 펼 때에 내가 내 눈을 너희에게서 가리고 너희가 많이 기도할지라도 내가 듣지 아니하리니 이는 너희의 손에 피가 가득함이라 16너희는 스스로 씻으며 스스로 깨끗하게 하여 내 목전에서 너희 악한 행실을 버리며 행악을 그치고 17선행을 배우며 정의를 구하며 학대 받는 자를 도와 주며 고아를 위하여 신원하며 과부를 위하여 변호하라 하셨느니라."

(5) 결국 문제는 예배 자체의 적절성에 있는 것이 아니라 예배자들의 태도에 달려 있다는 것을 알게 된다. 지금 선지자가 이스라엘을 거칠게 책망하는 것은 기존의 종교 형태가 아니라 종교 행위 자체였다(사 1:10-17; 암 5:21-24*).

• 암 5:21 "내가 너희 절기들을 미워하여 멸시하며 너희 성회들을 기뻐하지 아니하나니 22너희가 내게 번제나 소제를 드릴지라도 내가 받지 아니할 것이요 너희의 살진 희생의 화목제도 내가 돌아보지 아니하리라 23네 노랫소리를 내 앞에서 그칠지어다 네 비파 소리도 내가 듣지 아니하리라 24오직 정의를 물 같이, 공의를 마르지 않는 강 같이 흐르게 할지어다."

"너희가 내게로 돌아오지 아니하였느니라"(4:6–11)

1. 하나님께서는 자꾸만 어그러진 길로 가는 이스라엘을 바로 잡기 위해 많은 노력을 기울이셨다. 하나님의 최종 심판 선고 이전에 계속적인 경고가 있었다.

(1) "그러나 너희가 내게로 돌아오지 아니하였느니라"라는 후렴구가 다섯 번이나 언급되었다(6, 8, 9, 10, 11절). 하나님께서는 모세의 율법에서 이미 경고하신 대로 계속적인 불순종이 있을 때에는 기근과 굶주림과 전염병, 이방 민족의 침입 등의 형벌을 받을 것이라고 하셨다(레 26, 28장). 우려했던 대로 이스라엘은 계속 범죄했고, 그때마다 이 모든 심판들을 이 땅에 내리셨다. 그러나 이 백성들은 회개하기를 거절했다. 아니 오히려 더욱 완악해졌다. 아모스는 **일곱 가지 재앙**을 지적한다. 앞으로 언급되는 재앙들은 이미 4-5절에서 지적한 그들의 죄 때문에 온 것이었음을 분명히 하고 있다.

4:6 "또 내가(And I also, וְגַם־אֲנִי) - '내가(=여호와)'라는 말이 강조되어 있다.
너희 모든 성읍에서
너희 이(=치아)를 **깨끗하게** 하며 - '먹을 양식이 없으므로 이가 깨끗할 수밖에 없다.
너희의 각 처소에서 양식이 **떨어지게 하였으나**[1]
너희가 내게로 **돌아오지 아니하였느니라**
여호와의 말씀이니라"

(2) "또 내가"(And I also, וְגַם־אֲנִי)라는 말은 (4-5절에서) 이스라엘이 범죄했기 때문에, 그러므로(=그렇기 때문에) '나도(=여호와께서) 또한'(גַם) 그러한 재앙으로 치지 않을 수 없다는 말이다. "너희 모든 성읍에서" 즉, 어느 한 곳만이 아니라 어느 성을 가나 기근이 있었다는 것이다. 성경에 유독 기근에 대한 언급이 많은 것은 언약을 어긴 백성에게 내려진 것과 무관하지 않다.

(3) 주전 8세기의 선지자들의 핵심 메시지는 여호와 하나님과 그의 백성 이스라엘과의 언약적 관계에 대한 것이었다. 이 언약 관계 속에서 하나님은 이스라엘의 왕이 되시고, 이스라엘은 그의 백성이 된다. 특별히 시내 산에서 받은 모세 언약은 이스라엘 백성으로서 반드시 지켜야 할 헌법이었다. 십계명은 표면으로는 '계명'이요, '율법'이지만 그 내용으로 보면 '언약'이다. 그래서 십계명을 담은 언약궤를 '법궤'라고도 했다. 십계명은 모세 언약의 핵심을 요약한 것이다. 이 율법 속에 하나님이 원하시는 뜻이 구체화 되어 나타나 있다.

7가지 재앙

❶ 기근을 내리심

1) 호세르(חֹסֶר) - '결핍, 부족, 궁핍'을 의미한다. 양식은 언제든지 항상 마련되어 있다고 생각해서는 안 된다. 하나님은 이스라엘의 죄로 인해 그 양식을 끊으시기도 하신다(사 3:1; 겔 4:16, 5:16, 14:13; 암 4:6).

1) • 가난한 자를 사고 파는 행위가 계속됨(암 2:6, 8:6)
• 소유에 대한 착취(암 2:8; 미 2:1-2, 8),
• 거짓 저울(암 8:5; 미 6:10-11, 비교. 레 19:35-36; 신 25:13-15).
• 가난한 자에 대한 법적 정의를 부인하고 왜곡함(암 2:7, 5:7, 10, 6:12; 미 3:1-3).
• 가난한 자에 대한 착취와 사치스러운 생활(암 3:15, 4:1, 5:11, 6:4-6)

(4) 언약의 구체적인 목적은 이스라엘로 자기 백성을 삼는 일이 그 제일의 목적이 된다. 이스라엘은 이 언약 백성의 당사자이기 때문에 하나님께서 끈질기게 간섭하시는 것이다. 마치 부모가 자식을 대하듯이 말이다. 그래서 어떤 경우에서든지 언약은 "나는 너희 하나님이 되고 너희는 나의 백성이 되리라"는 핵심과 직접 연관된다. 즉 신정(神政)의 핵심은 하나님이 그의 백성과 함께 거하신다는 원리이다.

(5) 그런데 이스라엘의 반응은 어떠했는가?
하나님의 은혜를 잊었다(먹고 배부름으로 마음이 교만했다 - 호 13:6). 또한 반역으로 일관된 삶을 살았다. 우상 숭배에서 떠나지 않았을 뿐만 아니라 언약적 삶의 원리를 거절했다(호 9:9-10). 하나님께서 그들을 부르면 부를수록 더 멀리 갔다(호 11:2). 하나님께서 세우신 지도자들도 거절했다(암 2:12). 즉 아모스 역시 호세아나 미가 선지자와 같이 죄의 본질을 언약의 위반으로 보았다(미 6:1-8).[1]

❷ 가뭄을 내리심(7-8절)

• 하나님의 심판으로서의 가뭄 - 우상 숭배, 악을 행할 때(신 28:20, 22; 렘 50:38)

• 불의의 죄(호 13:12, 15)
• 가뭄에 대해 예레미야에게 말씀이 임함(렘 14:1, 3, 4, 7-9)

2. 가뭄 역시 하늘이 내리는 재앙이다. 다음 7절은 더욱더 하나님의 징계임을 확실히 하고 있다.

4:7 "또 추수하기 석 달 전에(=이른 비를 말한다. 지금 10월말에서 2월말까지 내리는 비)
내가 너희에게 비(게셈 - 소나기 같은 큰 비)를 멈추게 하여
어떤 성읍에는 내리고
어떤 성읍에는 내리지 않게 하였더니
땅 한 부분은 비를 얻고 한 부분은 비를 얻지 못하여 말랐으매"

4:8 "두 세 성읍 사람이 어떤 성읍으로 비틀거리며 물을 마시러 가서
만족하게 마시지 못하였으나
너희가 내게로 돌아오지 아니하였느니라
여호와의 말씀이니라

• 렘 5:25 "너희 허물이 이러한 일들을 물리쳤고 너희 죄가 너희로부터 좋은 것을 막았느니라."

(1) '추수하기 석 달 전'에 내리는 비(게셈, גֶּשֶׁם)는 이른 비(=겨울비)를 말한다. '게셈'은 소위 큰 비를 말한다(왕상 17:14, 18:41, 44, 45). 또는 소낙비(겔 34:26)라고도 했다. 오늘의 달력으로 10월에 시작하여 다음해 3월 사이에 내린다. 반대로 '늦은 비'(봄비)는 4-5월에 내린다. 그런데 하나님께서 이스라엘을 징계하기 위하여 비를 멈추게(=억제하다, 거절하다) 하셨다는 것이다. 인간의 죄 때문에 하나님은 사람에게 좋은 것을 억제하기도 하신다(렘 5:25*).

반대로 하나님께서는 의롭게 행하는 자들에게는 좋은 것을 아낌없이 주신다(시 84:11*).

• 시 84:11 "여호와 하나님은 해요 방패이시라 여호와께서 은혜와 영화를 주시며 정직하게 행하는 자에게 좋은 것을 아끼지 아니하실 것임이니이다."

(2) 성읍마다 모두 비가 내리지 않은 것이 아니다. 어떤 성읍은 비가 오는 곳도 있고, 그렇지 않은 곳도 있었다고 했다. 그러나 이들은 이런 현상에 거의 무감각했던 것 같다. 이런 일이 하나님의 징계라는 사실을 알지 못했다. 신앙이 무디어지면 하나님의 음성을 듣지 못한다. 그저 이상 가뭄이 자연 현상이려니 했다는 것이다. 그렇다고 비가 오는 곳에 사는 사람은 온전한 신앙을 가진 자들이라는 말이 아니다. 하나님은 이런 특이한 자연 현상을 통해 이들의 신앙을 흔들어 깨우고자 하셨다는 말이다.

(3) "비틀거리며 물을 마시러" 가는 모습을 보라. 겨우 그곳을 찾아갔으나 만족하게 마시지 못했다고 했다. '비틀거리다'(누아, נוּעַ)라는 말은 맹인이 비틀거리는 걸음 혹은 방황하는 경우나(애 4:14*), 집 없는 도망자나 부랑자와 같은 사람들의 방랑하는(애 4:15) 모습을 표현할 때 사용된 단어이다. 여기서는 지치고 피곤하고 굶주려 정신을 차리지 못하고 비틀거리는 걸음걸이를 말하는 것이다.

• 애 4:14 "그들이 거리 거리에서 맹인 같이 **방황함이여** 그들의 옷들이 피에 더러워졌으므로 그들이 만질 수 없도다."

(4) '가뭄'이라는, 즉 인간이 견디기 힘든 재난이 왔는데도 이스라엘은 그 원인을 여호와께로부터 온 심판임을 알지 못했다. 단순한 자연재앙이려니 했다는 것이다. 그러므로 이들에게 회개가 일어나지 않는다. 하나님은 이들에게 나라가 패망할 수밖에 없다는 사실을 자연 재해를 통해 알려주려 하셨으나, 이들은 인지하지도 못했고, 그러니 여호와께 구하지도 아니했다. 여호와께서만이 파국을 막을 수 있는 유일한 구원이라는 사실을 잊어버렸다(출 15:2; 시 18:1, 22:9). "너희가 내게로 돌아오지 아니하였느니라"(לֹא־[1]שַׁבְתֶּם עָדַי).

1) 슈브(שׁוּב)의 칼 동사 완료- '선회하다, 돌아가다, 회복하다.' 기본 의미는 '(되)돌아가다'이다. 여러 가지 뜻이 있지만 언약의 공동체가 하나님께로 돌아가는 것(회개의 의미에서), 또는 악으로부터 돌아서는 것을 의미한다.

(5) '가뭄'에 대해서 예레미야에게 임한 여호와의 말씀이 렘 14:1이하에 잘 나타나 있다.

• 렘 14:3 "귀인들은 자기 사환들을 보내어 물을 얻으려 하였으나 그들이 우물에 갔어도 물을 얻지 못하여 빈 그릇으로 돌아오니 부끄럽고 근심하여 그들의 머리를 가리며 4땅에 비가 없어 지면이 갈라지니 밭 가는 자가 부끄러워서 그의 머리를 가리는도다 5들의 암사슴은 새끼를 낳아도 풀이 없으므로 내버리며 6들 나귀들은 벗은 산 위에 서서 승냥이 같이 헐떡이며 풀이 없으므로 눈이 흐려지는도다 7여호와여 우리의 죄악이 우리에게 대하여 증언할지라도 주는 주의 이름을 위하여 일하소서 우리의 타락함이 많으니이다 그들을 멸하리라…"

❸ 곡물 재해(9절상)

3. 재앙은 농작물에도 미쳤다. 이번에는 농작물의 이삭과 줄기와 잎이 말라죽는 병에 걸리게 하셨다. 이럴 때 농부의 마음도 타들어간다.

4:9a "내가 '곡식을 마르게 하는 재앙'(풍재, 風災 - 마름병, 고조병)과
'깜부기 재앙'(곰팡이로 인한 식물병)으로 너희를 **쳤으며**"

1) 뜨거운 동풍(욘 4:8) - "해가 뜰 때에 하나님이 뜨거운 **동풍**을 예비하셨고 해는 요나의 머리에 쪼이매 요나가 혼미하여 스스로 죽기를 구하여 이르되 사는 것보다 죽는 것이 내게 나으니이다 하니라."

(1) 이 마름병은 자연적 재해(왕상 8:37; 대하 6:28) 또는 하나님의 형벌(신 28:22; 암 4:9; 학 2:17)로 나타난다. 고조병(blasting, שִׁדָּפוֹן)이 생기는 원인은 아라비아 사막에서 팔레스타인으로 불어오는 건조하고 뜨거운 바람[1])에 의해 생성된다. 이 바람은 2-3일간 연속으로 불기도 한다. 이 바람은 그 파괴력이 매우 강해서 하루 동안에도 모든 풀이 마를 정도이다(욥 27:21).

(2) '깜부기 재앙'(mildew, יֵרָקוֹן) - '창백한, 흙빛, 깜부기병' / 곡물의 이삭에 곰팡이병이 걸려 깜부기병이 생기면 그 이삭은 먹지 못한다.

❹ 메뚜기 재앙(9절하)

4. 팥중이(메뚜기의 일종)의 공격

4:9b "팥중이로 너희의 많은 동산과 포도원과 무화과나무와 감람나무를
다 '먹게 하였으나'(יֹאכַל - 칼, 미완료) - 삼켜버린다
너희가 내게로 돌아오지 아니하였느니라
여호와의 말씀이니라"

(1) 팥중이(가잠, גָּזָם) - 성숙하지 않은 메뚜기, 날개 없이 기는 메뚜기(gnawing locust)로 특별히 곡식의 가지와 잎을 먹음으로 치명적인 재해를 입힌다(욜 1:4, 2:25). '먹게 하였으나'(יֹאכַל - 칼, 미완료) - '아칼'(אָכַל)은 '삼키다, 먹다'라는 뜻이다. 어떤 사물, 또는 사람을 파멸시킨다는 의미를 내포하는데 비유적으로는 '삼킨다'는 의미이다. 그래서 고난의 문맥에 자주 등장한다(가뭄, 전쟁, 불, 질병, 민 21:28; 렘 2:30).

(2) 이런 재앙에도 이스라엘은 여호와께로 돌아오지 않았다고 했다. 죄악들로 인해 너무 완악해졌기 때문이다. 대체로 이 정도면 택함을 받은 자는 징계를 통하여 회개하며 돌아온다. 언제까지(아드, עַד) 안 돌아올까? 이 '아드'란 단어가 부정어와 함께 쓰이면 '~만큼 조차도 않다'라는 개념을 포함한다. 이들은 이미 버려진 자식들이다. 이들은 망할 때까지 돌아오지 않는다. 이후 약 30여년이 지나서 이스라엘은 앗수르에 의해 역사 속으로 사라진다.

5. "여호와께서 네 몸에 염병이 들게 하사 네가 들어가 차지할 땅에서 마침내 너를 멸하실 것이며"(신 28:21) – 불순종으로 인한 저주 가운데 들어 있는 말씀이다.

(1) 전염병으로 인한 징계는 언약을 어기고 불순종했을 때 이스라엘을 징계하는 수단 중 하나였다. "여호와께서 폐병과 열병과 염증과 학질과 한재와 풍재와 썩는 재앙으로 너를 치시리니 이 재앙들이 너를 따라서 너를 진멸하게 할 것이라"(신 28:22).

4:10a "내가 너희 중에 전염병(데베르, דֶּבֶר)[1] 보내기를
/애굽에서 한 것처럼 하였으며"

❺ 전염병(10절상)

1) 역병, 페스트

(2) 이 단어는 일반적으로 기근, 악, 피, 심판, 칼과 같은 단어들과 더불어 언급되곤 했다(렘 14:12, 21:7, 9, 24:10, 27:8, 42:22, 44:13 등). 하나님은 불순종하는 백성에 대한 심판으로 '데베르'(전염병)를 보내실 것을 자주 말씀하셨다(레 26:6, 25; 겔 5:12, 17, 6:12, 14:19, 21).[2] 솔로몬은 성전 봉헌식 기도에서 '데베르'(전염병)에서 구해주시기를 다음과 같이 기도했다.

2) 애굽의 10대 재앙 가운데 5번째 재앙이다(출 9:3). 다윗이 인구조사를 했을 때 형벌로도 임했다(삼하24:15).

- 대하 7:13 "혹 내가 하늘을 닫고 비를 내리지 아니하거나 혹 메뚜기들에게 토산을 먹게 하거나 혹 **전염병**이 내 백성 가운데에 유행하게 할 때에 [14]내 이름으로 일컫는 내 백성이 그들의 악한 길에서 떠나 스스로 낮추고 기도하여 내 얼굴을 찾으면 내가 하늘에서 듣고 그들의 죄를 사하고 그들의 땅을 고칠지라."

6. 이번에는 칼로(전쟁으로), 즉 전쟁을 일으켜 외국 군대로 하여금 국토를 피로 물들이게 하셨다.

❻ 전쟁의 패배로 인한 시체가 썩는 악취

4:10b "**내가** —— 칼로 너희 청년들을 **죽였으며** (내가 죽였다고 강조하신다)
/너희 말들을 노략하게 하며(=노획된 너희 말들까지도 함께)
너희 진영의 악취로 코를 찌르게 하였으나
그러나(וְ)
너희가 — *내게로 돌아오지 아니하였느니라* (שַׁבְתֶּם[3] לֹא־)
이는 여호와의(께서 하신) 말씀이니라"

3) 슈브 동사의 2인칭 완료, 남성 복수

(1) 전쟁에서 패배한다는 것은 얼마나 비참한 일인가? 전쟁에서는 수많은 젊은

• 사 34:3 "그 살륙 당한 자는 내던진 바 되며 그 **사체의 악취가 솟아오르고** 그 피에 산들이 녹을 것이며"

이가 피를 흘리며 죽어간다. 더욱이 전쟁에서 진다는 것은 적들로부터 엄청난 살육을 당한다는 것을 의미한다. 그 시체들이 온 들을 덮는다. 그 시체 썩는 냄새가 천지를 진동한다고 했다(사 34:3*). 몸서리쳐지는 일이다. 젊은 이들만 죽는 것이 아니다. 노인들과 아녀자들도 잡혀가거나 죽는다. 말들까지도 청년들과 함께 죽임을 당할 것이다. 이런 비참한 현실은 열왕기하 13:7에 잘 나타나 있다. 아람 왕의 침입으로 나라의 형편이 쑥대밭으로 변한 상황이 기록되어 있다. 국력이 현저히 줄어들었다는 말이다.

(2) 하나님은 이런 극단적인 방법을 동원하면서까지도 이스라엘을 회항(回航)시키려 하셨으나 이미 타락한 백성들은 그것이 여호와의 징벌임을 깨닫지 못한다. "그래도 이스라엘은 여호와께로 돌아서지 않았다"고 한탄하신다.

❼ 지진 - 재앙 가운데 가장 처절한 재난

7. 이스라엘을 여호와께로 돌아오게 하기 위한 강도높은 처방은 무엇일까?

4:11 "내가 너희 중의 성읍 무너뜨리기를
/하나님인 내가 — '무너뜨림 같이' 하였으므로
/소돔과 고모라를
너희가 불붙는 가운데서 빼낸 나무 조각 같이 되었으나
너희가 내게로 돌아오지 아니하였느니라
여호와의 말씀이니라"

• 슥 14:5 "그 산 골짜기는 아셀까지 이를지라 너희가 그 산 골짜기로 도망하되 **유다 왕 웃시야 때에 지진을 피하여** 도망하던 것 같이 하리라 나의 하나님 여호와께서 임하실 것이요 모든 거룩한 자들이 주와 함께 하리라."

(1) 성읍이 무너졌다면 지진을 말하는 것일 것이다. '무너뜨리다'라는 단어 '하파크'(הָפַךְ)는 '뒤집어 엎다, 전복시키다'라는 뜻이다. 이 단어는 회개하지 않는 소돔과 고모라에 대한 하나님의 분노와 진노에 대한 표현과 관련하여 사용되었다(창 19:21, 25:29; 신 29:23; 사 13:19; 렘 20:16, 49:18; 암 4:11).

(2) 지진에 대한 언급은 이미 1:2에서 언급되었다. 아모스가 활동하기 2년 전에 일어났다고 했다. 그때가 "유대 왕 웃시야 때"라고 했다(슥 14:5*). 훗날 스가랴 선지자가 이 사건을 언급한 것을 보면 그 당시 지진의 규모가 상당했던 것으로 보인다. 그 무너짐의 무서움을 소돔과 고모라가 무너진 것에 비유하고 있다. 물론 그 과정에서 성읍 전체가 멸망하지 않았다 해도 살아남은 사람들의 비참함은 죽은 사람들 못지 않았을 것이다.

(3) 이렇게 도시 전체가 마비되다시피한 지진의 공포가 지나갔지만 이스라엘은 여전히 여호와께로 돌아서지 않았다. 전율하는 공포가 지나가자 이들은 다시

그 옛날 상태로 돌아가서 여전히 죄를 짓고 있었다는 것이다. 인간은 지나간 일들을 너무 쉽게 잊어버린다. 그리고 여전히 악한 길을 걷는다.

(4) 하나님은 점차적으로 강도를 높여 이스라엘을 징계하셨지만 전과 전혀 달라지지 않았다. 애굽의 바로가 강팍했다면, 이스라엘도 그와 결코 뒤지지 않는다. 소돔과 고모라가 악명 높은 죄악 가운데 멸망했지만, 이들은 지금 그들과 버금가는 죄악 속에서 허우적거리고 있다. 여기 일곱 번에 걸친 채찍으로 이스라엘을 쳤지만 소용없었다. 하나님도 이들의 고집스러움에 놀라워 하신다. "그런데도 너희는 내게 돌아오지 않았도다."

그러므로 이제 이와 같이 행하리라(4:12-13)

1. 여호와의 심부름꾼 아모스, 그는 최선을 다해 하나님의 메시지를 이스라엘에게 전달했다. 아모스는 하나님께서 지금까지 이스라엘을 돌이키기 위해 점차적으로 그 강도(强度)를 높여 매질해왔음을 분명하게 밝히고 있다. 여호와께서 여러 가지 방법으로 처방전을 써왔으나 이스라엘은 오히려 더욱 완악해져만 갔다. '그래, 이제 내가 직접 손을 대야겠어!' 하나님은 심판을 통하여 자신이 직접 개입하실 것을 선언하신다.

4:12 "그러므로(Therefore, לָכֵן) - (너희가 끝까지 돌이키지 않으므로)
이스라엘아
내가 '이와 같이'(thus, כֹּה) '네게'(לְּךָ) '행하리라'(אֶעֱשֶׂה)-칼 동사, 미완료
("Therefore, thus I will do to you, O Israel;) - '너에게 기어이 그렇게 하겠다.'
//이유(because, עֵקֶב[1] כִּי) - 하나님 만나기를 준비해야 할 이유를 강조한다.
내가 이것을 네게 행하리니
(Because I shall do this to you) - '너에게 이렇게 하기로 작정하였으니'
이스라엘아 네 하나님 만나기를 '준비하라'(הִכּוֹן - 니팔<수동> 명령법)"

(1) 그러므로(Therefore, לָכֵן) - '너희 이스라엘이 내게로 돌아오지 않으므로'라는 의미이다. 이제부터는 과거와는 전혀 다른 엄청난 징계가 있을 것임을 보여주는 말씀이다. 이스라엘이 그 뿌리째 뽑혀나갈 것이다. 그러나 그 원인은 이스라엘 백성 자체의 완악함 때문이라고 했다.

'이와 같이'(thus, כֹּה)라는 말은 앞에 6-11절의 완악했던 이스라엘의 모습을 말하는 것이 아니라 앞으로 있을 것을 소개해 주는 말이다. "이와 같이 네게

1) 에케브 - 결과적으로 / '뒤꿈치, 후미'라는 뜻에서 왔으며 '결말, 결과, ~의 결과로, ~때문에'를 의미한다. 부사적인 의미로 더 자주 사용된다.

אֱלֹהֵי־צְבָאוֹת
'만군의 하나님'

'쯔바오트'(만군)는 '야웨'란 명칭과 복합되어 사용되어 온 하나님의 명칭이다. 이 말은 전쟁과 군대란 어원에서 온 말이다. '차바'(צָבָא)라는 말은 '전쟁, 군대, 무리'를 의미한다. '여호와 쯔바오트'는 가장 고귀한 이름으로서 이 칭호는 여호와의 왕권과 관련되어 있다(슥 14:16). 그는 땅 위에 있는 만국을 지배하실 뿐만 아니라(사 37:36), 만유의 근원이시다(렘 10:16).

오늘 본문에서는 산과 바람을 창조하셨다는 사실과 자연을 어거하시는(암 4:13) 그의 권능과 관련되어 있음을 설명한다(암 5:8, 9:5이하). 그러므로 이 칭호에서는 여호와의 통치가 장엄하고 찬란하다는 사실에 특별한 관심이 주어진다(시 84:1; 사 28:5).

행하리라." 그렇다면 무엇을 행하실 것인가? 물론 아직 공개하지 않으신다.

(2) "네 하나님 만나기를 '준비하라'(כּוּן '쿤'의 니팔 명령법)" - '견고하다, 안정되다, 확립하다' 등의 뜻이 있으나 여기서는 '준비하라'는 의미로 쓰였다. 하나님이 직접 이들을 만나는 이유는 언약을 새롭게 하자고 권고하는 '언약갱신' 차원의 만남이 아니다. 그 날은 바로 '여호와의 날'이다. 그들이 그렇게 기다리는 '여호와(야웨)의 날'은 심판의 날이요, 또한 구원의 날이기도 하다. 이들은 '여호와의 날'을 두근거림으로 기다렸을 것이다.

(3) 이미 요엘서에서 살펴본 바와 같이 '여호와의 날'은 이중성을 띠고 있다. 하나는 원수들에 대한 심판과 승리이고, 다른 하나는 여호와를 섬기는 '남은 자들'에 대한 보상과 축복의 날이다. 그러나 아모스 선지자는 "그 날이 어둠이요 빛이 아니라"고 했다(암 5:18). 지금 하나님은 징계하지 않을 수 없는 이스라엘을 향해 마지막 심판을 내리시기 위해 일어서셨다. 왜냐하면 지금 이스라엘은 여호와 하나님의 대적이 되어 있기 때문이다. 이제 여호와는 "이스라엘을 위하여(*for*)" 싸우시는 것이 아니라 "이스라엘을 대항하여(*against*)" 싸우실 것이다.

2. 이스라엘이 만나야 할 여호와는 어떤 분이신가?

4:13 "보라(힌네, הִנֵּה) - 주의를 환기시키는 말이다.
그의 이름이 '**만군의 하나님 여호와**'시니라"
/① 산들을 지으며 /② 바람을 창조하며
/③ 자기 뜻을 사람에게 보이며 /④ 아침을 어둡게 하며
/⑤ 땅의 높은 데를 밟는 이는

(1) 4장(제2설교)의 결론이다. 여호와는 창조주이시다. 자기 뜻을 인간에 보이시며, 자연을 주관하시는 섭리의 하나님이시다. 그러면서도 여호와는 심판의 하나님이시다.

(2) 또한 이스라엘과 언약을 세우신 여호와 하나님이시다. '만군의 하나님'(אֱלֹהֵי־צְבָאוֹת)이라는 성호(聖號)는 하늘과 땅의 모든 권세를 가지신 여호와께서 어떻게 언약의 백성들을 구원하셨는가를 말씀하실 때에 사용되었던 이름이다. 이제 이스라엘은 심판의 하나님 앞에 서야 한다. '사랑의 하나님' 운운할 수 없는 무서움과 두려움의 날이 다가오고 있다.

아모스 4장 요약 정리

이스라엘의 타락과 하나님의 탄식

- 4장에서는 누구를 향해 심판의 포문을 열고 있는가? 여기서 '바산의 암소들'은 누구를 가리키는가? (두 가지 견해를 교재를 보고 설명해 보자.)
- 여기서 '가장'(家長)이란 누구를 가리키는가? (두 가지 견해)
- '바산의 암소들'이 어떤 모습으로 팔려간다고 했는가? (2절)
- 포로들이 어떤 모습으로 끌려갈 것인가? 그 비참함을 무엇에 비유하고 있나? (3절)
- 사치한 압제자들은 자신들이 행하는 일들이 죄라는 사실을 잘 인식하지 못한다. 아모스는 그런 자들에게 어떤 조소적인 말을 했는가? (4절)
- '벧엘과 길갈'은 이스라엘에게 어떤 성읍인가? 아모스가 이 성읍을 들어 책망하는 이유는 무엇인가?
- 어떻게 될 경우에 진실된 마음은 사라지고 종교적 행위에만 빠지게 되는가?
- 여호와에 대한 진정한 예배가 사라질 때 나타나는 신앙의 형태는 무엇일까? 현대인의 신앙의 모습과 비교하면서 설명해 보자.
- 진정한 제사(예배)란 무엇인가?
- 사람들은 왜 쉽게 삶이 없는 의식만의 종교생활로 빠져들게 되는가?
- 율법주의적 믿음에서 벗어날 수 있는 길은 무엇일까?
- 예수님은 그의 공생애 사역 중 상당한 부분을 당시 지도자들(바리새인, 서기관, 제사장들)과 논쟁하셨다. 이들의 어떤 점들이 예수의 질타의 대상이 되었는가? 아모스 시대의 지도자들과 현대의 영적 지도자들과 대비하여 설명해 보자.
- 아모스 선지자가 외치고 있는 것은 기존의 종교 형태가 문제가 아니라 무엇이 문제였다고 강조하고 있는가?
- 하나님께서는 자꾸만 어그러진 길로 가는 이스라엘에게 계속 점진적으로 강도를 더해가시면서 징계하셨다. 일곱 가지로 나열했는데, 그 내용을 성경을 보면서 설명해 보자(6-11절).
- 이스라엘이 고의적인 반역을 더해가자 하나님은 최후의 징계를 선언하신다. 이후의 이스라엘의 역사를 설명해 보라.

Think

- 오늘을 사는 현대인의 신앙생활은 생각보다 몹시 분주하다. 무엇 때문에 그리 분주할까? 만약 종교적인 행사 때문에 지쳐간다면, 다시 한 번 우리 자신을 점검해 보자. 대체로 하나님께서 진정 원하시는 뜻과는 거리가 먼 것이 많을 것이다.
- 교회에서 너무 많은 행사들 때문에 하나님으로부터 오는 진정한 안식을 누리지 못할 때가 많다. 우리는 그 분주함과 열심을 하나님이 원하시는 믿음의 표현이라고 주장한다.
- 만약 아모스가 오늘 우리를 방문한다면, 어떤 메시지를 던질까? 북이스라엘에게 선포했던 메시지와 상당히 다를까? 아마, 아닐 것이다.

Amos 제5장

이스라엘 족속아! 이 말씀을 들으라

아모스 당시의 이스라엘 백성들은 여러 가지 이유로 오늘날의 우리의 모습과 같이 바쁘게 살아갔다. 경제적 풍요로 인해 사회가 활기를 띠고 있었다. 겉으로 보기에는 화려함과 풍요가 있었다. 그러나 아모스의 눈에는 곧 망할 수밖에 없는 생활의 연속이었다. 아모스는 슬픔 속에 애가(장송곡)를 부른다. "이스라엘 백성아, 내가 너희를 향해 부르는 이 장송곡을 들어라"(5:1, 쉬운성경). "처녀 이스라엘은 쓰러져서 다시는 일어나지 못하게 되었네. 버림받은 채로 쓰러져 있으나 일으켜 줄 사람이 아무도 없도다"(5:2). 아모스는 곧 나라가 망할 것이라고 경고했다. 아모스는 하나님의 말씀을 가감없이 전한다. "나를 찾아라, 그러면 살 것이다"(5:4).

그렇다면 그동안 백성들은 하나님을 찾은 것이 아니라는 말인가? 그렇다. 그들은 자신들의 경건을 드러내기 위해 뻔질나게 종교 중심지였던 벧엘과 길갈을 찾았다. 그러나 하나님은 이 곳이 곧 폐허가 될 것이라고 선언하신다. 아모스는 이스라엘 백성들의 죄목을 일일이 열거한다(5:10이하). 물론 백성들은 남부 출신 아모스의 경고를 싫어했다. 그러면서도 백성들은 '여호와의 날'을 사모했다. 그 날이 곧 이방 세력은 물러가고 자신들은 구원을 받는 빛의 날이라고 믿었기 때문이다. 그러나 그 날은 기쁨이나 희망의 날이 아니라 슬픔의 날이 될 것임을 선언한다. 하나님 찬양 운운하며 바쁘게 설쳐대는 이스라엘 백성들, 삶과 동떨어진 그들이 드리는 제사(예배)를 하나님은 역겨워하고 계셨다.

Outline 5

제2부 아모스서의 본론

제5장 아모스의 애가

1. 아모스의 제3설교(5:1-6:14)
"이스라엘 족속아 이 말을 들으라"
- **A. 환난날에 여호와를 찾으라(5:1-6)**
- **B. 선을 구하라, 악을 구하지 말라 (5:7-15)**
- **C. 여호와의 날(5:16-20)**
- **D. 공법(정의)을 물같이, 정의(공의)를 하수(마르지 않는 강)같이(5:21-27)**

제6장 아모스의 애가(계속)

B. 화 있을진저! 심판의 선포(6:1-14)

by 김희보, 소선지서주해(아모스)

◀ **3-5장에서는** 하나님은 백성들을 향하여 "들으라"고 명하면서 주의를 환기시킨다(3:1, 4:1, 5:1).

◀ **제3설교(5:1-6:14)**

A. 아모스는 '애가'(장송곡)를 지어 부른다. 앗수르에 의해 비참한 최후를 내다보고 있었기 때문이다. 그러나 백성들은 경제적 풍요로 인해 이 영광의 날들이 언제까지나 계속될 것으로 믿고 있었다. 그러나 이스라엘이 얼마나 철저하게 망할 것인가를 선언한다. "백명이 행군해 나가던 성읍에는 열 명만 남으리라."(5:3하) 그래서 환난 날에 여호와를 찾으라, 그러면 살리라고 명령하고 있다. 물론 백성들은 부지런히 여호와를 경배하려고 길갈과 벧엘을 찾았다. 그러나 오히려 삶이 없는 그들의 제사를 역겨워하신다.

B. 선을 구하라.
하나님은 최후의 권면을 하신다. 그들이 진정으로 여호와께로 돌아온다면 멸망을 피할 수 있다고 선언한다. 그러면서 악에서 돌아오라고 경고한다. 악에서 돌아온다는 것은 여호와를 찾는 일이다.

그렇다면 '여호와를 찾으라'는 명령에서 구체적으로 요구하고 있는 것은 무엇인가? 물론 하나님이 역겨워하시는 삶의 변화가 없는 무의미한 종교적 생활에서 벗어나는 것이다. 그래서 그 땅에 사회경제적이고 법적인 정의를 다시 세우는 것이다. "선을 구하라"는 명령은 여호와를 찾으라는 의미이다.

C. 여호와의 날에 대한 소망: 백성들은 '여호와의 날'을 고대했는데, 이는 그 날이 바로 여호와께서 이방 세력을 물리쳐주시고 자신들은 구원을 가져다 주는 날로 이해했기 때문이다. 그러나 아모스는 그들이 기대하던 '여호와의 날'은 빛이 아니라 어둠이요, 기쁨이나 희망의 날이 아니라 슬픔의 날이라고 선언했다.

D. 정의를 물 같이, 공의를 마르지 않는 강 같이
이스라엘은 종교적인 행사에는 열중했지만 삶이 없는 제사에만 치중했다. 아무리 정성을 다했다 해도 그것은 하나님 앞에 소음에 지나지 않는다. 이스라엘은 불의가 정의를 대신하고 있다. 하나님께서 거들떠보지 않는 일에만 정성을 드렸다. 아모스는 정의가 물 같이 흐르는 공의로운 사회가 되도록 하라고 명령하고 있다.

제3설교: 이 말씀을 들으라(5:1–6:14)

5-6장은 아모스의 제3설교로 분류한다. 제1, 2설교의 시작과 같이 여기서도 "이스라엘 족속아 이 말씀을 들으라"라는 선언으로 시작하고 있다. 아모스는 이스라엘에 대해 지은 애가(장송곡)를 통하여 하나님의 심판의 처절함을 보여주고 있다. 그는 계속 "여호와를 찾으라"(4, 6절)고 탄식하고 있다. 이 애가(哀歌)에서 아모스는 이스라엘을 엎드러져서 다시는 일어나지 못할 무기력한 젊은 여인에 비유한다(1-2절).

1. 아모스는 이스라엘을 위한 애가를 부른다. '애가'란 무엇인가?

5:1 "이스라엘 족속(בֵּית -집, house)아
들으라(שִׁמְעוּ - 칼 동사 명령법 / 문두에 나온다.)
/이 말을(אֶת־הַדָּבָר הַזֶּה) - 어떤 말씀? "지금부터 하는 말을"
/내가(אָנֹכִי) 애가(키나, קִינָה)[1]로 지은
/너희에게 대하여"

1) **키나 리듬** - 히브리 애가는 독특한 리듬이 있다. 짧은 문장의 흐느낌의 말로서 그 메시지를 더욱 슬프게 한다. 예레미야애가서가 대표적인 예이다. 단순한 형태의 애가는 날카로운 반복적 울부짖음으로 구성된다(미 1:8; 왕상 13:30). 여종 혹은 특별한 여인들을 울음꾼으로 고용하기도 했다(렘 9:17이하).

(1) 원문에는 "들으라, 이 말을"이라는 명령이 먼저 나온다. 지금부터 하는 애가를 경청하라는 말이다. '이스라엘 족속'에서 '족속'은 '집'(house)이라는 말이다. 언약의 백성임을 연상케 하는 말이다(출 5:1, 6:3).

(2) 이 애가는 아모스가 직접(내가, 아노키, אָנֹכִי) 지은 것이다. '내가'란 말이 강조되어 있다. 그렇다면 '애가'란 무엇인가? '키나'는 '애도, lamentation', 'dirge'(輓歌)를 말한다. '키나'는 슬픔을 가진 자들이 부르는 탄식의 노래를 의미하기도 하지만 장례식에서, 즉 사별(死別)의 시를 읊조렸던(암 8:10) 노래를 의미하기도 했다. 종종 전문적인 남녀 애곡자들(대하 35:25; 암 5:16), 특히 여인들에 의해 실시되었다(렘 9:17*). 아모스가 지은 애가는 이스라엘의 죽음(멸망)을 예상하면서 지었을 것이다.

• 렘 9:17 "만군의 여호와께서 이와 같이 말씀하시되 너희는 잘 생각해 보고 **곡하는 부녀**를 불러오며 또 사람을 보내 지혜로운 부녀를 불러오되 18그들로 빨리 와서 우리를 위하여 애곡하여 우리의 눈에서 눈물이 떨어지게 하며 우리 눈꺼풀에서 물이 쏟아지게 하라."

(3) "**들으라**" - '샤마'(שָׁמַע - 듣다, 경청하다)의 칼 동사 명령형으로 문장 맨 앞에 위치했다. 어떤 말? '이 말'(הַזֶּה, this הַדָּבָר, the word), 즉 아모스가 지은 바로 '그'(הַ) 애가를 주의 깊게 들으라는 말이다.

2. 지금 아모스가 보는 이스라엘의 처한 상태는 어떠한가? (2-3절)

5:2 "엎드러졌음이여	נָפְלָה
다시 일어나지 못하리로다	לֹא־תוֹסִיף קוּם
처녀 이스라엘이	בְּתוּלַת יִשְׂרָאֵל
던지움이여	נִטְּשָׁה
자기 땅에	עַל־אַדְמָתָהּ
일으킬 자 없으리로다"	אֵין מְקִימָהּ

칼 동사, 완료형(이미 성취된 것으로 표현하고 있다.)

(1) 위의 내용이 소위 히브리 애가, 즉 '키나 리듬'이다. 히브리 '키나 리듬'이란 짧은 문장의 흐느낌의 말로 사람이 죽었을 때에 그를 애도하기 위하여 부르는 노래로서(삼하 1:17; 겔 28:12; 렘 7:29) 그 메시지를 더욱 슬프게 한다.

(2) **"엎드러졌음이여"**(נָפְלָה) - '나팔'(נָפַל -떨어지다, 넘어지다, 엎드러지다) 동사의 칼 동사 완료형이다. 비참한 죽음을 상징하는 말이다(삼하 1:19, 25). 이스라엘의 멸망을 말한다. 여로보암 2세의 통치 아래 이스라엘은 제2의 솔로몬 시대를 방불하는 번영을 누리고 있었다. 이들은 이 영광의 날들이 언제까지나 계속될 것이라고 생각했을 것이다. 태평성대를 구가하고 있는데, 나라가 망한다는 것은 있을 수도, 또 생각하기조차 싫은 일이다.

그러나 아모스의 눈에는 이스라엘이 엎드러져서 다시는 일어나지 못할 죽음 직전의 모습으로 바라보고 있다. 지금 최고의 번영을 누리고 있다면 영적 상태는 이미 하향 곡선을 그리고 있다는 것을 기억해야 한다. 어느 찬란했던 역사에도 예외는 없었기 때문이다. 이런 그들에게 아모스의 외침이 얼마나 자극했을까?

(3) **처녀**(베툴라, virgin), **이스라엘** – 이 말은 '딸'이라는 말과 더불어 사용되었다.[1] '젊음에 찬 활력'과 '미래에 어머니가 될 여자'가 꽃도 피어보기 전에 쓰러져 죽었다는 것이다. 북이스라엘은 국가가 탄생한지 200여 년을 견디다가 앗수르에 의해 비참한 최후를 맞았다. 아모스는 이런 사실을 내다보고 '처녀 이스라엘의 죽음'으로 표현하고 있다. 그것도 이미 성취된 것으로(칼 동사, 완료형) 표현하고 있지 않은가! 종교적 축제일, 아마 아모스 선지자는 이런 날을 택해 '애가'를 불렀는지도 모른다. 백성들은 전에 없었던 물질적 복에 대해 하나님의 이름을 드높이며, 그 복에 감사하며 할렐루야를 외치며, 하나님의 영광 운운했을 것이다. 매우 즐거운 날, 사람들은 모두 들떠 있는데, 지금 죽이고 싶도록 미운 선지자가 장송곡을 부르고 있지 않은가! '저놈 죽여라!!'

1) 예: '처녀딸 시온, 사 37:22. 처녀딸 내 백성, 렘 14:17. 처녀딸 시온, 사 23:12 등.

3. 아모스는 처녀 이스라엘이 어떻게 멸망할 것인가를 참담한 군사적 패배로 묘사하고 있다.

1) 이스라엘을 일으킬 자가 없는 그 이유를 설명하고 있다.

5:3 "(For, כִּי)[1] 주 여호와께서 '이와 같이'(thus, כֹּה) 말씀하시되
이스라엘 중에서
천 명이 행군해 (전쟁터에) 나가던 성읍에는 백 명만 남고
백 명이 행군해 나가던 성읍에는 열 명만 남으리라 하셨느니라"

2) 앗수르는 살만에셀 4세 때부터(주전 783년) 주전 745년까지 자국 내의 여러 가지 일과 약체의 왕이 등장했기에 침체기를 가졌다. 그러나 디글랏빌레셀 3세(성경에서는 '불'이라고 표현)가 등장하면서 다시 강력한 나라가 되었다. 북왕국 므나헴 때에 이스라엘을 공격했는데, 이때 므나헴은 은 1천 달란트를 조공으로 바쳤다.

(1) 이스라엘, 이들은 지금까지는 다른 나라에게 지배를 받은 적이 없었다. 그런 점에서 이 백성은 '처녀' 이스라엘이었다. 그러나 죄악에서 헤어나오지 못하는 이스라엘은 지금 하나님의 심판을 받을 상황에 와 있다. 하나님은 한 동안 침체 속에 있던[2] 앗수르를 흔들어 깨우셨다. 북이스라엘은 베가가 정권을 잡으면서 반앗수르 정책으로 돌아섰다. 베가는 아람 왕 르신을 비롯한 주변 나라들과 연합하여 앗수르에 대항했다. 그러자 앗수르는 주전 734-732년에 남부 수리아 - 팔레스타인 안에서 일어난 대규모 반란을 진압하기 위해 공격하기 시작했다. 결국 이곳은 평정되었고, 이때 다메섹이 멸망했다. 그 뒤로 10여 년 후 이스라엘 역시 살만에셀 5세의 침략으로 한 국가로서의 생명을 다하고 만다(주전 722년).

(2) 어쨌든 이스라엘은 엎드러져 다시 일어나지 못하게 될 것이다. 지금 아모스의 예언이 여로보암 2세의 통치 말기라면, 30여 년 후의 일을 내다보고 있는 것이다. 이스라엘의 최후의 심판이라면 외국 군대의 공격에 의해서 멸망할 것임을 3절에서 암시하고 있다.

(3) 문자 그대로라면 전투에서 90%의 사상자가 날 것이라는 것이다. 앗수르의 군대와 맞서 싸우기는 하겠지만 참담한 군사적 패배를 맛볼 것이다. 앗수르군은 당대의 최강의 군대였다. 그들과 맞서다가 패배했다는 것은 한 국가가 아주 공중분해될 수 있는 상황이라는 말이다. 그러나 이런 기우는 실제로 일어나고 말았다. "주 여호와께서 이와 같이 말씀하시되" 즉 이 말은 아모스 개인의 감정에 치우쳐 지껄인 말이 아님을 분명히 했다.

4. 그러나 하나님께서는 마지막 한가닥 희망을 놓치 않으신다. 그래도 이들에게 회복할 기회를 주시려 하신다. 그들이 원하기만 하면, 그들을 다시 사랑을 하실 것이다. 하나님은 자비하신 분이시기 때문이다.

5:4 "왜냐하면 **이같이**(For thus, כִּי כֹה) 말씀하시기를
/여호와께서 이스라엘 족속(=바이트, 집)에게(to the house of Israel)
너희는 나를 찾으라(דִּרְשׁוּנִי) - 칼 동사 명령법, 복수 - 대명사어미 1인칭, 단수
그리하면 살리라(וִחְיוּ)" - 칼 동사 명령법

(1) 왜냐하면(For, כִּי) - 앞의 3절과 연결되어 있음을 보여준다. "아무도 이스라엘을 일으켜 줄 자가 없을 것이다"(3절하). 그렇다면 어떻게 할까? 방법이 오직 한 가지 밖에 없다. 어떻게? 여호와를 찾으면 된다. '이같이'(thus, כֹה), 즉 여호와를 찾으면 된다는 것이다.

(2) "너희는 나를 찾으라(דִּרְשׁוּנִי)[1] '그리하면' 살리라(וִחְיוּ).[2]"

맛소라 원문은 '나를 찾으라, 그리고 살라!'(וִחְיוּ[3] דִּרְשׁוּנִי)라고 되어 있다. 즉 간단한 두 마디 명령형으로 되어 있다. 즉 하나님을 찾는 것이 곧 삶을 의미한다는 말이다. 여러 번역들이 "나를 찾으라 '그리하면'(ו) 살리라"고 번역함으로써 접속사(ו)를 조건문을 형성하는 요소(if you…)로 보았다. 그러나 (ו)를 단순한 연결부호로 본다면 '하나님을 찾는다는 것이 곧 사는 것'임을 의미한다. 즉 하나님을 찾는다는 것과 산다는 것이 원인과 결과가 아니라는 말이다. 하나님을 찾는다는 말은 갈급한 마음으로 하나님 자신을 찾는다는 말이요, 그의 주시는 어떤 은혜나 복을 말하는 것이 아니다. 먼저 하나님을 찾으라는 말이다. 그 안에 모든 충만함이 있기 때문이다(시 66:32). 그래서 원문대로 번역한 성경도 있다. 'Seek me and live.' (NIV, NRSV) (김희보, 호세아 주해)

1) '다라쉬'(דָּרַשׁ - 찾다, 구하다, 문의하다, to seek with care)의 칼 동사 명령법이다.

2) וִחְיוּ = ו + חְיוּ - חְיוּ 는 '하야' 동사의 칼 동사 명령형이다. '살라'

3) 간단한 두 마디의 명령형에 접속사(ו)로만 연결되어 있다. 이 접속사를 어떻게 해석하느냐에 따라 여러 번역이 나올 수 있다. 대부분의 영역이 "너희는 나를 찾으라 <그리하면> 살리라"고 번역했다. Seek ye me, and ye shall live(KJ); Seek Me that you may live(NASB). 그러나 원문 그대로 직역한 번역도 있다. Seek me and live(NIV, NRSV).

5. 이렇게 하나님께서는 백성들이 계속하여 범죄하는 동안에도 그들에게 자신을 '찾으라'고 타이르신다(사 58:2).

(1) 그렇다면 이스라엘은 여호와를 찾지 않았다는 말인가? 벧엘과 길갈을 그렇게 자주 찾으며 제사를 드렸는데?

5:5 "[그러나, וְ] 벧엘을 '**찾지**('다라쉬', seek, דָּרַשׁ) 말며'
길갈로 **들어가지**('보', enter, בּוֹא) 말며
브엘세바[4]로도 **나아가지**('아바르', cross over, עָבַר) 말라
//왜냐하면

4) 브엘세바 - 유다 남쪽에 있는 곳이지만 이스라엘 백성들은 그곳을 자주 찾았다. 아브라함이 여호와의 이름을 부르며 제단을 쌓은 곳이요(창 21:33), 여호와께서 이삭과 야곱에게 나타났던 곳이기 때문일 것이다(창26:24, 46:1이하).

길갈은 반드시 사로잡히겠고
벧엘은 비참하게 될 것임이라"(=될 것이기 때문이다)

(2) 우리 번역에 '그러나'(but, ו)가 생략되었다. 4절에서 "나(여호와)를 찾으라"고 말씀하셨다. 그러나 이들은 여호와를 찾지 않고 그들의 예배 장소인 벧엘과 길갈, 그리고 브엘세바를 부지런히 찾았다는 것이다. 벧엘과 길갈은 앞에서 이미 어떤 장소인가 살펴보았다. 여기 '브엘세바'(일곱 우물, 맹세의 우물을 의미한다)는 유다 왕국의 최남단 성읍이다. 이곳은 이스라엘에게 역사적으로 의미 있는 곳이었다.[1] 그래서 이곳까지 경배하러 자주 찾았던 것 같다.

(3) 왜 이곳 성읍으로 가지 말아야 했는가? '왜냐하면' 길갈은 '사로잡힐'(가라, גָּלָה의 칼 동사 미완료) 것이기 때문이요,[2] 벧엘은 비참하게(=허무하게, 아벤, אָוֶן) 될 것이기 때문이다. 호 4:15에서는 벧엘을 '벧아웬' 즉 '허무의 집'이라고 불렀다. 그들이 하나님께 제사드린다고 그렇게 번질나게 찾아다니던 종교적 중심지 길갈과 벧엘은 비참하게 될 것이라고 했다. 이사야 선지자 역시 그 마음에 하나님이 없이 종교적 행위에 익숙한 무리들을 향해 이렇게 말하고 있음을 본다(사 66:2-3). 물론 이런 자들은 하나님께서 그들이 가장 무서워하는 것으로 심판하시겠다고 선언하신다(사 66:4).

- 사 66:2 "…무릇 마음이 가난하고 / 심령에 통회하며 / 내 말을 듣고 떠는 자
  그 사람은 내가 돌보려니와 (=이런 사람들은 하나님이 기뻐하는 사람들이다)

- 사 66:3 소를 잡아 드리는 것은 살인함과 다름이 없이 하고
  어린 양으로 제사드리는 것은 개의 목을 꺾음과 다름이 없이 하며
  (제사) 드리는 예물은 돼지의 피와 다름이 없이 하고
  분향하는 것은 우상을 찬송함과 다름이 없이 행하는 그들은(이런 제사장들은)
  자기의 길을 택하며(하나님의 뜻과는 상관이 없이)
  그들의 마음은 가증한 것을 기뻐한즉"(이들은 이런 역겨운 일들만 골라 했다)

(4) '브엘세바'로도 나아가지 말라고 했다. 이곳 역시 열심 있는 자들의 순례 코스가 되었을 것이다. '브엘세바'는 남유다 최남단 지역에 있는 성읍이다. 사무엘의 아들들이 사사로 통치하던 그곳이 이스라엘 백성들에 의해 성지로 여겨졌을 것이다(삼상 8:1-2). 따라서 북왕국에서 그 먼 길을 많은 순례자들이 찾았던 것 같다. 이런 과정에서 자연히 여호와의 종교와 함께 우상을 섬기는 곳이 되었을 것이다. 여호와의 이름도 부르고 바알의 이름도 부르는 혼합종교(Syncretism)의 길을 걸었을 것이다. 이들은 결코 여호와를 버린 일

1) 브엘세바

- 유다 왕국의 최남단 성읍이다(삿 20:1). 처음에 유다 지파에게 분배되었으나(수 15:28), 후에는 시므온 지파에게 주어졌다(수 19:2).
- 아브라함이 이곳에서 블레셋 왕 아비멜렉과 언약을 세웠으며(창21:30, 31, 21:33, 34), 이곳에 에셀나무를 심고 여호와의 이름을 불렀다(창 21:33). 또 그가 이삭을 제물로 바친 후 이곳에 거주했다(창 22:19). 이삭도 이곳에 거한 적이 있다(창 26:23-25).

- 하나님께서 특히 이곳 브엘세바에서 여러 사람들에게 나타나셨다(하갈에게, 창 21:14, 창 21:17-19; 이삭에게, 창 26:33; 야곱에게, 창 46:1-4; 엘리야에게, 왕상 19:3-7). 브엘세바는 B.C. 701년에 산헤립에 의해 멸망 당했으나 바벨론 포로에서 귀환한 사람들이 재건하였다(느 11:27). <바이블렉스>

2) '가라'(גָּלָה)라는 말은 '발가벗기다'(특히 수치스러운 뜻에서), '끌고가다'(보통 옷이 벗겨진 포로들을)를 의미한다. '반드시'라고 번역된 낱말도 '가라'(גָּלָה)의 부정사 절대형이다.

은 없었다. 그러나 성경은 이런 신앙 형태를 가리켜 여호와를 버렸다고 표현하고 있다.

6. 따라서 지금도 늦지 않았으니 빨리 여호와께로 돌아올 것을 촉구하고 있다.

5:6 "너희는 여호와를 찾으라 그리하면 살리라 (5:4의 설명 참조)
그렇지 않으면(lest, 염려컨대, פֶּן) - **Lest** He break forth
그가 ── 임하여(יִצְלַח) - 칼 동사, 미완료 / '돌진하다'
└ 멸하시리니(אָכְלָה) - 칼 동사, 완료 / 삼키다, 태우다
/불 같이(like a fire)
/요셉의 집에(house of Joseph)
벧엘에서 그 불들을 끌 자가 없으리라."

(1) 하나님은 최후의 권면을 하신다. 비록 멸망 받을 죄악을 쌓아왔지만, 그들이 진정으로 여호와께로 돌아온다면, 멸망을 피할 수 있다고 말한다. 그러나 그런 가능성은 있지만 실제로 이들의 멸망은 거의 필연적이었다. 하나님은 다시는 이스라엘을 용서하지 않으시겠다고 다짐하셨다(7:8, 8:2*). '요셉의 집'이란 물론 북쪽 열 지파를 가리킨다. 요셉의 아들 에브라임이 북쪽 이스라엘의 주도권을 가졌기 때문이다(슥 10:6, 7,* 옵 1:18).

(2) **'불들을 끌 자'**(to quench, מְכַבֶּה) - '불들'이란 말은 없으나 보충 번역했다. '카바'(כָּבָה- '꺼지다, 끄다, 빛을 잃다')의 피엘 분사형이다. '카바'의 비유적 용법의 대부분은 하나님 외에는 끌 자가 없는 하나님의 진노를 가리킨다. 그래서 선지자들은 이 '불'이 발하지 않도록 회개를 촉구했다. 훗날 예레미야 선지자도 이와 같은 메시지를 선포했음을 본다. "유다인과 예루살렘 주민들아 너희는 스스로 할례를 행하여 너희 마음 가죽을 베고 나 여호와께 속하라 그리하지 아니하면 너희 악행으로 말미암아 **나의 분노가 불 같이 일어나 사르리니 그것을 끌 자가 없으리라**"(렘 4:4).

7. 만약 이들에게 진정한 회개와 그에 따르는 삶의 변화가 없다면 하나님은 이들의 요란스러운 종교적 행위에 관심이 없으시다.

(1) 하나님이 진정 원하시는 것은 예배와 일치하는 삶이다. 그 구체적 표현이 14-15절에 언급되어 있다. "너희는 살려면 선을 구하고 악을 구하지 말지어다 만군의 하나님 여호와께서 너희의 말과 같이 너희와 함께 하시리라 너희

• 슥 10:6 "내가 유다 족속을 견고하게 하며 **요셉 족속**을 구원할지라 내가 그들을 긍휼히 여김으로 그들이 돌아오게 하리니 그들은 내가 내버린 일이 없었음 같이 되리라 나는 그들의 하나님 여호와라 내가 그들에게 들으리라 7**에브라임**이 용사 같아서 포도주를 마심 같이 마음이 즐거울 것이요 그들의 자손은 보고 기뻐하며 여호와로 말미암아 마음에 즐거워하리라."

• 암 7:8 "여호와께서 내게 이르시되 아모스야 네가 무엇을 보느냐 내가 대답하되 다림줄이니이다 주께서 이르시되 내가 다림줄을 내 백성 이스라엘 가운데 두고 **다시는 용서하지 아니하리니**"

• 암 8:2 "그가 말씀하시되 아모스야 네가 무엇을 보느냐 내가 이르되 여름 과일 한 광주리니이다 하매 여호와께서 내게 이르시되 내 백성 이스라엘의 끝이 이르렀은즉 내가 **다시는 그를 용서하지 아니하리니**"

는 악을 미워하고 선을 사랑하며 성문에서 정의를 세울지어다 만군의 하나님 여호와께서 혹시 요셉의 남은 자를 불쌍히 여기시리라."

(2) 그러나 사람들은 늘 착각 속에 살아간다. 열정적인 종교행사로 하나님을 감동시키려고 쓸데없는 노력을 기울이고 있다. 이스라엘은 벧엘과 길갈, 그리고 아주 멀리 떨어진 브엘세바까지 순례의 행진을 계속했다. 그곳이 하나님의 임재를 더욱 풍성하게 느낄 수 있다고 생각했기 때문일 것이다. 그렇게 열심으로 성소를 찾아간다면, 오히려 거듭 칭찬을 해야 하지 않겠는가? 그러나 하나님은 이런 그들을 책망하시고 있지 않은가?!

(3) 하나님께서는 삶의 근본적인 변화없이, 즉 생활에 열매 없이 오직 종교적 의례에만 충실하려는 이스라엘 백성에게 환멸을 느끼고 계셨다. 지금 하나님께서 이들에게 원하시는 것은 오직 하나님을 찾는 길임을 분명하게 말씀하신다(암 5:4). 그렇다면 벧엘과 길갈, 그리고 브엘세바를 찾는 이들의 열정은 무엇이란 말인가? 분명히 이 일은 하나님을 찾는 일과 상관이 없음을 보여준다. 이스라엘의 이런 종교적 열심 때문에 이들 공동체 안에 변화가 있었는가? 없었다. 앞에서 우리가 이미 살펴본 바와 같이 이스라엘은 도덕적인 면에서 주변국들보다 결코 나은 점이 없었다. 아니 그들보다 더욱 악랄한 삶을 살고 있지 아니한가? 오죽했으면, 하나님은 아모스를 통해 이스라엘에게 최후 통첩을 보내시겠는가! (암 7:8, 8:2)

(4) 오늘도 우리는 현대판 벧엘과 길갈과 브엘세바를 부지런히 찾는다. 우리는 주위에서 광적인 믿음을 가진 분들을 자주 보게 된다. 그러나 하나님은 이런 분들의 열정 때문에 감동받는 분이 아니시다. 이런 분들에게 가치관의 변화와 함께 자비와 정의를 실천하는 성숙한 삶의 열매가 나타난다면 이보다 더 바랄 것이 무엇이겠는가! 그러나 열정적인 신앙과 실제의 삶은 꼭 일치하지 않는 경우를 많이 본다.

Think

오늘도 우리는 벧엘과 길갈과 브엘세바를 부지런히 찾는다.

- 그곳에서 은혜를 받기 위하여, 그리고 하나님이 주시는 메가톤급 복을 기대한다. 그러나 여전히 우리는 허전하다. 하나님과의 매일매일 인격적인 만남과 거기에서 오는 삶의 변화와 기쁨은 없어진지 오래다. 그래서 때로는 영육이 함께 지쳐간다. 우리는 하나님과의 인격적인 만남을 갖고 변화된 모습으로 살기 보다는, 우리 스스로가 설정해 놓은 훌륭한 크리스천의 상을 그려놓고 거기에 충실하려 든다. 자비와 정의를 성숙한 수준까지 실천하는 것보다 이 일이 더 쉽기 때문일 것이다.

8. 그러나 대체로 처음 가졌던 순수한 열정을 오래 지속하지 못한다. 이스라엘 백성 역시 어려운 환경에서 하나님의 구원을 위해 부르짖었다.

(1) 왕하 14:26 "여호와께서는 모든 이스라엘 백성이 큰 고통을 당하는 것을 보셨습니다. 이스라엘을 도와 줄 사람은 한 명도 남지 않았습니다."(쉬운성경)

이렇게 어려운 환경에 있을 때, 오히려 백성들은 순수했을 것이다. 이런 딱한 환경에 있게 되자 하나님은 요아스의 아들 여로보암 2세를 통해 이스라엘을 구원하셨다고 했다(왕하 14:27). 그래서 나라가 다시 부강해지기 시작했고, 평안 속에 거하게 되었지만 지금 우리가 살펴보고 있는 것처럼 그 부패로 인해 멸망을 선고 받고 있지 않은가!

하나님의 복 운운하면서 그들은 고급 포도주에, 가장 좋은 향수를 쓰면서도 요셉의 멸망에 대해서는 슬퍼하지 않았다. 이는 또다른 오늘 우리들의 모습일지도 모른다.

(2) 물론 그렇다고 이들의 신앙적인 열정이 식은 것은 아니었다. 그들은 당시 종교 중심지였던 벧엘과 길갈을 부지런히 찾았다. 그러나 이런 백성들을 향해 하나님은 "너희는 나를 찾으라, '그리하면' 살리라"(5:4)고 외치고 계시지 않은가! 결국 이들은 종교적 열심을 내었지 진정으로 여호와를 찾은 것이 아니라는 말이다. 겉으로 나타난 외형이 같을지는 모르나 둘은 분명히 다르다는 것을 보여주고 있다. 그들은 많은 죄와 반역을 일삼았다. 의로운 사람을 못 살게 굴었고, 뇌물을 받는 것이 습관화 되었다. 법정에서의 송사가 당연히 제대로 이루어질 수 없었을 것이다. 지혜로운 사람 역시 입을 다물었다. 때가 너무 악했기 때문이었다.

(3) 이런 영적 원리는 오늘날의 우리의 모습과 크게 다르지 않다. 우리는 어느 사이에 자신도 모르게 신앙이 화석화되어 간다. 처음에 가졌던 순수함은 타성에 젖은, 그래서 습관적이고도 형식적인 예배(=삶)로 전락한다. 말씀에 의해 우리의 가치관(세계관)이 바뀌고, 그래서 내 삶과 영적 공동체 내의 개혁이 일어나고, 더 나아가 오염된 사회가 공의와 정의가 흐르는 사회로 바뀌어 가야 하는데 현실은 정반대의 모습을 보이고 있지 아니한가! 오늘 세상 사람들은 교인들의 생활 모습에 존경심을 보내지 않는다. 세상을 뒤엎을 거창한 계획과 외침이 기독교신문을 화려하게 장식하지만, 외치는 것만큼 변화는 나타나지 않는다. 외침에서 그치기 때문이다.

(4) 종교적 열심이 우리를 '자비와 정의를 성숙한 수준까지 실천하는 성도들로 변화시키기' 어렵다는 것이다. 이런 종교적 열심이 나의 자만심과 탐욕을 버리게 하지 못한다. 영적 성숙의 열매를 맺게 하지 못한다는 말이다. 우리가 잘 아는대로 이런 종교적 열심의 대가는 바로 예수님의 책망의 대상이었던 바리새인과 서기관들이었다. 어쩌면 예수님의 공생애의 기간은 이런 종교적 열심을 가진 지도자들과의 연속적인 싸움의 기간이었을 것이다. 왜 그들이 예수님의 책망의 대상이 되었을까? 그렇게 열심히 하나님을 섬겼는데도 말이다.

너희는 정의를 하찮게 여겼다(5:7-13)

1. 그렇다면 '여호와를 찾으라'는 명령에서 구체적으로 요구하고 있는 것은 무엇일까?

5:7 "정의(judgment)를 '쓴 쑥'(=인진, wormwood)으로 바꾸며
공의(righteousness, צְדָקָה)를 땅에 던지는 자들아"

(1) '여호와를 구한다'는 것은 삶의 변화가 없는 무의미한 종교적 생활에 열심을 내라는 것이 아님을 앞에서 이미 살펴 보았다. 그것은 그 땅에 사회 경제적이고 법적인 정의를 다시 세우는 것을 의미한다. 지금 부요한 자들과 왕실 관리자들을 향해 무엇이라고 외치는가?

(2) '정의'(미쉬파트, מִשְׁפָּט)[1]란 무엇인가?

히브리어 성경에서 사용된 '미쉬파트'는 거의 400여 회 '심판'(judgment)으로 번역되었다. 이 단어가 아주 많은 용례로 쓰여졌지만 비슷한 의미의 영역을 지닌 단 하나의 영어 단어로 번역한다면 핵심 사상은 반드시 'justice'[2]라는 단어로 표현될 것이다.[3]

- '미쉬파트'는 통치의 사법적인 면을 나타내는 주된 단어로 재판장 앞에 가져온 소송 사건을 판결하는 행위(신 25:1; 수 20:6), 소송 사건, 법정 재판관의 선고 혹은 판결 등을 의미한다. 또 주권(sovereignty)이라는 뜻으로도 번역되었다. 궁극적인 권위 혹은 권리라는 의미로 성경은 '모든 권위는 하나님의 것'이라고 말한다(그런데 '미쉬파트'라고 지칭되는 것이 바로 이 권위이다). "미쉬파트(재판)는 하나님께 속한 것이다"(신 1:17). 하나님의 창조물인 각 개인은 양도할 수 없는 미쉬파팀(권리 rights)을 가지고 있다. 그러므로 재판장의 미쉬파트는 하나님께서 주신 것이다. 이 사실은 왕되신 메시아의 엄연한 권위에 대하여 언급하는 시 72:1-2*에서 가장 잘 예증된다.

- 이 공의는 일차적으로 하나님의 속성이다. 모든 참된 미쉬파트의 근원은 하나님 자신이며, 따라서 미쉬파트는 하나님의 요구를 수반한다. "여호와는 공의의 하나님이시기 때문에 모든 권리(정의, 권위 등)가 그에게 있다(사 30:18, 참조: 창 18:25). 그러므로 공의로서의 미쉬파트, 즉 하나님의 속성에 뿌리 박혀 있는 의는 일반적인 인간의 속성이 되어야 한다. 지혜로운 자는 공의를 말하며(시 37:30) 공의를 생각한다(잠 12:5). 또한 하나님께서 그들에

1) 미쉬파트(mishpat). 심판, 재판 judgment, 공정, 공의 justice, 법령 ordinance, 관습 custom, 방식 manner.

2) ① 정의(=righteousness), 공정, 공평 ② 사법, 사법관, 재판관, 판사

3) 바이블렉스, 미쉬파트

• 시 72:1 "하나님이여 주의 판단력을 왕에게 주시고 주의 공의를 왕의 아들에게 주소서 2그가 **주의 백성을 공의로 재판하며 주의 가난한 자를 정의로 재판하리니**"

게 공의를 요구하신다(미 6:8). 의인은 공의를 즐거워하며(잠 21:15) 의로운 재판장은 재판할 때 공의를 사용한다(미 3:1, 참조: 잠 29:4).

- 미쉬파트는 또한 율법의 규정을 나타낸다. 이 단어는 종종 호크(법령, 출 15:25)와 토라(율법, 사 42:4)와 대등하게 사용된다. 오경의 법령들은 미쉬파트이며(레 5:10, 9:16 등), 사실상 모세 율법의 각 규정들이 미쉬파트이다(신 33:10, 21; 시 119편에서 16회 사용됨).

(3) 이 '정의'(미쉬파트, מִשְׁפָּט)는 '공의'(righteousness, צְדָקָה)와 대구를 이루고 있다. 그러므로 이 두 개념은 성경의 세계관과 인생관에 대한 진정한 이해의 핵심을 이룬다. 그래서 이 두 단어를 거듭해서 대구적으로 사용했다(5:7, 24, 6:12). 암 5:15에서 "너희는 악을 미워하고 선을 사랑하며 성문에서 정의를 세울지어다…"라고 했다. 여기 성문은 백성들의 생활에서 매우 중요한 역할을 했는데 사회적, 행정적, 사업적 교섭과 종교적 행사가 이루어졌던 곳이다. 말씀을 선포하는 장소이기도 했고(렘 17:20), 법정(재판)의 장소가 되기도 했다(신 21:19, 22:15, 25:7). 재판은 '공의'(righteousness, צְדָקָה)를 밝히는 것을 그 기본 업무로 하고 있다(신 25:1). 의와 불의가 가려진다는 말이다. 그러나 아모스 당시에는 이것이 뒤바뀌는 일이 비일비재했다는 것이다.

- 암 5:7 "**정의**를 쓴 쑥으로 바꾸며 **공의**를 땅에 던지는 자들아"
- 암 5:24 "오직 정의를 물 같이, **공의**를 마르지 않는 강 같이 흐르게 할지어다."
- 암 5:12 "말들이 어찌 바위 위에서 달리겠으며 소가 어찌 거기서 밭 갈겠느냐 그런데 너희는 **정의**를 쓸개로 바꾸며 **공의**의 열매를 쓴 쑥으로 바꾸며"

(4) 이스라엘은 하나님의 언약으로 맺어진 언약공동체였다. 당연히 율법이 요구하는 공의로운 사회를 지향하기 위해 몸부림 쳐야 했다. 특히 지도자들은 누구보다 이 일에 백성들에게 본을 보여야 했다. 그러나 부유하고 특권층에 있는 사람들이 오히려 힘없고 가난한 사람들을 짓밟으며, 지나치게 무거운 세금을 거두어들였고(11절상), 뇌물을 받고 재판을 굽게 했다(12절). 이들은 정직한 재판을 싫어했고, 진실을 말하는 사람들을 오히려 미워했다(10절). 이렇게 죄와 불의가 판치는 세상에서 어떤 지혜로운 사람들이 바른 소리를 할 수 있겠는가! 바른 소리 하는 사람들이 너무 큰 불이익을 당할 수밖에 없었기 때문이다(13절). 그렇다면 하나님은 이런 사실에 눈 감고 계실까? 물론 아니다. "너희의 허물이 많고 죄악이 무거움을 내가 아노라"(5:12상)고 분명하게 말씀하셨다. 당연히 거기에 따르는 심판이 있을 것이라는 말이다.

2. 이런 압제자들의 신앙생활은 어떤 모습이었을까?

(1) 앞에서 이미 고찰한 바와 같이 이들의 종교생활은 매우 열정적이었다. 경건의 모양도 있었고, 영성 또한 매우 깊어보였다. 각종 종교 행사에 지나칠 정

도로 헌신적이었다. 예배 장소가 아무리 멀어도 빠짐없이 참석해서 경건한 신앙심을 드러냈다. 그러나 도덕적인 면에서 불의함은 개인 생활에서는 물론 사회 생활 전반에서 나타났다.

(2) '쓴 쑥'(라아니, 인진, wormwood)[1] - 본문에서 비뚤어진 또 왜곡된 정의를 비유적으로 설명하면서 사용하고 있다. 마땅히 지켜야 할 공의를 '쓴 쑥'으로 '바꾸는 자들'(those who turn~)[2]은 누구인가? 타락해 가는 요셉의 집(5:6) 전체를 가리킬 것이다. 이들은 정의(=공법)를 '쓴 쑥'으로 바꾸는 공의를 땅에 던져버리는 자들이었다. '던져버리다'로 번역한 '야나흐'(יָנַח)는 '쉬다, 휴식하다'라는 의미이다. 그러니까 마땅히 지켜져야 할 정의와 공의가 땅에 던져서 잠자게 했다는 뜻이다.

1) 쓴 쑥은 팔레스타인에서 자라는 아주 쓴 맛의 즙을 내는 식물이다(신 29:18; 잠 5:4).

2) הַהֹפְכִים - 원문은 관사+ 칼, 분사, 남성, 복수이다. 원칙적으로는 3인칭일 것이나 KJ는 2인칭으로 바꾸어 번역했다. "Ye who turn…"

3. 정의와 공의를 땅에 던져버려 잠자게 하는 자들, 이들은 여호와가 어떤 분인가 아직 실감있게 느끼지 못하고 있다.

(1) 아직까지 그들에게 여호와는 오직 복만을 내려주시는 복의 하나님이시다. 그러나 본문에서는 하나님을 어떻게 묘사하고 있는가? (5:8)

- 묘성(키마, כִּימָה)[3]과 삼성(케실, כְּסִיל)[4]을 만드시며 - 하늘의 별들을 만드신 분
- 사망의 그늘을 아침으로 바꾸시고 - 밤과 낮을 주관하시는 분
- 낮을 어두운 밤으로 바꾸시며
- 바닷물을 불러 지면에 쏟으시는 이 - 해일을 일으키시는 분

(2) 이런 전능하신 하나님께서 교만한 죄인들을 패망에 이르게 하실 것인즉 이들은 심판을 당할 수밖에 없을 것이다. 여호와께서는 아무리 '강한 자'(עָז)[5]라도, 또 아무리 튼튼한 성이라도 폐허로 만드시는 분이시다. 따라서 온 우주를 만드시고 섭리하시는 여호와를 의지하는 것은 당연하다. 그러나 이들은 산성을 더 의지한다. '산성'은 요새, 성채를 말한다. 하나님께서 '패망'(쇼드, שֹׁד)이 임하게 하실 것이므로 그들이 자랑하던 심장부 사마리아 성은 그 패망이 '홀연히'(갑자기) 임하게 될 것이다. '이르게 한다'는 말은 히필(사역, 능동) 동사로 그 뜻이 강조되어 있다.

3) 황소 자리(座)에 있는 아름다운 별로 6개의 별로 불리지만 실은 수백개의 별로 이루어져 있다. Pleiades, the seven stars

4) 오리온 자리 / 당대인들은 별들에 대한 경외심을 갖고 있었다. 그러나 이런 별들을 지으신 분이 여호와이심을 밝히고 있다.

5) עַל־עָז - 강한 자를 **대항하여**

4. 재판관이 정직하게 재판하는 것을 싫어하는 일은 어느 시대나 있어왔다. 사회가 타락해 갈수록 더욱 그러했다.

(여기서 무리는 누구를 가리키는가? 7절 참조)

5:10 "무리가 — **미워하며**
/성문에서 책망하는 자를
— **싫어하는도다** (누구를 싫어하는가?)
/정직히 말하는 자를"

성문 앞에서의 장로들의 재판(룻기 4장)

(1) 여기서 무리들은 7절에서 정의를 하찮게 여기며, 공의를 땅에 던지는 자들이다. 이들이 바르게 재판하는 것을 좋아할 리가 없다. 앞에서도 언급했듯이 당시의 성문은 매우 중요한 장소였는데, 이곳에서 중요한 일이 의논되고 결정되었다. 성문 양쪽에 좌석을 만들고 장로들이 거기에 앉아서 회의하고 재판을 했다(신 21:19, 22:15, 25:7; 룻 4:1, 2; 욥 31:21; 시 127:5).

(2) 여기 '책망하는 자'는 히필(사역 능동) 분사이다. '야카흐'(יָכַח)[1] 라는 동사가 히필형으로 쓰일 때에는 '결정하다, 판단(심판)하다'를 의미한다. 즉 그들은 '성문에서 심판하면서 진실을 말하는 자'를 미워하며, 싫어했다는 말이다. 여기 '싫어하다'라는 말은 피엘(강조 능동)형 동사로서 '싫어하되 아주 몹시 싫어했다'는 의미이다. 이사야 선지자도 남유다 백성들에게 같은 내용의 죄를 지적하고 있다(사 29:11).

1) '결정하다, 판단하다, 입증하다, 꾸짖다, 징계하다, 비난하다'라는 뜻이 있다.

5. 다음 절에서 이들이 저지른 구체적인 죄악들이 지적되고 있다.

5:11 "[그러므로, לָכֵן therefore]
너희가 비록(though) 다듬은 돌로 집을 건축하였으나
거기 **거주하지 못할 것이요**
아름다운 포도원을 **가꾸었으나**
그 포도주를 **마시지 못하리라**

//[이유, יַעַן, Forasmuch, because][2)]
너희가 힘없는 자를 밟고(בּוֹשַׁסְכֶם - 피엘 동사, 2인칭 복수)
그에게서 밀의 부당한 세를 거두었은즉(=기 때문에)"

2) לָכֵן יַעַן이 문두에 나와 있다. 한글성경에서는 이 말이 생략되었다.

(1) 이들은(7, 10절에 언급된 자들) 힘없는 자들을 짓밟고(여기서는 피엘형을 씀으로써 아주 밟아 뭉갰다는 개념으로 표현하고 있다), 또 농산물에 대해 지나치게 무거운 세금을 거두어들임으로써[3)] 하나님의 진노를 사게 된다. 이렇게 수탈해서 모은 돈으로 견고하고 아름다운 집을 건축하고 또 포도원도 가꾸었으나 그들은 그 집에

3) '부당한 세'는 법적인 세금을 말하는 것이 아니라 '상납품'을 의미한다고 보기도 한다.

들어가서 살지 못하게 될 것이다.

(2) 압제자들은 마치 하나님이 계시지 않은 것처럼 행동했다. 왜 사람들이 죄를 짓는데 용감할까? 하나님의 형벌이 즉시 임하지 않기 때문이다. 그러나 하나님은 이런 악한 일에 눈을 감고 지나치는 분이 아니시다. "너희의 허물(페샤 - 반역, 범죄, 죄)이 많고 죄악(핫타아 - 죄, 유죄)이 무거움을 내가 아노라"(12절)고 했다. "너희는 의인을 학대하며 뇌물을 받고 성문에서 가난한 자를 억울하게 하는 자로다."

5:13 "그러므로(לָכֵן)
이런 때에(in that time) 지혜자가 '잠잠하나니'(다맘, דָמַם)[1)]
//이는(for, כִּי)
악한 때임이니라

1) 다맘 - 침묵을 지키다, 조용(고요)하다, 잠자코 있다.

(3) '지혜자'라는 말을 KJ는 'the prudent'라고 번역했다. 지각이 있고(=discreet) 분별력 있는 사람을 가리킨다. 때가 악하다면 이들 지도자들은 오히려 희생을 감수하고서라도 불의에 대해 크게 외쳐야 하지 않겠는가? 그러나 여기 본문에서 보는 것처럼 지혜자들은 잠잠할 수밖에 없었을 것이다. 그 이유가 때가 악하기 때문이라고 했다. 당시 분별력 있는 사람이라면 누구나 침묵할 수밖에 없었을 것이다. 지금 백성들을 향해서 바른 말을 할 수 있는 사람은 아모스 밖에 없다. 그리고 아모스의 입을 통해 말씀하시는 여호와 하나님께서만 의분(義憤)을 나타내실 뿐이다.

(4) 상황이 이 정도라면 이 사회가 곧 멸망의 문턱에 와 있다는 것을 보여준다. 지금 북이스라엘은 연이은 정변(政變)으로 정정(政情)이 몹시 불안했다. 왕실에서는 반앗수르파와 친앗수르파, 친애굽파와 반애굽파 사이의 갈등으로 혼란이 극에 달했을 것이다. 부유한 자들은 자신들의 부를 더욱 늘리려고 부동산 투기에 열을 올렸을 것이다.

종교지도자들은 어떠했을까? 그들 역시 이 패역한 그룹에서 제외되지 않는다. 제사장들은 백성들이 더욱 많은 죄를 짓기를 원했다. 그래야 제사 과정에서 얻어지는 수입이 많기 때문이었다. 동시대의 사역자 호세아의 증언을 보라. "그들이 내 백성의 속죄제물을 먹고 그 마음을 그들의 죄악에 두는도다"(호 4:8). 죄가 많아야 속죄의 제사도 많아질 것이고, 거기에 따르는 속죄제물이 많아질 것이기 때문이라는 말이다. 그래서 백성들이 더 많이 죄 짓기를 바랐다는 말이다.

(5) 그래서 하나님은 다음과 같이 말씀하신다. "나는 인애를 원하고 제사를 원하지 아니하며 번제보다 하나님을 아는 것을 원하노라"(호 6:6). 세상이 그 만큼 악했다는 것이다. 그러니 '지혜자'가 잠잠하지 않을 수 없었을 것이다.

6. 그렇다면 이들이 멸망 직전 상태에서 구원 받을 수 있는 유일한 길은 무엇일까?

5:14 "선(good, טוֹב)을 구하고 악을 구하지 말지어다
//목적(לְמַעַן) that ~ may
너희는 살려면(תִּחְיוּ) - '하야' 동사의 칼, 미완료
만군의 하나님 여호와께서
'너희의 말과 같이'[1] 너희와 함께 하시리라"

(1) 이들이 살기 위해서는 먼저 '선(토브)'을 구하라고 명령한다. 물론 여기서 '선'을 구하라는 말은 "여호와를 찾으라"(5:4)는 의미이다. 그렇게 하는 것이 곧 생명을 얻는 길이기 때문이다. 그리고 악(라아, רַע)을 구하지 말아야 한다. 즉 '벧엘과 길갈에 있는 우상'을 찾아가지 말라는 말이다. 이 말은 15절에서 다시 보충 설명된다. 단순히 우상 숭배의 금지만을 가리키지 않는다. "성문에서 정의를 세울지어다"(15절). 이는 법정에서 정의를 지키라는 말이다. 즉 "힘없는 자를 밟고, 그들에게서 부당한 세를 거두는"(5:11) 그런 악행을 중지하라는 말이다.

(2) '너희의 말과 같이'(14절하) – 이들은 자신들이 늘 하나님의 사랑을 받고 있다고 생각했다. 그래서 실제의 삶의 태도와는 상관없이 늘 여호와께서 자신들과 함께 한다고 생각했다. 즉 '너희(백성)들이 항상 입에 붙은 말과 같이'[2] 적극적으로 선을 구하고 악을 구하지 않는다면 정말로 여호와의 진노의 날에 피신하여 구원을 얻을 수 있다는 것이다. 만약 언약적 책임을 다하지 않는다면 "하나님이 우리와 함께 하실 것이다"라는 말은 헛된 구호에 그칠 수 밖에 없다(미 6:8 참조).

(3) "만군의 하나님 여호와께서 혹시 요셉의 남은 자를 불쌍히 여기시리라"(15절하). 여기 '혹시'(울라이, אוּלַי[2])라는 말에서 어떤 희망적인 요소를 발견할 수 있으나 이 말은 어디까지나 그 가능성이지 보증을 뜻하지는 않는다. 이미

1) '너희의 말과 같이' (כַּאֲשֶׁר אֲמַרְתֶּם)
이들은 자신들이 악을 행한다고 생각하지 않았다. 그러나 지금 이들은 악행으로 말미암아 멸망 직전에 놓여 있다. 그러면서도 자신들은 "여호와께서 자신들과 함께 하신다"고 생각했다(렘 7:10; 미 3:11).

2) "하나님이 우리와 함께 하실 것이다"라는 말은 백성들이 종종 길갈이나 벧엘에서, 또 그들의 성소에서 부르짖었던 구호이기도 했다.

3) 만일 ~아니라면, 아마 - (호 8:7; 렘 21:2 참조)

심판은 확정적인 일이라고 앞에서 여러 번 언급되었다. 구원을 보증하기에는 이미 너무 깊은 죄에 빠져버렸다. 곧 문은 닫힐 것이고 심판은 지체없이 집행될 것이다. 되돌이킬 수 없을 정도로 죄에 빠졌다는 것은 곧 비극이다.

(4) 여기서 '요셉의 남은 자'란 누구를 말하는가? 요셉이 언급된 것은 북이스라엘이 요셉의 아들, 에브라임과 므낫세 지파가 중심이 되었기 때문이다. 이제 이스라엘은 곧 파멸을 맞이할 것이나 '남은 자'가 있을 것이라는 위로를 받는다.

7. 이런 간곡한 권면에 이스라엘은 어떻게 반응했을까?

5:16 그러므로(לָכֵן) - 백성들이 끝까지 회개하지 않으므로
주 만군의 하나님 여호와께서 이와 같이 말씀하시기를
사람이 모든 광장에서 울겠고 - 애통해 하면서 우는 것(통곡)
모든 거리에서 슬프도다(הוֹ) 슬프도다 하겠으며
농부(이카르, אִכָּר)를 불러다가 애곡하게 하며
울음꾼을(יוֹדְעֵי[1] נֶהִי[2]) 불러다가 울게 할 것이며

1) '야다' 동사의 칼, 분사, 연계형.

2) '네히' - 통곡, 한탄, 비가 - 슬픈 호곡소리를 가리킨다.

(1) '그러므로', 즉 앞절(7절)에서 살펴본 대로 "정의(judgment)를 '쓴 쑥'(=인진)으로 바꾸며 공의(righteousness)를 땅에 던지는"(5:7) 행위를 하는 백성들에게 하나님은 반드시 벌을 내리시겠다는 것이다. 이들의 구체적인 죄악은 앞에 10-12절에서 이미 살펴보았다. 정직한 재판을 싫어하고(5:10), 가난한 사람을 짓밟고, 강제로 세금을 거둬들였다(11절). 또한 의로운 사람을 못 살게 굴었고, 뇌물을 챙기기에 급급했고, 법정에서 가난한 사람을 억울하게(12절) 하는 등의 악에서 떠나지 않았다.

3) 에벨 - 비탄, 슬픔, 애곡.

(2) 그러므로(그런 이유 때문에, לָכֵן) 반드시 거기에 따르는 심판이 있을 것이다. 그래서 모든 광장마다 통곡하는 사람들이 있을 것이며, 거리마다 슬피 우는 사람들이 있을 것이라는 말이다. 농부(husbandman)들을 부른다고 했다. 왜 이들을 부르는가? '애곡하기 위하여'(to mourning, אֶל־אֵבֶל[3]), 즉 농사를 지어야 하는 농부조차도 광장에 나와 목놓아 우는 비참한 상황이 벌어질 것이다. 나라가 망했기 때문이다. 하나님은 울음꾼까지 불러 통곡하게 하실 것이라고 했다.

(3) 포도원은 즐거움이 있는 곳이다. 그러나 모든 포도원마다 애곡의 소리가 진

동할 것이다(17절). 왜냐하면 하나님이 그들 한 가운데를 지나가시며 이들을 심판하실 것이기 때문이다. 물론 심판은 외국 군대의 침입으로 일어난다. 결국 나라가 망한다는 이야기이다. 외국 군대가 할퀴고 지나간 자리에는 통곡과 눈물, 슬픔과 탄식 밖에 아무 것도 남는 것이 없을 것이다.

'여호와의 날'을 갈망하고 있지만…

1. 이들은 '여호와의 날'을 간절히 사모하고 있었다. 왜냐하면 여호와께서 주변의 나라들을 모두 물리치시고 영화로운 날이 올 것이라고 믿었기 때문이다. 이런 환상을 가진 백성들에게 아모스는 폭탄적인 선언을 한다.

5:18 "**화 있을진저**(הוֹי) - (호이 - 슬프다, 오! 화로다)
여호와의 날(יוֹם יְהוָה)을 사모하는 자여
너희가 **어찌하여** 여호와의 날을 **사모하느냐**
그 날은 **어둠이요 빛이 아니라**"

(1) 앞에서도 여러 번 언급되었듯이 '여호와의 날'은 이중성을 띠고 있다. 즉 '여호와의 날'은 구원(회복)의 날이기도 하지만 다른 한편에서는 심판(징벌)의 날이기도 하다는 말이다(동교재, 요엘서 2장 참조). 물론 이스라엘은 그 날이 구원의 날이라고 믿었다. 그러나 아모스 선지자의 외침을 보라.

(2) "너희가 어찌하여(לָמָּה־זֶּה) '여호와의 날'[1]을 기다리느냐?"
'마'(מָה-무엇? 어떤?)에다 전치사 레(לְ)가 오면 '왜, 어째서?'라는 의미가 있다. 제(זֶה)는 남성 지시대명사로 לָמָּה를 강조한다. 즉 '어찌하여'(For what purpose)란 말이 크게 강조되어 있다. 어찌하여, 즉 무엇 때문에 '그 날'(2:16, 3:14 참조)을 간절히 기다리고(wait longingly) 있느냐는 것이다. 그 날이 여호와께서 원수를 짓밟으며, 이스라엘을 구원하는 날로 여기고 있었기 때문이다.

(3) 그러나 아모스의 외침은 무엇인가?
"그 날은 어둠(호셰크, חֹשֶׁךְ)이요 빛이 아니라." '여호와의 날'은 적군에게는 암흑과 멸망의 날이지만, 이스라엘에게는 승리와 구원의 날이라고 믿어왔던 그들에게 아모스는 그런 환상에서 깨어나라고 말한다. 아모스는 이방 나라들보다 결코 도덕적으로 낫지 않은 백성들에게 오히려 그 날이 공포의 날이

1) '여호와의 날'은 다른 말로 표현되기도 했다. '그 날'(암 2:16, 3:14, 8:3, 9-10, 13-14, 9:11-12), '흉한 날'(불길한 날, 6:3), 비탄의 날(8:3) 등.

요 흑암의 날이라고 경고하고 있다.

(4) 물론 우리도 지금 여호와의 날을 사모하고 있다. 주님이 재림하시는 날을 소망하며 살아간다. 그러나 어쩌면 우리도 당시 이스라엘 백성들과 동일한 삶과 태도를 갖고 있는지도 모른다. 사회에서는 불의를 행하고, 교회에서는 경건을 가장하는 자들에게는 오히려 그 날이 통곡의 날이 될 것이다.

2. 이런 자들에게 아모스는 좀 더 구체적인 예를 제시하고 있다.

5:19 "마치 사람이 사자를 피하다가 곰을 만나거나
혹은 집에 들어가서 손을 벽에 대었다가
뱀에게 물림 같도다."

(1) 이스라엘이 지금 어떤 꼴을 하고 있는가? '마치'(As if, כַּאֲשֶׁר) 사자를 피해 달아나다가 곰을 만난 것과 같은 형국이라는 것이다. 사자는 그 잔인성과 사나움 때문에 공포의 대상이다(시 7:2). 그러나 사자를 피해 달아난다는 것이 결국 곰을 만났다는 것이다. 곰 역시 공포의 대상이다(애 3:10; 호 13:8; 왕하 2:24).

(2) 아모스는 또 하나의 비유를 든다. 사자도 곰도 무서운 존재이다. 이들을 피하여 집으로 들어가 한숨을 돌리고 있었으나 별안간 나타난 뱀에게 물렸다는 것이다. 이스라엘의 지금 형편이 그러하다는 것이다. 이스라엘이 그렇게 기다리는 여호와의 날은 오히려 피할 수 없는 절망적인 날이 될 것이다. 기쁨이나 희망의 날이 아니라 그 날은 슬픔의 날이 될 것이다(20절).

성도의 참 모습은?

3. 그렇다면 여호와께서 진정 원하시는 삶은 무엇인가?

5:21 "내가 너희 절기들[1])을 **미워하여 멸시하며**
너희 성회들을 기뻐하지 아니하나니"

(1) 하나님은 이들이 절기를 지키러 와서 예배하는 행위를 미워하셨다. "내가(=여

1) **절기들**
이스라엘은 3대 절기가 있었다. 유월절, 오순절, 초막절 - 절기 때마다 이스라엘 남자들은 율법에 의하여 성전을 찾아와 예배해야 했다(출 23:14, 17, 34:23; 신 16:16이하).

호와께서) 미워한다(칼동사 완료형)[2]"고 말씀하신다. שָׂנֵא(샤네)는 '미워하다, 싫어하다, 혐오(증오)하다'를 의미한다.

2) 물론 완료형 동사를 썼지만 상태 동사는 과거형으로 번역하지 않고 현재형으로 번역함으로써 과거의 상태도 포함한다.

(2) 하나님이 이스라엘의 절기일을 미워하시는 이유는 무엇인가?
이런 백성들의 종교적 모임에서 드리는 희생 제사는 결코 열납하지 않으실 것이라는 말이다. 왜냐하면 사실상 규정된 이러한 예배의 요소들이 위선과 궤휼 그리고 영적 간음의 가리개에 지나지 않았기 때문이다(슥 8:17*). 삶이 없는 예배는 가증한 행위요 그것들은 우상 및 죄를 표현하는 기타 수단들(잠 6:16*)과 동일한 범주에 속하기 때문이다. 물론 우상 숭배도 하나님이 미워하신다(말 1:3; 창 27장; 시 5:5; 시 11:5 참조). 이런 자들이 드리는 제물을 거절하실 것이라고 분명하게 말씀하신다.

- 슥 8:17 "마음에 서로 해하기를 도모하지 말며 거짓 맹세를 좋아하지 말라 이 모든 일은 내가 미워하는 것이니라 여호와의 말이니라."
- 잠 6:16 "여호와께서 미워하시는 것 곧 그의 마음에 싫어하시는 것이 예닐곱 가지이니 17곧 교만한 눈과 거짓된 혀와 무죄한 자의 피를 흘리는 손과 18악한 계교를 꾀하는 마음과 빨리 악으로 달려가는 발과 19거짓을 말하는 망령된 증인과 및 형제 사이를 이간하는 자이니라."

(3) 또한 '멸시한다'(마아스, מָאַס)라고 하셨다. 백성들이 진정한 섬김 없이 단지 형식적 관습으로 나아오기 때문에 그들의 절기와 제물을 싫어하고 멸시하셨다. 하나님은 자기 말을 듣지 않는 사람들을 거절하신다(겔 9:17).

4. 어떤 제물이 하나님께 역겨운 일인가?

5:22 "(만일, אִם)
너희가 내게 번제나 소제를 드릴지라도
내가 **받지**(라차, רָצָה)[2] **아니할 것이요**
너희의 살진 희생의 화목제도 내가 **돌아보지**(나바트, נָבַט)[3] **아니하리라**."

2) 라차(רָצָה) - 기뻐하다, 호의를 보이다, 즐거워하다, 받아들이다.

3) 나바트 - 보다, 바라보다 - 여기서는 히필(사역 능동) 동사로 쓰였다. 히필형에서는 '보다, 바라보다'의 의미로 사용된다(출 3:6). 또 한 주시하다, 눈여겨보다, 관찰하다'라는 뜻으로 쓰였다. 그 어떤 희생제물이라도 눈여겨보지 않으실 것이라는 말이다.

(1) 제사 제도는 왜 세우신 것인가? 그것은 범죄자와 하나님과의 화목한 관계를 회복하기 위해 계획되어졌다. 번제, 화목제, 소제는 예배자와 하나님과의 친밀한 관계(親交)를 유지하는데 역점을 두고 있고, 속죄제, 속건제는 범죄로 인해 그 관계가 금이 갔을 때 이를 속죄(피로 인한 대속)하기 위해 드려졌다. 레위기는 여러 가지 제사법과 윤리적 규례 등을 기록하고 있다. 물론 그 섬김의 척도는 바로 '거룩'이다. 그 거룩을 유지하기 위해 조금은 까다로운 주문을 하고 있다.

(2) 그런데 지금 이스라엘 백성은 제사를 드리는 그 근본 목적을 왜곡하고 있다. 제사는 하나님께 열납되어야 한다. 앞절에서 살핀대로 악한 마음으로 제사를 드린다면 하나님은 분명하게 거절하신다고 했다. 잠언 21:27에 이렇게 제물과 제물을 드리는 자의 태도를 말하고 있다.

- 잠 21:27 "악인의 제물은 본래 가증하거든(토에바, תּוֹעֵבָה)[1] 하물며(아프, אַף) '악한 뜻'(짐마, זִמָּה)[2]으로 드리는 것이랴."

1) 혐오스러운 것, 가증스러운 것

2) 사악함, 음탕함, 악한 방책이나 의도를 가릴 때 이 말이 쓰였다(사 32:7; 잠 24:9).

(3) 악인이 드리는 제물도 하나님 앞에 역겨운 일인데, 하물며(아프, אַף) 악한 마음으로 드린다면 그런 제사가 하나님 앞에 열납될 리가 없다. 피는 생명의 상징인데, 이 제물이 희생됨으로써 내 자신이 희생됨을 의미한다. 이렇게 제사는 인간의 죄를 속죄한다는 개념이 있다. 제사를 드림으로 인간의 죄로 야기된 하나님의 분노가 가라앉고 멈추어짐으로 인간의 죄가 속하여진다. 제사를 통해 하나님과의 교제가 이루어진다는 말이다. 그런데 지금 이들이 번제나 소제를 드린다 해도 거들떠보지도 않겠다는 말씀이다. '받는다'는 말 '라짜'(רָצָה)는 '기뻐하다, 즐거워하다, 호의를 보이다, 받아들이다'라는 뜻이다.

(4) 비록 '살진 희생물'[3]을 드려 정성을 다한다 해도 돌아보지 않으시겠다고 말씀하신다. 경건한 자들은 성의를 다하여 이런 제물을 하나님께 드렸는데(삼하 6:13; 사 1:11; 겔 39:18), 희생제사와 외형적이고 종교적인 수행이 인간적인 도덕과 성실을 대신할 때, 흠향은커녕 돌아보지도 않겠다고 말씀하신다. 이 단어 메리(מְרִיא)가 비희생적인 문맥에서 사용된 유일한 성구는 사 11:6이다. "그 때에 이리가 어린 양과 함께 살며 표범이 어린 염소와 함께 누우며 송아지와 어린 사자와 **살진 짐승**이 함께 있어 어린 아이에게 끌리며"

3) 메리(מְרִיא) - 살찌운 가축을 말한다. 희생 제사용 가축으로 특히 송아지에 대해 사용되었다(삼하6:13; 왕상 1:9; 사 1:11). .

(5) 아모스와 거의 동시대에 남쪽에서 활동했던 이사야나 미가도 같은 맥락의 메시지를 전하고 있다.

- 사 66:3 "소를 잡아 드리는 것은 살인함과 다름이 없이 하고 어린 양으로 제사드리는 것은 개의 목을 꺾음과 다름이 없이 하며 드리는 예물은 돼지의 피와 다름이 없이 하고 분향하는 것은 우상을 찬송함과 다름이 없이 행하는 그들은 자기의 길을 택하며 그들의 마음은 가증한 것을 기뻐한즉"

(6) 특별히 이사야 1:13-15에서 삶이 없는 외식적이고 습관화된 형식이 얼마나 가증한가를 보여주고 있다.

- 사 1:13 "**헛된 제물을 다시 가져오지 말라** 분향은 **내가 가증히 여기는 바요** 월삭과 안식일과 대회로 모이는 것도 그러하니 성회와 아울러 악을 행하는 것을 내가 견디지 못하겠노라 14 내 마음이 너희의 월삭과 정한 절기를 싫어하나니 그것이 내게 무거운 짐이라 내가 지기에 곤비하였느니라."

5. 만약 삶이 없는 예배를 계속 드린다면 오케스트라와 같은 찬양대의 찬양이 무슨 소용이 있겠는가?

(1) 이런 예배가 계속된다면 너희 비파 소리도 듣지 않겠다고 말씀하신다. 하나님께 제사 드릴 때 희생제물과 더불어 또한 노래가 있었다. 노래와 함께 나팔과 제금과 여러 악기가 동원되었다(대상 16:41-42, 23:5, 25장; 암 8:10).

(2) 인간의 눈과 귀에 웅장한 것이겠지만 하나님 앞에서는 오히려 그 노래 소리가 잡음이요, 굉음에 지나지 않는다는 말이다. 찬양대의 아름다운 합창, 오케스트라 빰치는 화음, 유명한 성악가들의 독창 등 수많은 악기를 동원한다 해도 삶이 없는 예배는 하나님 앞에 시끄러운 소음일 뿐이다. 그 열정만큼 교회는 변하지 않고 있기 때문이다. 특히 이사야 시대에 이런 예배(제사)가 극을 달리고 있었다.

- 사 1:14 "내 마음이 너희의 월삭과 정한 절기를 싫어하나니(샤네) 그것이 내게 무거운 짐이라 내가 지기에 곤비하였느니라."

여기서 '싫어한다'는 말은 아모스 5:21에 '미워한다'는 말과 같은 말이다. 그것은 여호와께 '무거운 짐'(토라흐, טֹרַח), 즉 괴로움이라는 말이다. 그것은 여호와를 곤비케 하는 일, 즉 피곤케 하는 일이요 싫증나게 하는 일이다. 하나님께서 늘 자기 백성들을 긍휼하게 여기시나 그 도가 지나칠 때 염증이 나신다고 했다(렘 15:6).

- 렘 15:6 "여호와께서 이르시되 네가 나를 버렸고 내게서 물러갔으므로 네게로 내 손을 펴서 너를 멸하였노니 이는 내가 뜻을 돌이키기에 **지쳤음이로다**(=염증이 났음이러라)."

오직 정의를 물 같이

6. 그렇다면 여호와께서 진정 원하시는 것은 무엇일까?

5:24 "오직 정의를 물 같이,
공의를 마르지 않는 강 같이
흐르게 할지어다"

(1) 삶이 없는 예배는 그 외형적 요소가 아무리 충분히 갖추어져 있다 해도 하나님 앞에서는 소음에 지나지 않는다고 했다. 사회에서 정직성이 이미 파괴

되었고, 재판에서 정의가 없어진 상황이라면 이들이 드리는 예배가 무슨 소용이 있겠는가? 그렇다면 어떻게 할까? 그것은 하나님이 진정으로 원하시는 삶의 예배로 돌아가야 한다.

(1) "**오직** 정의를 물 같이 흐르게 하라(흘릴지어다)."

מִשְׁפָּט כַּמַּיִם וְיִגַּל (**But** let judgment run down as waters)

judgment as waters let run down + **But**

'오직'(But, וְ) - 앞절(23절)에서 말하는 것과 반대의 것을 원하시는 것이기 때문에 and가 아니라 But로 번역해야 한다.

(2) 이스라엘은 지금 불의가 정의를 대신하고 있다. 그렇다면 정의란 무엇인가? 미쉬파트(מִשְׁפָּט, 심판, 재판, 공의, 법령)[1] - 이 말의 의미는 이미 앞에서(5:7) 간단하게 소개되었으니 여기서는 생략하기로 하자. 어쨌든 이스라엘은 '정의'(공법, judgment)를 쓴 쑥으로, 그리고 공의(righteousness)를 땅에 내던지는 사회가 되었다. 따라서 정의가 '물 같이(물처럼)'(כַּמַּיִם) 흐르게 하라고 명령하고 있다.

(3) 여기서 물은 계속해서 흘러가는 강물**처럼**(כְּ) 흘러야 함을 보여준다. 단순히 건천(乾川)을 적시다 마는 물이 아니다. '마르지 않는, 계속해서 흐르는'(에탄, אֵיתָן) 강(하수, 나하르) 같이 하라는 것이다. 여기서 '나하르'(하수, 강)는 많은 비가 내릴 때에는 폭포 같이 계곡을 흘러내리지만 비가 그치면 언제 그랬느냐는듯이 마르는 개천(계곡)을 말한다. 계곡을 폭포수 같이 흘러내리면 그 어떤 장애물도 굴리고 쓸어버린다. 아모스는 공법(정의)이 그렇게 흘러내리는 사회가 되게 하라고 명령하고 있다.

(4) '흐르게 하라'(וְיִגַּל) - '갈랄'(גָּלַל, '구르다, 굴리다 roll') 니팔(수동형) 동사 미완료이지만 명령형이다. (**let** justice **roll on**, **let** justice **roll down**) - "흘러지게 하라."

1) 샤파트(שָׁפַט · 재판하다, 다스리다)에서 유래했으며, '심판, 재판 judgment, 공정, 공의 justice, 법령 ordinance, 관습 custom, 방식 manner'을 의미한다. 구약성경에서 이 단어는 약 400회 이상 나온다.

7. 그렇다면 세상에서 말하는 '정의'라는 개념과 여기서 말하는 '정의'의 개념이 어떻게 다를까? 제임스 림버그의 설명을 들어보자.[2]

(1) 보통 세상에서 '정의'를 말할 때, 생각나는 것은 눈이 가려진 채로 저울 세트를 들고 있는 한 여인의 모습을 떠올린다. 이렇게 정의는 정적(靜的)인 개념으로 공정함과 평등성을 가리키는 명사로서 모든 문제가 해결된 평형상태

2) 제임스 림버그, 현대성서주석(호세아-미가) (한국장로교출판사, 2004), 175면에서 정리.

를 상징한다.

그러나 아모스가 말하는 개념은 이와는 전혀 다르다. 아모스가 말하는 정의는 파도처럼 밀려오면서 소용돌이를 일으켜 모든 것들을 깨끗이 쓸어버리는 거센 물줄기와 같다. 동적(動的)이라는 말이다(삿 5:21[1] 참조).

(2) 정의는 하나님께서 자기 백성에게 하신 일들에 대하여 그 백성으로부터 기대되는 **응답**을 의미한다. 이사야 선지자는 사 5:1-7에서 이스라엘의 현재의 모습을 설명하면서 포도원 비유를 한다. 그 포도원에서는 무가치한 포도만이 가득 열렸다는 것이다. 좋은 열매를 원하셨는데 들포도를 맺혔다. 즉 정의와 공의를 원하셨는데 악과 불의가 판을 치는 세상이 되었다는 것이다. 따라서 그 포도원은 앞으로 파괴될 것이다.

정의를 행하는 하나님의 백성은 포도를 생산하는 포도원과도 같다. 정의를 행한다는 것은 하나님의 백성이 하나님께서 그들을 위해 행하신 것들에 대해 올바로 **응답**하는 것을 의미한다.

(3) 마지막으로 정의를 행한다는 것은 힘없는 자들의 **변호인**으로 행동함을 의미한다. 특별히 이사야가 지적하는 힘없는 그룹은 가난한 자들과 과부와 고아 등이다(사 10:1-4*). 이사야는 이런 그룹들에게 정의를 행하지 못하는 법을 만드는 자들을 향해 저주의 메시지를 선포한다("~하는 자는 화 있을진저", 2절). 아모스 선지자가 외치는 말과 동일한 현실에서 동일한 방식의 말이다(사 1:10-17). 따라서 여기서 '정의를 구한다'는 것은 약자들의 소송을 변호하는 것을 뜻하며, 힘없는 자들의 변호인으로 행동하는 것을 말한다.

이렇게 선지자들은 정의에 대해 이론적인 개념들의 영역으로 들어가지 않는다. 오히려 성읍 중에서 가난한 자들이 살고 있는 구역으로 우리를 인도한다. 외롭고 고통 당하고 굶주리는 자들을 눈여겨 보라고 청한다.

8. 문제는 우리 자신들의 모습이 당시 이스라엘 백성과 크게 다르지 않다는 것이다.

(1) 하나님과 진정한 만남이 없이 인간들이 아름답게 장식한 예식에는 하나님은 관심조차 없으시다. "만일, 너희가 내게 번제나 소제를 드릴지라도 내가 받지(라차, רָצָה) 아니할 것이요 너희의 살진 희생의 화목제도 '**내가 돌아보지**

1) 삿5:21에서는 '나하르'를 강이라고 표현했다. 그 강이 그 무리들을 '표류시켰다고'고 했다. 격렬하게 갔다는 표현이다.

삿 5:21 "기손 강은 그 무리를 **표류시켰으**니 이 기손 강은 옛 강이라 내 영혼아 네가 힘 있는 자를 밟았도다."

• 사 10:1 "불의한 법령을 만들며 불의한 말을 기록하며 2 **가난한 자를 불공평하게 판결하여 가난한 내 백성의 권리를 박탈하며 과부에게 토색하고 고아의 것을 약탈하는 자는 화 있을진저** 3 벌하시는 날과 멀리서 오는 환난 때에 너희가 어떻게 하려느냐 누구에게로 도망하여 도움을 구하겠으며 너희의 영화를 어느 곳에 두려느냐 4포로된 자 아래에 구푸리며 죽임을 당한 자 아래에 엎드러질 따름이니라 그럴지라도 여호와의 진노가 돌아서지 아니하며 그의 손이 여전히 펴져 있으리라."

아니하리라'(לֹא אַבִּיט)"(22절). 지금 이스라엘의 한심한 작태(作態)로 인해 친교의 예물을 거들떠 보지 않으실 것이라는 말이다.

(2) 백성들은 삶의 변화는 전혀 없으면서 하나님을 찬양한다고 요란하게 온갖 것을 동원하지만 정작 하나님께서 원하시는 일에는 전혀 관심이 없었다. 이사야 선지자는 범죄하는 백성들을 향해 이렇게 외친다. 5:12 "그들은 잔치를 베풀어 수금과 비파와 소고와 피리를 연주하며 포도주를 마시지만 여호와께서 이루시는 일에는 관심이 없고, 주께서 하시는 일도 거들떠보지 않는다"(쉬운성경).

(3) 아무리 주일날 거창한(?) 예배를 드렸다 해도 우리가 직접 부딪치는 삶의 현장에서 공의와 사랑으로 이어지지 못한다면, 우리도 아모스 당시의 이스라엘 백성과 같은 책망을 들을 것이다. 우리는 우리의 눈을 고정시키고 유일한 도움이신 여호와의 뜻에 따라 살아야 한다(사 51:1, 22:11, 34:5 참조). '그만 이야기하자. 내가 그 당사자 아닌가?!'

9. 이스라엘 백성아, 한 가지만 더 물어보자.

5:25 "이스라엘 족속아
너희가 내게 **드렸느냐?**(הַזְּבָחִים)[1]"
/사십 년 동안
/광야에서
/희생과 소제물을

여기서 ה가 정관사인가, 의문사인가, 서로 다른 견해가 있다. 현대역들은 대체로 의문문으로 보고 있다.

1) 나가쉬(נָגַשׁ) - '가까이 끌어당기다, 접근하다'라는 뜻으로 종교적으로 '경배하다'; 사역동사로 '바치다' (히필< 사역 능동) 동사 완료형.

(1) 하나님은 백성들의 제사가 얼마나 종교적인 형식주의였나를 입증하기 위해 과거의 사건을 들어 설명하신다. 먼저 수사학(修辭學)적 질문을 하신다. 이 구절이 의문문이라면 이런 질문을 하면서 기대하시는 대답은 무엇일까? 물론 '아닙니다'(No.)라는 말일 것이다. 어쨌든 그 질문 내용을 보면 마치 이스라엘 백성이 광야에서 희생과 소제물을 드리지 않은 것처럼 들린다.

(2) 학자들 중에는 광야생활 동안 정말 희생제사가 있었는가 없었는가에 대해 다른 의견들을 제시한다. 드라이버(Driver) 같은 학자는 렘 7:22*을 들어 하나님은 광야생활 동안 희생제사를 요구하지 않으셨다고 주장한다. 물론 광야에서도 많은 가축을 갖고 있었다(출 12:38, 17:3; 레 17:1-9). 그런데도 이를 요구하지 않았다면, 하나님은 백성들에게 희생 제사보다는 하나님의 뜻에 대

• 렘 7:22 "사실은 내가 너희 조상들을 애굽 땅에서 인도하여 낸 날에 번제나 희생에 대하여 말하지 아니하며 명령하지 아니하고"

한 순종적인 삶을 원하셨다는 것을 알 수 있다. 희생제사가 없었음에도 불구하고 하나님은 백성들을 특별한 보호와 사랑으로 인도하셨다는 것이다(신 2:7, 8:2-4, 29:2-13; 느 9:20-22).[1] 그렇다면 여호와께서 진정 원하시는 것은 지금 이스라엘 백성처럼 삶이 없는 형식주의요, 의식주의인 예배가 아니라 순종, 정의 등을 실천하는 삶 자체가 예배임을 알 수 있다. 물론 이스라엘은 광야 생활 하는 동안 우상을 섬긴 행동들도 있었다(신 32:16, 17).

1) 김희보, 소선지서 주해, 아모스, 총신대학교출판부.

(3) 그렇다면 분명히 희생제도가 있었음에도 광야 시절 40년 동안 제사를 전혀 드리지 않았다는 말인가? 물론 그렇지는 않았을 것이다(민수기 7장 참조). 그래서 제롬(Jerome)은 '제사는 있었으나 그들의 마음은 없었다'고 주장한다. 즉 드리기는 했으나 '내게'(=하나님께)(לִי, unto me) 드리지는 않았다는 것이다.

(4) 여기 25, 26, 27절은 연결된 내용이 분명하기에 26절을 분석해 보고 전체의 뜻이 무엇일까 설명하기로 하자.

5:26 "너희가(וּנְשָׂאתֶם) — **지고 가리라**
/너희 왕 식굿(סִכּוּת)과
/기윤(כִּיּוּן)과
/너희 우상들인
/(곧) 별 형상을
/너희가 너희를 위하여 만든 신들의

(5) 그러나(접속사, וּ)
앞절과 반대의 뜻을 나타내기 위해 '그러나'로 번역할 수도 있다. 즉 25절의 설명처럼, 광야 생활 동안 너희 조상들(출애굽 제2세대들을 가리킴)은 희생과 소제를 드린 것은 없었으나 잘 순종했다. "그러나" 지금은 너희들이 다른 신을 섬기는 반역을 행하고 있다는 말이 된다. 26절을 시작하는 말 "너희가 지고 가리라"(וּנְשָׂאתֶם)에서 waw(וּ)를 But로 번역한다.

(6) 그러나 이를 다르게 해석하기도 한다. 즉 26절은 광야시대의 반역을 말하면서도, 지금 아모스 당시의 시대도 같이 해당된다는 주장이다. 그렇게 되면 광야의 이스라엘 백성들이 몹시 타락하여(광야에서 죽은 출애굽 제1세대들을 가리킴) 희생과 소제물을 내게(=여호와께) 드리지 않고 별 우상들을 섬기더니 너희도 '또한'[그래서 waw(וּ)를 '**also**'로 번역한다] 별 우상을 섬기고 다닌다는 말로 해석했다.[2]

2) 이러한 사실은 므낫세에 관한 기사에서 분명히 나타나 있는데(왕하 21:3, 21:5), 므낫세는 이러한 신들을 그를 도우는 것의 일부로 숭배하였으며 요시야는 이러한 도움에 반대하는 반항의 일부로 이러한 신들을 거부하였다(왕하 23:4-5).

"You also carried along Sikkuth your king and Kiyyun, your images, the star of your gods which you made for yourselves." - NASB

(7) 위의 설명 중 어느 견해를 취하든, 여호와께서는 삶이 없는 예배와 우상 숭배를 싫어하신다는 것이다. 하나님은 우상을 섬기면서 동시에 제사를 드리는 행위를 싫어하신다. 또한 삶과 예배가 일치되는 예배를 받으신다는 점을 강조한다. 어쨌든 지금 아모스 당시의 희생제사가 얼마나 가증스러운 행위인가를 말하면서 그로 인한 하나님의 심판을 선언한다(27절). "내가 너희를 다메섹 밖으로 사로잡혀 가게 하리라."

식굿(סִכּוּת)은 메소포타미아의 우상이다. "이 단어가 메소포타미아 문헌들에서 키윤(kyn)과 함께 나타난다. 두 단어가 다같이 별의 신 사투른(Saturn)을 가리키는 것이다. 여기 본문에서 식굿이 이러한 신을 가리키는 고유명이라는 사실을 보여주려 한 것 같다. 메소포타미아 신화에 보면 별들이 신들을 모신 만신전을 상징하였다는 것이 분명하다. 하늘 황후(렘 7:18 등)인 이쉬타르(Ishtar)에 대한 설형문자의 기호는 별들이었다. 그래서 앗수르의 봉신이 되고 후에 바벨론의 봉신이 되는 것은 천군(host of heaven)을 신으로 섬기는 것을 의미하였다." (바이블렉스)

기윤(כִּיּוּן) - 기윤은 토성과 동일하거나 관련이 있다고 생각되는 신의 이름이다.[1)]

(9) 우상 숭배와 함께, 변화되지 않는 삶을 살던 북이스라엘은 이제 곧 다메섹 밖으로 사로잡혀 가게 될 것이다. 앗수르의 포로로 잡혀갈 것을 암시한다. 이스라엘은 다메섹의 침략 때문에 늘 전전긍긍했는데, 이제는 다메섹의 침략을 받는 것이 아니라 '다메섹 밖으로'(beyond Damascus, מֵהָלְאָה לְדַמָּשֶׂק), 곧 앗수르에 사로잡혀 갈 것을 분명하게 말씀하신다.

1) 70인역본에서는 이 단어를 레이판이라고 읽는데 어떤 이는 이것이 맛소라 사본의 독법인 키윤(RSB - 기윤, AV- 치윤)을 잘못 음역하였기 때문이라고 생각하며, 어떤 이들은 애굽의 토성신의 세브(Seb)의 이름 중 하나인 레파(Repa)를 고의로 교체한 것이라고 생각한다. 아모스 선지자는 이것이 그들의 우상이라고 말한다(암 5:26). <바이블렉스>에서

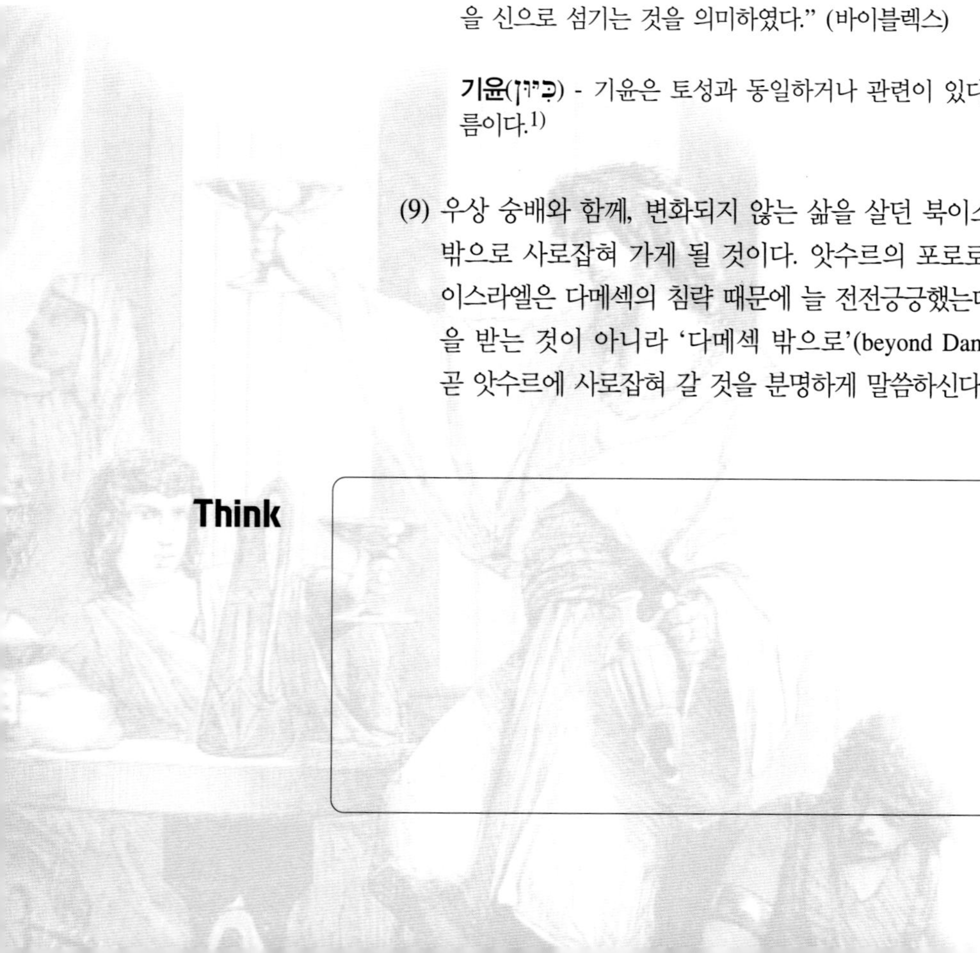

Think

아모스 5장 요약 정리

이스라엘아! 이 말씀을 들어라.

- 아모스 선지자는 이스라엘을 위한 애가(哀歌)를 부른다. 애가란 무엇이며 그 내용은 무엇인가? (5:1)
- 아모스는 왜 이스라엘을 '처녀'로 묘사했으며, 그 멸망의 비참함을 어떻게 비유하고 있나? (5:3)
- "너희는 나를 찾으라 '그리하면' 살리라"(4절). 맛소라 원문은 '나를 찾으라, 그리고 살라!'라고 되어 있다. 즉 간단한 두 마디 명령형으로 되어 있는데, 이 문구가 의미하는 진정한 뜻이 무엇인가 교재를 보고 설명해 보라.
- 당시 이스라엘의 종교 중심지는 어디 어디였는가? (5절) 그러나 이곳이 비참하게 될 것을 예언했는데, 그 원인이 무엇인가?
- '브엘세바'는 어떤 곳이며, 어디에 위치하고 있는가? 왜 브엘세바로도 가지 말라고 했는가?
- 하나님은 삶의 근본적인 변화없는 예배 행위를 어떻게 보시는가?
- '여호와를 찾으라'는 명령에서 구체적으로 요구하고 있는 것은 무엇인가? (7절)
- '정의'(미쉬파트)와 공의(체데카)라는 말의 의미는 무엇인가?
- 심판하시는 여호와 하나님의 전능하심을 어떻게 묘사하고 있는가? (8절)
- 이스라엘에 악이 창궐할 때 지혜자는 잠잠하지 않을 수 없었다. 그 이유가 무엇인가? (13절)
- 멸망 직전에서 구원 받을 수 있는 길이 있을까? (14절)
- 이스라엘에게 '여호와의 날'은 어떤 날인가? 그러나 아모스는 이 날이 슬픔의 날이 될 것이라고 했다. 그 이유는 무엇인가? (18절이하)
- 여호와의 날은 통곡의 날이 될 것이라고 했는데, 이를 어떻게 실감있게 표현하고 있는지 19절을 읽어보고 설명해 보라.
- 하나님께서 이스라엘의 절기일을 미워하시는 이유가 무엇인가? (21절)
- "오직 정의를 물 같이 공의를 마르지 않는 강 같이 흐르게 할지어다"(24절). 이 말을 해석하고 설명해 보라.

- 하나님께서는 우리에게 역겨움을 드러내실 때가 있다고 했는데, 어떤 경우일까?
- 주일은 정말로 거룩하게(?) 잘 지키면서, 실제의 삶에서는 세상 사람들과 별반 차이가 없는 생활을 계속한다면, 지금 우리는 아모스 당시의 이스라엘이 들어야 했던 똑같은 음성을 들어야 한다.
- 하나님께서 우리에게 회개를 원하시는 것은 종교적 열심을 내라는 것이 아니다. 하나님과 인격적인 교제가 없다면 그것은 단순한 종교적 열심에서 나오는 소음에 지나지 않는다. 이는 하나님을 피곤케 하는 일이다.

호이(הוֹי) – 오, 화로다!

앞에서 살펴본 대로 이스라엘은 나라가 그 최후를 향하여 언덕 아래로 질주하고 있다. 그러나 백성들의 지도자들은 자신들의 부유함과 안일함 때문에 이런 사실에 관심이 없거나 깨닫지도 못한다. 모든 일이 평온하다고 느끼기 때문이다. 현재의 부유함 때문에 행복감과 안일함에 도취되어 있다. 이들이 여호와의 경고의 말씀에 귀기울일 리가 없다. 아모스를 통한 여호와의 사자후(獅子吼)를 일부러 들으려 하지 않는다.

아모스는 이스라엘의 사치와 자만이 극에 달했음을 보여주기 위해 수사학적 질문을 던진다(6:2). 강력했던 이웃 나라들도 지금 힘없이 무너져내렸다면, 이스라엘은 그 비참함이 얼마나 클 것인가? 여호와의 날을 기대하며, 현재의 여유를 만끽하고 있는 지도급 인사들은 흉한 날, 즉 형벌과 심판의 날을 맞게 될 것이다. 아모스는 그들을 향해 최고급 상아로 만든 상에 누우며, 침상에서 기지개를 켜며, 최고급 요리만을 찾으며, 헛된 노래를 지절거리는 자들이라고 공박했다. "그러므로", 즉 언약을 어기고 악한 행동에서 벗어나지 못하므로 이제는 적국에게 사로잡혀 가게 될 것이라고 선언한다. 하나님은 야곱의 영광(교만, 사치 등)을 싫어하신다고 했다. 우선 왕궁부터 거명하기 시작한다. 권력의 부패는 왕궁으로부터 시작하기 때문이다. 이들은 타인의 가난을 이용하여 부를 축적하는 자들이기 때문이다. 에스겔 선지자도 같은 종류의 메시지를 선포했음을 본다(겔 22:24이하). 하나님은 아모스를 통해 이스라엘의 멸망을 최후 통첩한다(6:14).

Outline 6

제2부 아모스서의 본론

제 6장 아모스의 애가(계속)

B. 화 있을진저! 심판의 선포(6:1-14)

제 7장 하나님의 심판과 아모스의 환상
1. 아모스의 제 1환상(1-3절)
2. 아모스의 제 2환상(4-6절)
3. 아모스의 제 3환상(7-17절)

제 8장 아모스의 환상과 최후 설교
4. 아모스의 제4환상(8:1-3)
5. 아모스의 최후 설교(8:4-14)

by 김희보, 소선지서주해(아모스)

◀ **5-6장은** 아모스의 제3설교로 분류한다.

◀ **제3설교(5:1-6:14)**

- 6:1은 '화 있을진저'로 시작하고 있다. 그 대상은 누구인가? (6:1-7)

〈부자들에게〉

① **시온(예루살렘)에서 교만한 자** - 여기서 '교만한 자'란 안일한 자, 즉 나라가 파멸 직전에 있는데도 평안하다고 생각하는 자들을 말한다.

② **사마리아에서 마음이 든든한 자** - 이들은 하나님이 없어도 신뢰할 만한 것이 있다고 믿고 있다. 즉 거짓된 안전에 속고 있는 자들이다. 즉 안일함에 빠져 있는 상류층 지도자들을 가리킨다.

- 이들은 백성의 지도자급들이다(열국 중 유명한 자들). 경제적으로도 부유하다. 또 모든 것이 안전할 것이라는 거짓된 평온에 속아 극도의 사치한 생활로 빠져들고 있다.

- 6:1-7은 이런 사회적 무관심 속에 살고 있는 지도자급 인사들의 부요함을 비난하고 있다.

〈백성의 지도자들에게〉

- 6:4-6은 **백성의 지도자들**이 향락에 빠져 살아가는 사치한 생활 모습을 보여주고 있다. 그러나 이러한 생활은 그리 오래 가지 못할 것이다. 곧 포로로 끌려가게 될 것이기 때문이다. 이들은 포로민들 중 가장 선두에 서게 될 것이다.

◀ **하나님은 야곱의 교만을 싫어하신다.**

- 하나님께서는 야곱(이스라엘)의 영광(=교만)을 싫어하신다. 또 그 궁궐들을 미워하신다. 다른 사람의 가난을 이용해서 부를 축적하는 일은 왕궁에서부터 시작되었기 때문이다.

- 사회가 이 정도가 되었다면 어느 한 부류도 타락하지 않은 곳이 없다. 왕궁은 물론 선지자들, 제사장들, 방백들이 모두 병들어 있다.

- 그래서 하나님은 이스라엘의 파멸을 선언하시고, 그 파멸의 철저함을 "한 집에 열 사람이 살아남는다 하여도 다 죽을 것이라"(6:9)고 하셨다.

- 이들은 지금 로드발(허무한 것, 6:13)을, 가르나임을 자신들의 힘으로 정복했음을 자랑스러워하고 있다(6:13).

- 결국, 여호와께 교만하고 돌아서지 않는 백성들에게 최후의 통첩을 전하신다. 한 나라를 일으켜 파멸시키겠다는 것이다.

제3설교(5:1–6:14)의 계속 : 애가

5-6장은 아모스의 제 3설교로 분류한다. 6:1은 "화 있을진저"(호이, הוֹי) 라는 말로 시작하고 있다. 그 '화'의 대상은 누구일까? "시온에서 교만한 자와 사마리아 산에서 마음이 든든한 자 곧 백성들의 머리인 지도자들"이라고 했다. 이들 지도자들은 현재 경제적 풍요로 인해 모든 것이 은혜롭게 진행되고 있다고 생각했을 것이다. 이스라엘의 정치적 지도자들이나 종교 지도자들에게 선포하는 아모스의 경고의 내용은 무엇일까? 아모스는 그들이 짓는 죄의 목록을 열거하고 있다(6:4-6 참조).

1. 백성의 지도자들은 아모스의 외침에 크게 신경을 쓰지 않았다. 그러나 이번에는 이런 지도자들에게 저주를 선포한다.

6:1 "**화 있을진저**(호이, הוֹי)
시온에서 ***교만한 자***와
사마리아 산에서 ***마음이 든든한 자***
(곧)
백성들의 머리인 ***지도자들***이여
/이스라엘 집이 그들을 따르는도다

"곧 열국 중 우승하여 유명하므로 이스라엘 족속이 따르는 자들이여"(개역성경)

(1) '화 있을진저'(הוֹי) - 아, 슬프다! 오 화로다! / '저주를 받아라'(공동번역)
지금 아모스는 이스라엘의 지도자들을 향해 책망하고 있다. 1-6절에서는 나라가 지금 파멸 직전에 이르렀는데도, 이런 일에 관심이 없거나 깨닫지 못하는 자들에게 슬픔과 탄식을 나타내고 있다. 대부분의 성경이 '호이'(הוֹי)를 Woe로 번역하고 있다. 저주를 선포한다기 보다는 슬픔과 탄식, 즉 비애(悲哀)를 나타내고 있다고 본다(사 1:4, 24 참조).

1) 시온(치욘) : '치욘'은 '보호받는, 양지 바른' 등으로 보며, 아랍어로는 차웨(산마루)이다. 후에 시온은 예루살렘 도시 전체를 가리키게 되었다(시 126:1; 사 1:26이하).

2) '샤아난'의 관사 + 형용사, 남성, 복수

(2) "시온[1]에서 교만한 자(안일한 자, הַשַּׁאֲנַנִּים)[2]" - '샤아난'(שַׁאֲנָן)은 '평안한, 평온한, 안일한'이라는 뜻이다. '거만'(arrogance)이라는 의미로도 사용되었다(왕하 19:28; 사 37:29). '마음이 든든한 자'는 '믿다, 신뢰하다, 안심하다, 안전하다'라는 의미를 가진 동사 '바타흐'(בָּטַח)에서 왔다. 두 단어는 서로 대구를 이룬다(사 32:9, 11, 18 참조).

'바타흐'는 신뢰할 만한 것이나 사람이 있다는 데서 오는 행복감과 안도감을 나타낸다. '염려 없는 평온'과 같은 의미를 지닌다. 그러나 어느 누구도

감히 생명의 소망을 자기 자신의 의로움에 기반을 둘 수 없음을 분명하게 말해주고 있다(겔 33:13).

(3) 그렇다면 이들 지도자들은 무엇 때문에 이렇게 안일함에 빠져 있었을까? 성경은 이런 행위를 '거짓 안전'이라고 말한다.[1] 경제적 풍요와 함께 모든 것이 평온하다는 거짓된 안전 때문에 이들은 사치로 빠져들었다(4-5절). 1절 하반절에서 이들이 어떤 위치에 있는 자들인가를 부연 설명하고 있다.

"백성들(열국들 중, of nations)의 머리인 지도자들이여" - 개역성경은 '열국 중 유명한 자들'(The distinguished men of the foremost of nations)이라고 했다. 여로보암 2세 때에 남북은 최강의 나라가 되었다. 따라서 열국 중에 그들은 두려운 존재였다.

"열국 중의 두령"(רֵאשִׁית הַגּוֹיִם 레쉬트) - '레쉬트'는 '첫째, 처음, 시작'이라는 의미로(창 1:1) '가장 훌륭하거나 특출한 자, 장(우두머리)'에 사용되기도 했다(단 11:41, 존귀한 자).

(4) 시온과 사마리아를 동시에 경고하고 있다. 물론 아모스는 북이스라엘에 파송된 선지자였지만 당시 정황으로 보아 남유다도 같은 책망을 받아야 했다. 유다에 대한 언급은 후대에 남왕국 청중들에게 각색한 결과일 수도 있지만, 다가올 심판은 유다에게도 해당되었다(암 2:1, 4-5 참조). 아모스의 결론 부분이 다윗 왕국 전체에 관심이 있음을 볼 때(암 9:11-15), 이 메시지는 북이스라엘과 남유다의 모든 지배 계층을 향하여 예언하고 있음을 보여준다. 어쨌든 이들 지도급 인사들은 다가오는 심판 선고에는 전혀 관심이 없었다.

(5) 물론 우리들은 이런 류의 지도자들에 대해 잘 알고 있다. 우리 주위에 너무 많기 때문이다. 종교 지도자들이라고 예외는 아니다. 얼마나 많은 쎄미나, 부흥회, 성경공부가 있는가? 그러나 자신들도 모르는 사이에 보다 높은 야망을 실현하기 위해 하나님 영광을 운운하며 아성(牙城)을 쌓아가고 있는가! 고난과는 상관이 없는 부유한(?) 성직자들, 현재의 삶과는 거리가 먼 신학적 논쟁들로 끊임없는 소모전을 펼치는 신학자들, 그들이 삶에 지쳐 허덕이는 자들에게 회개를 외친다면 그것은 하나의 공허한 메아리에 지나지 않는다. 또한 정작 변화되어야 할 대상은 한국교회가 모두 썩었다고 입에 거품을 무는 자들이 아닌가? 이 모든 현상은 풍요로움에서 오는 후유증 때문이다. 자신들이 병들어 있음을 인식하지 못하기 때문이다.

1) 거짓된 안전의 근원에는 인간(시 118:8, 146:3, 잠 25:19; 렘 17:5), 악(사 47:10), 폭력과 압제(시 55:23, 62:10, 사 30:12), 부(시 49:6, 52:7; 잠 11:28), 우상(시 31:6, 115:8, 사 42:17; 합 2:18), 군사력(신 28:52; 시 44:6; 사 31:1; 렘5:17; 호10:13), 종교(렘7:4, 8, 14), 자기 자신의 의로움(겔 33:13; 호 10:13), 이방인들과의 동맹(사36:4 이하; 겔 29:16)이 포함된다. 특별히 성경은, 그런 만족의 보잘것없는 근거를 결코 평가하지 않고서 이런 만족 속에서 살아가는 사람들을 경멸한다(사 32:9-11; 겔 30:9; 암 6:1).

2. 아모스는 이스라엘의 교만과 자만이 극에 달했음을 보여주기 위해 수사학적 질문을 던진다. 그러나 2절은 문맥상 정확한 뜻을 파악하기가 힘들다.

1) '큰 하맛'(대 하맛, Hamath, the Great) - '큰 시돈' 등과 같은 표현이다(수 11:8).

6:2 "너희는 **갈레**로 **건너가 보고**
거기에서 '큰 **하맛**'[1]으로 **가고**
또 블레셋 사람의 **가드**로 **내려가라**
너희가 이 나라들보다 **나으냐?**
그 영토가 너희 영토보다 **넓으냐?**"

(1) '갈레'는 니므롯이 시날 땅에 세운 성읍 중 하나이다(창 10:10). '갈로'라고도 부른다(사 10:9). 그러나 정확한 위치는 확실치 않다. '하맛'은 다메섹 북쪽에 위치해 있다. 이스라엘의 최북단 단에서 북쪽으로 150마일 정도 떨어진 곳에 위치한 중요한 도성이다. 여로보암 2세 때, 이스라엘의 통치는 하맛어귀부터 아라바(바다, 사해)까지'라고 했다. '가드'는 블레셋 5대 성읍 중 하나이다(수 13:3). 가드는 웃시야 왕 때에 파괴되었다(대하 26:6).

(2) 6:1-7은 사회적인 무관심 속에 있는 개개인의 부요함을 비난하고 있다. 상대적으로 높은 수준의 삶을 즐기는 자들, 특히 사회지도층 인사들에게 주는 메시지를 담고 있다. 이들은 자신들이 등 따습고 배부르기에 가난하고 어려운 처지에 있는 사람들의 형편을 이해하지 못했으며 또한 관심조차 기울이지 않았다.

이런 그들에게 아모스는 지금 위의 열거한 곳으로 한 번 가보라고 말한다. 그리고 이들에게 이렇게 질문한다. "너희가 이 나라들보다 **나으냐?** 이 나라들보다 그 토지가 **넓으냐?**"

(3) 위에 열거한 나라들은 한 때 아주 강했던 나라들이었다. 그러나 지금은 어떻게 되었는가? 갈레는 앗수르에게 망했고, 하맛은 지금 여로보암 2세의 통치하에 들어와 있고, 가드도 별 힘이 없는 나라가 되었다(가드는 웃시야 왕 때에 파괴되었다. 대하 26:6). "세속적인 면에서 보더라도 그곳들이 너희보다 나은 것이 무엇이며, 그들의 영토가 너희들 것보다 넓었던가?"

"반면에 너희 이스라엘은 지금 국력이 이들 나라들보다 우월하여 열국 중 으뜸이 되어 있지 아니하냐? 그런데 너희들이 나에게(=여호와께) 보답함이 무엇이냐?"라는 질문조의 탄식이다.

(4) 그러나 또다른 학자들은 2절을 다른 각도에서 이렇게 해석한다. 즉 2절이 그 지도자들에 대한 말임을 나타내는 말이 도입부에 없기 때문에 선지자가 지도자들에게 조롱하는 말로 했다는 것이다. 그렇다면 2절은 다음과 같이 해석된다.[1)]

1) 로버트 치즈홀름, 강성열 역, 크리스챤다이제스트, 599면.

"너희(유다와 이스라엘)가 이 나라들(갈레, 하맛, 가드)보다 더 나으냐? 그렇지 않다. 너희 역시 그들과 마찬가지로 정복당할 것이다! 그들의 영토가 너희보다 더 넓으냐 그렇지 않다. 그와 마찬가지 방식으로 너희 영토가 줄어들 것이다."

70인경에서는 2절을 질문조로 보지 않고 결정적인 사실로 보고 있다. "그곳들로 한번 가보라. 그들의 영토가 너희들의 영토보다 넓지 않다"라는 의미로 해석했다.

3. 어쨌든 아모스는 이들 지도층 인사들의 이기적인 행동 때문에 슬퍼하고 있다. 이들은 자기만족에 빠져 있어서 다가오는 심판에는 안중에도 없었다(3-6절).

6:3 "너희는 '흉한 날'(the day of calamity, לְיוֹם רָע[2)])이 멀다 하여
포악한(강포한, 하마쓰, חָמָס) 자리로 가까워지게 하고"

2) 전치사 לְ는 (toward, to) 그 날이 멀리 떨어져 있음을 암시한다.

(1) '**흉한 날**'(불길한 날) - 큰 불행, 혹은 심판과 형벌의 날(여호와의 날, 5:18, 20, 8:10 참조)을 가리킨다. 그 형벌의 날이 '멀다 하여'(나다, נָדָה의 피엘 분사형)[3)] 하나님의 말씀을 전혀 들으려 하지 않았다. '나다'라는 말은 '몰아내다, 추방하다, 제외하다'라는 뜻으로 여기서는 '~를 생각하려 하지 않다'(put off, put far away)라는 의미를 나타낸다. 즉 흉한 날에 대한 생각을 아예 배제하고 살고 있다는 것이다.

3) 피엘형 분사를 사용해 강조하고 있다.

(2) 그래서 '포악한(하마스 - 폭력, 난폭, 부당행위, 불법, 악)[4)]자리'로, 닥쳐올 심판의 날을 피하려고 하면서 오히려 '폭력의 날'을 가까이 불러들이고 있다는 것이다. 백성을 위해 선정(善政)을 베풀어야 할 자리가 오히려 '포악한 자리'(재판석)이 되었다는 것이다. 악을 세우기에 급급한 자리가 되었다.

4) 이 단어는 거의 언제나 죄에 가득찬 폭력과 관련하여 사용되었다. 종종 이 단어는 극도의 악함을 나타내는 이름으로 나온다. 이것이 홍수 심판의 원인이 되었다. '강포'가 땅에 충만한지라(창 6:11, 13).

6:4 "상아 상에 **누우며**
침상에서 **기지개 켜며**
양 떼에서 어린 양과 우리에서 송아지를 잡아서 먹고"

(3) 극도로 사치한 모습을 보여준다. 그들은 상아로 만든 침대에서 빈둥거리며 맛 있는 고기를 먹으면서, 음악을 듣고(5절), 희생제사에 쓰는 큰 그릇에 포도주를 담아 마신다.

6:5 "비파[1] 소리에 맞추어 (헛된) 노래를 **지절거리며**(파라트, פָּרַט)[2]
다윗처럼 자기를 위하여 악기를 **제조하며**

6:6 대접으로 포도주를 **마시며**(샤타, שָׁתָה) - 술 취하다
귀한 기름을 몸에 **바르면서**
요셉의 환난에 대하여는 **근심하지 아니하는 자로다**"

(4) 현대 말로 바꿔본다면 최고급 승용차에다 최고급 양주, 최고의 주택에서 진수성찬으로 배가 부른, 사치가 극에 달한 사람들을 가리킨다. 여기에 신흥부자들도 그 대열에 끼려고 추태를 부린다. 물론 오늘날 기독교인 지도자들이 이렇게 살지는 아니할 것이다. 일부에 지나지 않겠지만, 그래도 하나님의 복을 운운하며 이런 아류(亞流)의 행동을 보이는 사람들도 있으렸다. 대체로 이들은 사회 전체에 영향을 끼치는 지도층 사람들이기 때문에 문제가 된다. 이들은 하나님이 항상 자신들 편이라고 생각한다. 지금의 부와 자리(명예)는 하나님께서 자신에게 주신 복이라고 굳게 믿기 때문이다.

(5) 아모스 당시의 상류층 사람들은 아모스의 탄식에 귀를 기울이려 하지 않았다. 그들은 현재의 상황이 언제까지나 지속되기를 바란다. 물론 '요셉의 환난'에 크게 귀기울이려 하지 않는다. 여기서 '요셉'을 말한 것은 북이스라엘이 창건할 당시로부터 계속해서 그 주도권을 에브라임(요셉의 둘째 아들) 지파가 잡고 있었기 때문일 것이다. 이렇게 지도자들은 곧 멸망이 임할 것이라고 생각하지 않았다는 것이다.

(6) 그러나 오늘날 그 누구도 아모스의 경고에서 자유롭지 못하다. 왜냐하면 현재의 나의 위치가 바뀌어 이들의 위치에 있게 된다면 이들과 똑같은 생활패턴을 따르게 될 것이기 때문이다. 우리에게 그런 죄된 속성이 있다. 대체로 사람들은 다른 사람들도 자기와 비슷하게 살아간다고 생각한다. 부유한 사람들은 다른 사람도 그런 삶을 살 것이라고 생각한다. 가난하고 어려운 사람들을 향해 자비로운 마음을 가진다 해도 너무 피상적이기 쉽다. 천국보다는 지금이 더 좋을 수 있다는 생각이 자신도 모르게 바닥에 깔려 있다. 주님의 재림은 늦춰질수록 더 좋다. ('에이, 설마 그런 기독교인 있을라구!)

1) 옛날의 현악기를 말하며, 하단에 불룩한 울림통이 있다. 그리스의 하프나 수금에 해당한다. 다윗 때에는 예배 시에 사용되기도 했다(삼하 6:5).

2) '부주의하게, 즉흥적으로 말하다'를 의미한다. '수다떨다, 콧노래로 읊조리다'라는 의미로 구약성경에서 이 곳 한 곳만 나온다.

4. 사치 속에 빠져 있는 상류층 지도자들의 안일함도 오래가지 못한다. 그 이유가 무엇인가?

6:7 "그러므로(Therefore, לָכֵן) - 앞절에서 보여준 대로 악한 일을 했으니 그 결과로
그들이 이제는 사로잡히는 자 중에
앞서(로쉬, רֹאשׁ) **사로잡히리니**(גָּלָה - 포로, 추방의 몸이 되다)[1]
기지개 켜는 자의 떠드는 소리가 **그치리라**"

(1) '그러므로 이제는'(לָכֵן עַתָּה[2]) - 이들의 잔치는 곧 끝나게 될 것이다. 왜냐하면 앗수르의 군대가 쳐들어 올 것이기 때문이다. '그러므로 이제는'이라는 말은 앞절에서 살핀대로 그들의 악 때문에 필연적 결과로 심판이 올 것이라는 말이다. 하나님은 우리가 회개하면 언제든지 용서해 주신다고 하셨다. 그러나 하나님의 인내가 한계점에 도달하면, 소리쳐 울어도 소용이 없다. 이미 심판을 작정하셨기 때문이다. 노아의 홍수 때처럼, 소돔과 고모라 때처럼 말이다.

(2) 최고의 최고만을 찾던 이들 상류층 지도자들은 사로잡히는 중에서도 포로민의 가장 선두에서 사로잡혀 가게 될 것이다. '앞서'(로쉬)라는 말은 어떤 집단의 '선두'(head)에 선다는 말이다. 하나님의 심판은 성소에서부터 시작한다고 했다. "늙은 자와 젊은 자와 처녀와 어린이와 여자를 다 죽이되 이마에 표 있는 자에게는 가까이 하지 말라 **내 성소에서 시작할지니라** 하시매 그들이 성전 앞에 있는 늙은 자들(장로들?)로부터 시작하더라"(겔 9:6). 이제 이들은 더 이상 상아 상에 누우며 침상에서 기지개를 켜지(암 6:4) 못하게 될 것이다. 하나님의 심판으로 곧 나라가 공중분해 될 것이기 때문이다.

(3) "기지개 켜는 자의 '떠드는 소리'(미르자흐, מִרְזַח)가 **그치리라**."
'미르자흐'(명사, 남성)는 '마르제아흐'(מַרְזֵחַ)와 동일하며 '술 마시고 떠들어 대는 환락의 소리'를 말한다. 암 6:7에서 단 한 번 등장한다.

'**마르제아흐**'는 어떤 사회적 · 종교적 제도나 결사체의 이름이기도 하고 그 모임의 회원들을 지칭하기도 하며 그들이 모이는 집회소라고도 한다. 가장 상류층의 '마르제아흐'는 왕실을 중심으로 형성되었을 것이라고 한다. 이 결사체의 성격은 사회 엘리트들의 결속이다. 사회 지도자들은 이곳에서 즐기며 함께 울고 웃으며 서로간의 연대를 강화해 나간 것으로 보인다. (김태훈, '마르제아흐'에 대한 아모스의 비난, 아모스 어떻게 설교할 것인가, 두란노아카데미, 87-100) 보다 자세한 내용은 이 책을 직접 참고해 보기로 하자.

1) 하나님은 이스라엘 백성에게 역사 초기에 선물로서 그 땅을 주시겠다고 하셨다. 그러나 지금은 그 땅에서 포로로 추방을 당하는 신세가 되었다. 이 땅을 주시겠다고 거듭 되풀이하신 약속은 이제 선지자들을 통해서 그 땅에서 쫓아내시겠다고 거듭 되풀이하신다. 처음 약속과 날카롭게 대조되고 있다. 하나님의 언약을 어기고 범죄했기 때문이다. 왕하 17:11-12을 보라. 이들은 지금 처음 가나안 땅에 들어왔을 때, 여호와께서 이스라엘을 위해 쫓아내신 가나안 사람들의 운명과 명백히 유사하다.

2) 켄(כֵן)이라는 말은 '그와 같이, 따라서, 그러므로'라는 의미이다. לָכֵן(라켄)이라는 말은 이보다 더 강한 힘이 있다. 형벌을 결코 피할 수 없다는 개념이 포함되어 있다. 그 필연성을 강조하고 있다.

나는 야곱의 교만을 미워한다

1. 아모스 당시의 지도층 인사들의 부패는 극에 달했다. 이제 하나님은 이들에게 매우 강경한 어조로 심판을 선포하신다

6:8 "만군의 하나님 여호와의 말씀이니라(가라사대)
주 여호와가(אֲדֹנָי יְהוִה) 맹세하셨노라(נִשְׁבַּע) - 샤바(שָׁבַע), 니팔(일반 수동)
/당신을 두고"(자기를 가리켜, בְּנַפְשׁוֹ)[1)]

(1) '(내가) 맹세하셨노라'(נִשְׁבַּע - 니팔, 완료 3인칭 단수)는 말에는 주어가 이미 포함되어 있다. '샤바' 동사는 니팔형(일반 수동형)으로 많이 쓰였는데, 그 의미가 본 어간의 특징인 재귀적 강조용법을 반영하고 있다. 즉 '맹세로 자신을 묶다'라는 의미가 된다(예, 창 26:3). 그런데 "주 여호와(아도나이 야웨)가 맹세하셨다"고 함으로써 그 심판의 확실성을 강조하고 있다. 이 멸망의 선포는 이제 다시는 돌이킬 수 없는 기정 사실임을 보여 주고 있다.

"내가(אָנֹכִי) **싫어하며**[2)]
/야곱(북이스라엘)의 영광(가온, גְּאוֹן)을
그 궁궐들[3)]을 **미워하므로**
원수에게 **넘기리라** 하셨느니라
/이 성읍과 거기에 가득한 것을"

(2) 여기에 '가온'(גְּאוֹן, 높임, 위엄, 교만)은 부정적인 의미로 사용되었는데, 이런 경우에는 겸손의 반대어로 인간의 오만 불손한 태도인 '교만'을 나타낸다. 그런 교만을 '내가(아노키) 싫어하신다'고 강조하고 있다. '싫어하다'(타아브, 몹시 싫어하다)라는 말이 피엘(강조)형 분사로 쓰였다. 싫어하되 아주 소름 끼칠 정도로 싫어하다라는 의미이다.

(3) 또한 궁궐들을 미워하신다고 했다. '미워하다'(샤네, שָׂנֵא)라는 말은 '싫어하다, 증오하다'라는 의미로 사랑의 반대말이다. 따라서 사마리아 성과 그 안에 가득한 것들이 모두 원수에게 넘어가게 될 것이다. '원수에게'라는 말은 원문에는 없다.

권력이 부패하면 백성들의 삶이 고달퍼진다. 다른 사람의 가난을 이용해서

1) 전치사 + 네페쉬(영혼, 존재) 명사 여성 단수 / by himself(=by his soul) / 비슷한 말로 ① '나를 가리켜'(창 22:16; 렘 22:5). ② 자기의 거룩함을 가리켜(시 89:35). ③ '나의 큰 이름으로'(렘 44:26) / 그러므로 '나(여호와)의 혼'이라는 표현은 여호와께서 혼이 있으시다는 말이 아니라 여호와 자신을 말한다.

2) 타아브(תָּאַב)의 피엘(강조 능동형) 분사로 '혐오하다, 도덕적으로 몹시 싫어하다'라는 의미가 있다.

3) NIV는 요새들(fortresses)이라고 번역했다.

부를 획득하는 일은 궁궐(아르몬, אַרְמוֹן, 성채, 요새, 궁전)에서부터 시작되었다. 그래서 그 궁궐들을 미워한다고 하셨다. 훗날 에스겔은 왕조가 행했던 학대 이야기를 다음과 같이 요약 설명하고 있다(겔 22:24이하를 읽어보자).

- "…25 그 가운데에서 **선지자들**의 반역함이 우는 사자가 음식물을 움킴 같았도다 그들이 사람의 영혼을 삼켰으며 재산과 보물을 탈취하며 과부를 그 가운데에 많게 하였으며 26 그 **제사장들**은 내 율법을 범하였으며 나의 성물을 더럽혔으며 거룩함과 속된 것을 구별하지 아니하였으며…"

(4) 보통 사람들은 어떠했을까? 정치 지도급들이 부패했는데, 그들의 잔임함을 배우지 아니하였겠는가?

- "…27 그 가운데에 그 **고관들**은 음식물을 삼키는 이리 같아서 불의한 이익을 얻으려고 피를 흘려 영혼을 멸하거늘… 29 이 땅 백성은 포악하고 강탈을 일삼고 가난하고 궁핍한 자를 압제하고 나그네를 부당하게 학대하였으므로… 31 내가 내 분노를 그들 위에 쏟으며 내 진노의 불로 멸하여 그들 행위대로 그들 머리에 보응하였느니라 주 여호와의 말씀이니라."

(5) 여기서 하나님이 미워하시는 이유는 순전히 물질적인 빈곤 자체가 아니라 지도자들의 불의와 압제 때문이었다. 즉 가난한 자들에게 무관심하고 또 그들을 착취했다는 것이다. 가난한 자들을 착취하여 자신들의 부를 쌓았다는 것이다. 이들 상류층 지도자들은 굶주리고 집 없는 가난한 자들의 모든 문제들을 해결할 수 있는 길도 있었고 그런 권력도 가지고 있었다.

물론 성경은 누구도 동등한 분배를 이상으로 내세우지 않는다. 부자와 가난한 자들은 언제나 있어왔기 때문이다. 또 부(富) 자체도 하나님의 좋은 선물 가운데 하나이다(잠 22:4). 그러나 당시 지도층의 인사들의 불의와 부패 때문에 고아와 과부와 같은 가난한 자들은 늘 착취의 희생자들이 되곤 했는데 선지자들은 이런 일에 분노하고 있는 것이다. 풍족한 생활을 누리고 있는 사람들과(암 6:4-6) 그 희생자들이 겪는 곤경이 대비되고 있음을 본다.

(6) 이사야 선지자는 이런 부한 자들의 불의한 모습을 다음과 같이 묘사하고 있다(사 5:8).

- 사 5:8 "가옥에 가옥을 이으며 전토에 전토를 더하여 빈 틈이 없도록 하고 이 땅 가운데에서 홀로 거주하려 하는 자들은 화 있을진저" / "오호라, 다른 사람들의 집과 밭을 차지할 수 없도록 집에 집을 더하고…"(쉬운성경)

(6) 미가 선지자는 무자비한 부자들을 다음과 같이 소름끼치는 모습으로 그리고 있다(미 3:1-3).

• 3:1 "내가 또 이르노니 **야곱의 우두머리들**과 **이스라엘 족속의 통치자들아** 들으라 정의를 아는 것이 너희의 본분이 아니냐

• 2 너희가 선을 미워하고
악을 기뻐하여
내 백성의 가죽을 벗기고
그 뼈에서 살을 뜯어

• 3 그들의 살을 먹으며
그 가죽을 벗기며
그 뼈를 꺾어 다지기를
냄비와 솥 가운데에 담을 고기처럼 하는도다"

물론 야곱의 우두머리들과 이스라엘 족속의 통치자들도 여호와께 기도할 것이나 하나님은 이렇게 대답하신다.

"그 때에 **그들이 여호와께 부르짖을지라도 응답하지 아니하시고** 그들의 행위가 악했던 만큼 **그들 앞에 얼굴을 가리시리라.**"(미 3:4)

2. 이와 같은 자들에게 멸망이 곧 닥칠 것이다. 그렇다면 그 파멸의 철저함이 어느 정도가 될까?

6:9 "(And it will be, וְהָיָה) - 이 단어의 번역이 빠져 있다.
만약(if, אִם) 한 집에 열 사람이 남는다 하여도 다 죽을 것이라"

(1) 한글성경은 '하야' 동사가 빠져 있다. NASB는 'And it will be'(그리고 이런 일이 있으리라)라고 번역했다. 즉 다음에 오는 심판 선언에 주의를 환기시키고 있다. 만약(if, אִם) 한 집에 사람들이 죽고 열 사람만 남아 있다고 가정해도 그 사람마저도 다 죽을 것이라는 말이다. 한 집에 열 사람이 남아 있다면 큰 가정을 말하는 것인데, 그렇다 해도 다 죽는다면 이는 곧 한 국가의 멸망을 의미하는 말이다.

6:10 "죽은 사람의 친척 곧 그 시체를 '불사를'[1] 자가
(=죽은 사람을 장사지낼 친척이 와서) - 작은 글씨는 <쉬운성경, 아가페>
그 뼈를 집 밖으로 가져갈 때에(=화장하기 위해 시체들을 집 밖으로 내가며)

1) 피엘(강조형) 분사형 - "크게 불사를 자가" 여기서는 "그 시체에 분향할 자"란 의미인 것 같다.

그 집 깊숙한 곳에 있는 자에게(=남아 있는 사람에게) 묻기를
아직 더 있느냐 하면(="아직 시체가 더 있소?")
대답하기를 없다 하리니(="없소")
그가 또 말하기를(=그러면 그 친척이)
잠잠하라(="조용히 하시오")
우리가 여호와의 이름을 부르지 못할 것이라 하리라"
(="여호와의 이름을 속삭이지도 마시오. 그가 들을까 두렵소"라고 말할 것이다.)

(2) 이스라엘이 적국의 침략으로 완전히 분해될 때 얼마나 많은 사람들이 죽을 것인가를 실감있게 보여주고 있다. 너무 많은 사람이 한꺼번에 죽기 때문에 장사지낼 경황이 없을 것이다.

6:11 "보라(For, behold, כִּי־הִנֵּה)
여호와께서 '명령하시므로'(차와, צִוָּה)[1] 타격을 받아
큰 집은 갈라지고 작은 집은 터지리라"

1) 하나님은 중대한 사건을 명하심으로써 역사를 이끌어가신다.

(3) 하나님이 선포하신 심판은 대대적인 죽음과 파멸을 가져올 것이다. 큰 집도, 작은 집도 다 터질 것이다(허물어질 것이다). 왕궁이 무너져내린다면 백성들도 멸망 받을 수밖에 없다. 여호와께서 명령하시므로 일어난 일지만 이 일의 수종자는 외국군대가 될 것이다.

3. 하나님께서 명하여 일으킨 군대(멸하는 자)의 공격이 얼마나 강력할 것인가? 아모스는 다음과 같은 비유를 들어 묘사하고 있다.

6:12 "말들이 **어찌** 바위(셀라, סֶלַע) 위에서 **달리겠으며**
소가 **어찌** 거기서[2] **밭 갈겠느냐**[3]
그런데(כִּי)
너희는 정의(미쉬파트)를 쓸개로 **바꾸며**
공의(체다카)의 열매를 쓴 쑥(라아나, wormwood)으로 (**바꾸며**)"

(1) 말들이 바위 위에서 달린다는 것은 가능은 하겠지만 얼마나 힘들고 무모한 일이겠는가? 여기 '바위'(셀라)는 근본적으로 바위의 갈라진 틈이나 절벽을 가리킨다. 때대로 거대한 바위를 가리키는 추르(צוּר)라는 말과 상호교환적으로 사용되었다. 또한 소가 그런 곳에서 쟁기질 할 수 있겠는가? 이는 불가능한 일이다.

2) '거기서'라는 말은 원문에 없다. 바로 앞에서 말한 '바위 위에서'라는 말이 생략된 것으로 보아 이렇게 번역한 것 같다.

그러나 어떤 학자들은 여기 '소들'(בַּבְּקָרִים - 전치사+관사 + 일반 명사, 남성, 복수)이란 말을 두 단어로 나누어서 בַּבָּקָר יָם('소로 바다를')으로 보기도 한다. 그렇다면 소가 어찌 바다를 갈 수 있겠느냐라는 뜻이 된다.

3) 갈다, 경작하다 - 호세아 10:13에서는 악을 밭 갈았다고 표현하고 있다.

1) 앞에서 각주의 설명대로 '바다'로 번역한 성경도 있다(RSV, JB, NEB). "소들이 어찌 바다를 밭 갈겠느냐?"

(2) '그런데도'(Yet, כִּי) - 앞에 예를 든 것 같이 불합리한 일과 이스라엘이 범한 악한 일을 연결시킨다. 정의를 쓸개(독약)로 공의(의로움, 의로운 행위)를 쓴 쑥(인진, 독초)으로 바꾸었다는 것이다. 그러나 말들이 바위 위를 달리는 일이, 소를 몰아 바위[1]를 갈게 하는 일과 같은 기상천외한 일이 현 사회에서 벌어지고 있다는 것이다. 그런데 어찌 하나님의 진노가 임하지 않겠는가?

6:13 "허무한 것(Lo-debar, לְלֹא דָבָר)을 **기뻐하며 이르기를**
/우리는 우리의 힘으로
뿔들(Karnaim)을 취하지 아니하였느냐 하는도다"

(3) 영어 성경은 히브리 발음 그대로 Lo-debar와 Karnaim으로 번역했다.

2) '아무것도 아니다, 허무하다'라는 뜻을 가진 지명이다. '로드발' - 삼하 9:4, 17:24 참조).

3) '케렌'은 '뿔, 광채, 광선, 언덕' 등의 뜻이다. '카르나임" 창 14:5.

- You who rejoice in Lo-debar[2], And say, "Have we not by our own strength taken Karnaim('뿔들')[3] for ourselves?" - NASB

- Ye which rejoice in **a thing of nought**, which say, Have we not taken to us **horns** by our own strength? - NIV

(4) 표준새번역도 13절을 다음과 같이 번역했다.

- "너희는 '로드발'을 점령하였다고 기뻐하며, '가르나임'을 우리 힘만으로 정복하지 않았느냐라고 말하지만"

- לֹא דָבָר - 다바르(דָּבָר)는 '말, 말하는 것, 언어, 일, 행동, 사건, 원인' 등의 의미로 사용되었다. 또한 로(לֹא)는 강한 부정적인 표현이다. 그래서 '허무한 것'(no-thing, a thing of nought)이란 실재로 존재하지 않는 것, 또는 시간과 함께 없어지는 것을 말한다. 본문에서는 물질적인 부유와 권세를 비유한다.

- קַרְנַיִם - '카르나임'은 케렌(קֶרֶן)의 여성 쌍수로 (제단의) '뿔'을 가리킨다. 상징적으로는 힘과 능력(strength)을 나타낸다.

(5) 로드발(삼하 9:4 참조)과 가르나임(창 14:5)은 요단 동편에 있는 곳으로 여로보암 2세가 이곳을 점령하고 매우 기뻐했던 것 같다. 그런데 자신들의 힘으로 이곳을 점령했다고 생각했다는 것이다. 물론 교만의 극치였다. 그 권세와 교만을 '허무한 것'(로드발)으로 표현하고 있다.

(6) 비정상적인 사회에서는 악하고 비겁하게 사는 것이 정상적으로 보이기 때문에 심판의 경고는 공허한 메아리에 지나지 않는다. 이들은 허무한 것, 부와 명예와 권세를 최고의 기쁨으로 삼고 있다. 올바르게 행하는 것이 오히려 비정상적으로 보이며, 악하게 행동하는 것이 오히려 정상적으로 보이는 전도(顚倒)된 사회에서 나타나는 현상이다. 정의롭게 살려고 애쓰는 자는 생존이 어렵게 되었고, 또한 이러한 사람들은 바보로 취급받았다.

4. 결국 하나님은 극단적인 선언을 하신다. 나라가 망하리라는 것이다.

6:14 "(But, behold, כִּי הִנְנִי) - 한글성경에서는 생략되어 있다. For로도 번역되었다.
만군의 하나님 여호와의 말씀이니라
이스라엘 족속아
내가 한 나라를 일으켜 '너희를 치리니'(עֲלֵיכֶם)[1)]
/그들이 하맛 어귀에서부터 아라바 시내까지
너희를 학대하리라 하셨느니라"

(1) 보라(הִנְנִי) - 주의를 환기시키는 말이다. 즉 이스라엘에 내리려는 징벌은 피할 수 없다는 말이다. "만군의 하나님 여호와의 말씀이니라." '만군의 하나님'(야웨 쯔바오트, אֱלֹהֵי הַצְּבָאוֹת)이라는 성호(聖號)는 '전쟁에 능하신 하나님, 하늘과 땅의 모든 권세를 동원하여 그의 백성을 지키신다'는 뜻을 가진 성호이다. 그러나 여기서는 그 하나님께서 이스라엘을 지키시는 것이 아니라 오히려 대적하시는 하나님으로 등장하신다. 이스라엘이 언약을 어기고 계속 범죄했기 때문이다.

(2) 이스라엘을 직접 공격하는 일은 하나님이 한 나라를 일으킴으로써 수행하신다. 이스라엘을 징계하시기 위해 한 나라를 몽둥이로 사용하시는 것이다. '일으켜'(מֵקִים)라는 말은 히필(사역 능동)형 분사로 그 일이 현재 진행되고 있음을 암시한다. '너희를 치리니'(עֲלֵיכֶם)는 '너희를 대항하여'라는 의미이다. 이스라엘을 치는 일이 국지적인 것이 아니라 "하맛 어귀에서부터 '아라바'[2)] 시내까지"(왕하 14:25 참조)라고 했다. 이 말은 이스라엘에게 약속된 전 지역을 말한다(민 34:8). 하맛은 다메섹 북쪽에 위치해 있다.

(3) 태평성대를 구가하고 있던 이스라엘에게 달갑지 않은 선지자 아모스, 그는 지금 교만과 부패로 얼룩진 한 나라가 한 외국 군대에 의해 멸망하리라는 메시지를 강력하게 증언하고 있다. 물론 아무도 귀를 기울이지 않았다.

1) 알(עַל) - '~위에, ~에 대해, ~에 관하여, ~을 넘어서, 위쪽의' / 전치사 대명사어미 2인칭 남성 복수 / "너희를 대항하여"라는 뜻이다. 한글성경은 "너희를 치리니"라고 번역했다.

2) 아라바는 사해부터 홍해에 이르기까지의 광야를 의미한다. 그러나 '아라바 바다'라고 할 때 때로는 사해를 가리키기도 하고(신 43:17, 4:49, 수3:16, 12:3), 홍해를 가리키기도 한다(민 34:5). 오늘 본문에서는 이스라엘의 남방 경계는 홍해 바다를 가리킨다.

아모스 6장 요약 정리

나는 야곱의 영광(교만)을 싫어한다

- 6장은 제3설교(5:1-6:14)의 계속이다. '화 있을진저'라고 시작하는데, 이 저주의 대상은 누구인가? (6:1)
- 왜 선지자는 시온과 사마리아에게 동시에 저주("화 있을진저")를 선포하는가? (1절)
- '교만한 자'와 '마음이 든든한 자'는 어떤 부류들을 지칭하는가? 이들이 위치하고 있는 자리가 왜 중요한가?
- 이들 상류층 지도급 인사들은 왜 안일함에 빠져 있었는가?
- 아모스는 이스라엘의 교만과 자만이 극에 달했음을 보고 어떤 비유(비야냥거림)를 들고 있는가? (2절) 그 뜻을 설명해 보라.
- '갈레'와 '하맛'과 '가드'는 어디쯤 위치하고 있으며, 왜 이들과 지금의 이스라엘을 비교하고 있는가?
- 왜 이스라엘에게 '여호와의 날'을 '흉한 날'이라고 말하고 있는가? (3절)
- 지도급 인사들의 부패와 극도로 사치한 생활을 어떻게 묘사하고 있는가? (4-6절)
- '요셉의 환난'(6절)이란 무엇을 가리키며, 왜 그렇게 표현하고 있는가?
- 상류층 최고의 지도자들이 사로잡혀 가는 중에 제일 선두에 서게 될 것이라고 했다. 하나님의 심판은 어디서부터 시작되는가?
- 하나님은 '야곱의 영광'을 싫어하신다고 하셨다. '영광'(가온)이란 무슨 뜻인가? (8절)
- 왜 궁궐들을 미워하시는가?
- 이스라엘은 곧 파멸에 이를 것이다. 그 파멸의 철저함을 어떻게 표현하고 있는가? (9절)
- 적국의 군대의 공격이 얼마나 철저한 것인가를 무엇에 비유하고 있는가? (12절)
- '로드발'(허무한 것)을 기뻐한다는 의미가 무엇인가? (13절)
- 하나님은 이스라엘의 최후를 말씀하신다. 한 나라를 일으켜 이스라엘을 점령케 하실 것이다. 그 나라는 어느 나라인가? 전 국토의 파괴를 어떤 말로 표현하고 있는가? (14절)

- 교회가 외적인 부흥만을 강조하다보면 열매가 없는 교인만을 길러낼 수 있다. 물론 전도는 필수적인 사명이다. 그러나 양육이 뒷받침 되지 않는다면 노력한 것 만큼 큰 효과를 가져오지 못한다.

- 아모스는 왜 지도층의 인사들을 주목하고 있는가? 그들이 사회에 끼치는 영향력 때문일 것이다. 이들의 부패(?) 정도에 따라 사회 건강은 부침(浮沈)을 계속할 것이다.

Amos 제7장

아모스의 환상

6장에서 아모스의 설교는 끝이 난다. 7장부터는 아모스가 본 환상이 소개된다. 심판의 확실성을 보여주기 위해서이다. 아모스가 본 환상이 정확하게 언제 이루어진 것인지는 확실치 않다. 어떤 단서도 제공하지 않기 때문이다. 어쨌든 이 모든 환상들은 북이스라엘의 멸망을 앞에 두고 일어난 일이다. 북이스라엘의 부패는 더 이상 멸망을 지연시키기 힘든 상황까지 왔다. 앗수르는 세 번에 걸쳐 이스라엘을 공격했는데, 첫 번째 보여준 환상은(7:1-3) 메뚜기 떼 환상으로 아마도 앗수르의 첫 번째 이스라엘 공격을 예고한 환상일 것이다. 첫 번째 침공은 므나헴 왕 때 일어났다. 앗수르 왕 디글랏 빌레셀 3세가 이스라엘을 공격했다. 따라서 므나헴은 은(銀) 일천 달란트를 조공으로 바쳤다. 그러나 므나헴은 앗수르의 하수인 역할을 해야 했다.

첫 번째 환상의 비참함을 보고 아모스는 용서해달라고 하나님께 간구한다. 하나님은 이 기도를 들으시고 용서를 하신다. 아직은 이스라엘이 멸망하지는 않았으나 앗수르 침공의 후유증은 엄청난 것이었다. 두 번째 환상은 불 환상이었다. 이 때에도 아모스는 같은 용서의 기도를 했고 하나님은 응답하셨다. 앗수르가 두 번째 이스라엘을 침공했는데, 이때에도 이스라엘은 최후를 맞이하지는 않았다. 그리고 세 번째 환상은 다림줄 환상이었다. 그러나 이번에는 아모스의 중보의 기도도 없었다. 이제는 이스라엘에게 최종적인 심판이 확정되었다. "이제 다시는 용서하지 아니할 것이다."

Outline 7

제7장 하나님의 심판과 아모스의 환상
- **1. 아모스의 제 1환상(1-3절)**
- **2. 아모스의 제 2환상(4-6절)**
- **3. 아모스의 제 3환상(7-9절)**
- **▶ 아모스와 아마샤의 대결(10-17절)**

제8장 아모스의 환상과 최후 설교
- 4. 아모스의 제4환상 (8:1-3)
- 5. 아모스의 최후 설교(8:4-14)

제3부 아모스서의 결론

제9장 멸망의 최후 환상과 이스라엘의 회복

1. 아모스의 최후 환상(9:1-6)
2. 의인은 망하나 남은 자는 믿음으로 살리라 (9:7-10)
3. 메시아의 날과 다윗의 무너진 장막 회복(9:11-15)

by 김희보, 소선지서주해(아모스)

◀ 7장부터는 아모스의 환상이 소개된다.

첫 번째 환상 - 메뚜기 떼 환상(1-3절)

- 왕의 추수가 끝나고 새로운 작물이 자라기 시작할 때에 주께서 메뚜기 떼를 보낼 준비를 하신다.
- 그 메뚜기 떼가 땅위의 모든 작물을 먹어치움
- 아모스가 용서해 달라는 기도를 드림.
- 용서를 허락하심(뜻을 돌이키심).
- [성취] 앗수르의 1차 침공이 있었으나(므나헴 때) - 막대한 조공을 받고 물러감.

두 번째 환상 - 불 환상(4-6절)

- 불로 징벌하게 하심.
- 불이 큰 바다를 삼키고, 육지까지 먹으려함.
- 이스라엘의 멸망을 예고하는 것이다. 이스라엘의 땅과 그 안에 살고 있는 백성까지 멸망할 것이라는 예언이다.
- 아모스가 용서해 달라는 기도를 드림 / 기도의 응답을 받음.
- [성취] 베가 왕은 반앗수르 정책을 폈는데, 이에 앗수르에게 2차 침공을 당한다. 앗수르는 베가를 죽이고 호세아 왕을 세운다.

세 번째 환상 - 다림줄 환상(7-9절)

- 주께서 다림줄을 갖고 담 곁에 서 계심.
- 다림줄로 건축물의 기울기를 재는 것처럼 하나님은 이스라엘의 행위를 달아보심.
- 이번에는 주께서 "다시는 용서하지 않으실 것"이라고 선언하심.
- 이스라엘의 산당이 황폐되고, 이스라엘의 성소들이 파괴될 것임(9절).
- 칼로 여로보암의 집을 치리라.

아모스와 제사장 아마샤의 대결(7:10-17)

- 벧엘의 제사장 아마샤가 여로보암 2세 왕에게 아모스를 고발함.
- 아모스가 왕을 모반한다는 내용이다. (여로보암은 칼에 죽겠고, 이스라엘은 반드시 잡혀간다는 내용 - 그러나 아모스는 왕이 칼에 죽을 것이라는 예언을 한 적이 없다. - 거짓 보고)
- 아마샤는 아모스에게 다시는 벧엘에서 예언하지 말고 고향에 가서 활동하라고 함.
- 아모스가 아마샤에 대한 하나님의 심판을 선언함.

아모스의 환상

앞장에서 우리는 부유한 지도층 인사들의 부의 축적 과정이 옳지 못했음을 보았다. 부정한 방법으로 또 가난하고 힘 없는 자들을 직간접으로 착취하면서 모은 재물이기에 하나님의 철저한 심판 선고를 듣는다. 이들은 물질적 풍요 때문에 하나님의 원하시는 뜻을 왜곡하고, 실질적으로는 하나님 없는 삶을 살고 있다. 도저히 돌이킬 수 없는 이스라엘의 패역함을 보시고, 이제는 아모스의 환상을 통해 심판의 타당성과 그 심판의 때가 임박했음을 보여주고 있다. 다섯 가지의 환상 중 7장에서 3개가 소개되고 있다. 우선, 환상의 전체 구조를 살펴보고 시작하자.

심판의 확실성을 보여주는 다섯 가지 환상

환상	내용	선지자	앗수르	의미
제1환상(7:1-3) 메뚜기 재난 환상	• 메뚜기 재난에 대한 환상 • 왕궁이 먹어야 할 추수가 끝나고 다시 싹이 움돋기 시작할 때에 메뚜기를 모으심.	• 선지자의 간곡한 중보기도로 재난이 물러감(7:1a, 7:4a)	• 앗수르의 공격을 예고한 환상이다. ▶ 앗수르는 이스라엘을 3차에 걸쳐 공격했다. • 1차 - 디글랏 빌레셀 3세의 침공(745-727) - 므나헴이 많은 조공물을 바침으로 물러감(왕하 15:19)	• 이스라엘을 멸망시키는 것이 근본 목적이 아니다. 하나님은 선지자의 간구에 용서를 베푸시는 자비의 하나님이시다.
제2환상(7:4-6) 불의 환상	• 불로 징벌하심 • 불이 큰 바다를 삼키고 육지까지 먹으려고 함 • 그쳐달라고 간구			
제3환상(7:7-9) 다림줄 환상	• 심판의 필연성을 다림줄 환상으로 보여줌. 잘못된 건축물은 허물어야 한다. • 더 이상 심판을 유예할 수 없음을 분명히 말씀하심	• 선지자의 기도가 없었다. 그대로 이루어짐	• 2차 - 반앗수르 정책을 폈던 베가를 공격 / 베가가 죽은 후 이스라엘의 마지막 왕인 호세아를 세웠다(왕하 15:29)	▶ **심판의 확실성** • 그렇다고 언제까지나 죄악에서 회개하지 않는 백성을 용서할 수는 없으시다. 죄를 용납하실 수 없는 하나님의 거룩함 때문이다.
제4환상(8:1-3) 과일 광주리 환상	• 심판이 임박했다는 것을 한해의 마지막 수확을 의미하는 여름 과일의 환상으로 보여줌 • 여름과일과 끝이라는 단어가 거의 유사함(언어유희)		• 3차 - 호세아는 앗수르에 의해 세워진 왕이지만 디글랏 빌레셀 3세가 죽자 앗수르를 배반하고 애굽을 의지한다. 따라서 그의 아들 살만에셀이 이스라엘을 공격했다. - 이스라엘의 최후(왕하 15:29, 17:3-5)	▶ 결국 북이스라엘은 주전 722년 앗수르라는 하나님의 도구에 의하여 멸망 당한다.
제5환상(9:1-4) 성소붕괴-최후 환상	• 제단이 무너지는 환상 • 죄많은 이스라엘을 여호와가 지켜보신다. 이스라엘을 땅에서 없애버리겠다. • 심판 중에도 남은 자가 있을 것이다.			

제1환상 : 메뚜기(7:1-3)

메뚜기 재앙에 대해서는 요엘서에서 이미 자세히 살펴본 바 있다. 이 재앙이 실제로 일어난 사건인가 아닌가에 논쟁이 있지만, 아모스가 본 환상이라고 보는 것이 더 자연스러운 것 같다. 앗수르의 공격을 앞두고 아모스를 통해 예고한 환상이라는 말이다. "주 여호와께서 내게 보이신 것이 이러하니라"고 했다.

1. 이 환상은 "주 여호와께서 내게(아모스에게) 보이신 것"이라고 했다. 다른 선지자들도 환상을 경험하기도 했다.

(1) 미가야의 경우

- 왕상 22:19 "미가야가 이르되 그런즉 왕은 여호와의 말씀을 들으소서 **내가 보니 여호와께서 그의 보좌에 앉으셨고 하늘의 만군이 그의 좌우편에 모시고 서 있는데**"

(2) 이사야(사 6장) / 예레미야(렘 1장) / 에스겔(겔 1-3장) 참조

7:1 "주 여호와께서(아도나이 야웨, אֲדֹנָי יְהוִה)
내게 **보이신 것이** 이러하니라(כֹּה הִרְאַנִי)[1)]
(behold, 보라, הִנֵּה) - 한글성경에서는 생략되었다. 주의를 환기시킨다
풀이 다시 움돋기 시작할 때에
(보라, הִנֵּה) 주께서 메뚜기(고브, גּוֹב)를 **지으시매**[2)]
왕이 풀을 벤 후 (돋은 풀이라)"
הַמֶּלֶךְ 그 왕이 גִּזֵּי 베다 אַחַר 후에 לֶקֶשׁ 늦은 두 번째 베는 풀 וְהִנֵּה־ 그리고 보라

(3) 내용이 조금 복잡한 것 같다. "풀이 다시 움돋기 시작할 때에"라는 말처럼 이미 앞서 추수를 했다는 말이다. 그러니까 "왕이 풀을 벤 후"에 다시 움돋기 시작할 때 "주께서 메뚜기를 지으셨다(메뚜기 떼를 보낼 준비를 하셨다)"는 것이다.

(4) 레케쉬(לֶקֶשׁ)라는 단어는 '늦은 두 번째 나는 풀, 수확'을 가리킨다. 왕궁에서 사용할 식량과 목초를 베어 바친 후에(왕상 18:5 참조) 주께서(누군가가?) 엄청난 메뚜기 떼를 모으고 있었다는 말이다. 이제 (두 번째 작물이) 다시 움돋기 시작할 때 메뚜기 떼가 나타나서 땅의 풀을 다 먹었다는 것이다. 그

1) 라아(רָאָה) 동사의 히필형(사역 능동) - 원문에서는 이 구절이 맨 앞에 나와 있다.

2) 원문의 직역은 다음과 같다. "보라! 메뚜기 떼를 불러모으고 있는 자가 있도다." (וְהִנֵּה יוֹצֵר גֹּבַי) 즉 누군가가 엄청난 메뚜기를 불러모으고 있음을 보게 되었다는 말이다. - 류호준, 아모스, 크리스챤다이제스트, 348면.

렇다면 왕궁 사람들은 이런 재난에서 예외가 된다는 말인가? 왕궁 사람들만 배부르고, 일반 백성들은 배고픔 속에서 지내게 될 것이라는 내용일까? 물론 이 내용은 아모스에게 보여준 환상이다. 따라서 비유적이요 상징적이다. 앗수르의 공격을 앞두고 보여준 예고적인 환상이다.

2. 이 환상이 보여주는 메시지의 뜻은 무엇일까?[1)]

1) 김희보, 소선지서 주해, 아모스, 총신대학교출판부

(1) 우선, 지금 이스라엘은 그 마지막 종말을 향하여 낭떠러지로 돌진하고 있는 형국이다. 아모스의 메시지가 선포된 후 30여 년이 지나 이스라엘은 앗수르에게 최후를 맞는다(주전 722년). 하나님은 아모스 선지자를 통해 최후의 메시지를 백성에게 선포하시려는 것이다.

(2) 오랫동안(예후 왕가 통치 하에 이스라엘) 북방 아람 세력(아람 왕 하사엘)에 짓눌려 기를 펴지 못하고 숨죽여 살던 북이스라엘은 여로보암 2세의 등장으로 다시 활력을 되찾는다(물론 여호와의 도우심 때문이었다). 아람의 하사엘이 계속 이스라엘의 목줄을 죄고 있어 백성은 많은 고통 속에 있었다. 그러므로 여호와께서 이스라엘을 긍휼히 여겨 구원키로 작정하시고, 앗수르를 일으켜 아람을 공격케 하셨다. 따라서 이스라엘은 회생할 수 있었다. 그리고 이스라엘에게는 또 호재(好材)가 있었다. 아람 세력을 꺾었던 앗수르는 국내의 복잡한 문제로(북방 아라랏의 공격으로 그 방어에 여념이 없었다) 서쪽 지역에서 철수하게 된다. 이를 기회로 여로보암 2세는 숙적이었던 아람을 이스라엘의 통치 하에 둘 수 있었다. 따라서 북이스라엘은 강국으로 회복할 수 있었다. 그때의 이스라엘의 통치 영역이 '하맛어귀부터 아라바 시내까지'라고 했다.

(3) 이런 역사적 정황으로 보면, 왕궁을 위한 초장의 풀을 베어들였고, 그후 계속해서 푸르게 움돋기 시작하는 때였다. 이 때 메뚜기 떼가 등장하여 1년 농사의 열매(그 땅의 풀)를 송두리째 먹어치웠다는 것이다. 우리는 이미 요엘서(1-2장)에서 메뚜기 떼의 가공할 만한 파괴력을 살펴보았다. 이 환상의 의미는 분명하다. 메뚜기 떼가 농작물을 파괴한 것처럼 여호와께서 이스라엘을 파괴하실 것이라는 의미이다.

여로보암 2세 통치 이후 이스라엘은 급속한 부패와 혼란으로 빠져들었다. 여로보암 2세의 통치가 끝난 후(주전 753년), 그의 아들 스가랴가 등장했으나 6개월만에 (평민이었던) 살룸에게 피살당했다. 이로써 예후 왕가는 89년간의 통치에 막을 내렸다. 그 후 살룸은 한 달만에 (스가랴의 군대장관이었던) 므나

헴에게 살해당한다. 그리고 계속 이어지는 쿠데타에 왕이 몇 번이나 살해 당하는 비참한 일이 벌어진다. 궁정의 사치는 말할 것도 없었고, 앗수르파와 애굽파가 권력의 시소게임으로 백성들이 어떻게 살아가느냐 하는 문제에는 관심도 없었다. 물론 방백들도 부패했고, 우상 숭배도 극에 달했다. 그런데 지금 아모스는 첫 번째 환상을 통해 주께서 엄청난 메뚜기 떼를 모으고 계심을 보고 있다. 이스라엘의 최후의 멸망을 예고하고 있다는 말이다.

3. 메뚜기떼의 파괴력은 엄청났다. "그 땅의 풀"을 다 먹어치웠기 때문이다.

7:2 "(And it came to pass - KJV, וְהָיָה)[1] - 이 말이 한글성경에서는 생략되어 있다.
메뚜기가 땅의 풀을 다 먹은지라
הָאָרֶץ땅의 אֶת־עֵשֶׂב풀을 לֶאֱכוֹל먹은지라 אִם־כִּלָּה다[2]

내가 이르되(וָאֹמַר) - אָמַר + וְthen이라고 번역하는 것이 좋을 것같다 - **then** I said
주 여호와여
청하건대 사하소서(סְלַח־נָא제발 용서하다, 여기서는 명령법이다)
(for, כִּי) 야곱이 미약하오니(카탄, קָטֹן)
어떻게(How can, by whom, מִי) 서리이까 하매"

(1) 'כִּלָּה'는 '카라'(כָּלָה - '완성하다, 소모하다, 끝내다, 마치다')의 피엘(강조 능동) 동사 완료형이다. 먹되 '완전히 먹어치웠다'는 강한 표현이다. 이제 이스라엘은 철저히 파멸을 당하게 될 것이라는 예고이다.

(2) 이제 이스라엘은 메뚜기 떼의 환상처럼 철저한 파멸을 당할 것이다. 이를 바라보는 아모스의 심정이 어떠했을까? 그것은 일어나서는 안되는 일이다. 결국 나라가 망한다는 이야기가 아닌가! 그는 중간에 여호와 하나님께 긴급 청원을 드린다. "제발 용서해 주세요"(סְלַח־נָא). 여기 '나'(נָא)는 '바라건대, 청컨대'라는 말이다. 그는 지금 여호와께 간청하고 있다(시 118:25 참조). 그 이유가 무엇인가? 야곱(이스라엘)이 너무 미약하기 때문이라는 것이다. 카탄(카탄, קָטֹן)이라는 말은 '작고, 중요치 않은, 무가치하다'라는 의미이다.

4. 아모스의 간청에 어떻게 응답하셨을까?

7:3 "여호와께서 이에 대하여 '뜻을 돌이키셨으므로'(나함, נָחַם)[3]
이것이 **이루어지지 아니하리라**

1) 하야(הָיָה) 동사의 완료형이다. 그러나 와우 계속법(waw consecutive)이기에 급박한 미래를 보여주는 말이다(and it will be come to pass). KJV는 과거형으로 번역했다. 70인경은 καὶ **ἔσται**로 번역했다. 이 단어를 번역하지 않은 역본도 많다.

2) אִם은 완료형과 같이 쓰일 때는 '지나간 때'(when)를 가리킨다. "… that **when** they had made an end of eating the grass of the land,…"

3) 나함 - 본래 의미는 '한숨쉬다, 강하게 '숨쉬다'이다. 함축적인 의미로 '뉘우치다, 후회하다'라는 뜻이 있다. '위로하다'라는 뜻도 있다. 구약성경에서 이 단어가 '후회하다'라는 의미로 약 40회, '위로하다'라는 의미로 약60회 이상 사용되었다.

여호와께서 **말씀하셨느니라**"

(1) '뜻을 돌이키셨으므로'(나함, נָחַם)라는 의미

'나함'이라는 단어는 인간의 후회나 회개를 나타내기 위해 자주 사용된다. 이 단어는 (죄로부터 하나님께로) '돌이키다(to turn)'를 뜻하는 슈브(שׁוּב)이다. 그러나 성경은 하나님께서 후회하신다는 것(창 6:6-7; 출 32:14; 삿 2:18; 삼상 15:11 등), 즉 그는 자신의 주권적 목적에 따라서 사람을 긍휼히 여기시거나 사람에 대한 태도를 변화시킨다는 것을 말해준다. 그러나 나함이 하나님께 사용될 때 그 표현은 신인동형론적인 것이며 궁극적 긴장은 없다. 단지 인간의 제한되고 세상적이고 유한한 관점에서 볼 때 하나님의 뜻이 변화한 것 같이 보일 뿐이다.

그리하여 구약성경은 하나님께서 행하기로 작정하셨던 심판이나 재앙을 내리시기를 '후회하셨다', 즉 '돌이키셨다'고 말한다(대상 21:15; 렘 18:8, 26:3, 19; 암 7:3, 6; 욘 3:10). 하나님의 선지자가 니느웨에 전한 말씀에서도 이 용례를 볼 수 있다. "그들이 행한 것 곧 그 악한 길에서 돌이켜(turned) 떠난 것을 보시고 하나님이 뜻을 돌이키사(repented of) 그들에게 내리리라고 말씀하신 재앙을 내리지 아니하시니라"(욘 3:10). 이러한 실례에서 하나님은 후회하시거나(repent) 그의 뜻을 돌이켜서(change his mind) 자신의 계획을 변경시키신다. 그러나 인간과의 관계에 있어서 하나님의 의는 신실하게 유지되는 것이다.[1] <바이블렉스>

(2) 아모스의 간절한 기도를 들으시고 하나님은 이들에게 내리시기로 예정하신 파멸을 철회키로 하신다. "이것이 이루어지지 아니하리라."

(3) 앗수르는 이스라엘을 세번에 걸쳐 공격했다. 그 첫 번째 공격이 **므나헴** 왕 때 디글랏 빌레셀 3세(성경에서는 '불')의 침공이었다(주전 745-727). 므나헴은 예후 왕가의 마지막 왕인 스가랴의 군대장관이었던 것같다. 므나헴은 혁명을 일으켜 예후 왕가를 몰락시켰다. 그의 혁명이 얼마나 잔인했는지 성문을 열어 환영하지 않은 딥사에 사는 많은 사람을 무자비하게 죽였고, 심지어는 아이 밴 여인까지도 배를 갈라 죽였다(왕하 15:16).[2]

므나헴은 10년간을 통치했는데, 그는 여로보암 2세 때에 가졌던 영토를 다시 회복하려 했으나, 잠깐(50여 년 간) 주춤했던 앗수르의 세력이 커지기 시작하면서

1) 하나님은 일반적으로 인간의 악한 행위에 대한 참회와 중재의 기도로 말미암아 자신의 마음을 바라고 자신의 행위를 '돌이키신다'. 모세는 이스라엘을 위한 중보자로서 하나님께 다음과 같이 간청하였다. "주의 맹렬한 노를 그치시고 뜻을 돌이키사(repent) 주의 백성에게 이 화를 내리지 마옵소서"(출 32:12). 이 기원의 응답은 "여호와께서 뜻을 돌이키사 말씀하신 화를 그 백성에게 내리지 아니하시니라"(출 32:14)는 말씀에서 나타난다.

3) 동교재, 열왕기하, 172면에서 설명을 가져옴.

수포로 돌아간다. 므나헴은 여호와 보시기에 악을 행하여 여로보암의 죄에서 평생 떠나지 아니했다고 했다. 나라는 이미 무정부 상태에 있었다. 따라서 앗수르 왕 불(פּוּל, 디글랏 빌레셀 3세, 745-727 B.C.)의 공격을 받는다(왕하 15:19).[1]

제2환상 : '불' (7:4–6)

1. 두 번째 환상은 '불'에 관한 환상이었다.

7:4 "주 여호와께서 **또**(Thus, כֹּה) 내게 **보이신 것이** 이러하니라
주 여호와께서 **명령하여** 불로(בָּאֵשׁ) '징벌하게 하시니'(לָרִב)
불이 큰 바다를 **삼키고** 육지까지 **먹으려 하는지라**"

(1) 두 번째 환상은 불로써 징벌하신다는 내용이다. 앞에서 살펴본 내용과 같이 국가적 징벌은 외국 군대의 침략으로 이루어질 것이다. 그렇다면, 이미 아람은 북이스라엘 통치 하에 들어왔기에 보다 강력한 북방 세력인 앗수르의 침략을 말하는 것이라고 본다.

(2) '징벌하게 하시니'(리브, לָרִב)라는 말은 '싸우다, 다투다, 논쟁하다'라는 의미이다. 그래서 KJ와 NASB는 '쟁론'의 의미로 번역했다(to contend / contend with them). 여기서 '불'(fire)은 무엇을 의미하는가? '불로 징벌하게 하신다'고 했다. 하나님께서 열국을 심판하실 때에 '불을 보내신다'라는 표현이 등장한다(암 1:3-4, 7, 10, 14, 2:2, 5 참조). 특별히 이스라엘의 징벌에는 이렇게 표현하고 있다. "너희는 여호와를 찾으라 그리하면 살리라 그렇지 않으면 그가 불 같이 요셉의 집에 임하여 멸하시리니 벧엘에서 그 불들을 끌 자가 없으리라"(암 5:6).

(3) "불이 큰 바다(테홈, תְּהוֹם)를 삼키고" - 여기서 '테홈'은 '깊은 물, 깊음, 심연'이라는 뜻이 있다.[2] 불이 '큰 바다'(great deep, תְּהוֹם רַבָּה)를 삼킨다는 것은 심판의 불의 세력이 얼마나 막강한가를 보여주는 표현이다. 그리고 불이 바다를 태우고 '육지'(farm land, 헬레크, חֵלֶק)까지 삼키려 한다는 것이다. '헬레크'는 '할당, 몫, 영역'이라는 뜻이다. 여기서는 이스라엘의 멸망을 예고하고 있는 것이므로 하나님의 백성이 살고 있는 이스라엘 땅과 그 땅에 살고 있는 모든 백성을 포함한 말일 것이다.

1) 급하게 된 므나헴은 은(銀) 일천 달란트를 조공으로 바침으로 불(Pul)을 물러가게 했다. 그는 계속하여 앗수르의 도움을 받아 왕권을 굳게 세우려 했으나(왕하 15:19) 결국은 앗수르의 하수인 역할을 해야 했다. 므나헴은 그 조공액을 충당하기 위해 모든 부자들에게 세금을 매겨 거둬들였다. 한 사람마다 50세겔씩을 바치게 했다. 앗수르는 일단 물러갔으나 나라는 너무 피폐해져 있었다. 이는 반앗수르파의 반발을 불러 일으킨다.

2) 다양한 의미로 쓰였다.
① 태초의 대양(大洋) - 창 1:2; 시 104:6; 잠 8:27에서는 테홈을 지구(땅)를 둘러싸고 있는 그 기초가 되는 태초의 대양과 동일시 했다.
② 바다의 '큰 물이나 깊은 물', 출 15:58(홍해). (깊은) 바다: 욥 38:30(해[면]), 41:23[24](바닷물); 시 77:17, 106:9, 107:26; 겔 26:19(깊은 바다); 욘 2:5(깊음).
③ 강의 '깊은 물' - 신 8:7; 시 42:7; 겔 31:4(나일강); 31:15
④ 심연 - 시 71:20, 땅의 깊은 곳, 스올 곧 죽음의 영역을 가리킨다.

2. 두 번째 환상을 보고 아모스는 어떤 중보 기도를 드리는가?

(1) 첫 번째 메뚜기 재난의 환상을 볼 때와 마찬가지로 하나님의 자비에 호소한다. "이에 내가 이르되 주 여호와여 청하건대 그치소서 **야곱이 미약하오니** 어떻게 서리이까 하매"(5절). 이번에도 하나님은 심판을 내리시기로 작정한 그 뜻을 돌이키사 "이것도 이루지 아니하리라"고 약속하신다.

(2) 앞에서도 이미 살펴보았지만 앗수르는 이스라엘에 대한 제2차 침공을 감행했다. 제2차 침공은 베가 왕 때 일어났다. 므나헴(주전 753-742)[1]과 브가히야(주전 742-740)는 친앗수르 정책을 폈다. 그러나 베가는 반앗수르 정책을 펴면서 반란을 일으켜 집권했다. 결국 이번에도 디글랏 빌레셀 3세가 이스라엘을 다시 공격하고 트랜스요르단과 갈릴리 온 땅을 점령하고 많은 사람을 포로로 끌고 갔다(왕하 15:29-30).

- 이스라엘의 왕 베가와 아람 왕 르신은 다같이 반(反)앗수르 정책을 쓰면서 유다도 같이 참여하기를 원했으나 아하스가 말을 듣지 않자 유다를 공격한다. 이에 놀란 유다는 앗수르에 도움을 청해 이스라엘을 공격케 했다. 베가와 르신이 연합하여 유다를 공격했을 때 이사야 선지자는 아하스 왕에게 나아와 앗수르와 동맹하는 것을 강력히 반대했다(이사야 7장의 내용이다). 그러나 그는 듣지 아니하고 은금을 보내며 앗수르의 도움을 청한다.[2]

(3) 이렇게 해서 이번에도 이스라엘은 그 최후를 맞지 않았다. 이해를 돕기 위해 아래 도표와 그림을 참조해보자.

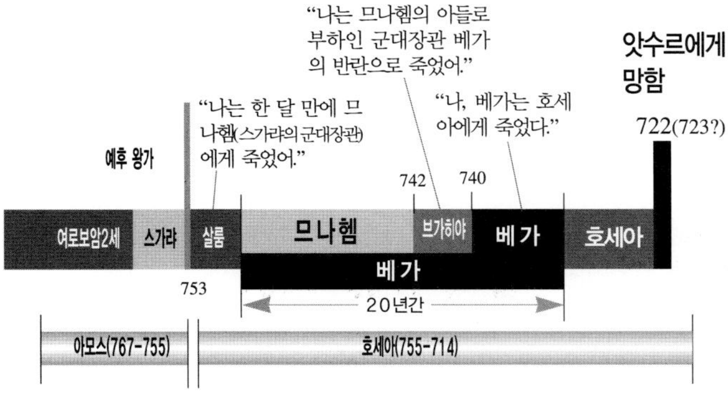

왕하 15:29 "이스라엘 왕 베가 때에 앗수르 왕 디글랏 빌레셀이 와서 이욘과 아벨벳마아가와 야노아와 게데스와 하솔과 길르앗과 갈릴리와 **납달리** 온 땅을 취하고 그 백성을 사로잡아 앗수르로 옮겼더라."

1) 므나헴을 공격한 앗수르 왕 디글랏 빌레셀 3세는 막대한 조공을 받고 물러갔다. 므나헴은 이 조공을 감당하기 위해 엄청난 수탈 정책을 폈다. 따라서 백성들은 므나헴과 앗수르를 증오했다. 베가는 이런 감정에 편승하여 반앗수르 정책을 펴면서 등장했다.

2) 동교재, 열왕기하, 175면에서.

제3환상 : '다림줄' (7:7–9)

1) 아나크(אֲנָךְ) - '납'을 의미한다. 납으로 만든 추가 달려 있는 다림줄을 염두에 두고 있음을 암시한다. 그러나 최근에는 이 낱말이 외래어인 아카드어 '아나쿠'(주석)를 가리킨다고 주장하기도 한다.

그렇다면 이 환상에서 주석의 의미가 무엇인가 하는 문제가 생긴다. 여호와의 손에 들린 주석과 주석을 백성 가운데 둔다는 것은 무엇을 의미하는가? '아나크'로 만든 담과 여호와의 손에 있는 주석(아나크)은 이스라엘 백성 중에 '슬픔'(역시 '아나크'로 발음됨)을 두는 불길한 날의 전조가 된다.

그러나 그 의미가 무엇이든 그 내용이 임박한 심판을 가리키는 것만은 확실하다.

• 왕하 21:13 "내가 사마리아를 잰 줄과 아합의 집을 다림 보던 추를 예루살렘에 베풀고 또 사람이 그릇을 씻어 엎음 같이 예루살렘을 씻어 버릴지라."

2) 가장 중앙에

1. 세 번째 환상은 '다림줄'에 관한 환상이었다. 첫 번째, 두 번째 환상과는 기본 형식이 바뀐다. 어떤 환상인가?

7:7 "또(Thus, כֹּה) 내게 **보이신 것이** 이러하니라
(보라, 힌네, הִנֵּה) - 주의를 환기시키는 말이다.
다림줄(아나크, אֲנָךְ)[1])을 가지고
쌓은 담(호마, חוֹמָה -(성)벽, 담) 곁에
주께서 손에 다림줄을 잡고 **서셨더니**"

(1) 다림줄(plummet)은 원래는 납(주석?)을 의미하고, 돌담을 쌓을 때에 수직으로 추를 달아 늘어뜨려 헤아려 보는 데서 그렇게 불렸다. 다림줄은 건축 용구의 하나로 수직인지를 알아보는 데 쓰인다. 만일 담벼락이 다림줄과 일치 하지 않는다면 공사 감독관은 그런 구조물을 계속 지을 수가 없다. 따라서 파괴를 명해야 한다. 이렇게 다림줄로서 수직인가를 알아보는 것처럼 하나님께서 이스라엘의 행위를 달아보신다는 것이다.

(2) 그런데 지금 주(아도나이)께서 벽 옆에서 다림줄을 잡고 서 계셨다. 주님은 쌓은 담의 기울기를 측정하고 계셨다. 다림줄은 건물을 세울 때만 쓰는 것이 아니라 허물 때에도 사용되었다(왕하 21:13*). 이 일을 바라보고 있는 아모스에게 "아모스야 네가 무엇을 보느냐"고 물으셨다. "내가 대답하되 다림줄이니이다."

7:8 "주께서 **이르시되**
(보라, הִנֵּה)
내가 다림줄을 내 백성 이스라엘 '가운데'(in the midst, בְּקֶרֶב)[2]) 두고
다시는 용서하지(아바르, עָבַר) 아니하리니"

(3) 아모스와 대화를 하시면서 하나님은 더 이상 심판을 유예할 수 없다는 점을 분명하게 전하신다. "다시는 그들을 불쌍히 여기지 않겠다." '아바르'는 '넘어가다, 지나가다, 벗어나다'라는 의미이다. 다시는(오드, no longer) 그대로 넘어가지 아니하실 것임을 분명히 하셨다. 이스라엘은 주께로 돌아오려는 그 어떤 노력도 전혀 하지 않았다는 것이다. 백성들은 자신들이 하나님의 언

약 백성이라는 특권만을 자랑했지 그 특권에 따르는 언약의 조항들을 지키지 아니했다. 권리와 특권에는 반드시 의무가 따른다는 점을 무시하고 있었다. 이제 심판은 확정되었다. 하나님은 자기 손에 다림줄(하나님의 도덕적인 기준들을 상징)을 가지고 계신다. 이스라엘이라는 담은 이미 기울대로 기울어졌다.

7:9 "이삭의 산당(바마, בָּמָה)들이 **황폐되며**
이스라엘의 성소들이 **파괴될 것이라**
내가 **일어나** 칼로 여로보암의 집을 치리라(=향하여) 하시니라"

(4) '바마'는 주로 '높은 곳, 또는 산'(high place, mountain)에 위치한 산당을 의미한다.[1)] '높은 곳, 산, 산지'를 나타내는 용법을 제외하면, 바마는 본질적으로 예배 장소를 의미한다. 왕정 이전, 실로의 장막이 파괴된 시기와 예루살렘 성전에서 예배 드리기 전에는 예배가 바마(산당)에서 행해졌다. 주요 산당은 하나님께서 꿈을 통해서 솔로몬과 의사를 소통하신 기브온이었다(왕상 3:2 이하). 그 이전에, 사무엘은 산당을 자주 방문하여 그 곳에서 직무를 행했다(삼상 9:12 이하).

솔로몬의 성전 건축 이후에, 바마에 대한 언급은 경멸적이었다. 왜냐하면 바마 건물은 이스라엘이 이방 예배에 관계하는 죄를 지었음을 나타내 주기 때문이다(레 26:30). "내가 너희 산당을 멸하리니"(겔 6:3, 참조: 왕상 13:2). 이스라엘이 가나안 땅에 진입하기 이전에, 이미 그들은 이방의 산당들을 멸하라는 명령을 받았다(민 33:52, 참조: 왕하 17:11).[2)]

(5) 이스라엘이 얼마나 많은 산당을 세우고 우상 숭배를 자행했는지 보라. 상황이 이런데도 아모스가 또다시 중보의 기도를 드린다면 그는 하나님을 우롱하는 일이 될 것이다. "망대로부터 견고한 성에 이르도록 산당을 세웠다"고 했다(왕하 17:9).

• 왕하 17:9 "이스라엘의 자손이 점차로 불의를 행하여 그 하나님 여호와를 배역하여 **모든 성읍에 망대로부터 견고한 성에 이르도록 산당을 세우고** 10
모든 산 위에와 모든 푸른 나무 아래에 **목상**과 **아세라 상을 세우고** 11또
여호와께서 그들 앞에서 물리치신 이방 사람 같이 **그 곳 모든 산당에서 분향하며** 또 악을 행하여 여호와를 격노하게 하였으며 12또 **우상을 섬겼으니**
이는 여호와께서 그들에게 행하지 말라고 말씀하신 일이라."

1) 바마는 '산당, 높은 곳에 있는 예배 장소'에 대해 사용되었다. 이방인들의 제사 장소는 대개 자연의 높은 곳에 위치했다(삼상 9:13 이하, 삼상 10:5). 이 곳은 우상들(대하 33:19), 곧 풍요의 여신을 상징하는 나무 기둥 아세라와 남성신을 상징하는 하나 이상의 돌 기둥(왕하 3:2)으로 차 있었다.

2) 산당을 세운 자들은 솔로몬(왕상11:7-11), 여로보암(왕상12:26-31; 대하11:15), 므낫세(왕하 21:1, 21:3), 여호람(대하 21:9, 11), 아하스(대하 28:24, 25)이며, 산당을 파괴한 자들은 히스기야(왕하 18:4, 22; 사 36:7), 요시야(왕하 23:5, 8), 아사(대하 14:2-5), 여호사밧(대하 17:5, 6)이다. <바이블렉스>

(6) "이삭의 **산당**(바마, בָּמָה)**들이 황폐되며**" - 여기서 왜 '이삭'의 산당들이라고 했을까? '이삭'(이스하크, יִשְׂחָק)은 '웃음'이라는 뜻이다. 이삭의 이름은 아브라함의 의심(창 17:17)에서 비롯되었지만 이 이름은 복(福)의 상징이 되었다. 결국 이스라엘 전 국가를 상징하는 칭호가 되었다(암 7:9, 16).

이런 '이삭'(웃음)의 산당들은 그들에게는 '웃음의 제단이요, 즐거움의 제단'이었을 것이나 이제는 이 산당들은 황폐시킬 것이다. '황폐하다'(샤멤, שָׁמֵם)는 흔히 장소와 사물에 대해 사용되었다(사 64:10).[1] 요엘서 2:3에서는 메뚜기 재앙 이전에는 "에덴 동산 같았던" 땅이 "황폐한 광야(들)"가 되어 버렸다고 했다.

"이스라엘의 **성소들이 파괴(훼파)될 것이라.**" - 이스라엘의 성소들(벧엘, 길갈, 단, 브엘세바 등)은 공식적으로 성소들이었지만 가나안 종교의 영향을 받아 음란한 성적 행위가 공공연히 종교의식으로 자행되기까지 했다. 우상 숭배의 본거지가 되었다는 말이다. 이 성소들 역시 파괴될(하라브, חָרֵב) 것이다. '하라브'는 본래 '마르다'를 의미했다. 여기에서 파생된 단어들은 한편으로 마름의 원인이 된 열기(heat)와 다른 한편으로는 '버려진 지역의 황폐함', '전쟁으로 인한 참화'를 의미한다.

7:9c "내가 **일어나**
칼로 여로보암의 집을 치리라(=향하여) 하시니라"

(7) "**내가**(여호와께서) **일어나**"(קַמְתִּי) - 이제 하나님은 이스라엘을 철저하게 부패시킨 여로보암의 집(베이트, 왕조), 즉 북이스라엘을 멸절시키겠다고 선언하신다. 여로보암 2세가 죽은 후, 그의 아들 스가랴가 등극했으나 6개월만에 평민이었던 살룸에 의해 살해 당했다(왕하 15:8-12). 물론 북이스라엘은 그 체제를 유지하나 혁명의 연속이었다. 결국 북이스라엘이 망한 것은 외국 군대(앗수르)에 의해서 아니라 하나님에 의해서 이루어진다는 말이다.

(8) 이번에는 앞에 두 환상과는 다르게 아모스의 이스라엘을 위한 중보기도가 없다. 이 세 번째의 환상은 디글랏 빌레셀 3세가 죽고 그의 아들인 살만에셀 5세의 사마리아 침공으로 완전 성취된다. 이스라엘의 마지막 왕 호세아 제9년이었다(왕하 17:1-6).

1) 이 단어는 '오싹하게 하다, 깜짝 놀라게 하다'라는 의미도 있다. 이는 황폐해진 것을 볼 때, 공포와 충격이 오기 때문일 것이다.

아모스와 아마샤의 대결(7:10–17)

1. 벧엘의 제사장 아마샤는 여로보암 2세에게 아모스가 왕을 해하려 한다고 사람을 보낸다.

(1) 아모스의 불 같은 포화는 북이스라엘의 왕실과 성소의 제사장들을 불안하게 만들었다. 아모스가 계속해서 왕실의 타락을 지적하고 있었기 때문이다.

7:10 "때에(Then, וַ) 벧엘의 제사장 아마샤가
이스라엘의 왕 여로보암에게 **보내어**(샬라흐, שָׁלַח)[1] 이르되
이스라엘 족속 중에 아모스가 왕을 **모반하나니**(카솨르, קָשַׁר) – 공포하다
그 모든 말을 이 땅이 견딜 수 없나이다"

(2) 아마샤는 벧엘의 (대)제사장이라고 했다. 물론 거짓 우상의 어용 제사장이다. 그는 여호와의 이름으로 백성들에게 축복도 했을 것이다. 아마샤는 아모스의 메시지에 상당한 당혹감을 느꼈던 것 같다. 그는 여로보암 2세에게 아모스가 백성을 충동질하여 왕에 대한 모반을 부추기고 있다는 편지를 보냈다. 사람을 시켜 편지로 전달했다는 말이다. 벧엘의 제사장은 왕궁과 연결되어 있다. 그는 왕가의 두터운 신임을 받고 있었던 것 같다(7:13 참조).

(3) '모반하다'(카솨르, קָשַׁר)[2]라는 단어의 기본 의미는 '묶다, 매다'이다. 또 사람들이 서로 어떤 유대관계를 맺었다는 것을 의미한다. 여기서는 '연합하다, 공모하다'라는 의미로 쓰였다. 왕을 반대하여 백성들을 선동(모반)했다는 것이다.

2. 아마샤가 왕에게 보고한 내용은 무엇인가?

(1) '그 모든 말'(all his words, כָּל־דְּבָרָיו)을 이 땅이 견딜 수 없다고 했다. 왕은 이미 아모스의 활동에 대해 잘 알고 있었을 것이다. 그런데 이제 아마샤를 통해 정식 공문으로 이 모든 사실을 접수했다는 것이다. 그렇다면 아모스의 행동의 세세한 모든 모반적 사건들을 적어 보고했을 것이다. '그 모든 말', 즉 아모스 선지자가 선포하는 모든 말을 크게 두 가지로 압축 설명한다.

7:11 "아모스가 말하기를

1) 사람이 타인을 모처에 보낸다든지(창 28:5, 37:13) 또는 사람이 공물이나 편지를 보낸다(왕상 21:8; 왕하 5:5)는 표현에 사용된다.

2) 이 의미는 창 38:28에서 세라의 손을 주홍실로 묶어 표시하였다고 기록한 데서 드러난다. 하나님은 이스라엘에게 자기의 율법을 이마와 손목에 붙여 매라고 가르쳤다(신 6:8).

선견자(seer, 호제, חֹזֶה)

• 호제는 '선견자 seer'를 의미한다. 호제의 직무가 선지자임을 가리켜 준다(삼하 24:11; 대상 21:9, 29; 대하 29:25).

• 나비(선지자)와 호제 사이의 직무의 동일성은 왕하 17:13에서 나타난다. 이것은 암 7:12에 의하여 강조되고 있는데, 여기에서 아모스는 예언하는 호제, 즉 호제...틴나베로 지칭되고 있다.

• 사 29:10은 호제를 나비에 결합시키고 있다. 그러므로 호제는 단순히 근접하고 동일한 의미를 가진 '로에'보다 더 격조 높은 단어인 것 같다(참조: 삼상 9:9). 따라서 세 개의 단어들이 구약성경의 선지자를 지칭할 수 있다: 즉 "다윗 왕의 시종 행적이 **선견자**(로에) 사무엘의 글과 **선지자**(나비) 나단의 글과 **선견자**(호제) 갓의 글에 다 기록되고"(대상 29:29).

• 왕하 17:13 "여호와께서 각 **선지자(나비)**와 각 **선견자(호제)**를 통하여 이스라엘과 유다에게 지정하여 이르시기를 너희는 돌이켜 너희 악한 길에서 떠나 나의 명령과 율례를 지키되 내가 너희 조상들에게 명령하고 또 내 종 선지자들을 통하여 너희에게 전한 모든 율법대로 행하라 하셨으나."

① 여로보암은 칼에 죽겠고(יָמוּת) - 무트(מוּת - 죽다, 죽이다)의 칼 미완료
② 이스라엘은 반드시 사로잡혀
그 땅에서 떠나겠다 하나이다."

(2) "**아모스가 말하기를**" - 아마샤는 여호와께서 아모스 선지자를 통해 말씀하셨다는 사실을 인정하지 않았다. 그래서 아모스가 선포한 메시지는 '여호와의 말씀'이 아니라 아모스가 백성을 선동하기 위해 한 것이라는 거짓 주장을 보고문 첫마디에 넣었다.

또한 아모스는 왕이 칼에 죽을 것이라는 예언도 하지 않았다. 아마샤의 보고는 과장되었다. 훗날 여로보암 2세는 칼에 의해 죽지 않고 자연사 했다. 물론 이스라엘이 포로로 끌려갈 것이라는 말은 자주 했었다(4:3, 5:5, 7, 7:11, 17). 아모스가 그렇게 강조한 "여호와를 찾으라. 그러면 살 것이라"(암 5:4-6)고 전한 내용은 보고하지 않았다. 아마샤는 어떻게 하든지 자신에게 껄끄러운 존재인 아모스를 이 땅에서 축출해야 하겠다는 생각만 했을 것이다.

3. 아마샤가 아모스에게 원하는 것은 무엇이었을까?

7:12 "아마샤가 **또** 아모스에게 **이르되**
선견자(호제, חֹזֶה)*야
너는 유다 땅으로 '**도망하여**'(בְּרַח־לְךָ) '가서'(לֵךְ)
거기에서나 떡을 **먹으며**
거기에서나 **예언하고**
7:13 다시는 벧엘에서 **예언하지 말라**
/이는(for, כִּי)
왕의 성소요 나라의 궁궐임이니라"

(1) 여기서 제사장은 아모스를 '선견자'(호제)라고 칭한다. 이 낱말이 반드시 부정적인 의미를 가진 것은 아니다. 왕하 17:13*에서 '선견자'와 '선지자'라는 말이 동의어로 사용되었음을 본다.

(2) "너는 유다 땅으로 '도망하라'(בְּרַח - 칼, 명령법, flee away)" / '가라'(לֵךְ)도 칼 동사 명령법이다. '가라, 너 스스로 어서 도망가라!'는 뜻이다. 위협조의 명령형이다. 아마샤는 아모스가 자기 고향 땅으로 빨리 사라지기를 희망한다.

"거기에서나 떡을 **먹으며**" 즉 네 고향 유다 지방에나 가서 품삯을 벌어먹도록(생계를 유지하도록) 하라는 말이다. 그는 아모스의 강력한 메시지가 자기가 관할하는 벧엘에서는 적절하지 않다고 생각했다.

(3) 당시 이런 거짓 선지자들이 생계유지를 위해 활동했음을 알 수 있다.[1] "**내 백성을 유혹하는 선지자들**은 이에 물 것이 있으면 평강을 외치나 그 입에 무엇을 채워 주지 아니하는 자에게는 전쟁을 준비하는도다"(미 3:5).

1) 거짓 선지자들은 당대 정권에 아첨하면서 백성들에게 거짓 예언을 했다(왕상 22:13; 렘 23:16, 17, 28:1-4).

미가 선지자의 지적은 직선적이고 날카롭다. "시온을 피로, 예루살렘을 죄악으로 건축하는도다 그들의 우두머리들은 뇌물을 위하여 재판하며 그들의 **제사장은 삯을 위하여 교훈하며** 그들의 **선지자는 돈을 위하여 점을 치면서도** 여호와를 의뢰하여 이르기를 여호와께서 우리 중에 계시지 아니하냐 재앙이 우리에게 임하지 아니하리라 하는도다"(미 3:9-10).

7:13 "다시는(no longer, 오드, עוֹד)
벧엘에서 예언하지 말라(לְהִנָּבֵא예언하다 עוֹד תוֹסִיף לֹא־다시 더 말라)."

(4) 벧엘에서 예언하지 말라는 이유가 무엇인가? "이는(for, כִּי) 왕의 성소요 나라의 궁궐임이니라." 아마샤는 벧엘이 왕의 성소임을 상기시킴으로써 왕의 권위를 존중하고 국가 종교를 합법적으로 인정하라는 것이다. 더 이상은 예언활동을 하지 말라는 것이다. 강력한 금지를 말하는 명령법이다(לֹא־תוֹסִיף).

4. 아마샤의 이런 강력한 요구에 아모스 선지자는 어떻게 대답했을까?

7:14 "아모스가 아마샤에게 **대답하여 이르되**
나는 선지자(נָבִיא)가 **아니며**
선지자의 아들도 **아니라**
나는 목자요 뽕나무를 재배하는 자로서"

(1) 아모스의 대답은 즉각적이었다. 자신은 선지자 가문도 아니고 또한 훈련을 받은 선지자도 아니라는 것이다. 즉 자신은 특별한 소명을 받아 예언자가 되었다는 것이다. 자신은 '목자'(보케르, בוֹקֵר)요, '뽕나무를 배양하는 자'(אָנֹכִי···וּבוֹלֵס···שִׁקְמִים)라고 했다.

(2) 이 부분의 설명은 서론에서 이미 설명한 내용이기에 서론[저자 소개란]을 참

조해 보기로 하자. 어쨌든 여기서는 '목자'를 '보케르'(בּוֹקֵר)라고 했고, 암 1:1에서는 '노케드'(נֹקֵד - 양 치는 자, 양 지키는 자)라고 했다. 아모스는 시골에서 소수의 양 떼를 이끌고 이러저리로 옮겨다니는 사람이 아니고 대규모 농장을 운용하는 농부였을지도 모른다. 어쨌든 그는 "**목자**(보케르, בּוֹקֵר)요 **뽕나무**(사캄, שִׁקְמִים)**를 재배하는 자**"라고 했다. 고용된 성직자가 아니다. 무화과나무(뽕나무?)를 재배하면서 사는 평신도라는 말이다.

7:15 "(그러나, וְ, But - NASB)[1] 양 떼를 따를 때에(양이나 치고 있었는데)
여호와께서 나를 데려다가(라카흐, לָקַח, 취하다take)
여호와께서 내게 이르시기를
가서 내 백성 이스라엘에게 예언하라(הִנָּבֵא)[2] 하셨나니"

1) and로 번역하기도 했으나 (KJ, RSV) But로 번역하는 것이 더 분명할 것 같다.

2) 나바(נָבָא - 예언하다)의 니팔(일반 동사 수동형) 명령법 / 하나님으로부터 받은 명령이다.

(3) 가축이나 치고 있었는데, 여호와께서 주권적으로 나를 '취하여'(took) 이 일을 시키셨다는 것이다. 북이스라엘의 상황이 워낙 급해서였을 것이다. "가서 내 백성 이스라엘에게 예언하라"고 명령하셨으니 내가 어찌 예언하지 않을 수 있겠는가? "여호와께서 나를(내게)"라는 말을 거듭 표현하고 있다(15, 16절 참고). 이미 3장에서도 다룬 내용이다(3:8하).

"주 여호와께서 말씀하신즉(דִּבֶּר 피엘 동사3) יְהוִה אֲדֹנָי 아도나이 야웨)
누가(מִי) 예언하지(יִנָּבֵא)[2] 아니하겠느냐" (3:8절하)

3) 아도나이 여호와께서 말씀하셨으니 / דִּבֶּר는 피엘 동사이다. 여호와께서 아주 강하게 말씀하셨으니, 감히 누가 그 예언하라는 말씀을 거역하겠느냐는 뜻이다.

아모스는 하나님께서 이 특별한 사역을 위해 부르지도 아니하셨는데, 자신의 생계를 위해서 일하는 선지자가 아니라는 것이다. 그의 예언은 자신의 기분에 따라 울분을 토하듯 전하는 것이 아니다. 그는 하나님의 강제에 떠밀려(?) 있음을 분명하게 밝히고 있다. 그는 제단 곁에 계시는 여호와를 보았고, 그가 말씀하시는 것을 들었다고 했다(암 9:1).

5. "그러므로 아마샤야 이제 여호와의 말씀을 들어라." 말씀을 들어야 할 당위성을 선포한다.

7:16 "(그러므로) 이제(Now therefore, עַתָּה+וְ)
너는 여호와의 말씀을 '**들을지니라**'(쉐마, 들으라 - 칼 동사 명령법)
네가(너는) (나에게=아모스에게) 이르기를
이스라엘에 대하여(עַל־יִשְׂרָאֵל 대항하여) 예언하지 말며
이삭의 집을 향하여 경고하지 말라하므로"

"여호와께서 너에게 이런 말씀을 전하셨다" – 아마샤에게 하나님의 말씀을 전하는 아모스

(1) 아마샤야, 너는 16절과 같이 나에게 말했지만
'그러므로'(לָכֵן) 하나님은 17절과 같이 전하라고 말씀하셨다.

7:17 "여호와께서 이와 같이 말씀하시기를
לָכֵן כֹּה־אָמַר יְהוָה

"① 네 아내는 성읍 가운데서 창녀가 될 것이요 ② 네 자녀들은 칼에 엎드러지며 ③ 네 땅은 측량하여 나누어질 것이며 ④ 너는 '더러운 땅'(앗수르 땅)에서 죽을 것이요 ⑤ 이스라엘은 반드시 사로잡혀 ⑥ 그의 땅에서 떠나리라 하셨느니라."[1)]

(2) 아마샤의 가정에 하나님의 심판이 선고된다. 아마샤는 아모스에게 예언하지 말라고 위협을 했는데, 오히려 아모스는 더욱 강경한 메시지를 전한다. 아마샤뿐만 아니라 그의 가족 구성원들도 심판을 받게 될 것이다. 이 예언의 최종적 성취는 북이스라엘이 앗수르에 망할 때 이루어졌을 것이다.

(3) 선지자들은 항상 자신들이 전하는 메시지를 증거할 때 갈등을 겪을 수 있다. 마땅히 전해야 할 하나님의 메시지는 여러 가지 이유로 정곡(正鵠)을 벗어날 수 있다. 그래서 항상 듣기 좋은 말만 전하기 쉽다. 또 자기를 후원하는 자들에게 인정받으려 애쓰기도 한다(왕상 22:10-12*). 귀에 거슬리는 말을 할 때에도 항상 부드러운 말만 하기도 한다(렘 23:16-22). 또한 사례비에 맞추어 설교의 수위를 조절하는 자들도 있다(미 3:5).

(4) 여기에 말씀 사역자의 고민이 있다. 청중들이 말씀을 외면한다면 여러 가지 이유가 있을 것이다. 듣기에 좋은 말만을 기다리는 청중들이 문제일 수도 있고, 늘 회개만 외치는, 늘 교회의 외적 부흥만을 외치는 메시지에 식상함에서 올 수도 있다.

또 전달하는 방법에 문제가 있을 수도 있다. 만약 메신저가 아모스와 같이 천상의 어전회의 광경을 목격했다면 메시지에 변화가 올까? 메신저가 말씀 속에서 진정 여호와를 만나지 못한다면 늘 청중(성도)을 닥달할 수밖에 없다. 또 숫적 부흥에만 현혹되어 왜곡된 메시지를 선포할 수도 있다. 분명한 것은 올바른 설교는 청중으로 하여금 악과 불의에 대해 강력하게 대항하게 만든다는 것이다. 설교는 잠자는 영혼을 흔들어 깨우는 말씀의 도구가 된다. 여기에 말씀을 전하는 자의 특권이 있고 또한 책임이 있다.

1) 아마샤와 그의 가족이 당하게 될 심판을 말하고 있지만 결국 북이스라엘은 앗수르에게 멸망한다는 내용이다. 멸망하여서만 일어날 수 있는 내용들이기 때문이다.

• 왕상 22:10 "이스라엘의 왕과 유다의 여호사밧 왕이 왕복을 입고 사마리아 성문 어귀 광장에서 각기 왕좌에 앉아 있고 모든 선지자가 그들의 앞에서 예언을 하고 있는데 11그나아나의 아들 시드기야는 자기를 위하여 철로 뿔들을 만들어 가지고 말하되 여호와의 말씀이 왕이 이것들로 아람 사람을 찔러 진멸하리라 하셨다 하고 12모든 선지자도 그와 같이 예언하여 이르기를 길르앗 라못으로 올라가 승리를 얻으소서 여호와께서 그 성읍을 왕의 손에 넘기시리이다 하더라."

아모스 7장 요약 정리

아모스의 환상

- 7장에서는 아모스에게 보여준 환상의 내용이 나온다. 어떤 환상들이 소개되었는가?
- 이 환상은 무엇을 예고하는 선언인가? 다섯 가지를 간략하게 설명해 보라(교재).
- 첫 번째 보여주신 환상은 무엇이며, 이 환상이 의미하는 바 그 뜻은 무엇인가?
- 메뚜기 떼는 언제 지으셨는가? (1절)
- 메뚜기 떼의 파괴력을 어떻게 묘사했는가? (2절)
- 첫 번째 환상을 보고 아모스는 무슨 기도를 드렸는가? 기도는 어떻게 응답되었는가? 이에 대한 역사적 사건이 어떻게 전개되었는가? <앗수르 왕 디글랏 빌레셀 3세의 1차 공격 내용을 설명해 보라.>

- 두 번째 보여주신 환상은 무엇이며, 이 환상이 의미하는 바 그 뜻은 무엇인가? (4-6절)
- 이번 역시 아모스는 중보기도를 드린다. 어떻게 역사적인 성취를 가져왔는가? <앗수르 왕 디글랏 빌레셀 3세의 2차 공격은 언제 일어났는가> - 교재

- 세 번째 보여주신 환상은 무엇이며, 이 환상이 의미하는 바 그 뜻은 무엇인가? (4-6절)
- 왜 이번에는 아모스의 중보기도가 없는가? 하나님은 어떤 선언을 하셨는가? (8절) 이 일은 언제 어떻게 성취되었는가?
- 북이스라엘은 언제 최종적으로 멸망했는가? 그 역사적 배경을 설명해 보라. (열왕기하 17장)

- 아모스와 아마샤의 대결 내용은 무엇인가? (10-17절)
- 벧엘의 제사장 아마샤가 왕에게 아모스를 고발한 내용은 무엇인가? 어떤 거짓 보고를 올렸는가?
- 아마샤가 아모스에게 원하는 것은 무엇이었나? (12-13절)
- 벧엘은 이스라엘에게 어떤 곳인가? (13절)
- 아모스는 자신을 어떻게 소개하고 있는가? (14절)
- 아마샤의 가정에 어떤 심판 선고가 내려졌는가? (17절)

- 우리는 당시 이스라엘 백성들이 왜 그렇게 영적으로 무뎌졌는가 이해하지 못할 수도 있다. 그러나 그 포커스를 우리 자신에 돌린다면 문제는 달라진다.

- 교회는 세상 사람들에게 질타의 대상이 된 지 오래다. 형태는 다르지만 우리도 당시 북이스라엘의 백성들의 삶과 크게 다르지 않기 때문일 것이다. 우리는 우리 자신들의 죄를 잘 볼 수가 없다. 당장 죽을 위험한 지경에 이르지 않았다고 느낄지라도 암의 요소가 온몸에 퍼진 것만은 확실한 것 같다.

- 메신저의 외침이 자꾸만 공허한 메아리로만 들린다면 누구에게 문제가 있는 것일까? 아마샤와 같은 삯꾼들이 너무 많기 때문일까? 아니면 청중 때문일까? 문제는 교회가 너무 세속화 되었다는 것이다. 그래도 한국교회는 희망이 있다. 아직도 현대판 아모스 선지자들이 곳곳에 있어 활동하고 있기 때문이다. 당신은 아모스인가?

Amos 제8장

여름 과일의 환상과 최후의 설교

7장에서는 아모스에게 보여주신 세 가지 환상을 살펴보았다. 8장에서는 마지막 환상으로 '여름 과일(실과)'의 환상을 보여주신다. 여기 '여름 과일'이 보여주는 의미는 국가적 종말에 대한 환상이라고 할 수 있다. 재미 있는 것은 '여름 과일(실과)'이라는 단어의 발음과 이스라엘의 '끝'이라는 단어의 발음의 유사성이다. 하나님의 최종적인 선고는 "내 백성 이스라엘의 끝이 이르렀기에 이제 다시는 용서하지 아니하리라"는 것이었다. 하나님이 탄식하시는 것은 자기 백성들을 죄악에서 돌이키려고 수많은 선지자를 보내셨지만 지금까지 돌아오지 않았다는 것이다. 그래서 최종적인 선고를 하시는 것이다.

'설마, 나라가 망할라고!' 그러나 이제 그 예언이 현실로 다가오고 있다. 이 환상을 바라보는 아모스는 더 이상 아무 말도 하지 못한다. 이들을 다시 한 번 용서해 달라는 간구를 하지 못했다. 이제 신속히 종말을 향해 이스라엘의 역사가 진행되고 있다. 물론 북이스라엘은 열광적인 종교가들이 많이 있었다. 그들은 부지런히 단과 벧엘과 브엘세바까지 가는 종교적 순례를 그치지 않았다. 그러나 이런 여유로움과 즐거움이 사라질 것이다. "그 날에 궁전의 노래가 장송곡으로 바뀔 것이고, 곳곳에 시체가 널리게 될 것이며 침묵과 공포만이 가득할 것이다." 아모스 선지자는 최후의 설교를 하면서 북이스라엘이 멸망할 수밖에 없는 당시 사회상을 고발한다. 이스라엘은 이웃 나라들보다 결코 도덕적으로 낫지 못하다. 하나님은 이렇게 말씀하신다. "내가 그들의 모든 행위를 절대로 잊지 아니하리라." 북이스라엘이 멸망한 것은 결국 하나님의 심판의 결과였다.

Outline 8

제 7장 하나님의 심판과 아모스의 환상
1. 아모스의 제1환상(1-3절)
2. 아모스의 제2환상(4-6절)
3. 아모스의 제3환상(7-17절)

제 8장 아모스의 환상과 최후 설교
4. 아모스의 제4환상 (8:1-3)
5. 아모스의 최후 설교(8:4-14)

제3부 아모스서의 결론

제 9장 멸망의 최후 환상과 이스라엘의 회복

1. 아모스의 최후 환상(9:1-6)
2. 의인은 망하나 남은 자는 믿음으로 살리라 (9:7-10)
3. 메시아의 날과 다윗의 무너진 장막 회복(9:11-15)

by 김희보, 소선지서 주해(아모스)

▶ 여름 과일의 환상(1-3절)

- 4번째 환상 - 여름 과일 한 광주리였다.
  '여름 과일'이라는 단어의 발음 - (카이츠)
  이스라엘의 '끝'이라는 단어의 발음 - (케츠)
- 여름 과일은 이제 끝이 되어 곧 썩을 수밖에 없다. 이는 이스라엘의 끝이 왔다는 뜻을 연상케 한다. 하나님은 "내가 다시는 이스라엘을 용서하지 않으실 것"이라고 선언하신다(2절).
- 이제 곧 그 날이 다가오는데 그 날에는 궁전의 노래가 장송곡(애가)으로 변할 것이고, 곳곳에 시체가 많아서 침묵과 공포만이 가득할 것이다.

▶ 아모스의 최후의 설교(4-14절)

- 먼저 상도덕의 타락한 모습을 보여준다(4-6절). (이들을 가난한 자를 삼키며, 힘없는 자를 망하게 하려는 자들이라고 부르신다.)
- 안식일과 월삭(초하루)이 언제 지나갈까 하며 장사에만 눈이 어두운 자들
- 되는 작게, 추는 크게 만드는 자들, 은으로 힘없는 자를 사고 파는 자들, 신 한 켤레로 가난한 자를 사는 자들, 찌꺼기 밀까지도 곡식에 섞어 파는 자들.

▶ 그렇다면 하나님은 이런 악행들에 대하여 눈 감고 계시는 걸까?

- 내가(여호와께서) 그들의 행위를 절대로 잊지 아니할 것이다. (8절)
- 멸망의 심판은 반드시 올 것이며, 그 날에는 온 땅이 흔들리는 징조가 있을 것이다. 그 날에는 해가 대낮에 지며 백주에 땅이 캄캄하게 될 것이다. (9절)

▶ 여호와의 말씀을 듣지 못한 기갈

- 외아들을 잃은 날과 같이 종교적인 축제의 날이 비통한 날이 될 것이다. 그 날에 하나님께서 기근을 보내실 것이다.
- 그러나 실로 가장 큰 기근은 여호와의 말씀을 듣지 못하는 기갈이다. 하나님은 말씀을 주실 때도 있지만 거두실 때도 있다.
- 우상 숭배를 하려고 단과 벧엘과 브엘세바를 찾는 자들은 쓰러져서 다시는 일어나지 못할 것이다.

제4환상 : 여름 과일(8:1-3)

7장에서는 세 가지 환상을 살펴보았다. 메뚜기 떼 환상, 불 환상, 그리고 다림줄 환상이었다. 이제 8장에서는 네 번째 환상인 여름 과일 환상이 소개된다. 그리고 최후의 설교가 소개된다(4-14절). 이 모든 환상들은 이스라엘의 최후의 멸망을 예고하는 경고성 환상이었다. 광주리에 담긴 여름 과일, 그것은 곧 썩게 된다. 이스라엘의 멸망이 바로 눈앞에 왔다는 것을 보여주는 환상이다.

1. '여름 과일(실과) 환상'이 주는 의미는 무엇인가?

8:1 "이와 같이(Thus, כֹּה)
주 여호와께서(아도나이 야훼) **'내게 보이셨느니라'**('הִרְאַנִי')[1]
보라(וְהִנֵּה) - and behold!
'여름 과일'(카이츠, קָיִץ)[2] 한 광주리이니라"

(1) 이와 같이(Thus, 코, כֹּה) - '이렇게, 이 방법으로, 지금까지'라는 의미이다. '또'라는 의미도 있다. '아도나이'('אֲדֹנָי')는 '나의 주'(my Lord, LORD)를 의미한다. 하나님의 이름(야훼, YHWH)을 망령되이 일컫는 위험을 피하기 위해 유대인들은 고유명 그 자체 대신 '아도나이'라는 말을 사용하기 시작했다. 영어번역본은 '주 여호와'를 'the Lord GOD'(KJ, NASB) 또는 the Sovereign LORD (NIV), he Lord Jehovah(ASV) 등으로 번역했다.

(2) '내게 보이셨느니라'('הִרְאַנִי')는 라아(רָאָה) 동사의 히필 완료형이다. '내게 보게 하셨다'는 강한 뜻이 있다. '보라'(힌네)라고 말함으로써 다시 한 번 주의를 환기시키고 있다.

(3) 아모스는 '여름 과일'(카이츠, קָיִץ)을 담은 한 광주리(basket)를 보았다. '카이츠'란 말은 '여름'이라는 뜻도 있고 '여름 과일(실과)'이라는 뜻도 있다. 여기서는 후자이다. 렘 40:10, 12에도 이 단어가 나온다. 이 단어가 2절에 나오는 '내 백성 이스라엘의 끝이 이르렀은즉'의 '끝'(케츠, קֵץ)이라는 단어와 그 히브리어 발음이 유사하다. 여름 과일은 이제 끝이 다 되어 썩을 수밖에 없고, 이스라엘 역시 그 종말이 왔다는 뜻을 연상케 하는 word play이다.

1) 라아(רָאָה) 동사의 히필(사역 능동형) 완료형이다. '보게 하셨다'는 강한 사역적인 뜻이 있다.

2) 카이츠:
• '여름'(창 8:22; 신 32:4; 잠 10:5 등)
• '여름 실과'(삼하 16:1; 사 16:9; 미 7:1)

2. 하나님은 아모스에게 세 번째 환상에서 보여준 것과 동일한 말씀을 하신다.

8:2 "그가 **말씀하시되**
아모스야 네가 무엇을 보느냐
내가 **이르되** '여름 과일 한 광주리'[1]니이다 하매
여호와께서 내게 이르시되
내 백성 이스라엘의 끝이(마지막 때가) 이르렀은즉
내가 다시는 그를 용서하지 아니하리니"

(1) "내 백성 이스라엘의 '그 끝(הַקֵּץ)이 이르렀은즉(בָּא - has come) - 하나님은 이스라엘의 끝(케츠, קֵץ - 마지막 때가)이 이르렀기에(도래했으니, 가까왔으니 - 사 13:6) 이제는 내가 다시는 그를 용서하지(지나치지, 넘어가지) 않으실 것이라는 단정적인 선언을 하신다. 이 말씀은 암 7:8에서도 언급하셨다. '여름 과일이 담긴 광주리'는 추수 때가 가까왔다는 징조이다(렘 8:20을 읽어보자).

(2) 여름 과일이 익어가는 이 황금의 계절이 곧 이스라엘의 끝이라는 아모스를 통한 선포가 환락에 들떠있는 백성들을 움직일 수 있을까? 물론 그렇지 못했다. 그런 비극의 날은 오지 않을 것이라고 생각했을 것이다. 궁전에서 자신들의 배를 두드리고 있는 지도자들에게는 생각하기도, 듣기도 싫은 메시지가 아닌가! 그러나 하나님의 저 무서운 폭탄적인 선언이 선포되고 있지 아니한가! "주 여호와의 말씀이니라(יְהוִה야훼 אֲדֹנָי아도나이 נְאֻם선언, 계시)"

3. 이제 상황은 크게 반전될 것이다. 슬픔의 날이 도래하기 때문이다.

8:3 "그 날에 궁전의 노래가 '애곡(장송곡)으로 변할 것이며'(וְהֵילִילוּ)[2]
곳곳에 시체가 많아서
사람이 잠잠히(with silence, הָס) 그 시체들을 내어버리리라
주 여호와의 말씀이니라"

(1) 이제 환락과 소음의 도시가 조용해질 것이다. 죽음의 공포가 엄습해 오기 때문이다. 언제까지나 계속될 것 같은 풍요는 잿더미로 변할 것이다. "그 날에"(in that day, בַּיּוֹם הַהוּא), 즉 환희와 즐거움의 날이요, 축제와 추수의 날이요, 궁극적으로는 그들이 그렇게 기다리는 '여호와의 날'은 공포의 날이

1) '광주리'라고 번역된 '케루브'(כְּלוּב)라는 단어는 '새장'이라는 뜻도 있다. 그래서 70인경은 '여름 과일 한 광주리'를 '새 잡는 자의 조롱(cage)'이라고 번역했다. 이렇게 번역한다면 지금 이스라엘은 '새 잡는 자의 조롱' 안에 잡혀 가는 새 같은 형편에 처했다는 뜻이 된다. 현대역에서는 이와 같은 번역을 한 것은 없다.

2) וְ + הֵילִילוּ - יָלַל(야랄, 비탄의 소리로 울부짖다)의 히필(사역 능동) 동사 완료

될 것이라는 말이다. 현재를 풍요 속에 사는 사람에게는 격변하는 날들이 달갑지 않다. 현재의 풍요로움이 언제까지나 지속되기를 바란다. 그래서 사회의 개혁을 원치 않는다.

(2) "**궁전의 노래**(쉬르, שִׁיר)" - '쉬르'는 영어에서 'song'으로 번역되었다. '쉬르'는 서정적인 노래(왕상 4:32), 즐거운 노래(창 31:27; 사 30:29), 개선의 노래(사 5:12), 사랑의 노래(사 5:12), 주연의 노래(사 24:9) 등등에서 쓰였다. 30개의 시편이 (표제에) 쉬르(노래 a song)라는 부제를 붙였다.

▶ 이 단어가 '미즈모르'라는 단어와 병행한 경우가 많다. 이 단어는 KJV에서 "psalm"(찬송시)로 번역되었다. 미즈모르(찬송시 a psalm)와 쉬르(노래 a song)가 어떠한 차이가 있는지 그 여부는 불명확하다. '쉬르'는 레위의 합창대의 노래, 순례자의 노래, 절기 때의 노래로 묘사한다. 미즈모르가 종교적 노래에 국한되는데 비해 쉬르는 경우에 따라 비종교적 노래를 의미할 수도 있다. 사 23:16은 기생(두로)의 노래를 언급한다. 암 8:10은 절기가 장례식으로 변할 수 있고, 마찬가지로 종교적 노래가 애가로 변할 수 있음을 시사해 준다. <바이블렉스>

(3) 그날에는 시체가 곳곳에 널려 있어서 침묵만이 흐를 것이다. 시끌벅적했던 궁궐에서 흘러나오는 가무(歌舞)는 이제 장송곡으로 바뀔 것이다. '잠잠히'(with silence, 하사, הָס)라는 단어는 감탄사로 '조용하라!, 잠잠하라!, 쉿!' 이라는 뜻이다.[1] 여기서는 죽은 자에 대한 비탄에서 나오는 말로 침묵을 지키라는 의미로 사용되었다. 침묵과 비통함 속에서 시체들을 옮겨야만 하는 상황이 곧 다가올 것이다.

Think

1) 이 단어는 사람에게나 말하는 것이나(암 6:10), 우는 것을 삼가라고 말할 때(느 8:11), 하나님 앞에서 경외나 존경의 침묵을 요구할 때나(합 2:20; 습 1:7), 죽은 자에 대한 비탄(암 8:3)에서 사용되었다.

아모스의 최후의 설교(4-14절)

1. 이제 아모스는 이스라엘이 멸망할 수밖에 없는 당시 사회상을 고발한다. 특별히 사회 경제적 불의를 지적한다.

(1) 먼저 타락한 시장(市場)의 모습을 보여주고(4-6절),
하나님의 심판으로 어떻게 곤고한 날을 맞아야 할 것을 보여준다(7-10절).
그리고 그들의 영적 기근이 혹심할 것이며 결국 영육이 지쳐 넘어질 것을 보여준다(11-14절).[1)]

8:4 "이 말을 '들으라'(שִׁמְעוּ 칼 동사 명령법) - 문두에 나와 있다.
'가난한 자'(에브욘, אֶבְיוֹן)를 '삼키며'(샤아프, שָׁאַף)[2)]
(그리고, וְ) 땅의 힘없는 자를 '망하게 하려는 자들'(לַשְׁבִּית)[3)]아

(1) **'이 말을 들으라**(Hear this)' - 문두에 나와 있다. '이것'(זֹאת)을 들으라고 강조하고 있다. 아모스의 강력한 의지가 담겨 있다.

(2) **가난한 자**(에브욘) - 성경에는 가난한 자들에 대한 이야기가 많이 등장한다. 굶주리는 사람들, 사회적인 불의 때문에 고통당하는 자들, 소작하는 농부들, 품삯을 받고 일하는 일꾼들, 고아와 과부들, 외국인들 등등. 물론 가난의 원인이 다양하지만, 특히 본문에서와 같이 권력에 대한 탐욕의 희생자들과 법체계 안에서조차 기만당하는 자들이 많았음을 보여주고 있다. 선지자들은 이렇게 가난한 자들을 억압하고, 강탈하고, 괴롭히고, 짓밟고, 학대하는 지도자들이나 사회를 비난하고 있다(암 4:1, 8:4; 사 3:14-15, 32:6-7).

▶ '에브욘'은 궁핍한 자, 가난한 자, '부족한 상태에 있는 자, 궁핍하거나 가난한 자'를 의미한다. 물질적으로 '가난한 자'에 대해 사용되며, 사회적으로 보호를 필요로 하는 자들에 대해 사용되었다. 선지서에서(예레미야, 에스겔, 아모스) 가난한 자들은 사악한 자들에 의하여(암 4:1) 압제받는 자들이다. 아모스는 특별히 그들의 권리에 대하여 지대한 관심을 가지고 있다(암 2:6, 5:12, 8:4, 6). 이 단어는 하나님 앞에 영적 상태에 대해 사용되었다. 암 2:6에서 에브욘은 '의로운'과 동의어로서 도덕적 영적 자질을 의미한다. "여호와께서 이와 같이 말씀하시되 이스라엘의 서너 가지 죄로 말미암아 내가 그 벌을 돌이키지 아니하리니 이는 그들이 은을 받고 의인을 팔며 신 한 켤레를 받고 가난한 자를 팔며"(암 2:6). 이들은 하나님께 도움을 구하며 하나님께 울며 호소하기도 한다(시 12:5, 70:5),

1) 김희보, 구약소선지서 주해, 총신대학교출판부

2) 여기서는 분사로 쓰였다. '샤아프'는 '헐떡거리다, 갈망하다, 유린하다, 게걸스럽게 먹다'라는 의미가 있다. 가난한 자들을 유린하는 자들을 가리킨다.

3) 샤바트(שָׁבַת) - 히필 부정사 연계형으로 '쉬다, 그치다, 중지하다'라는 의미이다. 히필(사역 능동)형으로 쓸 때는 '완전히 끝나게 한다'는 뜻을 갖는다.

(3) '**삼키며**'(샤아프, שָׁאַף) – '헐떡거리다(사 42:12; 렘 2:24), 유린하다, 게걸스럽게 먹다, 눌러 부수다, 짓밟다' 등의 의미가 있다. 가난한 자들을 유린하는 행위를 가리킨다(시 56:1-3*, 57:3; 암 2:7).

• 시 56:1 "하나님이여 내게 은혜를 베푸소서 사람이 나를 **삼키려고** 종일 치며 압제하나이다 2내 원수가 종일 나를 **삼키려 하며** 나를 교만하게 치는 자들이 많사오니 3내가 두려워하는 날에는 내가 주를 의지하리이다."

(4) '(그리고, וְ) 땅의 힘없는 자(the poor)' - '아나우'(עָנָו)[1]는 '가난한, 고통받는, 겸손한, 온유한'이라는 뜻이 있다. '아나우'는 고난의 의도적인 결과, 곧 '겸손'을 의미한다(민 12:3 - 모세의 온유함).[2] 하나님은 그의 백성에게 때로는 고난을 주시는데, 하나님이 의도하신 고난의 목적은 바로 모세의 온유함 같은 태도이다. 따라서 고난이 올 때 이를 잘 견뎌야 한다. '아나우'가 종종 '경건한 자들'을 가리키기도 했다(사 41:17, 49:13; 합 3:14 등). 물론 주님께 순종하는 겸손한 자를 말하기도 했다(시 10:27, 25:9; 사 61:1). 그러나 여기서는 '아나우'가 주로 사회적으로 비천한 자를 가리키고 있다(암 2:7; 사 3:14, 15).

이렇게 '땅의 힘없는 자'(궁핍하고 가난한 자)를 **'망하게 하려는 자들'**(לַשְׁבִּית)은 저주를 받을 것이라고 하나님은 경고하신다. 샤바트(שָׁבַת)가 히필(사역 능동)형으로 쓰일 때는 '완전히 끝나게 한다, 망하게 한다'는 뜻을 갖는다.

2. 사회적인 부정과 불의는 지배자들에게서만 나타나지 않는다. 평민들의 시장에서도 일어난다. 당시 무질서한 상도덕의 타락을 보라.

8:5 "너희가 이르기를 월삭(new moon, 초하루, חֹדֶשׁ)[3]이 언제 지나서
우리가 곡식을 팔며
안식일이 언제 지나서
우리가 밀을 내게 할꼬
에바를 작게 하고 세겔을 크게 하여
(되는 작게, 추는 크게 만들고 / 물건은 적게 주고 값은 올려 받자)
거짓 저울로 속이며

이들은 월삭(月朔)이나 안식일에는 매매를 쉼으로써 큰 손해를 본다고 생각했다.

8:6 은으로 힘없는 자를 사며
신 한 켤레로 가난한 자를 사며
찌꺼기 밀을 팔자 하는도다(찌꺼기 밀까지도 팔아먹자)"

(1) 월삭(月朔)은 그 달의 초하루를 가리킨다. 매달 월삭에는 나팔을 불며(시

1) 동의어로 '아나와'(ענוה)는 '겸손'(humility)을 가리킨다.

2) 겸손한 자는 하나님으로부터 은혜(과분한 호의)를 받음으로(잠3:34) 하나님을 그들의 구원자로 여기며, 경험으로 안다. 그들은 하나님이 찬양 받으실 때 기뻐하고, 하나님을 찾으며(시 69:32) 여호와의 규례를 지킨다(습 2:3).

3) 호데쉬 - 그 달의 시작을 언급할 때 '월삭'(new moon)으로 번역되었다. 안식일과 순회절기와 더불어 열거되었다(대하 8:13).

81:3; 민 10:10, 28:11-15) 제사를 드렸다. 이 날은 축제일이었다. 물론 월삭 역시 일하지 않는 날이다(참조, 겔 46:1*).

• 겔 46:1 "주 여호와께서 이 같이 말씀하셨느니라 안뜰 동쪽을 향한 문은 일하는 엿새 동안에는 닫되 안식일에는 열며 **초하루에도 열고**"

(2) 이들은 월삭뿐만 아니라 안식일도 속히 지나가기를 원했다. 빨리 이 날들이 지나가야 장사를 해서 돈을 벌 수 있기 때문이다. 종교적인 형식을 행했으나 마음은 세상을 향하여 있었다는 말이다.

▶ **그렇다면 왜 이들에게 안식일의 종교적 중요성이 강조되고 있는가?** 안식일 준수에 대한 계명이 다른 어떤 것보다 적극적임을 볼 수 있다(출 23:12, 31:15). 소극적으로, "일곱째 날은 안식일인즉 아무 일도 하지 말라"(출 20:10)고 언급되어 있다. 출 16:25-26에는 시내산에서 십계명이 주어지기 전에도 안식일을 준수했음을 보여준다.[1] 또한 안식일은 레 23:1-3에 보면 여호와의 절기 안에 포함되어 있다. 이 절기들은 기념일, 즉 이스라엘이 자기 민족 위에 내리신 하나님의 선한 손길에 대한 여러 측면들을 명상하는 시간을 갖기 위하여 정한 날이었다. 특히 그들이 이 절기를 지키는데 포함되어 있는 것은, '성회', 즉 예배를 위한 공식적인 행동이다. 그래서 가장 바쁜 시기인 밭 가는 시기와 추수기에까지 일을 하지 말라고 강조하고 있다(출 34:21).

1) 안식일은 인간에게 안식과 예배의 기회를 부여하기 위한 것이었다. 즉 거룩한 목적을 위해 구별한 것으로, 주님에게 헌신하는 날로 표한 것이다. 그 명령의 소극적인 면은 그들이 그 날에 일하지 않는 것, 즉 안식의 날로서 그 은혜스러운 취지를 나타내었다.

(3) 그런데 이 안식일이 당시 타락한 이스라엘 백성들에게는 무거운 짐이 되었다는 것이다. 이 날을 즐거운 날로 여기고 여호와의 성일로 여겨서 잘 지키면 특별한 복을 받는다고 약속하신다(사 58:13 이하, 사 56:2). 그러므로 안식일의 분위기는 즐거운 축제의 분위기로 진지하게 지켜야만 했다. 안식일의 구속사적 의미는 여기서 설명을 생략하자.

(4) "**우리가 (밀을) 내게 할꼬**"(וְנִפְתְּחָה־בָּר 밀을) - 파타흐(פָּתַח)의 칼 미완료, 연장형

'곡식을 시장에 내다 팔아야 겠는데(that we may open, that we may market wheat) 초하루 축제는 언제 지나지'라는 내용이다. 여기 '파타흐'(פָּתַח)라는 동사는 칼(Qal)형에서는 '열다'(open)라는 의미가 기본이 된다. 즉 "창고 문을 '열고' 내어 팔게 할꼬"라는 뜻이다. 칼 미완료 연장형을 씀으로써 이런 자들의 강한 욕망을 잘 드러내고 있다. 그러지 않아도 지금 바빠 죽겠는데 월삭이나 안식일 예배 때문에 억지로 쉬어야만 하는 욕심 많은 상인들을 지적해서 하는 말이다. 물론 오늘날도 이와 같은 유형의 성도들이 많이 있으렸다.

3. 시장(市場)에서 무엇보다 문제가 되는 것은 정직하지 못한 상술(商術)이다.

상도덕의 해이(解弛)는 그때나 지금이나 마찬가지인 것 같다.

(1) **"에바를 작게 하고 세겔을 크게 하여" "거짓 저울로 속이며"** - 즉 되는 작게, 추는 크게 만들고, 저울 눈을 속여 파는 행위를 말한다. 물건은 적게 주고 값은 올려 받는 행위를 지적하고 있다.

에바(Ephah) - '에바'는 애굽어에서 유래했다. 1호멜(이것은 당나귀에 실은 한 짐으로 생각된다)은 10에바였으며 1에바는 10오멜이었다. 스아는 1에바의 3분의 1이었던 것 같다.[1)]

세겔(shekel) - '(무게 단위의) 세겔 shekel'을 의미한다. 곡물을 사들일 때 저울의 한쪽 접시에 올려놓는 저울추를 말한다. 세겔은 가나안과 메소포타미아 전 지역에 걸쳐 공통적인 무게 단위였다. 세겔의 무게는 시간과 장소에 따라 약간씩 달랐던 것 같다.[2)]

(2) 상인들은 저울추를 무겁게 함으로써 고객들을 속였다. 호세아 선지자도 이런 일에 대하여 지적했다. "이스라엘은 저울을 속여 파는 장사꾼처럼 백성들을 속이기를 즐겨한다"(12:7, 쉬운성경). 미가 선지자는 어떻게 말하고 있는가?

"여호와께서 성읍을 향하여 외쳐 부르시나니 지혜는 주의 이름을 경외함이니라 ***너희는 매가 예비되었나니*** 그것을 정하신 이가 누구인지 들을지니라 악인의 집에 아직도 불의한 재물이 있느냐 **축소시킨 가증한 에바**가 있느냐 내가 만일 **부정한 저울**을 썼거나 주머니에 **거짓 저울추**를 두었으면 깨끗하겠느냐"(미 6:9-11).

(3) 물론 율법에는 이런 부도덕적인 행위를 엄격하게 금지하고 있다(신 25:13-16). "공평한 저울과 공평한 에바"를 사용할 것을 요구하고 있다(레 19:35-37). 이런 부정과 불의한 행위는 어느 시대에나 있었겠지만 오늘 우리 주위에는 그 도를 넘어서고 있다. 주일에 경건하게 예배 드리는 성도들도 이런 행동을 할까? 물론 어리석은 질문이다. 만약 성도들이 이런 일에 더욱 정직했다면 우리가 사는 곳은 지금보다 훨씬 밝은 사회가 되었을 것이다. 왜냐하면 상도덕은 건강한 사회의 질서와 정의를 위한 가장 기본적인 덕목이기 때문이다.

4. 이렇게 상도덕이 땅에 떨어진 세상에서 사회적인 정의를 찾아볼 수 없음은 당연한 일이다.

1) 에바는 액체 척도, 바트(bath)와 같은 단위였다. 에바는 밀가루, 보리, 그리고 볶은 곡식 같은 마른 물질을 재는데 사용되었다(삿 6:19; 룻 2:17; 삼상 17:17). 이런 곡식의 측정에 대해 엄중한 경고가 주어졌다. 다른 분량의 에바 척도는 허용되지 않았고(신 25:14; 암 8:5; 미 6:10), 공평한 하나의 에바만이 요구되었다(레 19:36; 신 25:15).

2) 그러나 최근의 증거는 이스라엘에 세 종류의 세겔이 사용되었음을 보여준다. 즉 대략 10g의 무게가 나갔던 성전 세겔과 11.5 내지 12g의 무게를 지닌 일상 세겔 즉 상인의 세겔, 그리고 대략 13g의 무게였던 중(重)세겔 즉 왕의 세겔이 그것이다. 성전 세겔은 20게라에 상당하였다(출 30:13; 레 27:25). 신약성경에서 세겔은 하루 노동의 표준 임금이었다.

(1) **"은으로 힘없는 자를 사며"** - 구약성경에는 은으로 만든 동전에 대한 명백한 언급은 없으나 은(銀, 케세프, כֶּסֶף)은 당시 거래의 통상 기준이 되었던 것 같다. 이 은으로 가난한 자를 샀다는 말은 몇 푼 돈을 위하여 인신매매를 했다는 말이다. 더욱이 "신(나알, נַעַל) 한 켤레도 안 되는 빚 때문에 가난한 자를 사고 파는 일"이 벌어졌다는 것이다. 암 2:6을 다시 한번 더 읽어 보자.

(2) **" '찌꺼기 밀'(잿밀)을 팔자 하는도다"** - 사람들이 먹는 음식물에 대해서도 그들의 양심은 마비상태였다. 이들은 곡식에다 약간의 겨를 섞어서 분량을 많게 해 부당한 이익을 남기려 했다. 물론 오늘날도 이런 일 때문에 골치가 아프다.

(3) 돈을 벌기 위해서는 수단과 방법을 가리지 않는 악덕 상인과 가난한 자들에게 곡물을 대여해 주고 그것을 갚지 못하면 가차 없이 노예로 삼는 매매상들, 그들은 누구인가? 그들이 안식일과 월삭과 축제일을 위선적으로 지키던 자들이라는 것이다. 그들이 당시 사회의 높은 지위에 있는 자들이라는 데서 우리를 경악케 하나 이런 일이 결국은 이스라엘을 멸망으로 이끈 원인이 되었다.[1] 이런 정직, 선 등은 오직 이스라엘에게만 요구된 것은 아니다. 세상 모든 민족이 이를 행하여야 한다. 하나님은 세상을 심판하시는 분이시기 때문이다(창 18:25).

(4) 물론 이런 위선적인 요소를 본인들이 잘 깨닫지 못할 수도 있다. 종교적인 열심이 하나님을 감동시킨다고 생각하기 때문이다. 이들이 엄청난 헌금을 할 수도 있고 각종 행사에 거금을 낼 수도 있다. 이런 위선적인 종교인들이 사람들의 칭송의 대상이 될 수도 있다(약 2:2-4 참조). 많은 사람들이 외모로 사람을 판단하기 때문이다(약 2:5, 6, 9).

(5) 믿음은 공동체의 삶이기도 하다. 따라서 공동체 안에는 다양한 신분의 사람들이 함께 생활하게 된다. 공동체 안에는 부자들도 가난한 자들도 있다. 그러나 인간은 편파적인 판단을 하기 쉽다. 그래서 쉽게 사람을 외모로 판단한다. 우리 인간들의 부(富)나 권세나 명예는 하나님의 영광 앞에서는 털끝만한 가치도 없다. 그런데도 가난한 형제들을 괄시하고, 부자들을 우러러보는 경향이 있다.

그래서 야고보는 이렇게 사람을 외모로 취하면 이는 "죄를 짓는 것"이라고 했다(약 2:9). 또다른 악행(惡行)이라는 말이다. 그러나, 여기서 야고보가 비

1) 이런 자들이 각종 행사에는 최고의 열심을 내는 위선적인 종교인들이었다고 고발하고 있다. 그러나 이들은 종교는 종교요 사업은 사업이라고 생각하는 자들이다. 삶과 종교가 철저하게 이분화 되어 있다. 이들에게 삶과 예배는 별개의 것이다. 이런 자들 때문에 지금 하나님은 이스라엘에게 마지막 심판을 선고하시는 것이다.

난하는 것은 부한 사람들이 아니라 동정심이 없는 부한 사람들의 행위였다. 하나님은 부자나 가난한 자를 막론하고 모두가 재물보다 하나님을 의지하고, 또 재물에 관계없이 서로 서로 사랑하기를 원하신다.

5. 그렇다면 이런 악행에 하나님은 눈감고 계실까?

8:7 "여호와께서 야곱의 영광을 두고 **맹세하시되**
내가 그들의 모든 행위(소위, 마아세, מַעֲשֶׂה)[1]를
절대로 잊지 아니하리라 하셨나니"

(1) **"야곱의 영광을 두고 맹세하시되"** - '영광'(가온, גָּאוֹן)이란 '높임, 위엄, 교만'이라는 의미이다. '야곱의 영광'이 무엇을 가리키는가. 서로 다른 견해가 있다. 부정적인 의미로 쓰인 경우에는 '겸손'의 반대인 인간의 교만(pride)을 가리킨다(잠 16:18). 자신의 힘으로 모든 것을 이루었다는 인간의 교만을 하나님은 용납하지 않으신다. 그러나 '야곱의 영광'을 하나님 자신으로 보는 견해도 있다. 암 4:2에서도 하나님은 자신의 거룩한 이름으로 맹세하셨음을 본다. 암 6:8에서도 하나님께서 "스스로를 가리켜 맹세하셨다"고 했다.[2] 여호와의 맹세는 저주(curse)의 형태를 취할 수도 있다. 이 저주를 가지고 여호와께서는 자신의 백성들의 불순종을 벌하신다.

(2) 하나님은 마치 세상에 안 계신 것처럼 역사하신다. 그래서 사람들은 악을 행하기에 용감하다. "악한 일에 관한 징벌이 속히 실행되지 아니하므로 인생들이 악을 행하는 데에 마음이 담대하도다"(전 8:11). 그러나 하나님은 이런 모든 악행(소위 - 백성들의 지나간 행위들)들을 "절대로(결코) 잊지 않을 것"이라고 잘라 말하신다. 오만하기 그지 없는 이스라엘의 방자한 태도와 그들의 삶을 결코 묵과하지 않으실 것이다. 이들은 앞에서 열거한 모든 죄악들에 대한 죄값을 반드시 치르게 될 것이다. 이를 잊지 말라는 것이다.

6. 아모스는 다시 한 번 수사학적 질문을 던지며, 그 심판의 확실성을 보여준다.

8:8 "이로 말미암아(for this, הַעַל זֹאת) - 이와 같은 이유로
땅이 떨지(라가즈, רָגַז, 흔들리다) 않겠으며
그 가운데 모든 주민이 애통하지(아발, אָבַל) 않겠느냐
온 땅이 강의 넘침 같이 솟아오르며
애굽 강 같이 뛰놀다가 낮아지리라"

1) 개역성경에는 '소위'라고 번역했다. 여기서는 인간의 '행위, 일'을 가리킨다. 인간의 악한 행위(전 4:3, 8:14)나 선한 행위(전8:14)를 가리켜 윤리적 의미로 나온다. 사람들은 악한 행위가 즉각적으로 징벌 받지 않기 때문에 악한 일을 하는데 신속하다(전 8:11).

2) 하나님이 자신이 맹세한 바를 수행한다는 사실의 절대적 확실성과 불변성을 강조하기 위해, '자기 자신을 가리켜'(창 22:16), '자신의 거룩함으로'(시 89:35), '자기 오른손으로'(사 62:8), '그의 큰 이름으로'(렘 44:26) 맹세하고 있음을 보게 된다. 히 6:13-19을 보라.

(1) '이로'(this, זֹאת) - 이것, 어떤 것? 즉 앞에서 열거한 이스라엘의 악행들(불의, 부정, 자만과 위선, 압제, 인권 유린, 착취 등등)을 가리킨다. 지금 하나님께서 심판하시고자 하는 것은(결과) 이스라엘의 악행들(원인) 때문임을 밝힌다.

(2) "어찌 땅이 떨지(라가즈, רָגַז, 흔들리다) 않겠느냐?" - '라가즈'는 문자적으로는 땅의 진동을 가리킨다(삼상 14:15). 또 하나님께서 심판하시려고 나타나실 때 세상 주민이 전율하는 것을 표현하기도 한다(사 64:2; 욜 2:1). 사람들은 하나님의 위대하신 행사, 즉 멸망시키시는 행사(신 2:25)와 은총의 행사(렘 33:9)에 전율한다. 또는 하나님의 심판으로 인하여 땅이 지진(암 1:1)으로 흔들리는 파괴를 의미하기도 한다. 어쨌든 멸망의 징조가 다가온다는 것이다. 그 징조 앞에 모든 주민이 슬퍼하며 애통하지(아발, אָבַל)[1] 않겠는가?

1) 슬퍼하다, 애도하다.

(3) "**온 땅이 '강'**(개역성경 - 하수)**의 넘침 같이**" - 여기서 '강'(하수, 예오르, יְאֹר)은 '운하 같은 수로, 나일강, 시내' 등을 의미한다. 영어성경은 애굽의 나일 강으로 번역하기도 했다(RSV, NASB, like the Nile). 심판이 오면 땅이 흔들리고, 온 땅이 나일 강의 넘침 같이 솟구쳤다가 다시 가라앉을 것이라는 말이다. "애굽 강 같이 뛰놀다가 낮아지리라."

최후 심판의 날이 오면(8:9–10)

1. "그 날에" 즉 심판의 날이 오면 어떤 일들이 벌어질까? 그 날은 죽음과 파멸의 날이 될 것이다.

8:9 "주 여호와의 말씀이니라
그 날에(בַּיּוֹם) 내가 해를 대낮에 지게 하여
백주에 땅을 캄캄하게 하며"

(1) 공포의 날이 엄습해 온다. '그 날'(in that day, בַּיּוֹם)은 언제인가? 물론 심판의 날이다(2:16, 8:3, 13). 한낮에 해가 지는 일이 벌어진다.[2] "그 날에 그런 일이 있으리라(וְהָיָה בַּיּוֹם הַהוּא), And it will come about in that day - NASB." '그 날에'라는 말이 강조되어 문두에 나와 있다.

2) 주전 763년 6월 15일에 그 지역에서는 일식이 있었다고 한다. 요나 선지자가 니느웨에 가서 회개를 외쳤을 때, 그곳 사람들이 회개하게 된 것도 당시의 일식으로 인하여 민심이 크게 동요되어 불안에 떨고 있었던 것이 그 원인 중 하나라고 말한다(김희보, 소선지서 주해).

8:10 "너희 절기를 애통으로,

너희 모든 노래를 애곡으로 변하게 하며
모든 사람에게 굵은 베로 허리를 동이게 하며
모든 머리를 대머리가 되게 하며
독자의 죽음으로 말미암아 애통하듯 하게 하며
결국은 곤고한(마르, מַר) 날과 같게 하리라"

(2) 이스라엘의 절기(유월절, 오순절, 초막절)는 노래하며 기뻐하는 그들의 명절이다. 그러나 그 절기가 애통(에벨, אֵבֶל - 슬픔, 비탄)으로, 그리고 절기 때에 부르는 모든 노래가 애곡(키나, קִינָה - 애가, 장송곡, 만가)으로 변하게 될 것이다. 그래서 모든 사람이 굵은 베 옷을 입게 하시겠다는 말씀이다. 머리를 모두 밀어서 대머리가 되게 하실 것이다. 삭발은 슬픔의 표시이기도 했다(렘 47:5). 어쨌든 이런 슬픔들이 너무 커서 마치 외아들을 잃은 날과 같게 될 것이다. "결국은 곤고한(마르, מַר) 날과 같게 하리라"

'마르'(מַר) - 마르 또는 마라는 마라르(מָרַר, 쓰다, 쓰라리다, 괴롭다, 비통하다)에서 유래했으며, (a) '쓴, 괴로운', (b) '비통, 괴로움'을 의미한다. 마르는 비유적 용법에서 파괴적이고 가슴이 찢어지는 상황에 대한 감정적인 반응을 표현하는 것이다.[1)]

1) • 여자의 경우에 불임과 출산을 못하는 것, 삼상 1:10,
- 죽기를 바라나 죽지 않음, 욥 3:20,
- 가정의 혼란, 창 27:34,
- 소수의 사람들에 대한 착취와 박탈, 에 4:1,
- 개인적 고통과 고난, 욥 7:11, 10:1; 사 38:15,
- 적의에 찬 불확실한 상황, 시 64:3, 믿는 자의 배교에 대한 비탄, 렘 2:19,
- 불신자들에 대한 하나님의 심판, 습 1:14,
- 흐리멍텅한 지도력에 대한 불만, 삼상 22:2,
- 꿈과 열망의 무산, 겔 27:30, 31.

여호와의 말씀을 듣지 못한 기갈(8:11-12)

1. '하나님의 말씀을 듣지 못했다니?' 그것은 있을 수 없는 일이다. 그러나 실제로 그랬다는 것이다.

8:11 "주 여호와의 **말씀이니라**
보라(הִנֵּה) - 주의를 환기시키는 감탄사이다. (예언적) 미래에 되어질 일을 보라.
날이 이를지라(days are coming, בָּאִים are coming(분사) יָמִים days)
내가 기근(라아브, רָעָב)을 땅에 보내리니
양식이 없어 주림(라아브, רָעָב)이 아니며
물이 없어 갈함(짜마, צָמָא)이 아니요
여호와의 말씀을 듣지 못한 기갈이라"

(1) 외아들을 잃은 날과 같이 종교적인 축제의 날이 비통한 탄식으로 변할 날이 올 것이라는 선언에(10절) 이어, 이스라엘 백성이 그렇게 무시했던(2:12,

7:10-17 참조) 여호와의 말씀조차 중단될 것이라고 선언하신다.

(2) "내가 기근(라아브, רָעָב)을 땅에 보내리니(הִשְׁלַחְתִּי)[1]"
이스라엘에서 가장 유명한 기근은 엘리야 시대에 3년 동안 비가 오지 않음으로 인한 기근이었다. '보내리니'라는 단어는 히필형(사역 능동) 동사이다. 이 기근이 징계의 하나로 하나님께로부터 오는 것임을 보여준다. "내가 보낼 것이라"는 의미이다. 기근에는 굶주림과 배고픔이 가장 참기 힘든 일이다. 그러나 여기서는 양식이 없어 굶주림이 아니고 물이 없어서 목마른 것이 아니라고 말씀하신다. 그 어떤 기근보다 더 큰 기근이 있으리라는 말이다.

1) 샬라흐(שָׁלַח-보내다, 쫓아내다, 내보내다)의 히필(사역능동)형 완료이다.

2. 그렇다면 가장 큰 기근은 무엇인가?

(1) "(surely not, כִּי אִם) 여호와의 말씀을 듣지 못한 기갈이라"

'듣다'(샤마, שָׁמַע)라는 말은 '귀를 기울이다'(listen to), '순종하다'(obey)라는 뜻이다. 하나님의 백성들에게 큰 복 중의 하나는 제사장에게서는 율법의 말씀을 듣고 선지자들에게서는 묵시를 듣는 일이다. 그런데 이제 더 이상 이것들을 들을 수 없게 될 것이다. 하나님이 그들을 떠나셨기 때문이다(호 5:6; 겔 7:26).

(2) 결국 가장 큰 기갈은 하나님의 말씀을 듣지 못하는 기갈이라는 것이다. 그러나 이들은 아모스가 하나님의 메시지를 전했을 때 일부러 들으려 하지 않았던 자들이다. 하나님은 말씀을 계시하는 분이지만 이에 경청하지 않을 때 거두시는 분이기도 하다. 시편 74:9을 읽어보자.* 그들이 부르짖어도 하나님의 말씀이 들려지지 않을 때의 고통을 표현하고 있다.

• 시 74:6 "이제 그들이 도끼와 철퇴로 성소의 모든 조각품을 쳐서 부수고 7주의 성소를 불사르며 주의 이름이 계신 곳을 더럽혀 땅에 엎었나이다 8그들이 마음속으로 이르기를 우리가 그들을 진멸하자 하고 이 땅에 있는 하나님의 모든 회당을 불살랐나이다 9우리의 **표적은 보이지 아니하며 선지자도 더 이상 없으며** 이런 일이 얼마나 오랠는지 우리 중에 아는 자도 없나이다."

(3) 위와 같은 상황은 오늘 우리에게도 해당된다. 지금 우리는 하나님의 말씀이 홍수처럼 범람하고 있음을 안다. 마음만 있으면 얼마든지 하나님의 말씀을 듣고 배울 수 있다. 얼마나 많은 세미나와 말씀 연구 모임이 있는가? 당시에도 수많은 집회에서 하나님의 말씀을 들었을 것이다. 그러나 그렇게 많은 설교를 들어도 사회는 잘 변화되지 않는다. 아니 공동체가 변하지 않는다. 그렇다면 그 수많은 설교와 강의가 무슨 소용이 있겠는가? 그러나 지금도 말씀이 바로 증거되고 전파되는 곳에 역사가 일어남을 경험하지 않는가! 말씀이 왜곡되어 증거되거나 메신저의 야망에 하나님의 말씀이 이용당한다면 열매는 없고 잎만 무성한 나무만 길러내는 것이 아니겠는가? 아무래도 잘못

전달하거나 무조건 읽기만 해서 그런 것인가? '아니, 무조건 믿기만 해!' '아니, 뭘 믿어?'

3. 하나님은 말씀을 주실 때도 있지만 거두실 때도 있다는 사실을 그들은 실감하지 못했다.

• 겔 7:24 "내가 극히 악한 이방인들을 데려와서 그들이 그 집들을 점령하게 하고 강한 자의 교만을 그치게 하리니 그들의 성소가 더럽힘을 당하리라 25패망이 이르리니 그들이 평강을 구하여도 없을 것이라 26환난에 환난이 더하고 소문에 소문이 더할 때에 그들이 **선지자에게서 묵시를 구하나 헛될 것이며 제사장에게는 율법이 없어질 것이요** 장로에게는 책략이 없어질 것이며"

(1) 에스겔서에서 볼 수 있는 것처럼 말씀이 희귀할 때가 바로 패역한 사회였음을 보여주고 있다(겔 7:24-26*).

(2) 하나님의 말씀이 희귀해지면 어떤 상황이 벌어지게 될까? 아모스의 설명을 들어보자.

8:12 "사람이 이 바다에서 저 바다까지,
북쪽에서 동쪽까지 **비틀거리며**
여호와의 말씀을 구하려고 **돌아다녀도 얻지 못하리니**"

(3) '**비틀거리며**'(누아, נוּעַ) - '흔들리다(shake), 동요하다(reel, stagger), 방황하다(wander)'라는 의미가 있다. 이스라엘은 방향 감각을 잃고 말씀을 구하려고 이리저리 배회하는 자들이 될 것이다. 그렇다고 이들이 진정으로 여호와의 말씀을 사모하여 방황하는 것일까? 아니다. 오히려 환난을 당하여 어찌할 바를 모르고 방황하고 있는 모습을 그려주고 있다. "그 날에 아름다운 처녀와 젊은(건장한) 남자가 다 갈하여 쓰러지리라"(13절). 젊은 사람이 기진하여 쓰러질 정도라면, 어린아이들과 노인들은 그 심각성이 더 클 것이다(암 5:2). 사막에서 물을 구하다 기진하여 죽어가는 모습은 너무 비참하지 않은가! 지금 그런 상황이 곧 현실화 될 것이다. 왜냐하면 하나님께서 그렇게 선포하셨기 때문이다.

4. 우상 숭배에 깊숙이 빠져 있던 자들에게 내리시는 최후의 경고를 보라.

8:14 "사마리아의 죄된 우상을 두고 맹세하여 **이르기를**
단(דָּן)[1]아 네 신들이 살아 있음을 두고 맹세하노라 하거나
브엘세바(בְּאֵר־שָׁבַע)가 위하는 것이
살아 있음을 두고 맹세하노라 하는 사람은
엎드러지고
다시 **일어나지 못하리라**"

1) 북이스라엘의 최북단 도시. 벧엘과 더불어 북이스라엘의 공적 국가 성소가 있는 곳이다.

(1) 북이스라엘 멸망의 직접적인 원인을 보여주고 있다.

'사마리아의 죄된 우상'이라고 번역된 말은 원문에서는 '사마리아의 죄'(שֹׁמְרוֹן쇼므론, 사마리아 בְּאַשְׁמַת[1])라고 되어 있다. '아쉬마'(אַשְׁמָת)는 '잘못 행함, 죄를 범함'을 의미한다. 물론 여기 사마리아의 죄가 되는 것은 이들의 우상을 가리키는 것일 것이다(호 8:5, 6, 10:5* 참조). **"사마리아여 네 송아지는 버려졌느니라** 내 진노가 무리를 향하여 타오르나니 그들이 어느 때에야 무죄하겠느냐. [6]이것은 이스라엘에서 나고 장인이 만든 것이라 참 신이 아니니 **사마리아의 송아지가** 산산조각이 나리라"(호 8:5-6).

1) 전치사(בְּ) + (אַשְׁמַת) - (아쉬마, אַשְׁמָת, 죄, 유죄, 범죄)의 여성 명사, 단수, 연계형) - by the sin, by the guilt

• 호 10:5 "**사마리아 주민이 벧아웬의 송아지로 말미암아** 두려워할 것이라 그 백성이 슬퍼하며 그것을 기뻐하던 제사장들도 슬퍼하리니 이는 그의 영광이 떠나감이며"

(2) 북이스라엘에 우상이 심겨진 것은 북왕국이 시작하면서부터이다. 북이스라엘의 창건 왕 여로보암 1세는 남유다와 관계를 끊으면서 벧엘과 단에다 여호와의 성소를 세웠던 것이다. 그 일차적 이유는 백성들이 예배하려고 예루살렘 성전으로 가는 것을 막기 위해서였다(왕상 12:27). 아마, 그는 솔로몬 성전에 있는 두 그룹을 염두에 두고 금송아지를 만든 것 같다.[2] 물론 이런 개념으로 만들었다 해도 송아지는 다산(多産)의 상징이었기 때문에 이 대좌라는 개념은 점점 희미해져갔을 것이고, 또한 대중 신앙에서 송아지는 가나안 족속의 영향으로 인하여 여호와와 동일시되었을 것이다(왕하 17:15-16; 호 8:5). 이로 인해 이스라엘 백성이 배교하게 되었다.

2) 동교재, 호세아 174면이하의 설명을 가져옴.

• 만약 여로보암이 노골적으로 우상 숭배를 요구했더라면 그는 북쪽 지파들의 신임을 얻지 못했을 것이다. 이 송아지들은 여호와께서 그 위에 앉으신 대좌(臺座, pedestals -주춧대)인 것 같기도 하다(왕상 12:28, 32). 심지어 여호와께서 언약궤 위 그룹 사이에 앉으셨을 때의 대좌인 것 같다(출 25:22; 민 7:89).

5. 북이스라엘이 그 마지막 내리막길로 치닫고 있을 때, 즉 마지막 왕 호세아가 통치할 때에 우상 숭배에 대해서 어떻게 말하고 있는가 보라.

(1) 왕하 17:15-16를 주의 깊게 읽어보자.

"여호와의 **율례**와
여호와께서 그들의 조상들과 더불어 세우신 **언약**과
경계하신 **말씀**을 버리고
허무한 것을 뒤따라 허망하며
또 여호와께서 명령하사 따르지 말라 하신
사방 이방 사람을 따라
[16]그들의 하나님 여호와의 모든 **명령을 버리고**
자기들을 위하여 **두 송아지 형상을 부어 만들고**
또 **아세라 목상**을 만들고
하늘의 **일월 성신을 경배하며**

또 **바알을 섬기고**"(왕하 17:15-16).

(2) 자, 상황이 이런데도 북이스라엘 사람들은 아모스의 마지막 경고를 무시했다. 뒤이어 등장한 호세아의 메시지도 이와 동일했다. "왜 송아지는 버려지고 하나님의 진노가 타오르게 되었는가?"(호 8:5). 호세아 선지자는 그 이유를 이렇게 설명하고 있다.[1)]

1) 동교재, 호세아서에서의 설명을 가져옴.

8:6 "이것은(for, כִּי) - 5절의 이유는 설명하고 있다. 왜 하나님의 진노가 타오르는가?
이스라엘에서 나고 - 우상은 이스라엘에게서 나온 것이다.
장인이 만든 것이라 참 신이 아니니
사마리아의 송아지가 산산조각이 나리라"

(3) 금송아지는 하나님이 허락하신 것이 아니다. 그 송아지는 이스라엘에게서 나온 것이다. 또한 기능공들이 만든 것이다. 그러므로 송아지는 참 신이 아니다. 따라서 사마리아에 있는 신상 송아지는 산산조각이 날 것이다. 시내 산에서 아론의 금송아지도 부숴졌던 것처럼, 토막날 것이다. 우상숭배를 하는 목적은 무엇인가? 이들 백성들은 우상숭배를 통해 풍요를 원했다. 이스라엘은 우상숭배를 통하여 '바람'을 심었다고 했다(호 8:7). 바람은 여기서 실체나 가치가 없는 것을 상징한다. 설령(אוּלַי호 8:7, 혹시) 이들의 노력으로 약간의 알곡(=번영)을 얻는다 해도 이방 나라들이 그것마저 삼킬 것이다. 결국 광풍을 거둘 것이라고 했다. 광풍은 파괴적인 하나님의 심판을 상징한다(시 83:15; 사 29:6*).

• 시 83:15 "**주의 광풍**으로 그들을 쫓으시며 주의 폭풍으로 그들을 두렵게 하소서."

• 사 29:6 "만군의 여호와께서 우레와 지진과 큰 소리와 회오리바람과 폭풍과 맹렬한 불꽃으로 그들을 징벌하실 것인즉."

(4) 오늘날과 마찬가지로 호세아 왕 당시의 상황도 국제정세가 복잡하게 돌아갔다. 호세아는 앗수르에 의해 세워진 꼭두각시 왕이었다. 자연히 호세아는 이스라엘의 안전망이 앗수르에 달려 있다고 생각했다. 그래서 앗수르와 그 동맹관계를 철저히 했다. 그러나 그 결과는 어떠했을까? 호세아 8:8에서는 이렇게 설명하고 있다.

• 호 8:8 "이스라엘은 **이미 삼켜졌은즉**(=이미 삼키웠다) - '이미 삼켜졌다' (נִבְלַע)[2)]고 니팔(수동) 완료 동사를 사용했다.

2) 발라(בָּלַע) - '삼키다, 들이키다.' 비유적으로 정복하거나 사로잡는 것을 말한다. 멸망과 폐허의 상징으로도 사용했다(사 3:12). 본문에서는 니팔 동사 완료형이다. 이미 멸망했다는 것이다.

이스라엘은 홀로 떨어진 들나귀(פֶּרֶא)'처럼' 앗수르를 찾아 도와달라고 빌었다. 이스라엘은 앗수르에게 많은 예물을 보내며(호 6:13, 10:6) 도움을 요청했다. 또한 값진 기름을 애굽에 보내기도 했다. 애굽 역시 강대국으로 앗수르와 대적 관계에 있었다. 이 틈바구니에서 호세아 왕은 양쪽의 눈치를 보기에 급급했다. 물론 왕국에서도 끊임없이 갑론을박이 있었을 것이다. 아모스와 호세아가 계속 여호와께 의지하고 돌아오라고 해도 이들은 국가의 운명이 이들 강대국의 손에 달려 있다고 굳게 믿었다.[1)]

(5) 호세아 선지자는 에브라임(북이스라엘)은 많은 제단을 만들었다고 했다(호 8:11). 그러나 이 제단이 오히려 범죄케 하는 요인이 되었다.

• 8:11 "에브라임은 '죄를 위하여'(לַחֲטֹא) - to sin, for sin
제단을 많이 만들더니(=만들었기 때문에)
그 제단이 그에게 **'범죄하게 하는 것'(לַחֲטֹא)이 되었도다'"**

6. 다시, 아모스 8:14을 읽어보자.

(1) **"사마리아의 죄된 우상을 두고 맹세하여 이르기를"** - 물론 이스라엘 백성들은 여호와의 이름으로 맹세해야 할 것을 교육받아 왔다(신 6:12-14, 10:20).

• 신 6:12 "너는 조심하여 너를 애굽 땅 종 되었던 집에서 인도하여 내신 여호와를 잊지 말고 13네 하나님 여호와를 경외하며 그를 섬기며 **그의 이름으로 맹세할 것이니라** 14너희는 다른 신들 곧 네 사면에 있는 백성의 신들을 따르지 말라."

(2) 그러나 이들은 지금 '사마리아의 죄된 우상'을 두고 맹세하고 있다.
'맹세하다'(샤바, שָׁבַע) - '샤바'라는 동사는 '맹세하다(sware), 엄명하다(adjure)'를 의미한다. 샤바는 니팔(칼 동사 수동) 형으로 가장 많이 사용되었는데 그 의미가 본 어간의 특징인 재귀적 강조 용법을 반영하고 있다. 즉 '맹세로서 자신을 묶다'(to bind oneself by an oath)가 된다(예: 창 26:3).[2)]

맹세한다는 것은 맹세하는 자가 어떤 약속을 신실하게 수행하겠다는 증거로, 또는 진실하게 어떤 악한 행동을 범하지 않겠다는 증거로 파할 수 없는 신성한 말을 주는 것이었다(창 21:23, "거짓되이 행하지 아니하기를 ~에게 맹세하라"). 그러므로 거짓 맹세하는 것은 여호와의 이름을 욕되게 하는 것이다(출 20:7, 레 19:12). 그러므로 여호와의 맹세는 여호와의 약속의 확증과 동등하다. 여호와께서는 족장들에게 가나안 땅을 주시기로 맹세하였고(신 1:8, 6:10,18, 6:23), 이스라엘의 조상들과 맺은 언약을 맹세로 인증하셨다(신 4:31,

1) 후에 호세아는 디글랏 빌레셀 3세가 죽자 앗수르를 배반하고 애굽을 전적으로 의지했다. 따라서 디글랏 빌레셀 3세의 아들 살만에셀의 침공을 받았고, 이 침공으로 이스라엘은 망하게 된다.

2) 히필형으로 사용될 때 이 어형은 전형적인 사역의 의미를 지닌다. 즉 '아무개로 하여금 맹세하게 하다'를 의미한다(예: 왕상 2:42, "내가 너로 여호와를 가리켜 맹세하게 하고").

7:8, 12, 29:12 이하).

(3) 그런데 이스라엘은 지금 "단(דָּן)[1]아 네 신들이 살아 있음을 두고 맹세한다"고 했다. 단은 딘(דִּין)에서 유래했으며, '심판'을 의미한다. 이 성읍은 여로보암 왕 때 금송아지를 두었던 곳으로서 우상숭배의 중심지가 되었다(왕상 12:28-30, 15:20).

"브엘세바가 위하는 것이 살아 있음을 두고 맹세하노라 하는 사람은
('브엘세바 신의 살아 있음을 두고 맹세하다'고 말하는 사람들아!)
엎드러지고(나팔, נָפַל)"

'브엘세바'는 유다 왕국의 최남단의 성읍이다. 이미 5:5에서 자세히 살펴보았다. '브엘세바' 역시 열심 있는 자들의 순례 코스가 되었다. 여러 가지 이유로 이곳은 성지로 여겨졌을 것이고(삼상 8:1-2) 북이스라엘에 사는 사람들도 그 먼 길을 찾아와 순례했던 것 같다. 그러나 이런 종교적인 열심에도 불구하고 아모스는 이들의 죄를 지적하고 있지 아니한가.

"**브엘세바가 위하는 것**"이란 무엇인가?
원문에는 '브엘세바의 길'(בְּאֵר־שָׁבַע Beersheba דֶּרֶךְ the way)이라고 되어 있다. 여기서 데레크(דֶּרֶךְ)란 무슨 뜻일까?[2]

(4) 데레크는 '길, 도로' 등의 뜻 말고도 은유적 용법으로 가끔 사람의 활동과 행위를 묘사한다. 사람은 의인의 길 혹은 악인의 길을 따른다(시 1:6). 의인의 길은 "여호와의 길"과 밀접하게 관계된다. 부모들은 자녀들에게 "여호와의 도를 지키라"고 명령하게 되는데(창 18:19; 잠 22:6), 이것은 하나님 율법의 규례와 계명에서 발견된다(왕상 2:3).

또 데레크는 '태도' 혹은 '습관'을 의미하기도 한다. 어쨌든 "브엘세바가 위하는 것이 살아 있음을 두고 맹세한다"는 말은 북이스라엘 사람들이 종교적 열심을 가지고 국경을 지나 유다 남쪽 지역까지 순례하는 광신적 열정주의를 지칭하는 말인 것 같다(암 5:5).

(5) 진정으로 하나님을 찾기 위하여 그런 열정을 보이는 것이 아니라 종교적 열정으로 자신들의 유익을 위하여 이런 성지(聖地)를 찾아다니는 자들은 모두 엎드러질 것이다, 쓰러져서 다시는 일어나지 못할 것이라는 말이다.

1) 단은 단 지파의 성읍을 가리키며, 원래의 이름은 라이스 또는 레센이었다. 이 곳을 단 자손이 정복하여 '단'이라는 이름으로 바꿨다(삿 18:29; 수 19:47). 단은 이스라엘의 북쪽 경계였으며, 따라서 "단에서부터 브엘세바까지"라는 말은 이스라엘 전 지역을 가리킨다(삿 20:1).

2) 데레크는 다라크(דָּרַךְ)에서 유래했으며, '길(way), 도로, 여행, 태도(manner), 습관(habit), 인생행로, 행위, 일, 일의 방식'을 의미한다.

아모스 8장 요약 정리

여름 과일 환상과 최후의 설교

- '여름 과일이 담긴 광주리' 환상의 의미는 무엇인가?
- 이런 환상을 보여주신 이유는 무엇인가? "내 백성 이스라엘의 끝이 이르렀은즉"에서 '끝'이라는 단어가 가지는 의미는 무엇인가?
- 그 날, 즉 북이스라엘의 마지막 날 어떤 변화가 있을 것인가? (3절)
- 이스라엘이 멸망 당할 수밖에 없는 상황이 계속되고 있었다. 특히 상도덕의 해이(解弛)는 극에 달하고 있었다. 어떤 일들이 벌어졌는가? (4절)
- 사회적인 부패는 지배자들뿐만 아니라 평민들에게도 나타났는데, 특히 장사에 눈이 어두운 사람들의 정신 상태가 어떠했는가? (5절상)
- '에바를 작게 하고 세겔을 크게 하고'라는 말은 거래에서 어떤 행동을 했다는 말인가?
- 돈을 더 벌기 위해 수단 방법을 가리지 않는 악덕 상인들의 실태는 어떠했는가? (6절)
- 당시의 상도덕의 해이를 오늘 우리 주위에서도 볼 수 있다. 실례를 들어 설명해 보라.
- 하나님은 이런 악행들에 어떻게 반응하시는가? "야곱의 영광을 두고 맹세하되"라는 말의 의미는 무엇인가? (7절)
- 아모스는 심판의 확실성을 무엇으로 비유하여 설명하는가? (8절)
- 최후의 심판 날이 오면 어떤 일이 있겠다고 했는가? (9절)
- 하나님은 그 날에 기근을 땅에 보내시겠다고 하셨는데, 가장 큰 기근을 무엇이라고 했는가? (11절)
- 말씀이 희귀해지면 어떤 상황이 벌어지는가? (12절)
- '단과 벧엘과 브엘세바'가 이스라엘에게 어떤 곳이었나?
- 북이스라엘의 멸망의 직접적인 원인 중 하나는 무엇인가? (우상 숭배에 관련하여 설명해 보라)
- 왕하 17:15-16을 읽어보고 당시의 북이스라엘이 멸망할 수밖에 없었던 상황을 설명해 보라.

Think

- 북이스라엘의 멸망은 어디에서부터 시작되었을까? 지도자들에게서부터? 아니면?
- 그렇다면 평민들은 어떠했을까? 당연히 부패했다. 왜 그럴까?
- 하나님께서 성도에게 원하시는 거룩한 삶은 거창한 것을 요구하는 것이 아니다. 시장(市場)에서 상도덕이 건강하다면 그 사회는 정말로 건강하다고 말할 수 있다. 아모스 당시의 상도덕이 땅에 추락했음을 보았다. 우리가 살고 있는 지금은 어떨까?
- 하나님의 일을 자기 혼자 다하는 것처럼 떠들어대는 사람들을 자세히 들여다 보라. 가장 기초적인 삶이 건강하지 않을 수도 있다.

최후의 환상과 이스라엘의 회복

이스라엘은 몹시 교만했다. 자신들이 선택받았다는 우월감 때문이었다(암 6:1). 이들은 지금 번영을 누리고 있고, 지금까지 주위에서 이스라엘을 괴롭히던 민족들도 크게 세력을 떨치지 못했다. 이스라엘이 강해졌기 때문이다. 그들은 그러면서도 복과 번영을 가져다 주는 '여호와의 날'을 사모하고 있었다. 그러나 하나님은 그 날이 영광의 날이 아니라 빛과 어둠의 날이요 슬픔의 날이 될 것이라고 했다(5:17).

이제, 아모스는 마지막 환상을 보고 있다. 하나님은 언약을 어기며 돌이키지 않는 이스라엘을 심판하기 위해 직접 자리에서 일어나셨다. 아모스는 하나님이 제단 곁에 서 계신 것을 보았다. 하나님은 이렇게 명령하신다. "(성전) 기둥 꼭대기를 문지방이 흔들릴 정도로 쳐라. 그래서 기둥들이 사람의 머리 위에 무너져 내리게 하라. 살아 남은 사람은 내가 칼로 죽이겠다."(암 9:1). 하나님은 죄많은 나라 이스라엘(물론 유다도 포함)을 계속 지켜보고 계셨다. 도저히 가망이 없음을 보시고 "내가 이스라엘을 땅에서 없애 버리겠다"고 선언하신다(9:8a). 그러나 "야곱의 자손을 완전히 없애지는 않겠다"고 약속하셨다(9:8b). 이제 하나님은 이스라엘의 알곡을 추려내기 위해 체질하도록 명령을 내리신다. 그러니까 이스라엘에게 심판을 집행하시는 분이 바로 하나님이시다(암 9:1-4). "화가 우리에게 미치지 아니하며 임하지 않을 것이라"는 헛된 꿈을 꾸는 모든 죄인은 죽을 것이라고 하셨다(9:10). 그러나 궁극적으로 이스라엘이 회복될 것임을 아울러 선포하신다. 물론 그에 대한 궁극적 성취는 먼 훗날 그리스도의 초림으로 이루어질 것이다.

Outline 9

제7장 하나님의 심판과 아모스의 환상
1. 아모스의 제1환상(1-3절)
2. 아모스의 제2환상(4-6절)
3. 아모스의 제3환상(7-17절)

제8장 아모스의 환상과 최후 설교
4. 아모스의 제4환상 (8:1-3)
5. 아모스의 최후 설교(8:4-14)

제3부 아모스서의 결론

제9장 멸망의 최후 환상과 이스라엘의 회복

1. **아모스의 최후 환상(9:1-6)**
2. **의인은 망하나 남은 자는 믿음으로 살리라 (9:7-10)**
3. **메시아의 날과 다윗의 무너진 장막 회복(9:11-15)**

by 김희보, 소선지서주해(아모스)

▶ **멸망의 최후 환상**

- 아모스가 보니 주님께서 제단 곁에 서 계셨다(9:1).
- 하나님의 명령
  (1) "기둥 머리(꼭대기)를 문지방이 흔들릴 정도로 쳐라. 그래서 그것이 부서져서 사람들의 머리 위에 떨어지게 하라."
  (2) 만일 이런 심판 중에서 살아 남은 자는 어떻게 하실 것인가? '만일'(אִם)이라는 가정법을 다섯 번이나 사용하여 결코 하나님의 심판을 피할 수 없음을 강조하고 있다(9:2-4).
  (3) 하나님의 능력의 위대함을 묘사함 - 그는 만군의 여호와(야웨 쯔바오트)이시다.
- 주님은 계속 범죄한 나라를 주목하여 보신다. 그리고 그들을 지면에서 없애 버리실 것이다. 그러나 야곱의 자손을 완전히 없애지는 않겠다고 약속하셨다(9:7-10). 그러기 위해서 알곡을 걸러내기 위한 체질을 하실 것이다.

▶ **다윗의 무너진 장막을 일으키실 것이다(9:11-15).**

- 다윗의 장막(수카 - 여기서는 오두막 집을 상징한다) - 지금 다윗의 장막은 무너진 장막과 같은 상태에 있었다.
- 하나님은 다윗과 영원한 왕조를 약속하셨는데(삼하 7:14이하), 백성들이 언약을 어기고 죄에서 떠나지 않으므로 지금은 무너진 장막과 같은 상태에 있었다.
- 하나님은 그 허물어진(퇴락한 곳) 것을 일으켜서 옛날처럼 세우실 것이다.
- 하나님은 이 무너진 것과 같은 다윗 왕가를 회복시켜 다시 일으키실 것이다.

▶ **"보라 날이 이를지라"(9:13-15).**

- 죄에서 돌이키지 않는 이스라엘과 유다를 심판하실 것이지만 그렇다고 아주 고사시키지는 아니하실 것이다.
- 하나님은 약속의 땅으로 회복을 약속하심으로써 남은 자들을 격려하신다(9:13-15). 이제 무너진 다윗의 장막은 새로운 축복의 시대를 열게 될 것이다. 아주 훗날에 때가 되어 그 성취를 보게 될 것이다.

최후의 환상(9:1–6)

9장에서는 마지막 환상을 보여주신다. 이스라엘 성전이 무너질 것이라는 이스라엘의 최후의 멸망이 선포된다. 아모스는 제단 곁에 계시는 여호와를 보았고, 그가 말씀하시는 것을 들었다(9:1). 성전 전체가 무너질 것인데 그 안에서 경배하는 자들을 죽이라고 명령하신다. 이 환상은 앞의 환상들과는 다르게 아모스를 통해 전달하시지 않고 하나님께서 직접 나타나셔서 말씀하신다.

1. 아모스는 지금 주께서 제단 곁에서 말씀하시는 하나의 환상을 보고 있다.

9:1 내가 보니(רָאִיתִי) - '라아'(רָאָה)의 칼 동사 완료 - '보다, 바라보다, 조사하다'
주께서 제단 곁에 서서 이르시되
(הַמִּזְבֵּחַ the altar־עַל beside נִצָּב standing אֲדֹנָי the Lord־אֶת)

(1) 아모스는 하나님께서 제단 곁에[1] 서 계시는 것을 보고 있다. 그런데 이 제단(alter, 미즈베아흐, מִזְבֵּחַ)[2]이 어디에 있는 제단인지 확실치 않다. 정관사(הַ)를 붙인 것으로 보아 지금까지 언급한 벧엘 성소에 있는 제단을 가리키는 것인지(암 3:14 참조), 아니면 예루살렘의 놋제단을 가리키는지 확실치 않다(겔 9:2 참조). 만일 후자를 가리킨다면, 이 메시지가 단순히 북이스라엘만을 향한 것이 아니라 남유다도 동시에 경고하는 것이 된다(암 4:4, 6:1, 8:14, 9:7 등에서는 동시에 남유다도 함께 언급하고 있다). 또 이스라엘 지역에 흩어져 있는 수많은 산당들과 성소들을 포함하는 것일 수도 있다.

(2) 어쨌든 이제 백성들의 예배 근거지였던 성소는 무너지게 될 것이다. 그 파괴의 철저함을 이렇게 표현하고 있다.

"(너는) —— **쳐서**(쳐라, הַךְ) - '나카'(נָכָה)의 히필(사역형) 동사 명령법
/기둥 머리를(=기둥 꼭대기)
(וְ 그렇게 해서) 문지방이 움직이게 하며
그것으로 **부서져서**
무리의 머리에 (떨어지게 하라)"

(3) "**너는** 기둥 막대기를 치라"고 명령하고 있는데, 누구에게 내리시는 명령인지 분명치 않다. 아모스에게 내리시는 명령일까? 아니면 주님 옆에 서 있는 천

1) '곁에(옆에)'라는 '알'(עַל)이라는 단어는 '~위에, ~의 곁에, ~에 대해, ~을 넘어서'라는 여러 의미를 갖고 있다. 그래서 by 또는 beside로 번역했다. upon으로 쓸 경우에는 어떤 물체를 하감한다는 뜻이 있다(KJV). 또 '알'(עַל)이라는 단어는 '~에 대항하여'라는 뜻도 있다. 만약 이런 경우라면 부정적인 의미로 하나님께서 지금 성전을 부서뜨리고 서 계신 모습이라고 할 수 있다.

2) '미즈베아흐'는 주로 오경과 역사서에 나온다. 돌제단(수 8:31), 토단(출 20:24), 나무 제단과 놋제단(출 38:1), 나무 제단과 금제단(출 30:1-6)이 있다. 모세는 시내 산에서 성막과 관련된 제단과 희생 제사에 관한 지시를 받았다. 짐승 제물을 위해 마련된 제단은 '놋제단' 혹은 '번제단'이었다. '향단' 혹은 '금단'으로 불리는 다른 제단이 있었다(출 39:38, 40:5).

군천사에게(출 12:12, 23 참조) 내리시는 명령일까? 어쨌든 기둥 꼭대기를 쳐서 문지방까지 흔들리게 하라는 것이다. 그 파괴의 철저함을 통해 우리는 범죄한 북이스라엘의 징벌이 어떠할 것임을 짐작할 수 있다.

"그것으로 부서져서(וּבְצַעַם - And break them)
무리의 머리에 (떨어지게 하라 - 원문에는 없음)"

(3) 기둥 꼭대기를 문지방이 흔들 정도로 쳐서 그 기둥들이 사람들 머리 위에 무너져 내리게 하라는 것이다. 결국 성소 전체가 무너지게 하여 그곳에서 경배하는 자들을 다 죽이라고 명령하신다. 범죄한 (남북)이스라엘에게 내리시는 징벌이 얼마나 철저할 것인가를 보여주고 있다.

만일 도망가려고 하는 자가 있다면 여호와께서 그들을 칼로 쳐서 그 중에서 한 사람도 도망하거나 피하지 못할 것이다. "내가 그 남은 자를 칼로 죽이리니 그 중에서 한 사람도 도망하지(누스, נוּס)[1] 못하며 그 중에서 한 사람도 피하지(말라트, מָלַט)[2] 못하리라"(9:1하). 범죄한 백성은 하나님의 진노에서 결코 피할 수 없다는 말이다.

1) '도망하다, 달아나다, 탈주하다'

2) '피하다, 도망하다, 구출(구원)하다.' - 여기서는 죄에 대한 심판을 피할 수 없다는 개념으로 쓰였다(왕상 19:17; 암 2:14-15).

2. 만약 그런 심판 중에서 피하여 남는 자가 있다면 어떻게 하실 것인가?

9:2 "만일(Though, אִם) 그들이 파고 스올(שְׁאוֹל)[3]로 들어갈지라도
내 손이 거기에서 붙잡아 낼 것이요
만일(And though, וְאִם) 하늘로 올라갈지라도
내가 거기에서 붙잡아 내릴 것이며
9:3 만일(And though, וְאִם) 갈멜 산 꼭대기에 숨을지라도
내가 거기에서 찾아낼 것이요
만일(And though, וְאִם) 내 눈을 피하여 바다 밑에 숨을지라도
내가 거기에서 뱀을 명령하여 물게 할 것이요
9:4 만일(And though, וְאִם) 그 원수 앞에 사로잡혀 갈지라도
내가 거기에서 칼을 명령하여 죽이게 할 것이라
내가 그들에게 주목하여
화를 내리고 복을 내리지 아니하리라 하시니라"

3) 죽은 자의 거처, 음부 / 무덤, 땅 밑 세계, 죽음의 상태를 뜻하는 말이다(욘 2:2). 히브리어 '쉐올'은 대부분 '음부'(陰府)로 번역되었다.

(1) 아모스는 '만일'(אִם)이라는 가정법을 다섯 번이나 사용하여 결코 하나님의 심판을 피할 수 없다는 것을 강조하고 있다. 왜냐하면 하나님의 통치가 온

세상에 미치기 때문에 설령 '스올'(שְׁאוֹל - 지하 세계, 무덤, 지옥, 돌아올 수 없는 곳)의 깊은 곳으로 내려간다고 할지라도 그들을 끄집어올릴 것이다. 설령 하늘에 올라가거나 갈멜 산[1] 꼭대기에 숨는다고 해도 하나님은 그들을 찾아내실 것이다. 만약 바다 밑으로 도망간다면? 그러면 하나님은 바다 독사(뱀, 나하쉬)로 하여금 물게 하실 것이다. 포로로 끌려간다 해도 잡혀간 그곳에서조차도 계속해서 하나님의 징계를 받게 될 것이다. 결국 범죄한 이스라엘은 심판을 피할 수 없다는 말이다.

1) 갈멜 산에는 숨을 수 있는 굴이 많다고 함.

(2) 아모스는 계속해서 심판자이신 하나님의 능력의 위대함을 묘사한다. 하나님은 어떤 분이신가?

9:5 "주 만군의 여호와(the Lord GOD of hosts)는 땅을 **만져** 녹게 하사
거기 거주하는 자가 **애통하게 하시며**
그 온 땅이 강의 넘침 같이 **솟아 오르며**
애굽 강 같이 **낮아지게 하시는 이요**"(암 8:8 참조)

(3) '주 만군의 여호와'(the Lord GOD of hosts, אֲדֹנָי יְהוִה הַצְּבָאוֹת) - 하나님을 강한 '전사(戰士)-왕'으로 묘사할 때 '만군의 여호와(야웨 쯔바오트)'라는 성호를 사용했다.[2] 이 칭호가 군사적 의미를 가지고 있지만 전 우주에 대한 여호와의 통치권을 가리키기도 한다. 암 4:13에서는 이 용어가 그가 산과 바람을 창조했다는 사실과, 그리고 자연을 어거하는 그의 권능과 관련되어 있다(참조: 암 5:8 이하, 9:5 이하). 그는 모든 세력을 지배하는 통치자로서 그의 통치는 장엄하고 찬란하다(참조: 시 84:1; 사 28:5 이하).

2) 이 칭호는 언약의 칭호이다. 특별히 언약의 백성들이 원수들에게 공격을 당할 때 물리쳐 주시며 모든 전쟁을 승리로 이끄시는 하나님의 칭호로 사용했다.

여호와께서는 세상의 어떤 군대가 이스라엘을 공격한다 해도 위기에서 건져내실 수 있으시다. 그러나 이스라엘이 범죄했을 경우는 또 다른 문제에 직면하게 된다. 즉 하나님께서는 이들 이방인의 강한 군대들을 사용하여 하나님을 거역하는 이스라엘을 징계하신다는 점이다. 이스라엘이 하나님께로 돌아오지 않으면 여호와는 군대들을 동원하여 이스라엘을 칠 수 있고 그들을 포로로 잡혀가게 할 수도 있었다(참조: 사 10:5-34).

(4) "땅을 **만져** 녹게 하사" - 하나님은 땅을 녹게 하기 위하여 어떤 열(熱)을 더할 필요가 없으시다. 그가 땅에 손을 대시면 땅이 녹아내리기 때문이다. 주께서 심판하려고 이 땅에 오실 때 우주적인 혼란을 초래하실 것이다(암 8:8 참조). 그의 능력에 대해서는 시편 104:32*을 읽어보자.

• 시 104:32 "그가 땅을 보신즉 땅이 진동하며 산들을 만지신즉 연기가 나는도다."

9:6 "그의 궁전을 하늘에 **세우시며** (하늘에 높은 궁전을 지으시고) - 표준새번역
그 궁창의 기초를 땅에 **두시며** (땅 위에 푸른 하늘을 펼치시며)
바닷물을 **불러** 지면에 **쏟으시는 이니** (바닷물을 불러 올려서 땅에 부으시는 이)
그 이름은 **여호와시니라**"

(5) 당시는 자연을 신격화 하던 시대였다. 그러나 여호와는 이런 우주 만물을 직접 지으신 분이시다. 당시 바알을 믿던 사람들은 비를 가져다 주는 신은 농경신인 바알이라고 믿었다. 그러나 선지자는 이 땅에 비를 가져다주는 분은 여호와라고 선포한다. 그는 바닷물을 불러 올려서 땅에 부으시는 분이시다. 아모스는 여호와의 장엄하심과 권능과 능력을 묘사하고 있다. 보라, 이분이 바로 여호와시다. "그 이름은 여호와시니라"(The LORD is His name., יְהוָה שְׁמוֹ). 누가 과연 이런 하나님 앞에 설 수 있단 말인가!

야곱의 자손을 완전히 없애지는 않겠다 (9:7-10)

1. 지금 이스라엘을 벌하시려는 하나님의 계획에는 변동이 없다. 하나님은 직접 이스라엘을 향하여 자신의 계획을 밝히신다.

9:7 "여호와의 **말씀이니라**
이스라엘 자손들아
너희는 —— 구스(쿠쉬, כּוּשִׁי, 에디오피아 사람) 족속 같지 아니하냐
/내게
내가 —— 올라오게 하지 아니하였느냐"
/이스라엘을 애굽 땅에서,
/블레셋 사람을 갑돌(크레데섬, כַּפְתּוֹר)[1]에서,
/아람[2] 사람을 기르[3]에서

(1) 이스라엘 백성들에게 하나님의 심판이란 꿈에도 생각하지 못한 일이었다. 하나님 앞에 선민으로서의 특권 의식이 있었기 때문이다(암 3:2). 따라서 심판보다는 영광이 기다리고 있다고 생각했다. 그러나 본문은 "**우리에게는 재앙이 닥치지 않는다**고 말하는 죄인은 칼에 죽을 것이다"(암 9:10)라고 했다.

(2) 지금 하나님은 수사학적 질문을 통해 그런 꿈(선민 의식)을 깨라고 말씀하신다. 7절에서 하나님은 이스라엘이 주변 국가들보다 결코 나은 족속이 아니

1) 카프토르-갑돌은 블레셋사람들의 고향으로 알려져 있다(암 9:7; 렘 47:4; 신 2:23) / 크레데 섬을 가리킨다.

2) 아람은 족장시대의 상부 메소포타미아와 관련되어 있다. 아브라함은 아람의 조상 나홀의 형제이다(창 22:20-21). 이삭(창 25:20)과 야곱(창 28:5)은 모두 아람의 여자들과 결혼하였다. 야곱 자신은 '유리하는 아람 사람'(신 26:5)으로 묘사된다.

암 9:7에는 하나님께서 이스라엘인들을 애굽(남쪽)에서 데려왔을 뿐만 아니라 블레셋인들을 갑돌(서쪽)에서, 아람인들을 기르(북동쪽, 엘람?)에서 데려왔다고 언급한다.

3) 카스피 바다와 흑해 사이에 있는 앗시리아 지역(사 22:6). 디글랏 빌레셀 4세가 앗시리아의 수도 다마스커스를 정복한 후에 그곳 주민을 메소포타미아의 기르라는 지역으로 이주시켰다(BC. 733년경, 왕하 16:9; 암 1:5). 암 9:7에 의하면 이곳은 아람으로 이주하기 전에 시리아인의 조상들이 살았던 곳으로 나타난다.

라는 점을 예를 들어 설명하신다. 즉 모든 민족의 움직임과 운명을 통제하시는 분이 바로 하나님 자신이라는 사실을 분명히 하신다. 이스라엘에서 아주 멀리 떨어져 있는(에스더 1:1, 8:9; 사 18:1; 겔 29:10; 습 3:10) '구스 족속'(에디오피아 족속, 사 18:1, 2)이나 블레셋 사람들이 이스라엘 사람과 무엇이 다르다는 말인가? 이런 선언은 선민 의식에 가득찬 이스라엘 백성들에게 충격적인 선언이었을 것이다. '우리가 멸망 받아야 할 대상인 이방 민족과 결코 다르지 않다니!'

• 암 3:2 "내가 땅의 모든 족속 가운데 너희만을 알았나니 그러므로 내가 너희 모든 죄악을 너희에게 보응하리라 하셨나니"

(3) 인류의 역사를 주관하시는 분이 누구인가? 바로 여호와 하나님이시다. '이스라엘뿐만 아니라 모든 나라를 주관하신다'(아모스 1-2장 참조)는 점을 분명히 밝히신다. 그러나 하나님은 특별히 이스라엘 백성과 언약 관계를 맺으셨다. 따라서 이스라엘이 언약 백성이 된 것은(암 3:2*) 어디까지나 하나님의 주권적인 선택의 결과였지 이스라엘이 본질적으로 다른 민족보다 우월했기 때문이 아니다. 그렇기 때문에 이스라엘은 하나님 앞에서 언약 백성으로서의 삶을 살아가야 했다. 그런데 이들은 하나님의 언약을 어기고 주변 나라들보다 도덕적인 면에서 오히려 더 악을 행하고 있지 아니한가? 그러므로 심판은 언약을 어긴 결과로 오는 당연한 귀결이다. 이제 멸망의 때가 왔고 하나님도 더 이상은 용서를 하시지 않겠다는 것이다.

2. 이스라엘은 비록 언약 관계에 있는 백성이지만 이들에게 하나님께서 작정하신 형벌이 취소되지 않는다.

1)עֵינֵי אֲדֹנָי יְהוִה - 신인동형론적인 표현으로 하나님께도 눈이 있는 것으로 묘사된다.

9:8 "보라(Behold, 힌네, הִנֵּה) - 주의를 환기시킨다.
'주 여호와의 눈'[1]이 범죄한 나라를 주목하노니
내가 그것을 지면에서 멸하리라
그러나(אֶפֶס)
야곱의 집은 온전히 멸하지는 아니하리라
여호와의 말씀이니라"

(1) 하나님의 눈은 도처에 있으며 선과 악을 감찰하신다고 했다(잠 15:3, "여호와의 눈은 어디서든지 악인과 선인을 감찰하시느니라"). 하나님의 눈은 온 세상 전체에서 의인을 지키는 데 집중하고 있으며(대하 16:9), 한편으로는 죄인을 파멸시키기 위해 죄인들에게 집중하고 있다(암 9:8). 인간은 여호와의 눈에(여호와의 보시기에) 올바르게 행할 수도 있고(왕상 15:11) 악을 행할 수도 있다(왕상 16:25).

(2) 선과 악을 감찰하시는 하나님께서 "범죄한 나라를 주목하신다"고 했다. 여기서 '범죄한 나라'는 북이스라엘 왕국을 가리키는 것인가, 아니면 하나 하나 모든 나라를 다 주목하신다는 말일까? 제일차적으로는 북이스라엘을 가리키지만 남유다 역시 배제되지 않는다고 보아야 한다. 물론 세계 어느 나라도 여기서 예외가 되지 않는다.

"**내가** 그것을 지면에서 **멸하리라**"(הִשְׁמַדְתִּי- 히필<사역 능동> 동사 완료)

여기 '**멸하리라**'는 동사는 히필형 동사이다. '내가 반드시 멸하리라'는 강한 뜻이 내포되어 있다(I will destroy it). 더욱이 '지면으로부터'(מֵעַל[1] פְּנֵי) 아예 말살해 버리시겠다는 뜻이다.

3. 그렇다면 아예 싹도 남기지 않으시겠다는 말인가?

"그러나(에페스, אֶפֶס) - Nevertheless, saving that, yet
야곱의 집은 온전히 멸하지는 아니하리라"
לֹא not הַשְׁמֵיד 절대형(=utterly) אַשְׁמִיד 히필, 미완료 אֶת־בֵּית יַעֲקֹב

(1) 여기 '(내가) 멸하리라'(אַשְׁמִיד)는 동사 앞에 같은 동사의 infinitive 절대형이 겹칠 때에는(הַשְׁמֵיד 히필, 절대형)[2] '온전히'(totally, utterly)라는 강조의 뜻이 된다. 그러니까 야곱의 집은 '아주 온전히는' 멸하지 않으시겠다는 뜻이다. 결국 '남은 자'를 두시겠다는 말씀이다.

(2) 야곱의 집은 북이스라엘을 가리킬 것이나 여기서 남유다를 배제하지 않는다. 비록 인간들은 범죄하나 그래서 그 징벌을 피할 수 없으나, 남은 자를 두셔서 그들에게서 새 싹이 나게 하여 새로운 역사를 이루어 가실 것이다.

4. 그러기 위해서는 하나님은 알곡을 걸러내는 작업을 하실 것이다.

9:9 "(왜냐하면, For, כִּי) - 앞절과 연결시키면서,
보라(behold, הִנֵּה) - 새로운 주의를 환기시킨다.
내가(아노키, אָנֹכִי) '명령하여'(מְצַוֶּה) - 짜바(צָוָה, 명령하다)의 피엘, 분사
이스라엘 족속을 만국 중에서 체질하기를
체로 체질함 같이 하려니와
그 한 알갱이도 땅에 떨어지지 아니하리라"

1) מֵעַל(from upon) עַל(upon)보다 강한 뜻으로 장소의 이동을 말한다. 그러니까 지상에서 삭제해 버리고 말살해 버리겠다는 뜻이다.

2) 본 동사 앞에서 부정사 절대형이 올 때에는 '강조부사'로 번역한다. '내가 멸하리라' 앞에 부정사 절대형은 강조의 뜻으로 '온전히'는 멸하지 않겠다는 내용이다.

(1) **'명령하여'** - 피엘(강조 능동)형 분사로 그 뜻이 강조되어 있는데, 여기에 '내가'(아노키)란 단어가 있어 그 뜻을 더욱 강조하고 있다. "내가 내 뜻을 분명히 밝혀(똑똑히 들어라.) 명령하겠다"는 말이다. 그렇게 해서 이스라엘을 체질하시겠다고 말씀하신다.

(2) **"이스라엘 족속을 만국 중에서 (내가) 체질하기를[1]"** - 이스라엘을 심판하시되 세상 나라들이 보는 앞에서 심판하실 것이다. 본래 곡식을 체질하면 불필요한 것들은 모두 걸러지고 알곡만 남게 된다. 이는 이스라엘이 만국 중에 흩어져서 고통을 받게 될 것이란 의미인가? 그러나 다른 견해도 있다. 즉 "그 한 알갱이도 땅에 떨어지지 아니하리라"라는 이어지는 설명을 보아 본절이 의미하는 바는 이스라엘이 만국 중에 흩어지게 되는 것을 가리키는 것이 아니라 돌멩이로 표현된 악인 하나라도 하나님의 심판 체질 가운데서 피할 자가 없을 것이라는 말씀이라는 것이다.[2]

(3) 어쨌든, 주의 심판이 확실할 것임을 강조하고 있다. 설령 "내 백성 중에서 말하기를 '화가 우리에게 미치지 아니하며 이르지 아니하리라' 하는 모든 죄인은 칼에 죽으리라"고 했다. 그들 중에 하나님의 심판을 피하여 살아남을 자는 한 명도 없다는 것이다. 노아 시대의 사람들도, 소돔과 고모라 시대의 사람들도 종말에 대한 여호와의 경고에 귀를 기울이지 않았다. 지금 아모스는 이와 동일한 메시지를 선포하고 있는 것이다. 그러나 대부분의 사람들은 아모스의 경고에 귀를 기울이지 않았다. 아직은 경제도 탄탄하고, 종교적 열정도 대단한데 아모스의 종말론적 심판의 메시지가 공허한 메아리로만 들렸을 것이다.

1) '체질하다'(누아, נוע) - '흔들리다, 떨다, 비틀거리다, 방황하다.' 본문에서는 히필형(사역 능동)으로 쓰였는데, 이는 사역적 의미를 표현한다. 하나님께서 심판 시에 이스라엘을 '흔드신다.'

2) 류호준, 아모스, 크리스챤다이제스트, 471면. 재인용.

Think

다윗의 무너진 장막을 일으키시리라(9:11-15)

1. 아모스의 메시지는 긍정적인 소망으로 끝을 맺는다. 그 심판 너머에 있는 영화로운 시대가 올 것이라는 것이다.

(1) 하나님께서 작정하신 심판은 확정적이다. 그 심판은 여러 번 되풀이 해서 선포되었다. 오히려 종말론적 심판이 없다고 하는 죄인들은 칼에 죽을 것이라고 했다(10절). 정말로 종말론적 심판으로 모든 것이 끝난다면 이스라엘에 대한 여호와의 은혜와 자비, 그리고 선택은 아무런 효과가 없었다거나 전혀 무력했단 말인가?

(2) 그러나 이스라엘과 유다와 열방들은 여호와의 나라로 보존되고, 회복되며, 하나가 될 것이라는 희망의 메시지가 선포된다. 여호와는 언약에 충실하시기 때문에 회개하는 모든 민족에게는 언제든지 은혜와 자비를 기꺼이 베푸신다는 사실을 마지막으로 선포한다.

9:11 "그 날에(In that day, 바욤 하후 בַּיּוֹם הַהוּא) - 언제?
내가 다윗의 무너진 장막(수카, סֻכָּה)[1]을 일으키고(쿰, קוּם)
그것들의 틈(분열)[2]을 막으며
그 허물어진 것을 일으켜서 옛적과 같이(옛날처럼) 세우고"

(3) "그 날"은 언제를 가리킬까? 물론 여기에도 다양한 견해가 있다. 지금까지 너무도 부정적인 메시지를 보내다가 갑자기 밝은 미래를 언급하기에 어떤 학자들은 후대에 삽입한 것이라는 주장도 한다. 그러나 이사야나 호세아, 미가 선지자들도 밝은 미래를 언급하고 있음을 볼 때, 아모스 역시 같은 영화로운 미래를 언급한 것은 이상할 것이 없다. '그 날'은 선지자가 계속 언급했던 '여호와의 날'을 의미한다(암 2:16, 5:18, 8:9, 11, 9:11, 13). 물론 죄인들에게는 두려운 심판의 날이지만 '남은 자'들에게는 구원의 날이요 기쁨의 날이다.

어쨌든 11-12절에서는 다윗 왕조가 회복되어 주변 나라들을 정복하게 될 때를 묘사하고 있다. 그리고 13-15절은 사로잡혀간 이스라엘이 자기들의 땅으로 다시 돌아와 번영과 안전을 누리게 될 때를 그리고 있다.

장막(수카, סֻכָּה) - '수카'는 나뭇가지를 엮어 만든 임시 오두막을 가리킨다.

1) 수카는 '임시 오두막'에 대해 사용되었다. 가축을 위한 임시 우리(창33:17), 들에 친 군사들의 임시 막사(삼하 11:11; 왕상 20:12, 20:16). 포도원의 망대(사 1:8; 욥 27:18), 태양열을 피하는 보호처(욘 4:5; 시 31:20), 여호와의 임시 보호처로서 구름(시 18:11; 삼하 22:12; 욥 36:29)을 묘사한다. 이 단어는 초막절과 관련하여 사용되었다.

2) '그들의 분열'은 무엇을 말하는 것일까? 다윗 왕국이 남북으로 갈린 두 왕국을 말하는 것일까? 그렇다면 두 왕국이 그 날에 가서는 '한 다윗 왕'을 모시고 통일될 것을 예언한 것일 것이다(호2:2, 3:5; 겔 37:22).

임시 막사의 특성은 허약성에 있다. 반면에 오헬(tent, אֹהֶל)은 영구적으로 거하는 장소나 집을 말한다. 여기서 '수카'라는 말을 쓴 것은 거의 다 무너진 큰 집이나 궁전 또는 성읍의 모습을 연상케 한다.

(4) "내가 ~일으키고(쿰, קוּם)" - 그런데 거의 허물어진 장막(수카)을 "내가(여호와께서) 다시 일으키시겠다"는 것이다. "그것들의 틈을 막으며 그 허물어진 것을 일으켜서 옛적과 같이(옛날처럼)[1] 세우고"라고 했다.

"일으키다"란 뜻을 가진 '쿰'(קוּם)은 '일어서다, 일어나다, 일으키다, 세우다'를 의미한다. 이 단어는 다양한 문맥에서 나타나지만 근본적으로 엎드린 위치에서 일어나는 것을 의미한다(예: 수 3:16). 특별히 언약과 관련된 문맥에서 종종 등장한다. 하나님은 자기의 언약을 인간에게 알리시며(창 9:11) 그가 친히 그것이 성취되게 만들 것이라고 선언하신다(창 17:19).

(5) 하나님은 영원한 왕조를 약속하셨다. 이 왕조는 결코 끝나지 않을 것이라고 하셨다. "그 왕위(보좌)가 영원할 것이다." 다윗과 맺은 이 언약을 '영원한 언약'(베리트 올람, everlasting covenant)이라고 했다(삼하 23:5).[2] 하나님은 자기의 언약을 세운(종종 '쿰'의 히필형) 여러 역사적 순간들을 기억하신다(출 6:4). 그리고 언약적 복이 인간의 순종에 달려 있음을 그들이 기억해야 된다고 계속 말씀하셨다(신 28:9). 물론 그 복이 인간의 공로 때문에 오는 것이 아님을 그들은 결코 망각해서는 안 된다(신 9:5).

"내가 일으킬 것이다"(אָקִים - קוּם의 히필형 미완료) - 히필(사역 능동)형 동사를 씀으로써 하나님께서 자기의 능력으로 '일으키시리라'는 강한 뜻을 내포하고 있다. 그 어떤 인간의 노력으로 세워지지 못한다. 그러므로 여기 쿰은 언약을 개시하는(체결하는, 칼라트, כָּרַת) 의미가 아니라, 언약을 '확정하다, 확립하다'(confirming or establishing)라는 의미를 갖는다. 궁극적으로 인간의 모든 약속은 이루어지지 않으나 하나님의 언약은 설 것이다. 하나님의 일시적 언약들은 그의 영원한 언약을 계시하는 단계들이며 이 영원한 언약은 파기할 수 없는 그의 계획(사 46:10)과 목표(사 14:24)의 표현이다. 하나님의 뜻(언약)은 예수 그리스도의 인격과 사역 속에서 가장 완벽하고 가장 완전하게 표현되었다(예: 갈 3장; 히 9장).[3]

(6) 물론 다윗의 후손들이 통치하는 왕조는 무너진 장막(수카)처럼 몹시 허약하다. 왜 그럴까? 다윗의 후손들이 언약을 어기고 다윗의 길로 가지 않았기 때

1) '옛적과 같이'란 언제를 가리킬까? 그 옛날 다윗 때와 솔로몬 때만을 가리키지 않는다. 오히려 여기서 의미하는 바는 "영원히 견고케 하리라"(삼하 7:11-16)는 그 약속을 포함하는 말이다.

2) 특히 시편 89편에서는 다윗의 혈통이 '왕조의 날'이 아닌 '하늘의 날과 같이'(28, 29절) 지속될 것과 그의 보좌는 해와 달과 같이 계속될 것을(36-38절) 확언하고 있다.

• 시 89:28-29 "그를 위하여 나의 인자함을 영원히 지키고 그와 맺은 나의 언약을 굳게 세우며 또 그의 후손을 영구하게 하여 그의 왕위를 하늘의 날과 같게 하리로다."

3) 바이블렉스 <쿰>

문이다. 그러나 여호와의 신실하심 때문에 다윗의 왕조는 영원히 지속될 것이라고 선언하신다.

"내가 그것들의 틈(균열된 곳, 갈라진 곳)을 막으며
그 '허물어진 것'(퇴락한 곳)을 일으켜서(쿰, קוּם)
옛적과 같이(옛날처럼) 세우고(바나, בָּנָה,재건하다, 지속시키다)"

(7) 하나님께서는 다윗과 시온의 집을 잠시동안 헐어버림으로써 그들을 징벌하시기는 하지만, 구원을 가져오시는 그의 목적이 영원히 망쳐질 수는 없다는 것이다. "옛적과 같이"(in the days of old) 다시 세우실(בְנִיתִיהָ -내가 **그녀를** 세우리라)[1] 것이다. 예레미야가 이런 사실을 잘 언급하고 있다(렘 1:10, 18:7-10, 42:10). "처녀 이스라엘아 내가 다시 너를 세우리니 네가 세움을 입을 것이요"(렘 31:4, 참조: 렘 24:6, 33:7). 오늘 본문에서도 다윗의 집을 재건할 것을 약속하셨다(암 9:11). '세우다'(바나)라는 말은 도성이나 왕궁이나 요새가 되는 성읍을 세울 때에 사용되는 말이다.

1) 바나(בָּנָה)의 칼 동사, 완료, 와우 계속법 / 여기서 **그녀**는 통일된 다윗 왕국을 말한다.

2. 그렇다면 다윗 왕국을 다시 세우시려는 목적은 무엇인가?

9:12 "(לְמַעַן)[2] - 목적, In order that…may
[원문 첫 마디가 לְמַעַן로 시작하고 있다. 즉 목적을 말하고 있다.]
그들이(=이스라엘이) —— 기업으로 얻게 하리라 (=하려고)
/에돔의 남은 자와
/내 이름으로 일컫는 만국을
이 일을 행하시는 여호와의 말씀이니라"

2) 레마안(לְמַעַן) - 목적, 의도, ~할 목적으로, ~하기 위하여.

(1) 이스라엘(다윗의 집과 그에 속한 모든 자)로 하여금
① 에돔의 남은 자와(에돔에서도 남은 자들이 있을 것이다)
② 내 이름으로 일컫는 만국을(나에게 속한 모든 민족을, 내 이름을 부르는 모든 나라를)
기업으로 얻게 하려고(소유케 하려고) 다윗 왕국을 다시 세우시겠다는 말이다. "이 일을 행하시는" 분이 바로 여호와이시다. 여호와께서 다윗 왕조를 다시 세우시는 주도자요 실행자이심을 밝힌다.

(2) **'남은 자'**(셰에리트, שְׁאֵרִית) - '나머지, 남은 것, 남은 자, 살아남은 자, 후손'을 가리킨다. 거의 대부분의 사례에서 문맥상 그 남은 자는 이스라엘 집에서 불러온 자 또는 올 자로 나타난다. 화자(話者) 또는 기자가 생존할 당

시에 존재하고 살아 있던 이스라엘 중의 남은 자, 즉 역사상의 남은 자를 가리킬 경우가 있다(사 37:4*참조). 그런데 이 단어의 의미가 이스라엘의 궁극적, 미래의 남은 자를 뜻하는 예언적 전문 용어로서 사용되어졌다.

- 사 37:4 "당신의 하나님 여호와께서 랍사게의 말을 들으셨을 것이라 그가 그의 상전 앗수르 왕의 보냄을 받고 살아 계시는 하나님을 훼방하였은즉 당신의 하나님 여호와께서 혹시 그 말로 말미암아 견책하실까 하노라 그런즉 바라건대 당신은 이 **남아 있는 자를 위하여** 기도하라 하시더이다 하니라."

(3) 지금 아모스는 이스라엘과 유다가 포로로 끌려가고 흩어질 것이라고 말한다. 그래서 '남은 자들'이 이런 무너짐과 흩어짐 후에 한 나라의 핵심을 이룰 것이라는 것이다. 다윗 왕과 맺은 언약이 다 소멸되는 것이 아닌가 생각하겠지만, 여호와께서 이 왕가를 다시 회복시키셔서 비록 이스라엘과 유다에 원수같이 여기는 '에돔과 같은 여러 민족들의 시민들'[1]이 다윗의 후손의 복을 받은 권속들이 될 수 있도록 하실 것이라는 것이다.

- 계 5:9 그들이 새 노래를 불러 이르되 두루마리를 가지시고 그 인봉을 떼기에 합당하시도다 일찍이 죽임을 당하사 **각 족속과 방언과 백성과 나라 가운데에서 사람들을 피로 사서 하나님께 드리시고** 10 그들로 우리 하나님 앞에서 나라와 제사장들을 삼으셨으니 그들이 땅에서 왕 노릇 하리로다 하더라

(4) 아모스의 이 예언은 사도행전에서 성취되었음을 볼 수 있다. 주 예수의 교회로 회심한 이방인들의 자격에 대해서 논쟁이 일어나자 이 긴박한 문제를 다루기 위해 제1차 예루살렘 공의회가 열렸다(행 15장). 이때 아모스의 예언에 대한 호소가 있었다(행 15:16-17). 물론 갑론을박이 있었지만, 이때 베드로가 일어나 하나님께서 자신을 선택하셔서 이방인에게도 복음을 전하게 하셨음을 증거했다(행 15:7-11). 이에 장내는 잠잠해졌고(행 15:12), 이어 바울과 바나바의 간증을 들었다. 하나님께서 이방인에게도 복음 증거와 함께 모든 기적과 표적이 일어났음을 증거했다.[2]

그리고 야고보는 선지자의 말도 이것과 일치한다고 아모스의 예언을 소개한다. 야고보 사도는 70인경을 인용한다(에돔을 인류로, 한글성경 - 이방인). 그는 유대인과 이방인의 구별이 전혀없는 다윗적 메시아의 보편성을 강조했다.

- 행 15:16 "이후에(μετὰ ταῦτα) - 아모스에서 '그 날에'를 '이후에'로
  [암 9:11,12 - 그 날에(In that day, 바욤 하후 בַּיּוֹם הַהוּא)]
  내가 돌아와서 다윗의 무너진 장막을 다시 지으며(쿰, קוּם)
  또 그 허물어진 것을
  다시 지어 일으키리니"

1) 다른 족속, 다른 언어, 다른 민족, 다른 열방들의 사람들도(계 5:9-10 참조) 다윗 가족의 구성원이 될 것이라는 말이다.

2) 그로닝겐, 류호준 역, 구약의 메시야사상, CLC, 550면

• 행 15:17 "이는(ὅπως)

그 남은 사람들과

- 아모스에서는 '에돔의 남은 자'인데 여기서는 '남은 사람(아담의 남은 자)'으로 설명했다.

내 이름으로 일컬음을 받는 모든 이방인들로

주를 찾게 하려 함이라 하셨으니."

- 아모스에서는 '만국을 기업으로 얻게 하리라'고 했는데, 여기서는 '주를 찾는다'로 바뀌어졌다.

• 이렇게 야고보는 아모스서를 인용했지만 맛소라 사본의 히브리 성경을 인용한 것이 아니고 70인경을 인용했다. 그렇다고 글자 그대로 인용하지 않고, 글자 속에 담긴 그 뜻을 인용했기에 변형 적용했다. 성령의 감동으로 구약의 진리를 재생시켜 전파하는 설교자의 입장에서 인용했기 때문이다. (김희보, 구약 아모스주해)

(5) 신약의 성도들은 예수 그리스도가 다윗의 아들이며 다윗 왕조를 대표한다는 것을 깨달았다. 예수를 믿고, 그에게 순종하며, 그를 섬기는 사람들은 모두 다윗 왕조의 권속으로 여겨졌다는 말이다. 여기에 유대인들과 이방인들은 구분되지 아니했다. "내 이름으로 일컬음을 받는 모든 이방인들(**πάντα τὰ ἔθνη** ἐφ' οὓς ἐπικέκληται τὸ ὄνομά μου ἐπ' αὐτούς)"도 다윗의 아들의 나라의 시민들이었다. 바울은 그리스도를 믿는 자들은 누구나 다 아브라함의 자녀라고 했다(갈 3:7-9*; 참조, 롬 4:11-12, 16-17).

• 갈 3:7 "그런즉 믿음으로 말미암은 자들은 아브라함의 자손인 줄 알지어다 8 또 하나님이 이방을 믿음으로 말미암아 의로 정하실 것을 성경이 미리 알고 먼저 아브라함에게 복음을 전하되 모든 이방인이 너로 말미암아 복을 받으리라 하였느니라 9 그러므로 믿음으로 말미암은 자는 믿음이 있는 아브라함과 함께 복을 받느니라."

암 9:12 ὅπως ἐκζητήσωσιν οἱ κατάλοιποι τῶν ἀνθρώπων καὶ **πάντα τὰ ἔθνη** ἐφ' οὓς ἐπικέκληται τὸ ὄνομά μου ἐπ' αὐτούς λέγει κύριος ὁ θεὸς ὁ ποιῶν ταῦτα - 70인경

행 15:17 ὅπως ἂν ἐκζητήσωσιν οἱ κατάλοιποι τῶν ἀνθρώπων τὸν κύριον καὶ **πάντα τὰ ἔθνη** ἐφ' οὓς ἐπικέκληται τὸ ὄνομά μου ἐπ' αὐτούς, λέγει κύριος ποιῶν ταῦτα.

"보라 날이 이를지라"(9:13-15)

1. 아모스는 암 8:11-12에서 말씀의 기근에 대해서 선포했지만, 그 기근과는 대조적으로 복음의 말씀이 그 중심을 이루면서 메시지의 끝을 맺는다.

(1) 불행과 재앙이 아니라 회복과 구원과 평화의 말씀이 선포되고 있다. 보라! 지금 그 날들이 오고 있다는 것이다. 앞절에서 살핀 대로 그 날들은 신약 시대 전체를 언급하고 있음이 분명하다.

9:13 "여호와의 **말씀이니라**
보라(Behold, הִנֵּה)
날이 이를지라(days are coming, בָּאִים칼 동사 분사형1) יָמִים days)
/그 때에 파종하는 자가 곡식 추수하는 자의 뒤를 이으며
/포도를 밟는 자가 씨 뿌리는 자의 뒤를 이으며
/산들은 단 포도주를 흘리며
/작은 산들은 녹으리라"

(2) 13절에서 그 날의 모습을 믿을 수 없을 정도로 풍요로운 목가(牧歌)적 풍경으로 보여주고 있다. 이방인들도 부름을 받아 돌아온 후에 온 이스라엘, 즉 하나님의 백성들이 어떻게 풍성한 복을 누리게 될 것인가를 보여주고 있다. 그 날이 오면 곡식을 베자마자 다음 추수를 위해 곧바로 밭을 갈아야 한다. 즉 곡식을 거두는 일과 씨 뿌리는 일이 동시에 이루어진다는 것이다. 포도농사도 마찬가지다. 씨를 뿌리자마자 포도주를 만들어야 할 판이다. 또 이스라엘의 산마다 포도주가 흘러 언덕마다 넘칠 것이다. 이런 모든 일들은 큰 풍년을 상징하는 말들이다.

2. 그렇다면 포로로 끌려갔던 사람들은 어떻게 될까?

9:14 "내가 —— 돌이키리니(שַׁבְתִּי) - 슈브(שׁוּב) 동사의 칼 동사 완료형
/내 백성 이스라엘이 사로잡힌 것을
그들이 —— 건축하여 거주하며
/황폐한 성읍을
가꾸고 마시며
/그 포도주를
만들고

1) 보(בּוֹא-들어가다, 오다, 가다, 들어오다)의 칼 동사 분사형이다. 그 여호와의 날이 진행중(are coming)이라는 의미가 들어 있다. '날'이 복수로(days) 되어 있다(יָמִים).

/과원들을
먹으리라"
/그 열매를

(1) 북이스라엘은 죄악 속에서 허우적거리다가 주전 722년에 역사의 종말을 고한다. 북이스라엘의 최후의 왕 호세아는 앗수르를 등에 업고 베가 왕을 쳐서 죽이고 대신하여 왕이 되었다(왕하 15:30). 당연히 앗수르의 하수인 역할을 해야만 했다. 이때 앗수르의 디글랏빌레셀 3세가 죽자, 이를 기회로 호세아는 앗수르에게 매년 바치던 조공을 중단하면서 독립을 선언했다. 호세아가 이런 용기를 가질 수 있었던 이유 중 하나는 급속도로 팽창하고 있는 애굽을 의지하고자 했기 때문이었을 것이다.

(2) 호세아 왕이 일으킨 독립의 기쁨은 그리 오래가지 못했다. 왜냐하면, 디글랏빌레셀 3세가 죽은 후 왕위에 오른 살만에셀 5세 역시 부왕과 같은 정책을 써 다시 수리아 지역을 평정하기 위해 공격했기 때문이다(725년). 상황이 예기치 않게 돌아가자 호세아 왕은 애굽에 긴급 청원을 하게 된다. 이때 호세아 선지자의 외침이 바로 호세아 7:8-13*과 12:1의 내용이다.

(3) 어쨌든 급하게 된 호세아는 화해를 청하기 위해 자발적으로 앗수르 왕에게 나아갔을 것이다. 그러나 앗수르 왕 살만에셀 5세는 호세아 왕을 옥에 가둔다(왕하 17:4). 그러나 사마리아 성은 쉽게 함락되지 않았다. 사마리아 성을 함락시키는 데 3년이나 걸렸다. 이때가 주전 722년이었다. 결국 나라가 역사에서 완전히 사라져버렸다. 이렇게 사마리아는 앗수르의 속주(屬州)가 되었고, 앗수르 총독이 그 지역을 통치하기 시작했다. 성은 함락되었고 백성은 앗수르의 포로로 끌려가게 되었다. 그리고 그곳에는 많은 이방 사람들을 이주시켰다(왕하 17:24).

(4) 그렇다면 남유다는 어떠했을까? 남유다 역시 북이스라엘과 같은 길을 걸었다고 말한다(왕하 17:19). 이들은 이스라엘의 배교로 인한 그 결과를 보고도 그대로 답습했다. 다만 유다는 히스기야와 요시야의 선한 통치 때문에 심판이 지연되었을 뿐이다. 남유다는 앗수르를 제거하고 등장한 바벨론에 의해 포로로 끌려간다. 성전이 불타버렸다. 당분간 가나안 땅에 심겨진 하나님의 나라는 없어졌다. 그때가 주전 586년이다.

3. 그런데 오늘 본문에서는 "내 백성 이스라엘이 사로잡힌 것을 돌이키시겠다"고 약속하신다.

• 호세아 7:8-13 "에브라임이(북이스라엘) 여러 민족 가운데에 혼합되니 그는 곧 뒤집지 않은 전병이로다 9 이방인들이 그의 힘을 삼켰으나 알지 못하고 백발이 무성할지라도 알지 못하는도다 10 **이스라엘의 교만은 그 얼굴에 드러났나니** 그들이 이 모든 일을 당하여도 그들의 하나님 여호와께로 돌아오지 아니하며 구하지 아니하도다 11 에브라임은 어리석은 비둘기 같이 지혜가 없어서 애굽을 향하여 부르짖으며 앗수르로 가는도다 12 그들이 갈 때에 내가 나의 그물을 그 위에 쳐서 공중의 새처럼 떨어뜨리고 전에 그 회중에 들려 준 대로 그들을 징계하리라 13 화 있을진저 그들이 나를 떠나 그릇 갔음이니라 패망할진저 그들이 내게 범죄하였음이니라 내가 그들을 건져 주려 하나 그들이 나를 거슬러 거짓을 말하고…"

(1) 이 약속은 일차적으로는 훗날 바벨론 포로에서의 귀환을 말씀하신 것일 것이다(주전 536년). 그러나 이 약속이 단순히 지상 가나안의 회복만을 말한 것이 아니라 영적 가나안의 회복을 더 크게 보여준 것이다. 이 약속의 궁극적 성취는 신약시대의 그리스도의 탄생 사건에서 볼 수 있다(눅 1:67-71).

• 눅 1:67 그 부친 사가랴가 성령의 충만함을 받아 예언하여 이르되 68 찬송하리로다 주 이스라엘의 하나님이여 그 백성을 돌보사 속량하시며 69 우리를 위하여 구원의 뿔을 그 종 다윗의 집에 일으키셨으니 70 이것은 주께서 예로부터 거룩한 선지자의 입으로 말씀하신 바와 같이 71 우리 원수에게서와 우리를 미워하는 모든 자의 손에서 구원하시는 일이라

9:15 "내가 그들을 그들의 땅에 '심으리니'(나타, נָטַע)[1)]
그들이 내가 준 땅에서 다시 뽑히지 아니하리라
네 하나님 여호와의 말씀이니라"

1) 심다, 세우다, 설립하다, 고정시키다. - 하나님은 애굽에서 포도나무(그의 백성)를 가져와서(출 15:17) 자기 자신의 손으로(시 80:15) 극상품 포도나무 중에(사 5:2) 그것을 심었다(시 80:8). 실로 그들은 "그의 기뻐하시는 나무"였다(사 5:7). 그러나 이 모든 돌보심에도 불구하고 하나님의 포도나무는 들포도 나무가 되었다(렘 2:21).

(2) 하나님은 애굽에서 포도나무(그의 백성)를 가져와서 극상품 포도나무를(사 5:2) 심으셨다(시 80:8). 하나님은 그들을 "나의 심은 가지"(사 60:21)라고 다시 한 번 부르기를 원하셨다. 그러나 이들은 지금 뿌리째 뽑혀서 그 땅에서 추방되어야 할 운명에 처해있다. 하나님은 원하는 열매를 맺히지 않을 때 뽑아버리기도 하신다(렘 45:4, 참조: 렘 24:6). 그러나 영원히 옮겨 심기워 있지는 않을 것이다. 왜냐하면 다윗과 맺은 언약 때문이다(삼하 7:10*; 대상 17:9). 오늘 본문에서도 같은 약속을 되풀이 하신다(암 9:15, 참조: 렘 31:28, 32:41). 이렇게 회복에 대한 약속은 하나님의 신실하심의 맹세를 나타내는 보증금이었다.

• 삼하 7:10 "내가 또 내 백성 이스라엘을 위하여 한 곳을 정하여 그를 심고 그를 거주하게 하고 다시 옮기지 못하게 하며 악한 종류로 전과 같이 그들을 해하지 못하게 하여."

(3) 이제 아모스는 여러 전망들을 통해 영원히 지속되는 메시야 왕국을 선포하고 있다. 비록 이스라엘이 회개하지 않기에 무서운 징벌을 받을 것이지만 심판 후에 회복이 있을 것이라는 확증이 주어진다. 앞으로의 역사가 더욱 험난할 수 있겠지만 결국은 하나님의 언약 계획이 성취될 것이며 궁극적으로는 약속된 메시아가 오실 것이다. 그 약속된 메시아를 통해 하나님은 자신의 목적들을 이루실 것이다. 앞으로 모든 민족들이 약속된 메시아를 통해 주어지는 복들에 참여하게 될 것이다.

(4) 호세아 선지자도 이와 같은 메시지를 결혼 은유(호 2:16-23)를 통해 선포했다. 이는 새 언약을 의미하는 것이다(렘 31:31, 32 참조).

아모스 9장 요약 정리

최후의 환상과 이스라엘의 회복

- 아모스에게 보여주신 마지막 환상은 무엇인가? (9:1) 그 내용을 읽어보고 설명해 보라.
- 이 마지막 환상을 주시는 목적은 무엇인가? 심판의 필연성을 설명해 보라.
- 심판을 받는 자 중에서 살아 남은 자는 어떻게 하시겠다고 하셨는가? '만일'이라는 가정법을 몇 번이나 사용하셨나? (2-4절)
- 아모스는 하나님의 능력의 위대함을 어떻게 표현했는가? (5절)
- 하나님은 이스라엘 백성의 죄 문제로 멸망시킬 것이다. 그의 계획은 더 이상 변경이 없다고 하셨다. 그렇다고 이스라엘의 완전 멸절을 의미하는가?
- 이스라엘은 다른 민족과 비교해서 우월한 민족인가? 아니라면 하나님과 이스라엘과의 관계는 어떤 관계인가?
- 하나님은 범죄한 나라를 주목하신다고 했다(8절). 이들을 하나님은 어떻게 대하시는가?
- 이스라엘의 범죄는 형벌 과정에서도 특별 취급받는가?
- 하나님은 야곱의 집을 온전히 멸하지는 아니하겠다고 약속하신다(8절). 왜 완전히 멸하지 않으시는가?
- 하나님은 형벌 가운데서 알곡을 걸러내는 작업을 하신다. '남은 자'의 개념을 정리해 보자.

- 하나님은 다윗의 무너진 장막을 일으키리라고 약속하셨다(9:11-15). 여기서 '장막'이라고 번역된 단어의 뜻은 무엇인가? '일으키다'(쿰, קוּם)라는 단어의 의미를 설명해 보라.
- 하나님께서 다윗 왕조를 다시 세우시려는 목적은 무엇인가? (12절)
- 다윗 왕조를 다시 세우는 일은 오직 여호와 하나님만이 역사해야 가능한 일이다.
- 아모스의 예언(이스라엘의 회복)은 역사 속에서 어떻게 성취되었는가? 또 회복의 완전함은 어느 사건에서 그 온전한 성취를 보게 되는가?

- 죄에 대한 하나님의 반응은 아주 예민하시다. 그것은 국가이건 개인이건 마찬가지이다. 그러나 이에 비해 인간은 죄에 대해서 아주 둔감하다. 비록 죄를 지어도 그에 대한 형벌이 즉시 내려지지 않는다. 하나님의 인내하심 때문이다. '설마, 하나님은 이런 정도의 죄 때문에 벌을 내리지는 아니하시겠지'라고 생각하는 사람은 암 9:8a을 읽어보아야 한다.

- 우리는 아모스 당시의 사람들과 비교해 볼 때 무엇이 문제라고 생각하는가? 우리의 종교적 열심이 자칫 우리가 지은 죄를 희석시킬 수도 있다. 당시에도 열심있는 성도는 많이 있었다. 그러나 결국은 패망했다. 물론 전혀 그런 일은 일어나지 않을 것이라고 생각했다. 우리의 종교적 열심과 하나님이 원하시는 뜻이 일치된다면 얼마나 좋을까!

아모스서를 정리하며

아모스는 지금 하나님의 선민이라 부르는 이스라엘이 주변 국가들보다 결코 낫지 않다고 고발한다(암 3-4장). 그 고발 내용을 일괄해 보자.[1] 하나님은 아모스를 통해 하나님의 백성이 언약을 계속 어기고 회개하지 않았기에 언약의 저주의 불가피성을 선포하신다. 아모스는 전체 구조는 너무 복잡하게 얽혀 있어서 일괄하기가 힘드나 다음 도표에서 살펴볼 수 있듯이 이스라엘 백성들의 죄의 목록과 이에 따르는 심판이 핵심 주제로 되어 있다.

[아모스가 고발한 죄] "이런 죄를 지었기 때문에"	[심판 내용] "그러므로 ~벌을 내리겠다"
▶ 암 2:6-12 • 은을 받고 의인을 팔며 • 신 한 켤레를 받고 가난한 자를 팔며 • 힘 없는 자의 머리를 티끌 먼지 속에 발로 밟고 • 연약한 자의 길을 굽게 하며 • 아버지와 아들이 한 젊은 여인에게 다녀서 내 거룩한 이름을 더럽히며…)	◀ 암 2:13-16 • "그러므로"(보라, 내가, הִנֵּה אָנֹכִי) "보라 곡식 단을 가득히 실은 수레가 흙을 누름 같이 내가 너희를 누르리니" • 빨리 달음박질하는 자도 도망할 수 없으며… • 그 날에는 벌거벗고 도망하리라…
▶ 암 3:3-10(아모스, 도대체 너는 누구냐?)[2] • 만약(אִם)- 그는 원인과 결과의 원리를 분명히 세우는 9가지의 수사학적 질문을 던진다. • 사자가 부르짖는데 누가 두려워하지 않겠느냐 // 주 여호와께서 말씀하시는데 누가 예언하지 않겠느냐(3:8)	◀ 암 3:11 • "그러므로"(לָכֵן) 적군이 이 땅을 차지할 것이다 • 요새들을 무너뜨리고 그 안에 감추어 둔 보물들을 빼앗아 갈 것이다(궁궐 약탈). • 제단의 뿔을 꺾겠다(14절). • 여름 별장, 겨울 별장도 다 무너뜨릴 것이다(15절).
▶ 암 4:1-5 • 바산의 암소들 - 부한 지도자들의 아내들의 타락상 • 이런 자들이 예배 드리는 것은 그 자체가 죄이다. 이들은 수은제와 낙헌제를 많이 드렸다. 그러나 마음속에서 우러나오는 순종이 없다면 이는 종교적 행사에 지나지 않는다.	◀ 암 4:6-12 • 비를 내리지 못하게 하여 양식을 주지 않겠다. - 그래도 돌아오지 않았다. • 농작물 - 병충해 - 그러나 돌아오지 않았다. • 전염병(출애굽 때처럼) • 소돔과 고모라처럼 멸망시킬 것이다.

1) G. Van Groinggen, 구약의 메시야 사상, 544면 참조.

2) 주의 특별한 부르심을 받은 아모스는 **자신의 정체성을 분명하게 밝힌다**. 따라서 자신이 선포한 메시지는 하나님으로부터 확실하게 받은 것이며(메시지의 출처), 자신은 하나님의 예언적인 대변인으로서의 역할(메시지를 전할 수 있는 권세의 출처)이 정당함을 밝힌다.

그래도 하나님의 은혜와 자비를 보라

3:12
사마리아에 살던 사람들 중 몇몇 사람만이 파멸에서 피할 수 있을 것이다.

"이런 죄를 지었기 때문에"	"그러므로 ~벌을 내리겠다"
▶ **길갈과 벧엘(우상 숭배를 위해)** "환난 날에 여호와를 찾으라, 그러면 살리라"(8절). 그러나 백성들은 하나님을 찾지 않았다. 우상 숭배를 하러 오직 길갈과 벧엘만을 찾았다.	◀ **암 5:1-3(회개하라)** • 아모스는 '애가'(장송곡)를 지어부른다. 이스라엘이 얼마나 철저하게 망할 것인가를 선언한다. "백명이 행군해 나가던 성읍에는 열 명만 남으리라."(5:3하)
▶ **암 5:7-13** • 정의를 하찮게 여겼다. • 정직한 재판을 싫어했다(10절). • 가난한 사람을 짓밟았다(11절). • 강제로 세금을 걷어들이며(11절) • 의로운 사람을 못살게 굴었다(12절). • 뇌물을 받고 나쁜 짓을 저질렀다. • 법정에서 가난한 사람을 억울하게 했다(12절). **오직 정의를 강물처럼 흐르게 하라. 의의 강이 마르지 않게 하라. (5:24)**	◀ **암 5:16-27** • 광장마다 통곡하는 사람들, 거리마다 슬피우는 사람들, 우는 사람을 불러 통곡하게 하실 것이다(16절). • 모든 포도밭에서 우는 소리가 들릴 것이다(17절). • 여호와의 날을 기다리지만 그 날은 빛의 날이 아니라 어둠의 날이 될 것이다(18절). • 아무리 거창한 제사를 드려도 거들떠 보지 않겠다(22절). 모든 종교모임이 역겹기만 하다. • 비파 소리도(우렁찬 성가대의 찬양) 듣지 않겠다. • **다메섹 저 너머로 사로잡혀 가게 할 것이다**(27절).
▶ **암 6:1-6** • 스스로 으뜸가는 민족이라고 생각(그러나 갈레 성이나 불레셋이나 하맛 성을 가 보아라. - 너희가 그들 땅 보다 넓으냐? 그들도 망했는데, 너희일까보냐? • 상아로 장식한 침대에 누어, 부드러운 양고기와 살진 송아지에 배불렀다. • 비파를 연주하며, 포도주를 대접 가득히 마시고, 가장 좋은 향수를 쓰면서도 요셉의 멸망을 슬퍼하지 않았다.	▶ **암 6:8-7:2** • 포로로 가장 먼저 끌려갈 것이다(6:7). • 야곱의 교만을 미워한다. - 그러므로 그 성과 그 안에 모든 것을 적국에게 넘겨 줄 것이다(9절). • 한 집에 열 사람이 남더라도 결국은 다 죽을 것이다. • 큰 집을 산산조각으로, 작은 집도 허물어질 것이다. • 한 나라가 쳐들어와 북쪽 하맛 어귀부터 아라바 골짜기까지 너희를 괴롭힐 것이다. • **메뚜기 환상(7:1-3)**

그래도 하나님의 은혜와 자비를 보라

5:4-6
5:14, 15

• 벧엘이나 길갈로 가지 말고 여호와를 찾으라(5:5).

• 여호와를 찾으라 그러면 살 것이다(5:6). 그렇지 않으면 요셉의 자손을 멸망시킬 것이다.

• 악일 일을 피하고 옳은 일을 하여라 그리하면 살 수 있을 것이다(5:14)

• 법정에서 정의를 지켜라. 혹시 하나님께서 자비를 베풀실지 모른다(5:15).

그래도 하나님의 은혜와 자비를 보라

7:3, 6

- **메뚜기 환상**에 대하여 "청하건대 사하소서 야곱이 미약하오니 어떻게 서리이까 하매" - 아모스의 간구에 하나님의 응답하심
- 이 일이 일어나지 않을 것이다(7:3).

- **불 환상**에 대하여 아모스가 또 하나님께 용서를 구함 - 하나님이 응답하심
- 이 일이 일어나지 않을 것이다(7:3).

"이런 죄를 지었기 때문에"	"그러므로 ~벌을 내리겠다"
	◀ 암 7:7-9(다림줄 환상) • 다림줄 - 이스라엘 가운데 다림줄을 늘어뜨려서 그들이 얼마나 굽었는지 보여주겠다. - 이스라엘을 다시는 용서하지 않겠다(7:8) • 산당을 폐할 것이다. 여로보암의 집을 칼로 치겠다.
아모스와 아마샤(7:10-16) • 아마샤가 여로보암 왕에게 아모스를 고발(7:10) • 아마샤가 아모스에게 벧엘에서 예언 활동을 하지 말라고 경고함.	**◀ 암 7:17-8:3(여름 과일 환상)** • 아마샤의 가정이 몰락할 것이다(7:17). • **여름 과일 환상** - 끝이 왔다는 징조이다. 다시는 그들의 죄를 내버려두지 않겠다. • 시체가 곳곳에 널리게 될 것이고 왕궁의 노래 소리가 장송곡(애가)으로 바뀔 것이다.
▶ 암 8:4-6 • 어려움에 빠진 사람들을 짓밟고, 가난한 자를 삼기는 자들 • 장사꾼은 안식일과 월삭(초하루)이 빨리 지나가기를 원했다. - 장사 때문에. • 가짜 저울 사용, 매점 매석(5절) • 신 한켤레 값에 가난한 사람을 파는 행위(6절) **제단 곁에 계신 여호와** 9:1a 그들이 섬기던 제의 장소를 철저하게 파괴시킬 것이다.	**◀ 암 8:7-13** • 이 백성이 한 짓을 결코 잊지 않을 것이다(7절). • 이 땅에 사는 모든 사람이 슬피 울 것이다(8절). • 절기가 통곡의 날로 바뀔 것이고, 죽은 사람을 위해 부르는 슬픈 노래를 만들겠다. • 이 땅에 기근을 보낼 것이다(양식이 없어 주림이 아니요 물이 없어 갈함이 아니라 여호와의 말씀을 듣지 못한 기갈이다. 11절) • 우상을 섬기는 사람들은 쓰러져서 다시는 일어나지 못할 것이다(14절).
▶ 암 9:8 • 죄 많은 이스라엘을 지켜보고 계신다. • 이스라엘을 땅에서 없애 버리겠다(9:8). • 그러나 야곱의 자손을 완전히 없애지는 않겠다. (남은 자)	**◀ 암 9:1-4** • (벧엘에 있는?) 성전 기둥 꼭대기를 쳐서 문지방까지 흔들리게 하라. 기둥들이 무너져 많은 사람들이 죽을 것이다. (제의 장소 철처파괴) • 살아남은 자들은 내가 칼로 죽이겠다. 어디로 도망가든지 반드시 사로잡힐 것이다. • 적군에게 끌려가더라도 내가 칼에게 명령하여 그들을 죽이게 하겠다(9:4).

왜 우리는 거룩한 삶을 살아야 할까?

1. 하나님은 거룩한 분이시다. 따라서 그의 백성 역시 거룩한 삶이 요구된다(레 11:44-45).

(1) 하나님은 본질적으로 거룩하시다. 하나님은 거룩하시기 때문에 그에게는 인간이 공유한 도덕적 불완전성과 약점이 없으시며(호 11:9), 자기 약속에 신실하심을 믿을 수 있다(시 22:3-5). 지고(至高)한 존재인 하나님만이 거룩한 분이시다. 그러므로 하나님은 자기 백성에게 "거룩하라"고 요구하신다. 어떻게 거룩함을 유지시킬 수 있을까?

(2) 이스라엘은 거룩한 하나님과의 관계로 인해 다른 나라들과는 구별되었다. '거룩한 백성'은 하나님이 다른 민족들로부터 분리, 구별하여 자기의 소유물로 삼았다는 사실에 근거한다(레 20:26, 신 7:6; 14:2). 그래서 '예배하기 위해 모인 회중, 이스라엘 백성'을 '성도들'이라고 부른다(출 19:6; 신 7:6, 신 33:3, 시 16:3, 89:7). 그러므로 거룩한 백성인 이스라엘이 우상숭배 행위에 빠져서는 안 된다(수 24:19이하). 그들은 거룩하지 않은 모든 것으로부터 떠나야 한다(레 11:44-45, 신 14:21). 그래서 신약에서도 교회를 거룩한 나라(벧전 2:9)로 부른다. 그 나라는 '성도들' 혹은 '거룩하 자들'(롬 1:7; 고전 1:2)로 구성되었다고 할 수 있다. 따라서 신약의 성도들 역시 거룩한 삶을 사는 것은 아주 당연한 일이다(벧전 1:15).

2. 그렇다면 우리는 어떻게 살아야 할까?

(1) 아모스는 특히 사회적 부패상을 통렬하게 비판했다(암 2:6). 물질적 번영이 화근이었다. 이는 타락된 문화를 산출한다. 외국에서 각종 타락한 문화가 사회 각층으로 흘러들었다. 어디 한 곳 깨끗한 곳이 없었다. 타락은 지도자들이 득실거리는 왕궁에서부터 시작되었다.

(2) 아모스는 또한 특별히 사회정의를 부르짖었다. 물론 하나님은 율법에서 성결한 삶과 거룩을 수없이 강조하고 있다. 이런 명령들, 즉 거룩한 하나님의 백성이 살아가야 할 제반 지침을 레위기에서 살펴볼 수 있다. 하나님이 자기 백성들에게 원하시는 것은 거룩이었다. 그러나 아모스 당시에는 그 거룩이

• 레 19:26 "너희는 무엇이든지 피째 먹지 말며 점을 치지 말며 술법을 행하지 말며
27머리 가를 둥글게 깎지 말며 수염 끝을 손상하지 말며
28죽은 자 때문에 너희의 살에 문신을 하지 말며 무늬를 놓지 말라 나는 여호와이니라
29 네 딸을 더럽혀 창녀가 되게 하지 말라 음행이 전국에 퍼져 죄악이 가득할까 하노라
30 **내 안식일을 지키고 내 성소를 귀히 여기라** 나는 여호와이니라
31 너희는 신접한 자와 박수를 믿지 말며 그들을 추종하여 스스로 더럽히지 말라 나는 너희 하나님 여호와이니라
32 너는 센 머리 앞에서 일어서고 노인의 얼굴을 공경하며 네 하나님을 경외하라 나는 여호와이니라
33…36 공**평한 저울과 공평한 추와 공평한 에바와 공평한 힌을 사용하라** 나는 너희를 인도하여 애굽 땅에서 나오게 한 너희의 하나님 여호와이니라
37 **너희는 내 모든 규례와 내 모든 법도를 지켜 행하라** 나는 여호와이니라."

완전히 땅에 떨어진 상태였다. 현대를 살아가는 우리는 어떻게 해야 할까? 물론 우리는 그 해답을 이미 알고 있다. 아모스 당시나 지금 우리가 살고 있는 상황을 비교해 본다면 우리 역시 같은 책망을 들어야 할 것임을 부인키 어렵다.

(3) 믿음이란 무엇인가? 믿음은 사람이 한번 획득하면 계속 그 속에 머무를 수 있는 어떤 상태가 아니다. 성경은 우리에게 계속해서 믿음 안에 '굳게' 설 것을 주문한다(고전 10:12, 살전 3:7-8*). 결국 신앙생활은 거룩을 향한 끊임없는 전투라고 할 수 있다(빌 3:12-14). 물론 그 속에서 때로는 다소 용기를 가질 수도, 약해질 수도, 강해질 수도, 성장할 수도, 넘어질 수도 있다. 그러나 거룩한 삶으로의 노력을 게을리 해서는 안 된다.

(4) 우리는 그리스도 안에서 새생명을 받은 존재들이 아닌가?! 그렇다면 세상 사람들과 같은 가치관을 가지고 삶속에서 허우적거려서는 안 된다. 성도의 삶은 성숙이라는 개념에서 볼 때 <성장하고> <온전>을 이루어 나아가야 한다. 도덕적인 적용에서도 마찬가지이다. 이런 면에 둔감하기 때문에 우리는 세상에서 손가락질을 당한다. 예수를 믿는다는 사실 때문에 핍박을 당하는 것이 아니라 성도로서의 진정한 삶이 없기 때문에 세상은 우리를 향해 소리치고 있다. 세상이 우리에게 원하는 것은 무엇일까? 베드로 성당보다 더 화려한 건물일까? 수천, 수만 명의 회집 인원 때문에 감탄하고 있을까? 아니다. 그런 유(類)의 신앙 형태는 아모스 당시에도 있었다.

(5) 우리는 대체로 주님을 영접한 이후, 성숙(成熟)한 삶으로의 몸부림침 보다는 종교적 행사에 더욱 치중한다. 그것을 믿음이라고 가르쳐 왔기 때문이다. 그래서 무조건적인 열심이 좋은 믿음이라고 생각하고 있다. 그러나 성경은 우리가 그리스도 안에서 성숙한 신자가 되기를 원한다. 신약 시대의 신자에게는 구약의 신자들보다 더 엄격한 수준을 요구하신다. 그런데 우리는 말씀대로 살기 위하여 목숨을 건 투쟁보다는 '하나님은 사랑이시다'라는 말만 이야기 하고 있지 아니한가!

(6) 어떻게 하면 우리는 성숙한 삶을 살아갈 수 있을까?
이 성장의 단계는 자동적으로 오르지 않는다. 말씀에 따르는 믿음의 이행을 통해서만 '온전'을 향해서 성숙을 계속한다. 그런데 성경에서 강조하고 있는 것은 '모든 죄를 이긴 성령의 능력'이 우리에게 있다고 하지 않는가!

• 살전 5:11 그러므로 피차 권면하고 서로 덕을 세우기를 너희가 하는 것 같이 하라 12 형제들아 우리가 너희에게 구하노니 너희 가운데서 수고하고 주 안에서 너희를 다스리며 권하는 자들을 너희가 알고 13 그들의 역사로 말미암아 사랑 안에서 가장 귀히 여기며 너희끼리 화목하라 14 또 형제들아 너희를 권면하노니 게으른 자들을 권계하며 마음이 약한 자들을 격려하고 힘이 없는 자들을 붙들어 주며 모든 사람에게 오래 참으라 15 삼가 누가 누구에게든지 악으로 악을 갚지 말게 하고 서로 대하든지 모든 사람을 대하든지 항상 선을 따르라 16 항상 기뻐하라…23 평강의 하나님이 친히 너희를 온전히 거룩하게 하시고 또 너희의 온 영과 혼과 몸이 우리 주 예수 그리스도께서 강림하실 때에 흠 없게 보전되기를 원하노라 24 너희를 부르시는 이는 미쁘시니 그가 또한 이루시리라."

3. 삶이 없는 종교생활의 종말은?

(1) 계속되는 이스라엘의 죄악된 생활은 이스라엘의 존폐 문제에까지 확대되어 궁극적으로는 나라가 망하게 될 것이라고 선언하신다(레 26:38*). 그러나 북이스라엘은 계속 하나님의 언약을 어기고(물론 자신들은 절대 그렇지 않다고 생각했다. 여전히 종교생활은 계속되고 있었으니까) 주께로 돌아오지 않는다. 아모스의 절규는 허공에서 맴돌 뿐이다(암 7:12-13*).

(2) 아모스와 호세아의 강력한 메시지가 선포되었지만 북이스라엘은 끝내 여호와께로 돌아오지 않는다. 이제 북이스라엘은 아모스와 호세아의 예언대로 앗수르에게 망한다. 주전 722년에. 남유다 역시 북이스라엘 보다는 오래 존속했지만 앗수르를 치고 일어선 바벨론의 포로로 끌려가게 된다. 물론 성전도 불타버렸다. 주전 586년에. (❖)

- 레 26:38 "너희는 남의 나라에서 죽을 것이며, 원수들의 나라에서 없어져 버릴 것이다" - 쉬운성경)
- 암 7:12 "아마샤가 또 아모스에게 이르되 선견자야 너는 유다 땅으로 도망하여 가서 거기에서나 떡을 먹으며 거기에서나 예언하고 13 다시는 벧엘에서 예언하지 말라 이는 왕의 성소요 나라의 궁궐임이니라."

아모스서를 닫으며

아모스서를 연구하면서
마음이 개운치 못했다.
우리네 모습을 보고 있기 때문일 것이다.
그러나 하나님의 역사는
이런 연약한 인생들을 통해서 계속된다.

하나님은 우리에게 희망도 주시지 않던가!
하나님의 일을 한다고 거창한 계획을 세우는 것도 좋지만
하나님이 우리에게 진정 원하시는 삶은
아주 작은 일을 실천하는 것에서부터 시작하는 삶이 아닐까?
그런데 우리는
너무 말만 번지르르하게 잘한다.
삶은 없으면서…

백투더바이블 출간 계획(구약)

1-1 창세기(상)
1-2 창세기(하)
2 출애굽기
3 레위기
4 민수기
5 신명기

6 여호수아
7 사사기
8 룻기
9 사무엘상
10 사무엘하
11 열왕기상
12 열왕기하
13 역대상 · 하
14 에스라 · 느헤미야

15 욥기
16-1 시편(상)
16-2 시편(중)
16-3 시편(하)
17 잠언
18 전도서
19 아가서 · 에스더

20-1 이사야(상)
20-2 이사야(하)
21-1 예레미야(상)
21-2 예레미야(하)
22-1 에스겔(상)
22-2 에스겔(하)
23 다니엘

24 호세아
25 요엘 · 아모스
26 오바댜~스바냐
27 스가랴
29 학개 · 말라기

▶ 2010. 8월 현재 고딕은 출간 완료

▶ 출간 순서와 번호가 바뀔 수 있습니다.

백투더바이블(요엘 · 아모스)

2010년 7월 20일 초 판 1쇄 인쇄
2010년 7월 30일 초 판 1쇄 발행

저 자 · 장 종 길
발행인 · 조 경 혜
발행처 · 도서출판 그리심

도서출판 **그리심** · since 1998
등록번호 / 제7-258호(1998. 4.23)

● Home page: grisim.biz
● E-mail: grisimcho@hanmail.net

서울특별시 동작구 사당동 196 인 정 Apt B-b01 (156-763)
TEL : 523-7589(출판), FAX : 523-7590(출판)

* 저자와 협의하여 검인을 생략함

ISBN 978-89-5799-260-9 94230
ISBN 89-88291-07-7 94230(세트)

값 : 뒷표지에

* 이 책의 일부라도 저자나 출판사의 허락없이 사용할 수 없습니다.